面向未来 共同发展

——2015北京世界马铃薯大会

屈冬玉 主编

中国农业出版社

图书在版编目（CIP）数据

面向未来 共同发展：2015 北京世界马铃薯大会/屈冬玉主编．—北京：中国农业出版社，2015.7
ISBN 978-7-109-20676-2

Ⅰ．①面… Ⅱ．①屈… Ⅲ．①马铃薯—产业发展—世界—文集 Ⅳ．①F316.11-53

中国版本图书馆 CIP 数据核字（2015）第 152890 号

中国农业出版社出版
（北京市朝阳区麦子店街 18 号楼）
（邮政编码 100125）
责任编辑 廖 宁 冀 刚

中国农业出版社印刷厂印刷 新华书店北京发行所发行
2015 年 7 月第 1 版 2015 年 7 月北京第 1 次印刷

开本：700mm×1000mm 1/16 印张：32.5
字数：700 千字
定价：128.00 元

编 委 会 名 单

主　编： 屈冬玉

编　委（按姓氏拼音排序）：

陈合安　陈伊里　程大庆　董晓光

Fernando Ezeta　金黎平　李凤春

吕文河　屈冬玉　Georges Tai

王健波　谢开云

序

“面向未来　共同发展”这一主题非常契合本次大会。随着全球一体化的推进，马铃薯界的各位同仁都需将本主题付诸实践，而本次大会则朝着实现这个目标迈出了一大步。本论文集由来自世界各地的专家撰写，并在北京交流，丰富了业界的知识基础。在实现全球可持续发展目标的道路上，这些论文还可以促进对当今世界广为关注的问题的讨论。增加粮食生产，满足不断增长的人口需求仍然是全世界面临的一大挑战。由于马铃薯单位面积用水、光、地产出的热量和优质蛋白质高于一般作物，因此被视为应对这一挑战的绝佳选择之一。

论文集中的摘要总结了当今马铃薯研发的最新态势，内容包括本次大会10场专业研讨会的主题：

- 提高公众对马铃薯的认识
- 马铃薯贮藏加工
- 马铃薯生产中水资源挑战和机遇
- 马铃薯品种选育
- 马铃薯田间综合管理
- 马铃薯主要病害
- 马铃薯主食产品及产业开发
- 马铃薯机械化
- 生物技术在马铃薯育种中的应用
- 马铃薯消费与市场

在中国举行本次大会非常合适。中国不仅是全球马铃薯生产的领头羊，还计划短期内大幅增加马铃薯生产，满足国家粮食安全需求。为实现中国政府的政策和战略，我们需要在以上10个领域共同努力。通过合作满足中国等一些将马铃薯视为主要粮食作物的国家对马铃薯发展的需求。

世界马铃薯大会已经有了新的愿景：“成为具有全球影响力的合作机构，在世界马铃薯界促进交流和信息共享。”

我们的使命也发生了变化：“……建立价值链网络，带领业界实现马铃薯的可持续增长和发展，满足全球的需求。”

通过以上愿景和使命，我们会一如既往地帮助有合作需求的各国实现粮食安全目标，迎接更美好的未来。

希望大家能够从本论文集和大会讨论中有所收获。

世界马铃薯大会公司主席兼首席执行官 

目　录

总结发言

主题发言

中国马铃薯产业的可持续发展

屈冬玉　谢开云

（中国农业科学院蔬菜花卉研究所，北京　100081）

摘要： 马铃薯引入中国400多年后，其种植区域遍及全国各地。目前，中国已成为世界上马铃薯种植面积和总产量最大的国家，分别约占世界的30%和25%。在过去一个多世纪里，中国马铃薯产业从一个零星发展期逐步过渡到产业全面发展时期。近年来，中国人均马铃薯消费量约为42千克/年，远低于世界马铃薯消费大国的人均消费水平。中国马铃薯加工业虽然已从传统的作坊式加工向现代化马铃薯加工转变，但现代马铃薯加工业所使用的鲜薯量不足全国总产量的5%。为促进中国马铃薯产业的可持续发展，需要解决产业中所面临的一系列挑战，采取相关的应对措施，包括市场容量扩增、产业能力建设、因地制宜地利用自然资源和建立强大的产业支持体系。

关键词： 马铃薯产业；可持续发展；市场容量；能力建设；自然资源利用

比较公认的马铃薯引入中国的时间是明万历年间（1573—1620），最有可能是1600年前后。引入的途径有两种可能：一是由海路进入中国的华北地区，或者从台湾引入闽、粤等省；另一种可能是从陆上经西南或西北进入中国，故西南和西北至今仍将马铃薯称之为洋芋（佟屏亚和赵国磐，1991）。考虑到明隆庆元年（1567）才废除海禁，马铃薯从陆上丝绸之路引入的可能性更大。不管以这两种可能中的任何一种方式引进，可以肯定是沿中国现在提出的"一带一路"进入中国的。经过400多年的发展，特别是近几十年的快速发展，中国马铃薯产业已在全世界占据了重要的地位。2013年，全国统计种植面积8 600多万亩* （577万公顷）和总产量近9 000万吨，分别占全球的30%和24%（FAO统计资料）。2014年，我国中央提出了"一带一路"发展战略、农业部提出了加强马铃薯主食产品开发战略，给中国马铃薯产业带来新的契机。为促进中国马铃薯产业的可持续发展，我们除了要利用好中国具有的地理优势、自然优势和政策优势外，还必须清楚地认识我们所面临的一系列挑战，探寻最佳的应对措施。中国所研发的新品种、新技术和新产品都将为全球马铃薯产业发展，特别是"一带一路"相关

* 亩为非法定计量单位，1亩=1/15公顷。

国家马铃薯产业发展带来新的机遇。

1 中国马铃薯产业发展过程和现状

1.1 发展过程

根据不同的目的、不同的标准和不同的观点，可以将中国马铃薯产业发展分为不同的历史阶段。考虑到中国社会经济文化、马铃薯种植面积变化、产业发展等因素，大致可以将中国马铃薯产业发展分为 4 个时期，即零星发展期：新中国成立前；缓慢发展期：新中国成立到市场化马铃薯生产前（1950—1984）；快速发展期：马铃薯生产市场化到马铃薯产业技术体系建立前（1985—2008）；全面发展期：马铃薯产业技术体系建立到现在（2009 年至今）。中国最早的马铃薯统计资料可以追溯到 1961 年，从 1961 年到 2013 年中国马铃薯种植面积、总产及单产都发展了巨大的变化，总体呈现不断增加的趋势（图 1）。

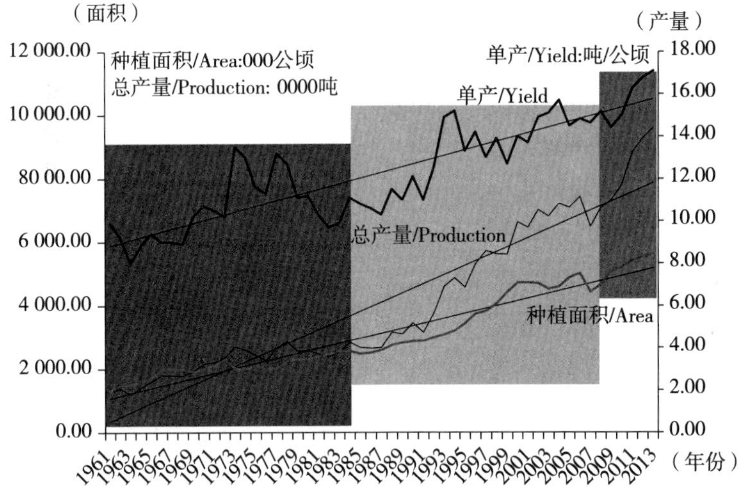

图 1　1961—2013 年中国马铃薯生产状况及变化趋势

（1）零星发展期：新中国成立之前　最早记载马铃薯的中国文献是明蒋一葵编写的《长安客话》，其中有关马铃薯的描述："绝似吴中落花生及香芋，亦似芋，而此差松甘"。虽然蒋一葵生卒不详，但史料记载他是明万历二十二年（1594）举人，他著该书也应当在 1600 年前后，说明那时已经开始在北京地区种植马铃薯，而且是新鲜事物，否则不可能受到人们重视。到了清朝，记载马铃薯的文献则非常多，除台湾、福建、广东等省的地方志外，四川、云南、贵州、新疆、陕西、湖北诸省地方志中记述马铃薯则最多（佟屏亚和赵国磐，1991）。那个时期，马铃薯引入中国各地的方式各异，有殖民者、侵略者、传教士、华侨和留学生带入中国。20 世纪初，有人主张从欧美引进优良品种，设立种薯田；20 世纪 30 年代开始进行新品种和新品系的引进，出现了马铃薯育种的雏形。抗日战争期间，延安边区首次以主席令的方式颁布了第一个种植马铃薯的文告。1945 年抗日战争胜利后，虽然开始了马铃薯的研究工作，也只有几位科学家坚持工作，但他们为新中国成立后马铃薯生产和科研储备了一批品种资源。在抗日战争爆发前（1937 年前），全国马铃薯种植面积只有 500 多万亩（33 万公顷），总产量不到 200 万吨；而到 1949 年，全国马铃薯种植面积达到了2 000万亩左右（133 万公顷），总产量 700 万吨左右。由于抗日战争的爆发，中国其他地区的马铃薯研究和试验工作基本停滞，相关科研人员转移到贵州和四川，科研和生产中心也转移到这一地区。中国马铃薯界的先驱人物，如管家骥和杨鸿祖，分别在贵州和四川开展马铃薯品种筛选、马铃薯育种和栽培技术的研究。他们所开展的这些基础工作，为 20 世纪 50 年代中国马铃薯产业的发展起到了重要的作用（黑龙江省农业科学院马铃薯研究所，1994）。

（2）缓慢发展期：新中国成立到马铃薯市场化前（1950—1984）　由于种种原因，关于这个时期的马铃薯种植面积有不同的数据。通过综合分析，我们认为，这一时期马铃薯年种植面积应当从不到 2 000 万亩（133 万公顷），发展到3 000万亩以上（200 万公顷）。其中三年自然灾害期间（1959—1961），马铃薯种植面积应当更大一些，因为很多地方都仰仗马铃薯救命和活命。在那个“以粮为纲”的时代，马铃薯品种主要是追求高产、抗病，用途则以食用和饲用为主，部分加工成淀粉或粉丝。由于受生产条件和投入的限制，1961—1977 年的 17 年间，马铃薯平均产量只有 10.38 吨/公顷。在那一时期，中国育种家育成了克新 1 号马铃薯和东农 303 品种，克新 1 号到 2013 年的年种植面积仍在 67 万公顷以上（1 000 万亩以上）。20 世纪 60 年代，从民主德国引进并推广了米拉品种，到目前该品种在西南地区的种植面积仍在 20 万公顷以上（300 万亩以上）。随着新中国的建立，尽管国家逐步加强了对马铃薯科研工作的支持，但经费支持的力度较小，开展的科研活动有限。这一时期中国马铃薯科研和生产中心开始向北方转移，北京、内蒙古、黑龙江、河北、山西等地出现一批从事马铃薯研究的科研单位，主要从事品种收集和评价、播种期试验和防退化留种试验等。在 20 世纪 70 年代，山东省滕县（今滕州市）龙阳乡南王庄实行马铃薯与粮、棉间套作，创造了平均每亩地粮产千斤，薯超万斤的纪录。20 世纪 80 年代，全国马铃薯主要科研单位承担了“六五”计划期间马铃薯育种和良种繁育技术攻关任务。在 20 世纪 70 年代末期和 80 年代初期，中国融入马铃薯研究的国际大家庭，先后与国际马铃薯中心及英国、美国、加拿大、荷兰、日本、波兰、联邦德国等开展了合作和交往。中国的实生种子技术在此期间发展迅速，成为内蒙古、山西、黑龙江、四川和云南等地马铃薯生产的重要种薯来源之一。

(3) 快速发展期：马铃薯产业市场化到产业技术体系建立前（1985—2008） 1985 年，中国政府将马铃薯从国家统购统销的作物中解放出来，马铃薯和其他蔬菜作物一起进入市场化生产阶段。除此之外，与中国农业部通过 7 年协商，于 1985 年在中国农业科学院成立了国际马铃薯中心北京联络处。在国际马铃薯中心北京联络处成立后，通过引进优良种质资源、实施科研合作项目、开展科研人员培训三大类活动，大大地促进我国马铃薯科研及产业的发展。国际马铃薯中心的资源（包括新型栽培种在内）对中国马铃薯育种和马铃薯生产发挥了重要的作用。其中，中心 24 就是其代表性的品种之一。该品种引入到中国的第 7 年，其年种植区域就遍及了内蒙古、陕西、河北、山西、甘肃、宁夏、云南、贵州、四川和福建等地，目前仍在内蒙古、山西和宁夏的局部地区种植（卢肖平和谢开云，2014）。特别是在 2000 年以前，当我国马铃薯科研经费捉襟见肘时，国际马铃薯中心提供的科研经费对维持和稳定部分科研队伍起到了重要的作用，为下一阶段马铃薯产业全面发展储备了重要的技术骨干。在与国际马铃薯中心合作期间，起源于中国相关的优势技术如实生种子技术、间套作技术、病毒诊断技术成为双方合作的重要内容，并通过国际马铃薯中心传播到世界其他发展中国家。在这一时期，西式快餐店（麦当劳、肯德基、必胜客等）在中国迅速扩增，辛普劳薯条和百事薯片相继在中国建立生产基地和加工厂，这些都为中国马铃薯产业带来了新的活力。其中 1998—2008 年是马铃薯产业发展最快的 10 年，种植规模、产量水平、品种选育、种薯体系建设、人才培养、科研团队建设、加工企业兴建等均达到了前所未有的盛况（屈冬玉等，2010）。马铃薯年种植面积从 1984 年的 256 万公顷（3 840 万亩）增加到了 2008 年的 466 万公顷（6 990万亩），总产量则从 2 840 万吨增加至 4 663 万吨，单产从 11.10 吨/公顷增加至 15.18 吨/公顷。

(4) 全面发展期：马铃薯产业技术体系建立到现在（2009 年至今） 2009 年是中国农业部现代农业产业技术体系项目（50 个产业体系）马铃薯产业技术体系全面启动的一年，至此中国马铃薯产业进入了一个全面发展的新时期。该体系以马铃薯为研究对象，围绕马铃薯产业发展需求，进行共性技术和关键技术研究、集成和示范；建设从产地到餐桌、从生产到消费、从研发到市场各个环节紧密衔接、环环相扣、服务国家目标的体系；提升马铃薯科技创新能力，从而增强我国马铃薯产业竞争力。目前，中国马铃薯产业技术体系拥有首席科学家 1 名、岗位科学家 25 名、综合试验站站长 31 名，就马铃薯育种、病虫害、土肥栽培、机械、贮藏加工和产业经济等方面开展研究和技术集成示范。国家每年有固定的经费支持，其中首席专家团队每年 100 万元，每位岗位科学家团队 70 万元，每个综合试验站 50 万元。

1.2 发展现状

1.2.1 生产现状

根据中国农业统计资料（不包括山东省和河南省），2013 年全国种植面积达到 561.47 万公顷，总产量9 594.5万吨，平均单产 17.09 吨/公顷，创历史新高。全国各省、直辖市、自治区均可种植马铃薯，也均种植了马铃薯，但只有 24 个省、直辖市、自治区的种植情况出现在统计年鉴上。马铃薯种植面积较大的地区有四川、甘肃、内蒙古、贵州、云南、重庆和黑龙江，总产量在 540 万～1 405 万吨。各地生产条件和生产技术差异较大，平均单产从 8.78 吨/公顷到 42.20 吨/公顷不等（罗其友等，2015）。

苏联解体后，中国马铃薯种植面积和总产量一直保持世界第一，分别占全球的 30%和 25%左右。虽然世界上有近 160 个国家种植马铃薯，但除中国外，世界种植面积在 5 万公顷以上的国家只有 47 个，而中国种植面积在 5 万公顷以上的省、自治区就有 21 个。世界上种植面积超过 20 万公顷的国家只有 13 个，中国种植面积超过 20 万公顷的省、自治区就有 11 个（表 1）。换句话说，就是中国 21 个省、区马铃薯种植面积相当世界上种植面积较大的 21 个国家。由于中国平均单产水平只有 17.09 吨/公顷，与世界 47 个主要马铃薯生产国的平均产量相比（22.32 吨/公顷），还存在较大的差距，发展潜力较大。

表 1 中国各省区马铃薯种植面积与世界主要马铃薯生产国比较

种植面积（公顷）	国家数	平均(公顷)	中国省区数	平均（公顷）	中国省（自治区）名
50 000～99 999	15	68 798	7	70 733	辽宁、浙江、广西、吉林、福建、青海、河南
100 000～199 999	19	153 515	3	146 167	湖南、山西、河北
200 000～299 999	5	235 231	5	250 550	山东、宁夏、湖北、黑龙江、陕西
>300 000	8	912 634	6	608 900	重庆、云南、内蒙古、贵州、甘肃、四川
合计	47	11 462 804	21	5 518 500	
占全球（%）	29.75	59.28		28.54	

资料来源：根据 FAO 资料、中国农业统计年鉴（2014）和专家估计资料整理。

1.2.2 消费现状

中国马铃薯消费与地域和人群有关，马铃薯主产区消费较高。根据 FAO 统计资料，2011 年中国人均消费量为 41.9 千克，只有排名第一的白俄罗斯（185.2 千克/年/人）的 22.6%，只有排名 17 位、马铃薯原产地秘鲁（82.4 千克/年/人）的 50%，也远低于世界主要马铃薯种植和消费国家（表 2）。在中国，马铃薯多以菜肴的方式或以各种具有地方特色的家用主食方式被消费，全国各地区流行的菜肴和家用主食有数百种，其中不乏中国特色的、健康的制作方法（屈冬玉和谢开云，2008）。自2015年以来，中国农业部发起推动马铃薯主食产品开展的倡议，其目的是发挥马铃薯营养全面和保健功能，改善膳食结构，减少对传统三大谷物类作物的依赖程度。该倡议得到了社会各界的高度重视，让更多的消费者加深了对马铃薯的了解，势必促进马铃薯的消费。

表2　世界代表性国家马铃薯年消费量（2011年）

世界排名	国家	消费量［千克/(人·年)］
1	白俄罗斯	185.2
2	乌克兰	139.8
3	波兰	114.7
11	英国	100.8
16	爱尔兰	90.1
17	秘鲁	82.4
22	德国	70.7
30	西班牙	62.0
51	蒙古	50.1
63	中国	41.9
82	突尼斯	30.3
95	日本	20.8
127	马来西亚	10.3

由于西式快餐在中国的迅速发展，预计到2015年年底，仅在中国大陆各省区的肯德基快餐店有4 000家左右，麦当劳快餐店2 000家左右，各类比萨店1 000家左右。这些快餐店大多分布在中国地区级以上的300多个大中城市（275个地级城市+28个省会城市+4个直辖市）。目前中国总人口约13.7亿，其中总城镇人口约7.5亿，大中城市人口约2.5亿（按1/3的人口生产在地区级以上的大中城市估计），平均每个西式快餐厅需要为3.57万人服务，而在美国，仅麦当劳快餐店就可达到13 000多家，各种快餐店至少30 000家以上，平均每个快餐店为1万人服务。美国马铃薯人均消费量约为中国的2倍，其主要方式是冷冻薯条，这些快餐店发挥了非常重要的作用。随着西式快餐店在中国的不断发展，也将促进中国大中城市人均马铃薯消费量的增长。

1.2.3　加工现状

直到20世纪90年代后期，中国马铃薯加工业才开始从传统的手工作坊式加工（主要是粗淀粉及其制作的粉条和粉丝等产品）向深加工转化，加工产品包括马铃薯精淀粉、变性淀粉、薯条、薯片和全粉等。目前，中国各类马铃薯加工企业约5 000家，其中大型加工企业约150家，但精、深加工所需要的鲜薯量不到全国总产量的5%。目前，中国传统的加工业仍在发挥一定的作用，马铃薯粗淀粉、粉丝、粉条、薯干等产品仍深受广大消费者喜爱，这些传统加工产品所使用的原料量高于上述精深加工产品。

1.2.4　进出口现状

根据FAO统计资料，2011年中国马铃薯鲜薯进口量为22 723吨，出口量为376 995吨，净出口量为354 272吨；冷冻马铃薯进口量为175 188吨，出口量为28 418吨，净进口量为146 770吨。全年进口额为20 586.2万美元，出口额为20 845.5万美元，贸易顺差为259.3万美元。到2013年，中国马铃薯产品进口额为19 160.36万美元，出口额为18 557.64万美元，贸易逆差为602.72万美元（罗其友等，2015）。这些数据说明中国的马铃薯国际贸易量还是相当小的，因此未来发展潜力巨大。

2　中国马铃薯产业可持续发展面临的挑战

中国马铃薯产业经过近几十年的发展，已经形成了规模大、门类齐全的产业链。马铃薯年种植面积和总产量稳居世界第一。形成了从马铃薯育种、种薯生产、商品薯生产、农资供应（包括农药、化肥、机械、包装材料等）、产后贮藏、现代利用、批零市场、进出口贸易等完整的产业链。政府部门也相继出台了一些促进马铃薯产业发展的优惠政策，特别是2015年又启动了马铃薯主食化战略，为马铃薯产业的可持续发展带来了机遇。然而，我们也面临着一系列的挑战，需要采取正确的应对措施。

2.1　马铃薯市场容量

未来中国马铃薯种植面积到底可以达到多少？到底需要生产多少马铃薯才能满足市场需求？是不是生产的马铃薯都能够消费或加工利用完？恐怕现在没有人能够说得清楚。中国曾有过833万公顷（1.25亿亩）和1.875亿吨（产量22.5吨/公顷），也有乐观的1 000万公顷（1.5亿亩）和3亿吨（30.0吨/公顷）的规划。但不管何种规划，有一点是明确的，那就是除了人均消费量要大幅度增加外，还需要有其他的出路，如加工利用、出口其他国家等。在中国11个连片特困区中，7个是我国马铃薯主要生产区域，人均马铃薯生产量远比其他地区高。例如，在甘肃省定西市、内蒙古乌兰察布市、陕西省榆林市和贵州省毕节地区，农村人均马铃薯生产量超过了1 000千克（表3）。马铃薯是这些地区农村人口的主要粮食来源，也是重要的经济收入来源。马铃薯市场和马铃薯价格直接关系到粮食安全和经济收入。要增加马铃薯的消费量，有几个方面工作需要加强：

一是提高公众对马铃薯的认识。目前，大部分普通消费者仍认为马铃薯是一种穷人吃的食物，只有米、面等主粮不够时才吃它。联合国粮农组织曾把2008年定为国际马铃薯年，就要希望通过一系列的宣传活动，让更多的消费者知晓马铃薯的营养价值，从而增加马铃薯的消费。与其他粮食作物相比，马铃薯确实有低脂、低热、低钠、低可溶性糖、营养成分齐全、富含维生素、高钾等特点，适合所有年龄段的消费者。

二是增加马铃薯的消费方式。尽管马铃薯在中国有400多年的食用历史，但大部分仍是以各种菜肴的方式进行食用。全国各地有数百种菜肴和家用主食的制作方法，在中国人如何吃马铃薯一书就收录了300多种各类食用方法（屈冬玉和谢开云，2008）。2015年以来，农业部提出马铃薯主食化战略，为促进马铃薯多元化消费发挥了重要作用。除了将马铃薯加入到中国传统的主食产品（馒头、面条、包子、饺子、面包等）之外，将马铃薯直接烤熟、蒸熟、煮熟或做成薯泥等也可以当作主食，还可以将马铃薯掺和到米（如西南地区的土豆炕饭）、面（如坝上地区的傀儡）等传统主食做法中，增加马铃薯在主食中的比例。

三是要开发适合中国人饮食习惯的健康产品。国外消费量最多的马铃薯产品是马铃薯条和马铃薯片，它们都是经过油炸的，含油量较高，对运动量较大的青少年是一种不错的选择，但对中老年消费者则不太适宜。中国糕点制作历史悠久，利用传统工艺，以马铃薯为原料，应当可以生产出适合中国人口味的各种健康、方便食品。

四是利用“一带一路”的战略，加强国际合作，将中国马铃薯推向世界。中国在亚太地区具有优势的地理位置和优越的自然气候条件。随着中国与周边国家的经贸往来增加，马铃薯鲜薯（包括种薯和商品薯）及其制品有可能销售到中国以外的市场，特别是东南亚一些种植马铃薯条件差、成本高的国家。中国政府出巨资支持国际马铃薯中心亚太中心（中国）的建立，就是为促进亚太地区薯类研发所采取的一个重要举措。借鉴国际先进国家马铃薯产业发展的成功经验，也可促进中国及亚太地区马铃薯产业的发展。

表3　中国连片特困区代表性市州马铃薯人均占有量（2014年资料）

连片特困区	市州名	农村人口（万人）	种植面积（公顷）	总产量（万吨）	人均占有量（千克/人）
六盘山区	定西市	267.55	193 693	520.07	1 944
秦巴山区	达州市	548.00	97 733	183.00	334
武陵山区	恩施土家族苗族自治州	278.96	126 667	152.00	545
乌蒙山区	毕节地区	651.00	351 333	764.00	1 174
大兴安岭南麓山区	齐齐哈尔市	365.10	141 333	325.00	890
燕山—太行山区	乌兰察布市	205.58	268 333	340.00	1 654
吕梁山区	榆林市	156.13	174 667	254.00	1 627

2.2 马铃薯产业的能力建设

要促进马铃薯产业的可持续发展，科技能力、生产能力、加工能力、贮藏能力和管理能力的建设是非常重要的。

（1）科技能力建设包括马铃薯种质资源、新技术和新方法的创新等。通过生物技术和常规技术相结合，它能提高马铃薯新品种的选育效率，保证有持续不断的新品种应用于生产，减少农化产品的使用量，提升产品品质；通过多用途马铃薯新品种的应用，将进一步开拓马铃薯的消费和利用领域，有利于解决上述的市场容量问题；通过种薯技术的创新，将降低种薯生产成本，提高种薯质量。

（2）生产能力建设包括提高机械化程度和创新生产方式，可提高马铃薯生产能力，保证在马铃薯种植面积进一步增加时，有足够的能力进行马铃薯生产。

（3）加工能力建设包括加工技术产业化，研发新加工技术和研制更多的加工新产品，特别是生产出更多适合中国人民及亚太地区各国人民的加工产品，促进马铃薯消费和增值增效。

（4）贮藏能力建设包括研发高效、低成本的贮藏方法和改进的贮藏技术，大大减少马铃薯产后损失，增加产业链各相关利益方的收入。

（5）管理能力建设包括马铃薯产前、产中和产后管理和经营能力，特别需要通过加强种薯质量监控能力的建设，提高我国脱毒种薯的质量，既可以提高我国马铃薯的单产水平，还可以将我国生产的优质种薯销售至东南亚各国。通过管理能力的提高，可以优化资源配置，降低生产成本，减少产后损失，保证产品销售渠道通畅。

2.3 因地制宜地利用自然资源

人均耕地面积小和水资源缺乏是我国农业的基本特点。长期以来，我国马铃薯生产所用的土地一般都是条件比较差的地块，表现为养分贫瘠、缺乏灌溉、面积小、不平整，其他作物难以生长。由于中国地域辽阔，自然资源（土、光、水、热资源等）类型及组合丰富。按照中国各地马铃薯栽培制度、种植类型、品种类型及分布等历年资料，结合马铃薯生物学特性，参照地理、气候条件和气象指标，将我国划分为4个马铃薯栽培区域，分别为北方一作区、中原二作区、南方二作区（冬作区）和西南单双季混作区。这是中国老一辈马铃薯科技工作者对世界马铃薯科研的重要贡献，在“一带一路”所包括的各个国家的马铃薯生产都可与中国这一分区原则对应起来。由于适应性强而且抗旱耐瘠，马铃薯在中国各省区都能种植，而且，种植面积在三种自然条件下都有较大的增长潜力。一是在干旱半干地区，其他作物难以生长，而马铃薯只需要从品种选择（如选用抗性品种）、种薯使用（如使用整薯播种）、水肥一体化栽培技术配套（如覆膜种植）上稍作调整，就可能使马铃薯种植面积有较大的增加。二是在冬小麦种植区域，特别是华北缺水地区，可利用马铃薯部分替代小麦种植，可以使马铃薯种植面积得到增加。通过提高雨养农业技术，可以增加马铃薯在这类地的产量和效益。三是我国南方稻区，在10多个南方省区中，每年有2亿多亩冬闲稻田，其中部分可以用来种植一季马铃薯而不影响水稻的正常种植（谢开云等，2010）。由于冬季适合的水、热、温、光资源条件较好，冬作马铃薯可以达到较高的产量和品质。上市时正值马铃薯供应淡季，马铃薯价格较高，不仅可以保证粮食安全而且可以增加农民收入。只要南方冬闲田中20%～25%的面积用于种植马铃薯，全国马铃薯种植面积很容易增加200万公顷。

在2015年农业部制订的《全国农业可持续发展规划（2015—2030年）》（2015年5月20日农业部等8部委联合发文）中，将全国划分为优化发展区（分东北区、黄淮海区、长江中下游区和华南区）、适度发展区（西北及长城沿线区和西南区）和保护发展区（青藏区和海洋渔业区）。明确提出要在适度发展区（西北及长城沿线区和西南区）扩大马铃薯种植，在保护发展区（青藏区）适度发展马铃薯生产。

此外，我国马铃薯单产水平略低于世界平均水平，马铃薯在各地的生产潜力还远没有发挥出来。通过近年全国各地高产创建活动的实施，各地的增产潜力一般都在50%以上，高的可以翻倍。2011—2013年连续3年的云南马铃薯高产创建活动中，各市、州马铃薯最少增产37.3%（种植面积大、生产水平较高的曲靖市），最高可增产237.5%（种植面积小、生产水平较低的文山州）（肖继坪等，2015）。

2.4 马铃薯产业支持体系

中国是一个农业大国，长期以来，中国政府对农业非常重视。在过去的10多年里，中央1号文件大多数都是关于“三农”（农业、农村和农民）问题的。但相对其他主要农作物（水稻、玉米、小麦、棉花、大豆）而言，马铃薯生产的优惠政策要少得多，各种补贴也少得多。要促进中国马铃薯产业的可持续发展，需要产业链的各相关利益方共同建立以下几个产业支持体系。

一是政策支持体系：10多年来，中国政府出台了一系列促进马铃薯产业发展的文件和措施。例如，2006年9月21日，农业部颁布了《农业部关于加快马铃薯产业发展的意见》农农发［2006］9号文件。近年来，中央1号文件中有一些政策是有利于促进马铃薯产业发展的，特别是2009年中央1号文件提出了“支持优势产区发展糖料、马铃薯、天然橡胶等作物积极推进蔬菜、水果、茶叶、花卉等园艺产品设施化生产”；2010年中共中央1号文件中，提出了要“完善农业补贴制度和市场调控机制”，明确表示要“扩大马铃薯补贴范围”。但对马铃薯产业而言，目前中国急需建立马铃薯种薯质量控制体系，以便在较短的时间内，提高我国真正合格的脱毒种薯数量和质量，提高我国马铃薯单产水平和增加农民收入。需要政府从政策和资金上支持马铃薯脱毒种薯的生产水平和质量监控体系，特别是种薯质量监控体系，应当由政府权威部门组织相关技术人员对马铃薯种薯生产的各个环节进行全程监控，对符合各级种薯质量标准的种薯，发给相应的质量证明（专用标签），将真正合格的脱毒种薯与其他未经检验的种薯区分开来，从而保证优质种薯生产者和优质种薯使用者的利益。

二是科研支持体系：2008 年将马铃薯列入中国现代农业产业技术体系的 50 个产业之一，增加了对马铃薯的科研经费投入。但相对上述主要农作物而言，马铃薯所获得的经费仍是较少。扩大马铃薯科研队伍和增加马铃薯科研项目是建立中国马铃薯产业科研体系的重点。

三是金融支持体系：马铃薯的产业链长，各环节需要的设施设备和资金投入都是相当大的，没有强大的金融支持体系是举步维艰的。种薯繁育、种薯和商品的贮藏、生产过程中的投入（种薯、农药、化肥、农机具等）、精深加工企业的兴建，都是需要大量资金支持的。马铃薯产业仍主要属于农业产业的范畴，而且投资大，资金回收周期长，短、平、快的资金运作模式不适合该产业。

四是市场支持体系：要促进马铃薯产业发展到较高水平和较大的产出时，能够通过健全的市场体系，发挥期货、批发、零售、网店、微店各种市场形式作用，将马铃薯及其产品顺利地销售出去。

3　结语

经历数百年，特别是近几十年的快速发展，中国马铃薯产业有了长足的发展，种植面积和产量均达到世界第一，精深加工业也初具规模，但马铃薯产业仍有较大的发展空间，种植面积、单产水平、加工利用、国际贸易等方面均有较大的增长潜力。

目前，中国马铃薯产业面临的主要问题或制约因素有种薯质量监控体系薄弱、小规模生产经营方式对优质种薯和先进技术的需求乏力、公众对马铃薯认识不全面（严重影响消费观念和消费量）、方便快捷的主食产品、加工产品、半成品缺乏、产业支持体系不完善等。

为促进中国马铃薯产业的可持续发展，我们需要进一步拓展马铃薯的市场容量，以市场为导向从事相关科研和生产；要加强产业发展所需要的各种能力建设，全面提升科研、加工、生产、贮藏和管理能力；要充分利用中国的自然资源，在扩大马铃薯种植面积的同时，提高马铃薯单产水平；建立产业发展所需要的强大产业支持体系，从政策、科技、金融和市场等全方位地提供服务。

参考文献

黑龙江省农业科学院马铃薯研究所．1994．中国马铃薯栽培学．北京：中国农业出版社．

卢肖平，谢开云．2014．国际马铃薯中心在中国：30 年友谊、合作与成就．北京：中国农业科学技术出版社．

罗其友，刘洋，高明杰，易晓峰．2015．中国马铃薯产业现状与前景．农业展望（3）：35-40．

屈冬玉，金黎平，谢开云．2010．中国马铃薯产业 10 年回顾（1998—2008）．北京：中国农业科学技术出版社．

屈冬玉，谢开云，金黎平，等．2005．中国马铃薯产业发展与食物安全．中国农业科学，38（2）：358-362．

屈冬玉和谢开云．2008．中国人如何吃马铃薯．新加坡科技出版社．

佟屏亚和赵国磐．1991．马铃薯史略．北京：中国农业科技出版社．

肖继坪，周俊，郭华春，谢开云．2015．从高产创建结果看云南马铃薯产量潜力，中国马铃薯．

谢开云，王晓雪，王风义．2010．我国冬闲稻田马铃薯生产的潜力与问题．中国马铃薯，24（6）：373-378．

全球粮食和农业

Percy W. Misika

（FAO Representation in China，DPR Korea and Mongolia）

1 食物权及粮食安全概念的界定

食物权作为一项人权在 1948 年《世界人权宣言》中第一次正式得到联合国的承认，其是拥有较好生活水准的权利的一个组成部分。《世界人权宣言》第 25 条规定："人人有权享受为维持他本人和家属的健康和福利所需的生活水准，包括食物、衣着、住房、医疗和必要的社会服务；在遭到失业、疾病、残废、守寡、衰老或在其他不能控制的情况下丧失谋生能力时有权享受保障。" 1999 年，经济、社会和文化权利委员会第 12 号一般性意见对此所作的权威性界定如下："当每个男子、妇女、儿童，单独或同他人一道在任何时候都具备取得足够食物的实际和经济条件或获取食物的手段时，取得足够食物的权利就实现了。"

当"所有人在任何世界都能够买得到和买得起足够、安全和营养的食物，以满足积极、健康的生活所需的饮食需求和消费偏好”（World Food Summit，1996）时，粮食安全得到实现。粮食安全是一个多元化的概念，包括粮食的可供性、可获性、稳定性和利用性。可供性指通过国内生产或进口有足够的、较高质量的粮食作为供给。可获性指个人有足够的资源（权利）从而获取营养饮食所需的食物。权利即一个人在所生活的社区的法律、政治、经济和社会背景下能够支配的所有商品（包括获得公共资源等传统权利）。稳定性指人口、家庭或个人在任何时候均能获得足够的食物，即粮食有保障，不会在突发事件（如经济危机或自然灾害）或周期性事件（如季节性粮食安全不足）发生后无法获得食物。因此，稳定性的概念既包括粮食安全中可供性的含义又有可获性的意思。利用性指在有足够的饮食、清洁水、卫生和医疗的条件下通过利用食物实现营养和健康的福祉，满足一切生理需求。这就突出了粮食安全概念中非食物的方面。

2 2015 年全球、地区和国家的粮食不安全状况

虽然全球的饥饿状况有所减少，但是仍然有大量的人口无法获得其积极、健康生活所需的食物。据估计，2014—2016 年，世界上有 7.95 亿人口营养不良（约 1/9）。营养不良人口的比例或称营养不良率已经从 1990—1992 年的 18.6%降至 2014—2016 年的 12.9%，即随着全球人口的增长，营养不良的人口呈下降态势。自 1990—1992 年起，世界营养不良人口已减少了 2.16 亿（21.4%），尽管同期全球人口增加了 19 亿。饥饿人口绝大多数生活在发展中地区，2014—2016 年估计共有 7.8 亿人口营养不良。营养不良率在 2014—2016 年为 12.9%，比 1990—1992 年降低 44.5%。

2015 年是联合国千年发展目标（1c）的最后一年。就发展中地区的整体情况来看，千年发展目标 1c 的两个方面均有所进展，营养不良率和 5 岁以下儿童体重过轻率均已下降。营养不良人口占总人口的比例已从 1990—1992 年的 23.3%降至 12.9%。129 个发展中国家中，有一半以上（72 个）已经实现了 1c 关于减少饥饿的目标。拉丁美洲、东亚东南亚、高加索地区和中亚以及北部和西部非洲均取得了较快的进展。南亚、大洋洲、加勒比海地区、南部和东部非洲也有所进展，不过速度缓慢，无法按时达到使长期营养不良人口减半的 1c 目标。

亚太地区到 2015 年饥饿人口已减少一半，成功实现了千年发展目标（1c），该地区营养不良人口数量的减少量居全球首位（2.36 亿）。然而，这还不足以实现世界粮食峰会设立的到 2015 年将营养不良人口减少一半的目标。亚太地区营养不良人口占到全球营养不良人口的 62%，至今仍有 4.9 亿人口长期营养不良。除热量摄入不足外，营养不良在该地区的主要表现还包括 5 岁以下儿童发育迟

缓，而微量元素缺乏在各年龄段人口中均非常普遍。

在中国，根据联合国粮农组织（FAO）发布的《地区粮食不安全状况概览——亚洲太平洋地区》，中国的营养不良人口已从1990—1992年的2.89亿降至2014—2016年的1.338亿。中国同时大幅降低了儿童发育迟缓率，从1990年的32%减至2010年的9%。《概览》指出，亚太地区，尤其是东亚，在经济增长和减少贫困方面取得的显著进展主要得益于中国的推动。中国还促使该地区转变了粮食消费的模式，东亚人口从谷物和块茎块根类作物获得热量的比例（25%）有所下降。在购买力方面，中国是该地区人口最多的几个国家中唯一一个2013年人均国民生产总值购买力平价超过地区平均水平的国家。

3 2050年全球粮食和农业预测

到2050年，世界人口将增加34%，达到91亿，其中绝大多数新增人口都来自于发展中国家；城市化的进程会加快，届时70%的世界人口会居住在城市，人口收入水平会翻几番。

为了养活规模越来越庞大、也更加富裕和城市化的人口，粮食生产要扩大70%。年谷物生产量应增加到30亿吨，肉类生产量则要增至4.7亿吨。

4 全球粮食安全：前提、风险和挑战

若要保证能够实现粮食生产增加70%和人人都能获得足够食物的目标，现在就要采取行动。第一，加大对提高可持续农业生产能力和促进农村发展的投资。应通过加大公共和私人部门的投资及改善对农民的激励措施，使对发展中国家农业的投资至少增加60%。第二，推进技术变革，促进生产力提高。要更加重视农业技术的研发和推广，提高产量和生产效率，到2050年养活足够的世界人口。第三，贸易、市场和对农民的扶持。对于越来越多的国家来讲，粮食安全会更加依赖国际贸易和稳定的进口，因此全球市场需要更加有效地运行。

一系列风险和挑战可能会严重影响全球粮食和农业系统满足未来人口对食品、饲料和纤维的需求。最严峻的一个莫过于，尽管总体粮食供给增加，但由于缺乏获得收入的机会或有效的社会安全网，或者由于最贫困的人口长期陷于饥饿和贫困的恶性循环难以自拔，饥饿和营养不良状况可能仍然存在，甚至恶化。

另外一个愈加严峻的挑战是气候变化，其对发展中国家的影响可能更大。气候变化会导致气温升高，空气中二氧化碳浓度提高，降水量改变，病虫害和杂草更加多发，进而影响到农林系统。预计全球地表的平均温度到2100年会提高1.8～4.0℃。而温度的升高或多或少地影响到粮食安全的各个方面：粮食生产和

粮食可供性，粮食供应的稳定性，粮食的可获性和利用性。

随着能源价格的上涨，出现了第三个挑战，即越来越多地使用农业原料生产生物燃料，导致粮食和饲料的进一步短缺。根据经合组织和粮农组织的联合预测，到2018年，全球生物燃料的产量会增加到1 920亿升，主要决定因素包括原油的价格和主要国家对生物燃料生产的扶持政策等。

5 全球营养状况

提高营养水平对于消除饥饿必不可少。尽管各国都已经取得了一些进展，但减少饥饿和营养不良的总体步伐仍极度缓慢。营养不良状况，包括营养摄入不足、微量元素缺乏和肥胖症，在所有国家和社会经济阶层的人口中都存在。在最贫穷国家，营养摄入不足和微量元素缺乏是目前最严重的问题。世界卫生组织（WHO）估计，每年近1 000万5岁以下儿童夭折，其中1/3由于营养摄入不足。在发展中国家，有1/3（1.71亿）的5岁以下儿童由于长期营养不良而发育迟缓，另有1.48亿儿童体重过轻。成人维生素A和碘的缺乏状况主要由于饮食中微量元素摄入不足导致，在非洲、亚洲均占总人口的30%～40%，拉丁美洲10%～20%。这些地区妇女（非孕妇）铁缺乏现象也非常严重。令人不安的是，尽管广泛地采取了营养强化措施，发放营养补充剂和具有治疗作用的食品，营养状况仍然不容乐观。

各种形式的营养不良（营养摄入不足、微量元素缺乏和营养过剩）对于国家医疗健康体系和国家的整个文化、经济和社会发展都是一种令人难以忍受的负担，也大大阻碍了人类的发展和潜力的实现。虽然应对营养不良带来的经济、财务和人类发展方面的成本非常高昂，然而预防营养不良的成本则要低很多。因此，投资提高营养水平，不仅在道义上义不容辞，也符合经济原则，其能够提高生产力和经济增长率，降低医疗成本，促进教育水平、智力能力和社会发展水平的提高。

6 马铃薯——实现粮食和营养安全的途径之一

将2008年设为世界马铃薯年，提高了人们对于马铃薯作为人类主粮重要性的认识，也提出要通过促进可持续马铃薯生产系统的发展，提高生产者和消费者的生活水平，发挥马铃薯作为“未来的粮食”之潜力。

马铃薯因其与农业各个方面关系密切，如粮食安全、营养、生物多样性、性别、经济、水资源、水土保持、病虫害等，将成为应对全球粮食和营养安全挑战的重要组成部分。

马铃薯应成为为贫困和饥饿人口提供营养丰富食物方面战略的关键部分。马铃薯适合在土地资源有限、劳动力资源丰富的地区种植，而大多数发展中国家都符合这个特征。与其他主要的粮食作物相比，马铃薯的营养更加丰富，生产周期短，节省用地，能够在恶劣的气候中生长。而且，马铃薯可食用部分高达85%，而谷物只有50%左右。

在营养方面，马铃薯碳水化合物含量高，能够提供较多的热量。在块根块茎类作物中，马铃薯的蛋白质含量最高（鲜重2.1%），而且蛋白质品质好，其氨基酸的组成完全符合人体需求。马铃薯还含有丰富的维生素C，一个中等大小的马铃薯含有一个成人每天所需维生素C的一半、所需钾的1/5。

世界马铃薯生产呈增长趋势，并超过了发展中国家其他主要粮食，特别是在亚洲。虽然欧洲马铃薯消费出现下降，在发展中国家则在增加，从1961—1963年的10千克（22磅）增加到2003年的22千克（48.5磅）。发展中国家的马铃薯消费量仍然不足欧洲的1/4，但是有迹象表明，其马铃薯消费将来会出现较大增长。

中国农业发展与粮食安全

柯炳生

（中国农业大学）

首先，祝贺世界马铃薯大会的召开！我很高兴也很荣幸参加这次大会，并就中国的农业发展和粮食安全问题做一简要报告。根据中国的习惯，在每年的农产品生产统计中，马铃薯一向是与大米、小麦、玉米和大豆等并列，统计为粮食的。因此，希望我提供的有关中国农业和粮食安全的总体背景情况，对于各位讨论马铃薯问题，有一些参考作用。

我在以下报告中，将着重谈三个方面的问题（issues）：如何判断农业发展的形势？现在面临的主要挑战是什么？如何确保未来的粮食安全？

第一个问题，如何判断中国农业发展的形势？

从1978年实行改革开放政策以来，中国的农业生产获得了快速发展，各种主要农产品的产量均大幅度增加。1978—2014年期间，粮食生产总量从3.03亿吨增加到6.07亿吨，正好翻了一番。平均每年的增长速度是2%。而肉蛋奶等畜产品和蔬菜水果等园艺产品的增产幅度更大，其中，肉类生产增加了6倍，牛奶增加了30倍。水果的产量，仅仅自2000年以来就增加了3倍。

就近年来的情况而言，也取得了很大的成绩：中国的粮食生产已经连续增产

11 年，这是史无前例的。

然而，在粮食生产十一连增的同时，粮食的进口也是十一连增。中国的粮食进口在 2000 年不到1 400万吨，而 2014 年已经超过 1 亿吨。2011 年以来，主要农产品均为净进口，包括大米、小麦、玉米、大豆、棉花、食糖和植物油等。

大量进口的原因很多，其中最主要的有两个：一是尽管连续多年增产，但是国内需求的增长速度更快，超过了生产的增长。长期以来，对粮食需求增长的预测是每年 1%左右，而实际上应该在 2%左右。2000 年国家预测，到 2020 年粮食的需求总量为 5.8 亿吨左右，而这个需求数量在 2010 年就达到了。需求增长的原因包括人口的增加、人均收入水平的增加以及工业生产发展的需要等。而其中一个非常重要的因素，是农民工的粮食消费需求。中国统计局每年对消费者家庭的食品消费进行抽样调查，调查分为两大类别：城镇居民家庭和农民村居家庭。而这两类家庭调查中，均不包括总量为 2.7 亿的农民工。根据中国农业大学研究人员过去两年的抽样调查，农民工的平均粮食消费水平明显高于城镇居民，更是远远高于农村居民。

从国内生产增长和进口增长的具体农产品类别看，也能够看出需求的压力在哪里。2000—2013 年间，粮食生产增加了 1.4 亿吨，其中主要是玉米，超过 1.1 亿吨。同期粮食进口增加了6 400万吨，其中5 300万吨是大豆。这反映出需求的增加绝大部分是对玉米和大豆的需求。实际上，这是对畜产品需求的增加，因为增加的玉米和大豆主要是用于畜禽生产饲料。2014 年进口的大豆数量为7 140万吨，按照中国大豆的亩产水平，如果用国内土地生产这么多的大豆，需要将近 6 亿亩土地。这几乎是中国耕地总面积的 1/3。

大量进口的另一个重要原因是进口产品的价格比较低。或者说，近年来，中国农产品价格增长得比较快，显著高于国际市场价格。中国农产品价格增高的主要动力，是土地和劳动力成本的增长，尤其是劳动力成本增长很快。据测算，现在棉花人工采摘成本已经占到棉花销售价格的 40%，甘蔗人工收割的成本也占到食糖价格的 30%左右。农业劳动力成本增加的主要原因是越来越多的农民外出打工，外出打工收入的增加抬升了农村劳动力的价格。

需求的增长和劳动力成本的增加都是刚性的，基本上是不可逆的。因此，现在和未来相当长一个时期中，保障中国的农产品供求平衡和国家粮食安全，形势仍然是严峻的，是不容过于乐观的。

第二个问题，现在面临的主要挑战是什么？

中国农业现在以及未来一个时期内所面临的挑战，可以用一句话概括：如何用越来越少的耕地、越来越少的水资源、越来越少的农业劳动力，生产出更多、更好、更安全的农产品。

中国的耕地面积一直在下降，每年约减少五六百万亩。这是官方统计数，实际的减少面积可能更多一些。地方政府和企业都有很高的积极性，通过各种名目把农业用地转变成为非农业用途。由于城市化、工业化和现代化的发展需求，未来必然还会有更多的耕地转变为非农业用地，变成城市、工业开发区、飞机场、高速公路和高速铁路等。如果耕地保护政策执行得严格一些，只可能是减少耕地下降的速度，但并不能从根本上改变耕地不断减少的这个总体趋势。

水资源短缺的问题日益突出。全国的几乎每一个地区都有水资源问题，而问题最突出的是西北地区和华北地区。西北地区天然降水很少，很多地方依赖雪山融化形成的水来灌溉农田，水的数量决定了农田的数量。华北地区严重依赖地下水灌溉，很多地方的水井深度已经超过了 300 米。由于超采而造成地下水位不断下降，有些地方每年下降 1 米以上。这样的水资源利用方式是难以持续的。京津冀三地，每年生产的小麦为 1 400 万吨左右，所耗费的水量约为 140 亿立方米，这相当于南水北调工程全部的水量。华北地区的水资源问题已经不仅仅是农业的问题了，而是整个地区未来的生活用水问题了。

中国现在的水稻和小麦的面积，30 多年来一直呈下降趋势。最主要的原因之一，也是因为水资源的限制。一些地方如北京周边的稻田由于水资源短缺而退出水稻种植，而新稻田的开垦由于水资源的限制也很少。由于水稻和小麦面积减少，尽管单产水平不断提高，而这两种粮食品种现在的总产量，与 15 年前的水平基本相当，没有明显增加。

农村劳动力大量外出到城镇去打工，在大大提高了农业劳动力成本的同时，也对农产品播种面积产生了不利影响。南方很多地方以前每年种植两季作物，现在也改成一季了：有的地方把双季稻改为单季稻，有的地方原来在冬季种植油菜现在也弃荒了。

综合各个方面的因素，未来相当长一个时期中，现有的耕地将继续被占用，而新开垦耕地的潜力由于水资源和生态环境条件的限制不可能很多，中国的总耕地面积只可能减少，不可能增加。增加农产品生产的唯一希望，只能是不断提高单产水平。单产提高的速度，需要同时满足两个方面的要求：弥补耕地面积的减少，满足食品需求数量的增加。

粮食的单产提高幅度，在改革开放的前 20 年中，提高的速度比较快，平均年增长率约为 3%。而近 15 年来不到 1.5%，其中水稻的年增长率仅仅为 0.5% 左右。提高单产的难度越来越大。而如前所述，中国对粮食需求的增长，每年约为 2%。这种对比关系，意味着供求平衡的挑战压力很大。

第三个问题，如何确保未来的粮食安全?

我认为，需要从四个方面进行努力，来确保中国的国家粮食安全问题。

第一，要不断加强国内生产能力。这是关键基础。这首先需要严格执行好保护耕地措施，确保 18 亿亩耕地的红线。要通过各种严格措施，制止违法占用农地行为。同时，也要不断提高非农业用地的效率。要强化农业基础设施建设，包括农田整治、水利设施、中低产田改造等；要继续大力推行农业机械化，不断提高农业机械化率，用更多的机械取代人工劳动，降低劳动成本；要加强农业科技创新，力争通过新的种子和新的耕作措施，不断提高单产水平，使得平均每年单产提高的速度保持在1.5%以上；要鼓励土地向种田大户手中流转，不断提高农业经营规模，从而有利于提高单产和降低成本；要通过各种方式，提高农民的素质和市场组织化程度，从而更好地利用好新的农业科技；要加强各级政府在市场信息、技术推广、动植物疫病防治、食品安全监管等方面的公共服务。

第二，要不断提高粮食转化效率。这也就是提高畜牧业的生产效率，尤其是饲料转化效率。饲料转化率提高10%，将相当于增加2 000多万吨粮食生产。这涉及饲料饲养、畜禽疫病防控等。畜禽的规模化养殖是提高畜牧业生产效率的重要途径。

第三，要逐步引导消费结构调整。消费结构的调整，涉及很多因素，也是一个比较缓慢而逐步的过程。应增加对玉米、马铃薯、蔬菜、水果和水产品等方面的直接消费，而减少对稻米的需求。我赞同中国农业部提出的马铃薯主粮化战略。马铃薯适于在土壤和降雨条件较差的区域种植，具有较大的面积扩展和单产提高潜力。关键是研发出适合消费者直接作为主粮消费口味的品种和适应现代社会生活习惯的马铃薯加工产品。相信本次世界马铃薯大会的召开，将对促进中国马铃薯的消费起到积极的推动作用。

第四，可以适当进口，以弥补国内生产不足。进口的产品主要应是土地密集型产品，包括大豆、油料、棉花、小麦等。从长期看，中国的谷物自给率保持在90%以上，包括大豆在内的粮食自给率保持在80%以上，是可以接受的。

马铃薯在全球粮食安全中的作用

Barbara H. Wells

(International Potato Center，Lima，Peru)

1 马铃薯的适应范围

非常高兴有机会和各位马铃薯界的同仁共同探讨马铃薯的发展。马铃薯不仅是我个人特别喜欢、热爱的一种作物，也是我所在机构国际马铃薯中心的主要研究对象。

目前，世界上有10多亿人以马铃薯为主粮。实际上，中国本身就是全球最大的马铃薯生产国和消费国。由于马铃薯适应性广、容易栽培、营养价值高，因而马铃薯在发展中国家的消费量稳定增加。马铃薯深受人们的喜爱，对提高全球的粮食安全和营养水平发挥着积极的作用。

尽管食用马铃薯的人数在不断上升，但全球饥饿指数表明，全球仍有56个国家的饥饿情况处于“严重”至“极其严重”的水平。其中，南亚的饥饿率最高，撒哈拉以南非洲的形势也极为严峻。在国际马铃薯中心总部所在地秘鲁，虽然这里是马铃薯的发源地，但仍有许多人每天在忍受着饥饿。

尽管全球有10多亿人食用马铃薯，但是每天仍然有很多人在饥饿中挣扎。马铃薯让我们找到了战胜饥饿的武器，让人们摆脱贫困。它可以在世界各地种植，已经是人们餐桌上必不可少的一部分。它营养丰富，是一个经济作物。那么，如果真是这种情况，为什么亚洲、非洲和南美洲仍有这么多人处于饥饿中?

如何让马铃薯在粮食安全中充分发挥作用，是我们作为马铃薯产业领头人所必须面对的挑战。据估计，到2050年，地球人口将增至90亿。如何养活不断增长的人口，确保粮食安全?确保粮食安全不仅仅是非政府组织、政府或国际性机构的工作和任务，它与私营机构以及世界经济的发展都密切相关。每年全球因饥饿造成的损失占到国民生产总值（GDP）的2%～3%，而为减少饥饿每投资1美元就可以获得30美元的收益。因而，增进贫困人口粮食安全，实际上也是在改善全球人民的集体福祉，可谓水涨船高。

2 建立合作

正如我刚才所说，要解决贫困人口的粮食安全问题，不应单纯依靠国际马铃薯中心这类组织或国家政府，而且应该让私营机构等相关方也积极参与进来，和政府机构及研发机构并肩奋斗。粮食安全问题涉及价值链的各个环节，应联合价值链中的所有参与方，包括生产者、小企业、种薯供应商、市场、消费者、卫生保健人员等，共同努力。

有例为证。在撒哈拉以南的非洲，优质马铃薯种薯的供应不足。大部分种薯带病率较高，导致产量较低。对于小农户来说，投资种薯风险大、成本高。薯农获取市场信息的能力不足，往往只能从收购商那里了解到哪些是加工厂所偏好的品种。然而，薯农在收获了马铃薯之后才知道，收购商提供的信息有误，他们种植的品种并不是加工厂想要的品种。这也就意味着，他们刚刚收获的马铃薯失去了销路，薯农别无选择，不得不以低价卖给收购商。可见，当地从品种选择到市场销售的整个价值链非常不稳定，给本就贫穷的小农户带来了极大的困扰。

其实只要找到正确的措施，就可以起到四两拨千斤的作用。这里给大家讲个故事。故事的主人公叫古塔，是一个生活在埃塞俄比亚中部杰尔都山区的农民，现在在当地很有名气。然而，早在 2001 年时，古塔的生活非常贫困，没有钱上学，没有自己的土地可种植庄稼或饲养牲畜。他只好租了一块土地种植马铃薯，而这个马铃薯品种极易感晚疫病，导致产量很低。

古塔发现，别的农民种植的马铃薯产量之所以较高，原来是由于他们花高价购买了较好的种薯。于是，他也决定去碰碰运气。古塔购买了 8 千克由当地农业研究中心提供的优质种薯，并参加了研究中心举办的培训班，学习如何正确地种植马铃薯。他学以致用，使马铃薯产量显著提升。他还开始自己生产健康种薯，贮藏并卖给他的邻居用下一季的种植材料。

如今，古塔种植马铃薯的面积不断扩大，他还将土地租给他的邻居，每天都需雇用一些劳动力为他工作。他已经成为了模范农民，在自己脱贫致富的同时也引导所在的社区走向富裕。

可以说，古塔的粮食安全得到了保障。

3 粮食安全

可“粮食安全”是什么意思呢？下面我们花几分钟的时间讨论一下粮食安全的含义。联合国粮农组织（FAO）认为，“所有人在任何时候都有能够在物质上、社会上和经济上获得足够、安全和富有营养的粮食，来满足其积极和健康生活的膳食需要和食物喜好”时，才实现了粮食安全。长期以来，粮食安全被认为是粮食供需的平衡。政府的政策往往仅限于提高农业生产水平或者减缓人口增速，一些地方现在仍是如此。为了实现真正的粮食安全，粮食要供给充足，我们要能够获得粮食，并且粮食质量好、供应稳。粮食安全的四个支柱就是粮食的可供性、可获性、质量和供应的稳定性。

所以，粮食安全不仅仅是供应的问题。发展中国家马铃薯消费量的增加，促使这些国家马铃薯的生产量已超过发达国家（表 1）。在亚洲、非洲和拉丁美洲，马铃薯的生产量已由 20 世纪 60 年代早期的 3 000 万吨增至 2012 年的 2.19 亿吨。因此，马铃薯具备可供性和可获性。

表 1　1994—2012 年马铃薯生产量对比情况表

国家	1994	1996	1998	2000	2002	2004	2006	2010	2011	2012
发达国家	168.69	193.59	162.25	182.04	163.58	171.79	155.25	143.88	157.5	157.5
发展中国家	102.38	117.71	131.41	146.51	152.41	157.77	159.12	180.53	216.7	216.7
全球	271.07	311.31	300.67	328.55	315.95	329.56	314.37	324.42	374.2	374.2

资料来源：FAO 数据库。

世界上有几百万农民以马铃薯为食物和收入来源。在同等土地面积的条件下，马铃薯的单位面积产量要高于其他主要作物，而且生长周期较短。马铃薯的全球交易十分有限，还没有进入国际上主要的商品交易所。也就意味着，马铃薯投机活动少，价格波动小，可以为农民带来比较稳定的收入。马铃薯也因此成为一种可靠的粮食安全作物，可以缓解世界粮食供需紧张的状况。

马铃薯已然非常普遍，所以目前的问题不是向不熟悉的人群引进一个新作物。国际马铃薯中心曾向东部非洲推广橙色薯肉甘薯，这对当地人来讲是一种全新的作物，所以中心只好先进行宣传，普及相关知识，当地人才逐渐接受。而马铃薯并不是这种情况，即使在贫困地区，马铃薯也早已进入人们的生活。

短期来看，在马铃薯消费稳定且又有饥饿状况存在的地区，推广改良品种是比较有效的办法。在世界上很多地区，马铃薯都是人们的主要食粮。中国、秘鲁、玻利维亚、卢旺达、塔吉克斯坦、哈萨克斯坦等国人民几乎每顿饭都有马铃薯，甚至在自家菜园里就种植马铃薯。所以，不用担心会遇到推广新作物时面临的困难，鼓励增加消费也不会难度太大。可以说，已经成功了一半。在这些国家，还有大量的人口生活在贫穷和饥饿中，而引入改良品种、改善种薯体系可以帮助解决这一问题。比如，在中亚地区，微量元素含量高的早熟马铃薯品种不但可以提高农民的收入水平，而且还能缓解微量营养元素缺乏的状况，可谓一举两得。

在塔吉克斯坦和哈萨克斯坦，马铃薯是主要食粮。与之类似，中国也增加了马铃薯的生产和消费，马铃薯有望成为增进中国粮食安全、提高营养水平的重要手段。

4 马铃薯主粮化

马铃薯在中国的发展前景非常广阔。2015 年年初，中国提出马铃薯主粮化战略。中国的马铃薯生产增长迅速，已从 1985 年的 2 700 万吨增至 2012 年的 8 000万吨，后者是前者的 3 倍多。中国是世界上最大的马铃薯生产国，产量占全球总产量的 23%。然而，马铃薯的生产面临着严峻的挑战。最大的挑战来自于晚疫病，估计其每年在发展中国家造成的损失高达 100 亿美元。这对马铃薯生产者是极大的打击。因为马铃薯既是他们的主要食粮，也是收入的重要来源。在中国的很多地区，晚疫病都是影响产量的主要因素，尤其是西南山区。而当地农民生活贫困，对晚疫病束手无策。

不难看出，在已经生产和消费马铃薯的地区推广改良品种和价值链，可以有效地提高粮食安全水平。国际马铃薯中心利用地理空间科学，分析了马铃薯在当地的重要性及其与农民生计的关系，从而确定了中心开展研发工作的重点地区。马铃薯在以下地区与农民的生计呈正相关：

- 撒哈拉以南非洲高海拔地区
- 南美洲安第斯山区

- 南亚印度恒河盆地
- 中国
- 中亚、西亚

根据这些地区的实际情况，可以为贫困农民尤其是妇女提供支持，提高生产效率，促进与市场对接，从而提高小农户的收益率，并且增加当地就业。通过以上措施，帮助提高当地小农户的生活水平。

5 扶贫品种

下面我暂时转移一下话题，谈谈品种问题。大家都知道，马铃薯多样性丰富。我常说，你随便说一个农业生态区，我基本上都能找到适合这个区域的马铃薯品种。马铃薯的多样性正是它的优势。不过，要了解马铃薯的真正价值，还要看它所在的生产系统和它在其中的作用。

多年来，通过在缺乏粮食安全的地区开展育种和价值链工作，国际马铃薯中心创造出“扶贫品种（Pro-poor Varieties）”这个词语，是指中心开发的能够帮助弱势群体的马铃薯生产技术，弱势群体是最终受益者。扶贫技术就是在不增加投入成本（如使用杀菌剂或频繁换种）的情况下提高生产效率的技术。此外，扶贫技术还可以弥补当地人口营养的不足，提高马铃薯抗病能力，并且不会对环境造成不良影响。

一段时间以来，国际农业机构都在探索扶贫的方式。我们应该更加重视马铃薯微量元素的含量、病毒抗性、产后管理和贮藏，使其成为扶贫战略的一部分。不仅国际马铃薯中心在寻求丰富扶贫战略的内容，其他科研和发展机构也在不断探索。不过，在世界人口持续增长的背景下，仍有必要进行改革，加快扶贫战略的实施。

如今，公共和私营机构合作的机会越来越多，双方联合开发出科学的解决方案，为贫困农民提供帮助。“参与式市场链方法”是公私合作的典型范例。通过促进小农户与市场的对接，在相互信任和知识共享的基础上建立合作，成效卓著。若方式得当，这种合作机制蕴含的潜在市场机遇能够促进生产，鼓励创新，帮助新产品上市，实现价值链的增值。

为了抓住机遇，提高粮食安全和营养水平，国际马铃薯中心在未来的 8 年中会重点开展两项工作：第一，我们将在亚洲的目标国家推广早熟马铃薯，提高当地生产系统的生产力和至少 700 万农户的收入水平；第二，在撒哈拉以南非洲推广市场销路好的生物强化品种及优质种薯，提高马铃薯生产效率和至少 60 万小农户的生活水平。

我说的“我们”是指在场的每一位代表。国际马铃薯中心希望大家一起努力，实现以上目标，增进粮食安全，改善营养水平。不要忘了，到 2050 年，世界人口会达到 90 亿。国际马铃薯中心深知，要想实现我们雄心勃勃的目标，必须寻找合作伙伴与我们并肩奋斗。我们在做好自己工作的同时，既需要私营机构的协助，才能加快创新；也需要政府机构的支持，像中国一样把马铃薯列为国家重点发展作物；更需要国家农业研发机构的帮助，共同开展项目等。

6 马铃薯在中国

世界马铃薯大会是一次重要的会议。她每隔三年召集马铃薯界的同行齐聚一堂，分享最新的科技成果，探讨马铃薯产业发展的前景，实属一大盛事。本届大会在中国举行也具有重要的意义。

因为，国际马铃薯中心亚太中心位于延庆的研发基地即将建设完成。

国际马铃薯中心为与中国政府合作建设亚太中心而深感骄傲和自豪。中心与中国的合作开始于30年前。自合作之日起到现在，中国已经从国际马铃薯中心引进了8 000多份种质资源，大大丰富了中国薯类种质资源的基础，极大地拓宽了薯类作物的遗传背景。以此为基础，中国的薯类科学家选育出了100多个薯类新品种。以马铃薯为例，在当今中国国内常用的100多个品种中，约有30%有国际马铃薯中心的亲缘背景，而这些品种在全国每年的生产种植面积和生产量中占到20%左右。

中心24和合作88是最具代表性的品种。

抗病无性系中心24于1978年引入中国，当年正是国际马铃薯中心进入中国的第一年。该品种的引入十分成功，在北方干旱地区广泛种植，目前年种植面积仍在7万公顷左右。

合作88由国际马铃薯中心和云南师范大学共同选育，1995年通过云南省审定。由于该品种晚疫病抗性强、产量高、商品性好，通过审定不到7年，种植面积就占到云南省马铃薯总面积的20%，并在四川省和重庆等西南地区广泛种植，还传播到相邻的越南和缅甸等国家。据估计，该品种目前年种植面积在40万公顷左右。

国际马铃薯中心还为中国培养了大批薯类方面的专业人才。20世纪80年代初，中国专门从事薯类作物的科研与推广人员很少。仅以马铃薯生产大省——云南省为例，全省马铃薯种植面积有20多万公顷，而专业科研人员只有3人。一个专业科研人员负责近7万公顷的马铃薯。随着中国经济与产业的快速发展，中国马铃薯研究人员现已超过500人，几乎是当年人数的20倍。2008年，农业部成立了国家马铃薯和甘薯产业体系，齐集了国内最优秀的马铃薯和甘薯专家。在国家马铃薯产业体系的24名岗位科学家中，有6人接受过国际马铃薯中心的资助出国学习，有11人参与过相关的项目工作。

简言之，在国际马铃薯中心与中国合作的30多年间，中国的薯类作物生产发生了巨大的变化。在一定程度上可以说，双方的合作及其成果发挥了重要作用。与1978年相比，2012年中国马铃薯单产从12.70吨/公顷增加到了15.81

吨/公顷，增长了 24.5%。

双方合作的成果与中国政府对马铃薯的重视是分不开的。对此，国际马铃薯中心深表感激。

毫无疑问，国际马铃薯中心大力支持马铃薯的发展，我们十分荣幸能有机会参加本次大会。2015 年，世界马铃薯界的面貌发生了很大的变化。全球马铃薯的生产和消费都达到了史上最高水平，在贫困地区推广扶贫品种和技术潜力巨大。请大家想一想，你们的工作和这些潜在的机遇有什么样的联系。无论你是做育种的科研人员，还是农机具的生产商，都应为增进粮食安全贡献一份力量。

今天有机会和这么多志同道合的马铃薯界同仁相互切磋，我深感荣幸。我希望，本次大会对您来说是一次珍贵的经历，丰富多彩的议程可以说明这一点。谢谢大家。

世界马铃薯市场：趋势，投资，洲际交易及对未来的影响

Cedric Porter，Guy Faulkner

（World Potato Markets）

1 趋势

尽管马铃薯已经是世界几十亿人的重要粮食作物，但是就世界持续增长的粮食需求来说，马铃薯的生产潜力还远远没有开发出来。

从产能来说，马铃薯是世界第五大作物。但是，过去 20 年来，马铃薯产能的增加仍然没有让其赶上其他作物，诸如玉米和水稻（表 1，图 1）。

表 1 世界重要作物（1993—2013）

年份	2013	2008	2003	1998	1993	变化（%）1993—2013
	产量（百万吨）					
玉米	1 018	831	645	616	477	+113.5
糖	930	877	879	769	759	+22.5
水稻	741	688	587	579	531	+39.5
小麦	716	683	560	594	565	+26.8
马铃薯	376	330	315	301	305	+23.3
木薯	276	233	192	163	163	+69.3
大豆	276	231	191	160	115	+140.0
	单产（吨/公顷）					

（续）

年份	2013	2008	2003	1998	1993	变化（%）1993—2013
	产量（百万吨）					
玉米	5.5	5.1	4.5	4.4	3.6	+52.8
糖	76.2	73.2	74.8	72	55.2	+38.0
水稻	4.5	4.3	3.9	3.8	3.6	+25.0
小麦	3.3	3.1	2.7	2.7	2.5	+32.0
马铃薯	19.5	18.2	16.5	16	16.5	+18.2
木薯	13.6	12.2	10.7	9.8	9.8	+38.8
大豆	2.5	2.4	2.3	2.3	1.9	+31.6
	面积（百万公顷）					
玉米	185.1	162.9	143.3	140.0	132.4	+39.7
糖	12.2	12.0	11.8	10.7	13.8	−11.2
水稻	164.7	160.0	150.5	152.4	147.5	+11.6
小麦	216.9	220.4	207.4	219.8	225.8	−3.9
马铃薯	19.3	18.1	19.1	18.8	18.5	+4.3
木薯	20.3	19.1	17.9	16.6	16.6	+22.0
大豆	110.4	96.3	83.0	69.6	60.5	+82.4

注：2014 数据还未统计。

资料来源：联合国粮农组织统计数据库。

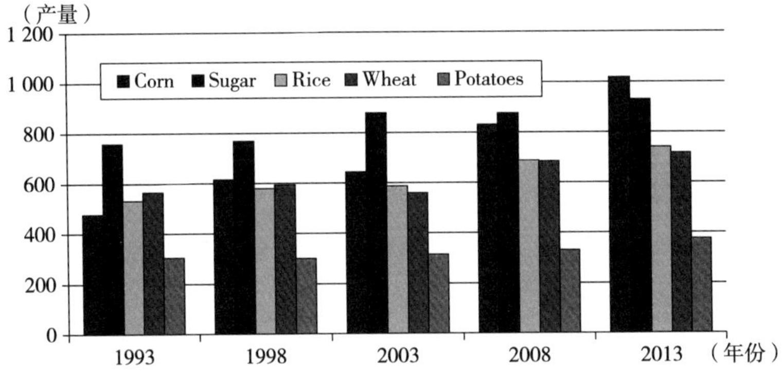

图 1　作物生产（百万吨）

2013 年（依据联合国 FAO 最新的可比较数据）世界马铃薯总产出 3.76 亿吨，比 1993 年的数字增加了 23.3%。这一增长主要归功于平均单产增加了 18.2%，产量达 19.5 吨/公顷，而马铃薯种植面积只增加了 4.3%，达 1 930 万公顷。

相对而言，玉米和大豆的产量达到了过去 20 年的两倍，水稻的增长率达到了 40%。

糖产品和小麦的增长与马铃薯趋势接近。与其他作物相比较，马铃薯单产的增加也是最小的，只有 18%；玉米单产的增加则达到了 50%；而糖产品、小麦、木薯和大豆的增产率达到了 30%。

1.1　亚洲与非洲的产能增长迅速

过去 20 年马铃薯产量的增长主要来自亚洲和非洲，这两个地区的人口也是增长最快的。亚洲地区的单产过去20年增长了25%，种植面积增加了70%，最终导致了114%的总产的增加。

中国的增长幅度最大，而且预计2014年的总产将达到1亿吨。过去20年，中国的单产只增加了14.8%，但是种植面积增加了82.1%，而且中国政府正努力在这一时期内将种植面积翻倍。整个非洲在过去20年里，马铃薯的总产增长了258.8%，单产增加了1/3，种植面积增加了169.7%。详见表2。然而，总产量只有3.05千万吨。因此，随着人口在30年后会翻倍，马铃薯的总产仍然有非常巨大的提升空间。

表2 世界马铃薯生产，单产和面积（1993—2003）

年份	2013	2008	2003	1998	1993	变化（%）1993—2013
	产量（百万吨）					
世界	376	330	315	301	305	+23.3
中国	95.9	70.8	68	64.6	45.9	+108.9
亚洲	187.2	144.5	125.5	108.6	87.6	+113.7
欧洲	114.3	121.8	130.2	137.9	171.6	−33.4
非洲	30.5	21.6	15.5	11.2	8.5	+258.8
北美洲	24.5	23.5	26	25.9	22.8	+7.5
南美洲	15.6	14.1	13.2	13.8	11.2	+39.3
大洋洲	1.8	1.9	1.7	1.9	1.5	+20.0
	单产（吨/公顷）					
世界	19.5	18.2	16.5	16	16.5	+18.2
中国	17.1	15.2	15.1	15.9	14.9	+14.8
亚洲	18.9	16.7	16	15.6	15.1	+25.2
欧洲	20	19.4	16	15.1	16.8	+19.0
非洲	14.9	13.2	10.9	12.2	11.2	+33.0
北美洲	43.1	40.9	38	36	34.6	+24.6
南美洲	16.3	15.7	15	13.7	12.2	+33.6
大洋洲	40.4	38.4	37.1	32.8	31.7	+27.4
	面积（百万公顷）					
世界	19.28	18.13	19.09	18.81	18.48	+4.3
中国	5.61	4.66	4.50	4.06	3.08	+82.1
亚洲	9.90	8.65	7.84	6.96	5.80	+70.7
欧洲	5.72	6.28	8.14	9.13	10.21	−44.0
非洲	2.05	1.64	1.42	0.92	0.76	+169.7
北美洲	0.57	0.57	0.68	0.72	0.66	−13.7
南美洲	0.96	0.90	0.88	1.01	0.92	+4.3
大洋洲	0.04	0.05	0.05	0.06	0.05	−5.8

注：2014数据还未统计。

资料来源：联合国粮农组织统计数据库。

1.2 欧洲马铃薯产能基本持平

相对于亚洲与非洲地区马铃薯种植面积的惊人增长，而欧洲与北美洲的种植面积却在下降。这一问题在欧洲尤其明显，单产增加了 19%，但是种植面减少了 44%。因此，总产下降了 1/3，只有 1.143 亿吨。

2015 年各种用途马铃薯（包括用于淀粉加工的马铃薯）在欧盟 28 个国家的种植面积为 326.3 万公顷，只有 2000 年的一半左右。从图 2 中可以看出，欧盟种植面积的下降主要是由于新加入的 13 个成员国引起的，尤以波兰最为突出。

原欧盟 15 国的其中 10 个外围国的种植面积也有所下降，但是不明显。而 5 个核心国（德国、荷兰、法国、英国和比利时）的种植面积基本持平。在 2000 年，这核心 5 国占到欧洲整个马铃薯总产的 27%，而《世界马铃薯市场》预计今年这一比重将上升到 48%（图 3）。

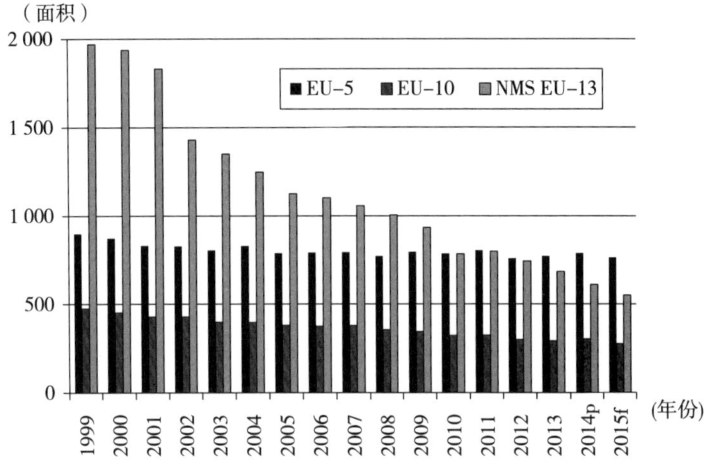

图 2　欧洲马铃薯种植面积（'000 公顷）

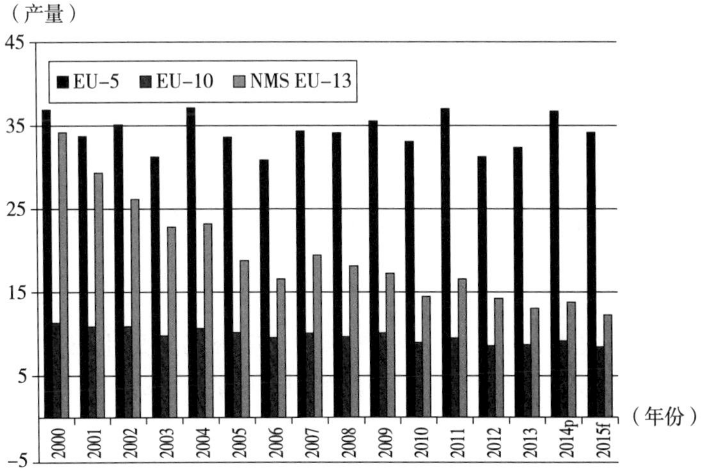

图 3　欧洲马铃薯总产（百万吨）

这些新加入国家单产的提高可以缓解一些由于种植面积下降造成的影响，但是大部分的面积下降主要来自于收获面积的下降。这与饲用（喂猪和其他牲畜）马铃薯下降是一致的。

从过去 15 年的图表可以看出，外围 10 国的马铃薯单产也有所提高，而且收获面积的下降也不是很明显。5 个核心国的单产保持在 40 吨/公顷以上（图 4）。

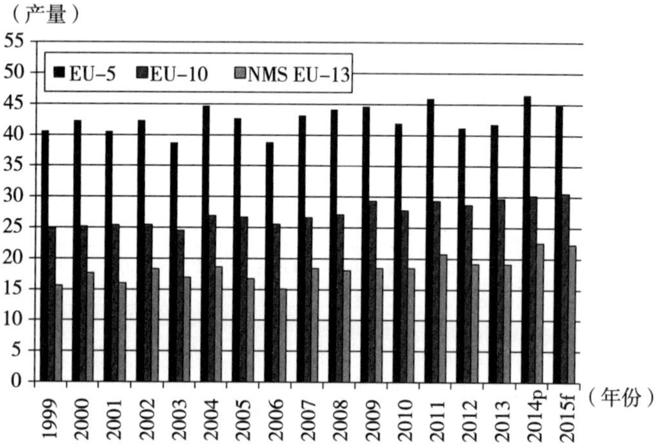

图 4　欧洲马铃薯平均单产（吨/公顷）

由于欧盟西部国家的一些问题，核心 5 国的马铃薯平均单产在 2012 年发生了显著地下降。但是，德国和波兰的种植户得益于有力的气候条件。而 2013 年的事后情况有所反转，德国和欧盟东部的国家尤其是波兰受到恶劣天气影响，波兰的生产下降了 18%，只有 738.5 万吨。而 2014 年的气候对所有国家都有利，世界范围收获 5 970 万吨。尽管总量没有2011 年的 6 395 万吨，但是仍然超过市场需求，导致了价格的崩溃。

2015 年全球范围的种植面积缩减，而且单产也不会像 2014 年那么高。但是，保守的估计，2015 年预计会收获 5 480 万吨。

俄罗斯在世界马铃薯消费层面占有很大比重，但是由于人口在下降，其他食品消费量的增加，马铃薯的产出也在下降。俄罗斯在 1993 年的时候可以生产 3 760 万吨，种植面积 350 万公顷，平均单产 10.6 吨/公顷。到 2013 年的时候，单产增加了 37%，但是种植面积下降了 40%，导致最终产量只有 2 020 万吨（图 5）。

1.3　北美产能稳定增长

根据联合国粮农组织的统计，2013 年的北美洲马铃薯生产比 1993 增加了 7.5%。虽然种植面积下降 13.7%，但是平均单产增加了 24.6%。

除了 2010 年较低的产量外，美国每年秋季的马铃薯收获都在 1 800 万吨，而且每年的变化不大，而且今年的产量也会保持在这个水平（图 6）。

按照目前的情况的估算，秋季马铃薯的种植面积会有 3.6%的下降，只有

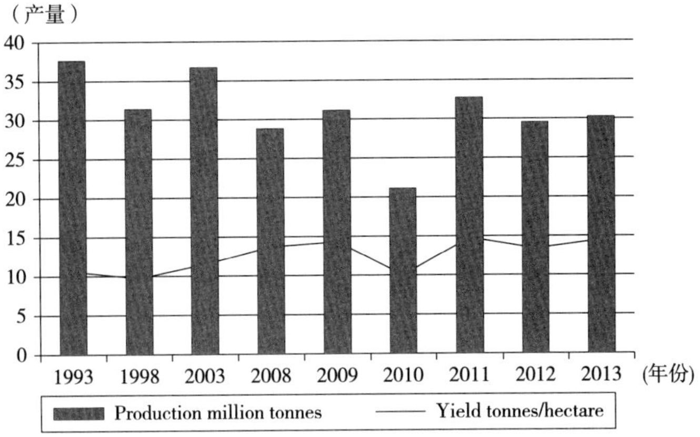

图 5　俄罗斯马铃薯生产

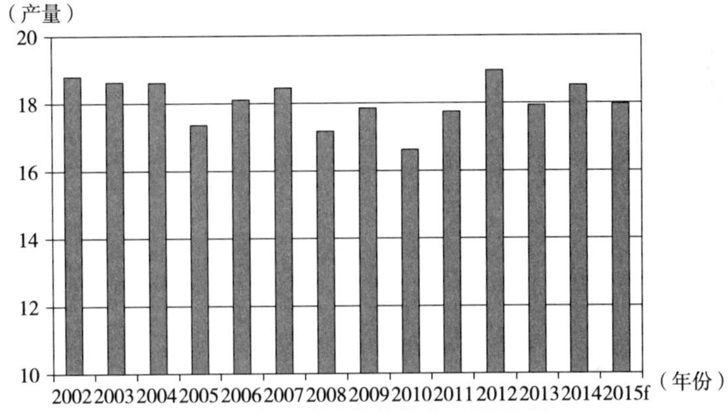

图 6　美国秋马铃薯收获（百万吨）

36.25 万公顷，其中，爱达荷州有 12.5 万公顷，华盛顿州有 6.45 万公顷，其他州加起来有 17.3 万公顷（图 7）。

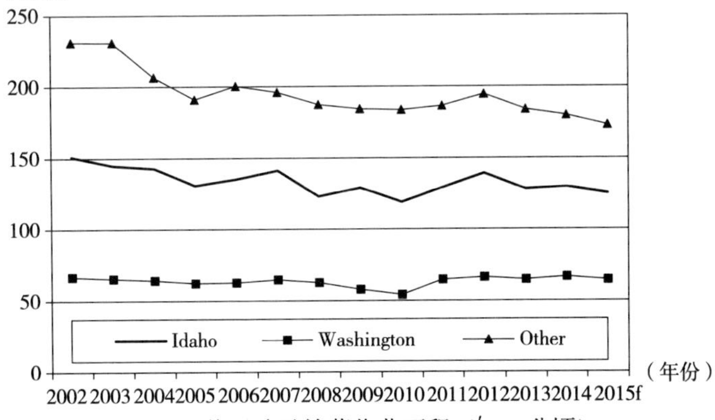

图 7　美国秋马铃薯收获面积（'000 公顷）

华盛顿州与爱达荷州的单产相对于其他州这几年增长很快。预计 2015 年华盛顿州的单产将达到 69.9 吨/公顷，爱达荷州的单产将达到 47.9 吨/公顷，其他州将达到 43.2 吨（图 8）。

预计 2015 年秋季的马铃薯产量将达到 1 797 万吨，比去年的 1 852.1 万吨下降了 3%，但是仍然比 2013 年的 1 792.9 万吨要多。

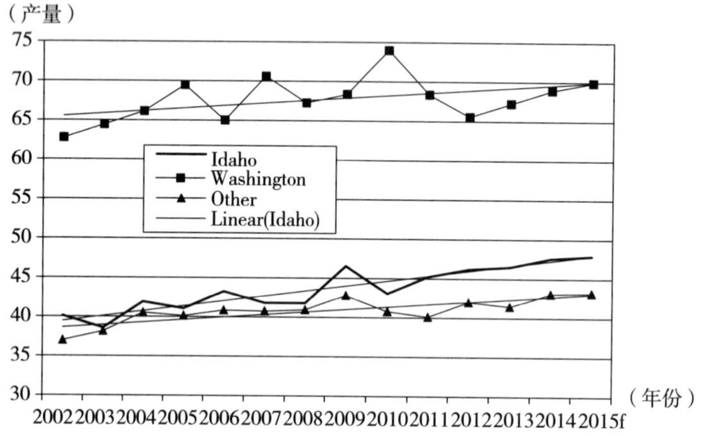

图 8 秋季马铃薯平均产量（吨/公顷）

表 3 美国秋季马铃薯种植面积，单产和总产 2009—2014 预测值

	2015f	变化（%）	2014	变化（%）	2013	2012	2011	2010
面积（'000 公顷）								
种植	*366.2*	−3.1	377.9	−0.6	380.1	405.4	387.6	361.9
收获	*362.5*	−3.6	376.2	−0.1	376.6	400.2	380.2	356.7
产量（吨/公顷）	*49.57*	0.7	49.24	3.4	47.61	47.38	46.67	46.61
收获（百万吨）	*17.970*	−3.0	18.521	3.3	17.929	18.958	17.744	16.624

注：2015 年 *WMP* 的预测值斜体。
资料来源：美国农业部；NAPMN。

除了前面提到的秋季马铃薯外，美国也生产春季和夏季马铃薯。2014 年，这些马铃薯种植面积有 4.86 万公顷，共生产了 174 万吨，平均单产达到了 35.8 吨/公顷。

今后加拿大产能很可能下降。

2003 年达到最高产年以来，加拿大马铃薯生产一直在下降，只是在 2012 年有一个小的反弹。2015 年很有可能下降 4.3%，收获面积每年有 1%的下降。2015 年估计有 13.35 万吨，比去年下降 4%（图 9、表 4）。

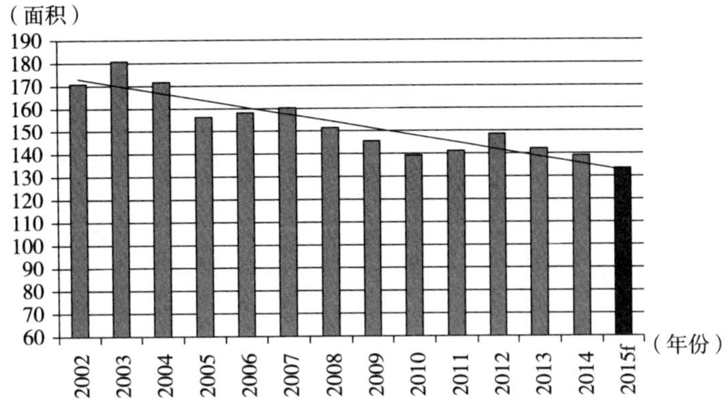

图 9　加拿大马铃薯收获面积（′000 公顷）

表 4　加拿大马铃薯面积，单产和总产，2008—2014 预测

	2015f	变化（%）	2014	变化（%）	2013	2012	2011	2010
播种面积（公顷）	*134 600*	*−4.3*	140 644	−2.2	143 800	151 010	145 889	144 473
收获面积（公顷）	*133 500*	*−4.0*	139 075	−2.2	142 184	148 564	141 155	139 212
平均产量（吨/公顷）	*32.90*	*−1.1*	33.26	+1.5	32.77	30.76	29.68	31.66
收获（′000 吨）	*4 392.0*	*−5.1*	4 625.9	−0.7	4 660.0	4 569.5	4 189.9	4 406.8

注：2015 年 WMP 的预测值斜体。

资料来源：CANS*IM*.

加拿大马铃薯的单产在 2011 年和 2012 年的时候比较低，但是过去两年有所提升，到 2014 年的时候达到了 33.26 吨/公顷。今年预计有所下降，但是，32.9 吨/公顷的产量仍然将是名列第二（图 10）。

依据前面的这些预期，2015 年会有 439.2 万吨的产量，比 2014 年下降 5.1%（表 4）。

美国秋季马铃薯和加拿大的产量结合会有 2 236.2 万吨，2014 年是 2 314 万吨，2013 年是 2 258.6 万吨（图 11）。

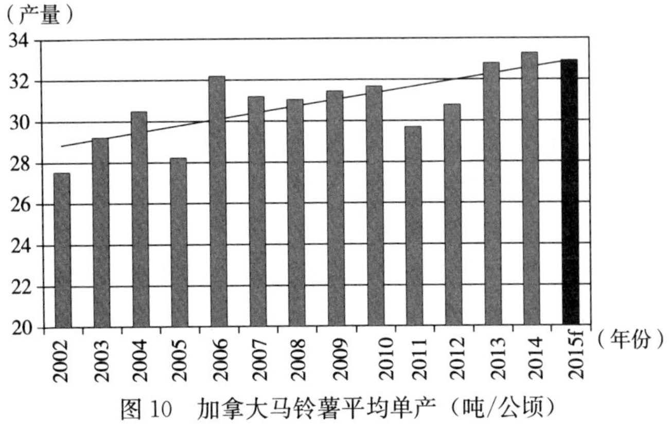

图 10　加拿大马铃薯平均单产（吨/公顷）

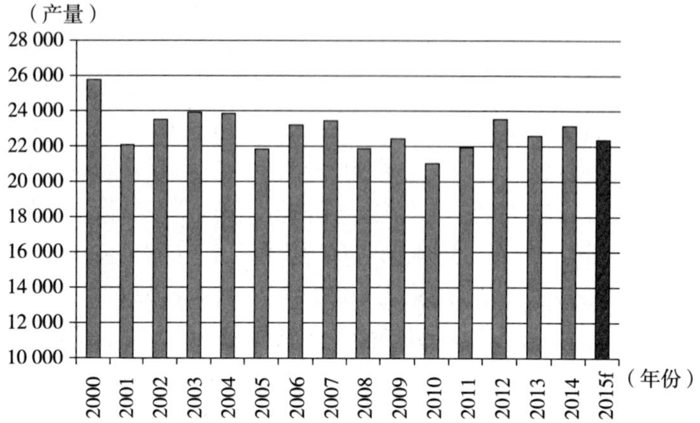

图 11　北美马铃薯生产（吨）

2　投资

马铃薯公司持续在世界范围投资马铃薯的生产与加工，而且发展趋势是整合和高效的现有的北美和欧洲市场，扩展中国和印度等发展中国家的市场。

辛普劳和麦坎公司关闭了一些在美国的工厂，但是却投资扩展了其他项目。麦坎公司投资了一个亿用于爱达荷州的工厂。同时，辛普劳更注重于开发他们原创的育种技术。利用遗传工程手段将远古马铃薯品种的基因导入栽培品种以创制新品种，减小挫伤，较低的丙烯酰胺，最终解决晚疫病问题。

欧洲的兰布西梅杰公司投资了 1.2 亿欧元在荷兰的一个专注于马铃薯、水和能源有效利用的工厂。对工厂投资力度最大的是比利时，自 1990 年以来，过去 20 年比利时的用于加工的马铃薯增加了 500%，达到了 2013 年的 380 万吨。这一增加主要归功于大量的耗资数亿欧元的投资，18个主要加工商仅 2014 年一年就投资了 1.155 亿欧元。

在鲜食产业的投资主要由法国、英国和北美的一些大型马铃薯公司带动的整合与革新。新的增长领域包括彩色品种、冷藏马铃薯以及指形薯的消费。而且，对甘薯的交易与需求也开始增长。

但是近年来，一些主要的投资不在欧洲和北美。下面是对中国过去两年在马铃薯生产和加工方面的一些主要投资：

- 荷兰政府投资中国马铃薯育种
- 兰布西通过购买泰美马铃薯公司在内蒙古商都建立新的工厂
- 内蒙古凌志马铃薯公司与荷兰法姆福瑞合资建设薯条加工厂
- 百事公司在上海投资的研发中心旨在开发更多的马铃薯零食
- 中国东北的雪川马铃薯加工企业主要股份被荷兰爱味客收购

• 日立公司在克山投资了一个淀粉加工厂用于生物酒精的生产

同时，在世界人口增长最快的印度，大量政府投资以及包括荷兰在内的外来投资用于马铃薯研究。麦坎公司也在拓展物流网络，由 PHD Chamber（一个新德里商业协会）与 Technopak（加工机械商）主导的研究预测，印度的食品加工业到2015年增加10%。国家的企业也积极寻求投资，Fryo 食品公司在北方邦新建设了一个薯片加工厂。

3 洲际交易

3.1 商品薯交易影响全球马铃薯交易

经过连续多年的增长，2014 年的贸易数据显示世界所有的交易都比 2013 年的有所下降，特别是从价值的角度衡量。但是，从图 12～图 15 可以看出，下降趋势主要是由于商品薯交易的下降，而马铃薯产品的交易基本持平。虽然不能展示更早年份的数据，但是，未来对甘薯的需求会明显的增加。

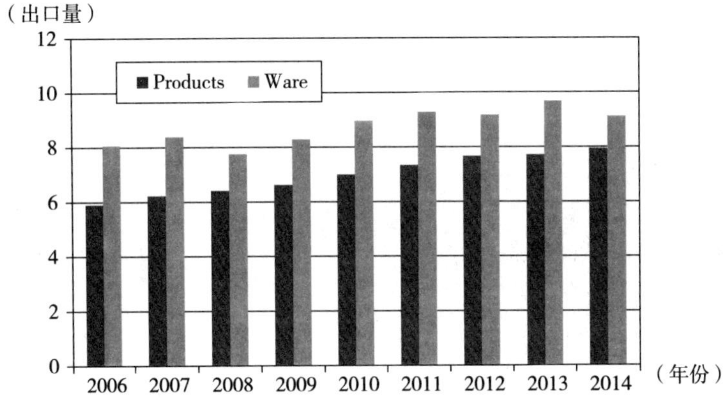

图 12　世界马铃薯出口（百万吨）

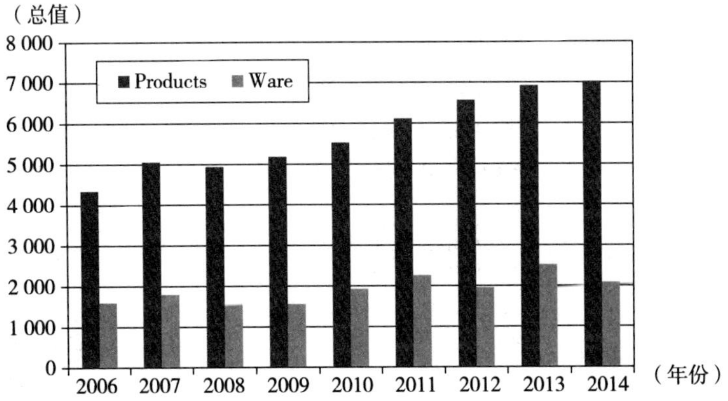

图 13　世界马铃薯出口（€百万）

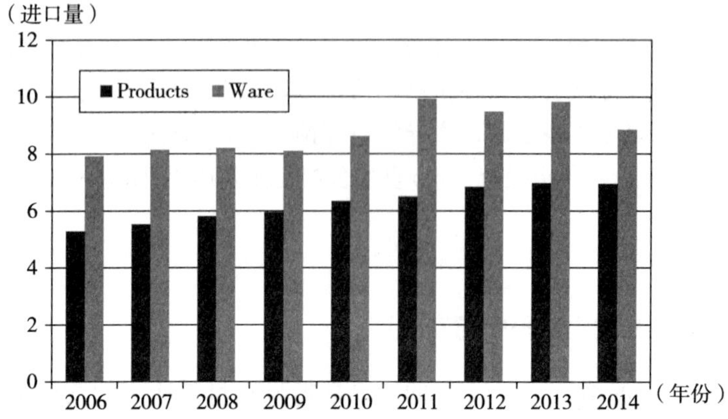

图 14　世界马铃薯进口（百万吨）

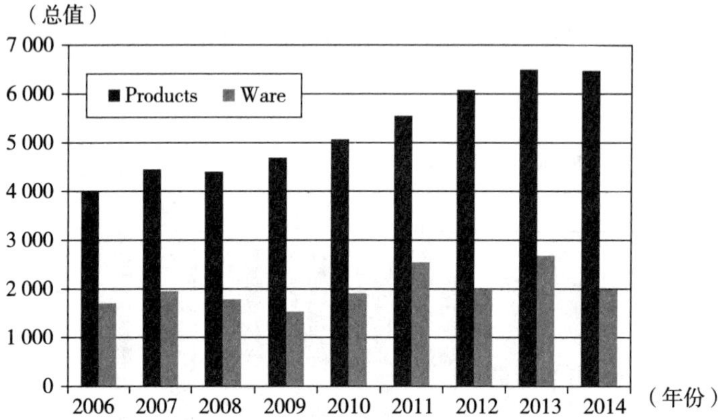

图 15　世界马铃薯进口（€百万）

世界薯条的进出口显示数量和价值都达到新高，但是与 2013 年相比增长不明显，而薯片与其他脱水产品的交易显著增加，而马铃薯雪花粉的交易在 2014 年达到了新高（表 5）。

表 5　世界马铃薯交易简表（百万欧元）

进口	2014	变化（%）	2013	变化（%）	2012	2011	2010	2009
薯条	4 332.062	+1.3	4 277.161	+8.0	3 960.216	3 616.328	3 295.538	2 996.372
薯片/脱水	1 454.978	−1.2	1 472.003	3.8	1 417.712	1 271.752	1 170.881	1 131.841
其他冷冻	231.069	−25.6	310.758	13.8	272.963	296.498	269.197	260.150
雪花粉	374.532	+7.6	347.983	2.6	339.022	280.776	261.012	247.699
马铃薯粉	80.567	−8.1	87.660	−1.6	89.096	85.209	70.452	56.201
小计	6 473.209	−0.3	6 495.564	6.9	6 079.009	5 550.563	5 067.080	4 692.263
商品薯	1 994.826	−25.5	2 679.141	33.9	2001.089	2 544.356	1 905.513	1 531.154
合计	8 468.035	−7.7	9 174.705	13.5	8 080.098	8 094.919	6 972.594	6 223.416

（续）

进口	2014	变化（%）	2013	变化（%）	2012	2011	2010	2009
种子	*538.722*	−0.8	*543.042*	5.8	*513.102*	567.954	456.420	455.576
甘薯	238.118	+31.3	181.405	17.2	154.798	141.151	120.604	97.312
总计	9 244.875	−6.6	9 899.151	13.2	8 747.998	8 804.024	7 549.618	6 776.304
出口								
薯条	4 743.908	+0.4	4 726.517	+8.3	4 366.233	4 069.855	3 695.234	3 435.043
薯片/脱水	1 690.221	+1.4	1 667.040	−0.1	1 668.971	1 552.907	1 413.240	1 348.975
雪花粉	400.076	+15.4	346.585	−3.4	358.888	303.461	283.244	265.948
其他冷冻	101.480	−6.9	108.952	+12.6	96.767	103.937	68.787	72.308
马铃薯粉	84.097	+20.5	69.785	−4.2	72.830	83.800	65.397	62.467
小计	7 019.782	+1.5	6 918.879	+5.4	6 563.690	6 113.960	5 525.902	5 184.740
商品薯	2 080.531	−17.4	2 518.040	+28.9	1 953.226	2 256.646	1 929.998	1 557.562
合计	9 100.313	−3.6	9 436.919	+10.8	8 516.916	8 370.606	7 455.900	6 742.303
种子	747.529	+5.9	705.649	+11.2	634.338	769.431	587.957	593.464
甘薯	185.074	+24.2	149.058	+16.9	127.516	122.099	100.249	77.660
总计	10 032.916	−2.5	10 291.625	+10.9	9 278.771	9 262.137	8 144.106	7 413.427

HS代码：薯条 200410；商品薯 070190；薯片/脱水 200520；其他冷冻 071010；全粉 110520；马铃薯粉 110510；种子 070110；甘薯 071420。对 12 月份数据未发表的国家，2014 数据包括最近 12 个月的总和。

资料来源：GTIS。

种子进口需求（对埃及的数据进行了校正）基本持平但是出口数据显示量和价格都有所增加。甘薯的进口需求增加了 31%，达到了 2.381 亿欧元（2009 年为 9 730 万欧元）。

在 2008 年、2009 年和 2012 年里，商品薯的价格都在下降（图 16）。这一因素并没有对交易产生刺激作用，是因为数据说明各地前一年的收获都能满足生产需求。2014 年的数据也说明同样问题。随着多年的增长，更多原材料的生产导致了进口价格的持平与出口价格的下降。而且，产品的进口价格与出口价格之间的分歧还在加剧。

遗憾的是，并不是所有的国家能够提供诸如薯片交易的独立数据，但是总体的分类包括了最有价值的产品。2014 年的进口盈利了 1 932 欧元/吨，出口盈利了 1 717 欧元/吨，均比 2013 年有小幅的上涨。（图 17 是 13 个主要出口大国的出口数据，这些国家的数据单独把薯片 HS 20052020 列了出来）。雪花粉的价格也有所提升，进口价格增加到了 1 119 欧元/吨，而出口增加到了 1 002欧元/吨。

薯条的进口价格下跌了 0.6%，到了 797 欧元/吨；出口价格下跌 2.3%，到 757 欧元/吨。但是商品薯进口价格下降了 17%，到了 226 欧元/吨；出口价格下降 12%，到了 228 欧/吨（表 6）。

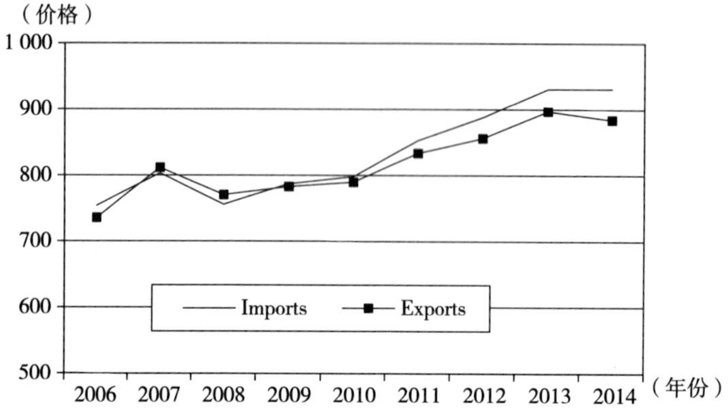

图 16 世界马铃薯产品价格(欧元/吨)

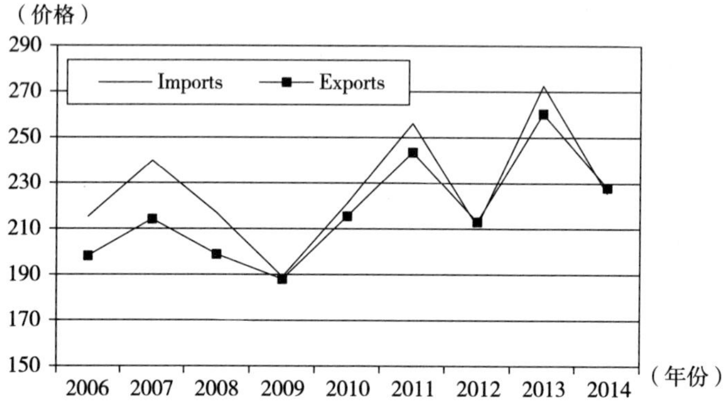

图 17 世界商品薯价格(欧元/吨)

表 6 世界 74 个国家薯条出口(吨)

	2014	变化(%)	2013	2012
欧盟 5 国*	3 984 224	+4.3	3 820 620	3 789 529
欧盟其他国家	111 035	+2.2	108 605	118 495
欧盟整体	4 095 259	+4.2	3 929 225	3 908 024
北美洲	1 863 275	+0.9	1 847 282	1 809 600
南美洲	146 786	−15.6	173 948	130 616
大洋洲	73 132	−8.2	79 676	66 153
亚洲	29 599	+14.1	25 931	20 707
非洲	54 360	+31.2	41 426	49 644
俄罗斯欧洲	1 828	+69.1	1 081	783
中东	5 491	−27.7	7 598	2 383
中美洲	325	+56.3	208	253
合计	**6 270 055**	**+2.7**	**6 106 375**	**5 988 163**

注:* 荷兰、比利时、法国、德国、波兰。所有产品均使用 HS 代码 200410。

资料来源:GTIS。

2014 年共出口了 627 万吨的薯条，只有 31.1521 万吨来自于欧盟与北美以外的国家。在这一群体中，阿根廷占了 14.6244 万吨。2013 年，美国的出口增加了 2.1%，欧盟增加了只有 0.5%。但是，2014 年情况发生了逆转，欧盟的增加了 4.2%。而欧盟 2015 年的增长可能会更大。

3.2 薯条的需求强劲

截至目前，世界对马铃薯持续增长的需求来自于对加工马铃薯的需求，特别是薯条。薯条的出口数据惊人，美国在 20 世纪 90 年代早期的薯条出口只有 20 万吨，而 2014 年增加到了 94.3588 万吨（图 18）。而欧盟 5 个主要出口国（比利时、荷兰、法国、德国和波兰）现在可以出口 398.4 万吨，而 1999 年的时候只能出口 151.1 万吨（图 19）。

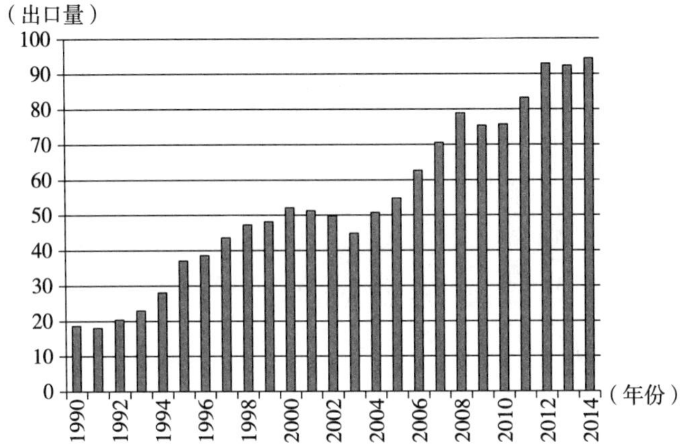

图 18　美国薯条出口（万吨）

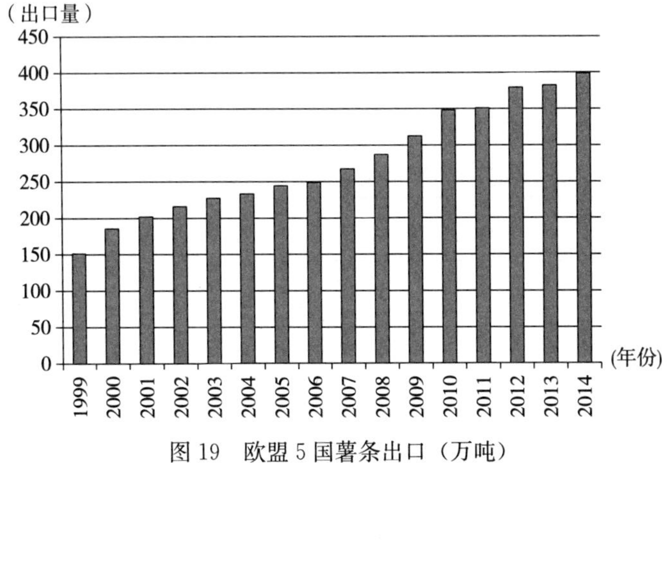

图 19　欧盟 5 国薯条出口（万吨）

来自于 74 个国家的薯条出口统计显示，欧盟和北美是世界薯条出口的主要力量。而其他所有地区的出口在 2014 年下降到了 31.1521 万吨，主要可能是阿根廷的出口下降了 15.6%，到了 14.6244 万吨。阿根廷和巴西的贸易纠纷解决后，2013 年阿根廷的出口有所恢复。埃及的出口 2014 年恢复到了 4.8 万吨，但是大洋洲的出口却在 2013 年的增加之后发生了下降。

欧盟 5 个主要国家的薯条出口上升了 4.3%，达到了 398.4 万吨，而其他几个国家的增长只有 2.2%。北美的出口少量增加，主要是由于美国 2.2%的增长被加拿大 0.5%的下降抵消。加拿大对除了美国以外其他国家的出口量在 2007 的时候最高 23.8 万吨，但是 2014 年却下降到了 15.035 4 万吨（图 20）。

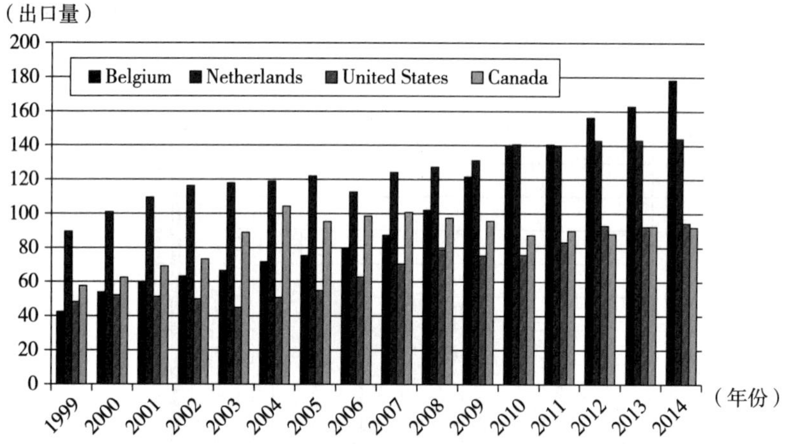

图 20　4 个主要国家的薯条出口（万吨）

尽管欧盟 2015 年的收获面积有所下降，但是加工企业在 2014 年和 2015 年积累的库存，仍然可以保证他们在 2015 年的出口有所增加。

欧盟的贸易主要内部国家之间的交易，而北美的出口主要面向其他国家。北美的出口对象主要是其他地区，主要原因是美国和加拿大（至少在西部的几个州和省）的马铃薯可以考虑成一个独立的市场。但是，欧盟国家内部的交易又是另外一种情况（表 7）。

表 7　世界 82 个国家的薯条进口（吨）

	2014	变化（%）	2013	2012
欧盟	2 769 492	+1.0	2 742 772	2 676 106
北美洲	823 435	−2.7	846 195	807 592
南美洲	472 936	+6.8	442 939	378 881
大洋洲	143 275	+19.3	120 070	137 423
亚洲	814 439	−0.1	815 258	846 199
非洲	49 373	+13.0	43 689	58 468

（续）

	2014	变化（%）	2013	2012
俄罗斯/欧洲	140 243	+12.2	124 940	109 327
中东	5 628	+50.8	3 733	2 941
中美洲	219 210	+10.2	198 962	192 634
欧盟核心 5 国	1 337 538	+4.5	1 280 126	1 339 669
欧盟其他国家	1 431 954	−2.1	1 462 646	1 336 437
全部	5 438 031	+1.9	5 338 558	5 209 571

注：产品全部依据 HS 编码 200410。

资料来源：GTIS。

过去 30 多年，马铃薯生产在欧盟 5 个核心国（德国、荷兰、法国、英国和比利时）的生产一直处于重要的地位，而且，比利时的出口从 1999 年到 2014 年增加了 320%。

欧盟 5 国薯条加工业的扩张主要是为了应对欧盟其他国家的需求，而那些国家的马铃薯产业处于下降的趋势。德国、英国和法国的国内市场已经很大，所以出口来源主要是荷兰和比利时。而这些国很快又发现，世界市场对薯条和冷冻食品的需求也在增加。

薯条进口数据为确定出口目的地提供了很好的参考。但是，由于有些进口大国诸如沙特阿拉伯等中东国家对进口数据的不公开，使得一些统计工作无法完整。

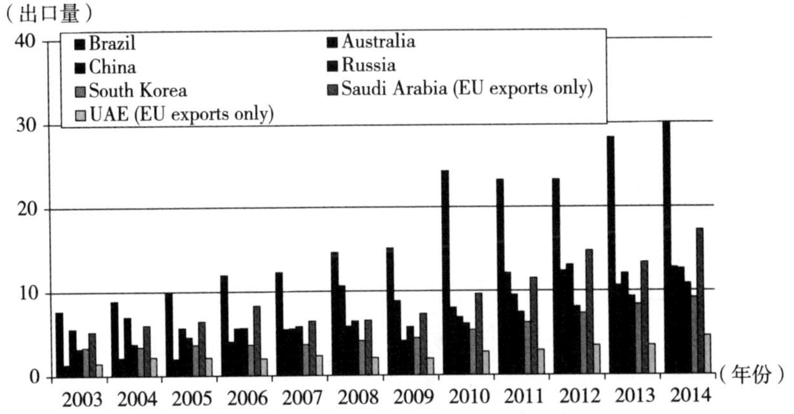

图 21　快速增长的薯条进口市场（万吨）

尽管如此，数据仍然可以说明亚洲的需求一直在增加，大洋洲的需求也在反弹，而俄罗斯/欧洲和中美洲国家的需求也在稳定增长（图 21）。

以巴西为主的南美洲国家是最大的进口地区。而北美洲的进口主要是美国从加拿大进口的 76.935 5 万吨薯条。

3.3 波动的商品薯交易

2014 年世界对淀粉用马铃薯的出口总量下降了 5.7%，这些交易只有 19.95 亿欧元，比 2012 年少 25.5%，而 2012 年的交易额是 20 亿欧元。欧盟的出口占到总量的 2/3，以中国和印度为主的亚洲地区出口上升到了 10%（图 22），美国和加拿大稳定在 9.2%（表 8）。

表 8 世界 80 个国家的马铃薯出口

	2014（吨）	变化（%）	2013（吨）	2012（吨）	2014（百万欧元）	变化（%）	2013（百万欧元）	2012（百万欧元）
欧盟 4 国	5 044 016	−11.1	5 673 897	5 513 585	817.141	−38.9	1 338.305	882.862
欧盟其他国家	994 039	−8.4	1 085 753	1 074 461	293.139	−32.5	434.469	336.030
欧盟 28 国	6 038 055	−10.7	6 759 650	6 588 046	1 110.281	−37.4	1 772.774	1 218.891
北美洲	836 676	−0.8	843 543	746 617	266.640	−0.4	267.752	248.807
南美洲	23 232	−47.0	43 854	16 773	4.954	−33.8	7.485	5.659
大洋洲	52 103	−20.1	65 237	65 682	23.018	−18.5	28.240	27.978
亚洲	907 835	+75.4	517 686	535 356	303.353	+136.7	128.144	128.448
非洲	756 914	+61.8	467 741	352 831	245.843	+54.4	159.206	109.918
俄罗斯/欧洲	133 365	−12.0	151 490	86 663	28.643	+4.2	27.500	12.359
中东	303 393	−59.4	748 010	700 810	90.809	−24.0	119.475	192.865
中美洲	67 500	−6.7	72 334	76 615	6.990	−6.3	7.463	8.301
合计	9 119 073	−5.7	9 669 545	9 169 393	2 080.531	−17.4	2 518.040	1 953.226

注：欧盟 4 国指法国、德国、比利时和荷兰。商品薯与淀粉用马铃薯的 HS 代码 070190。
资料来源：GTIS。

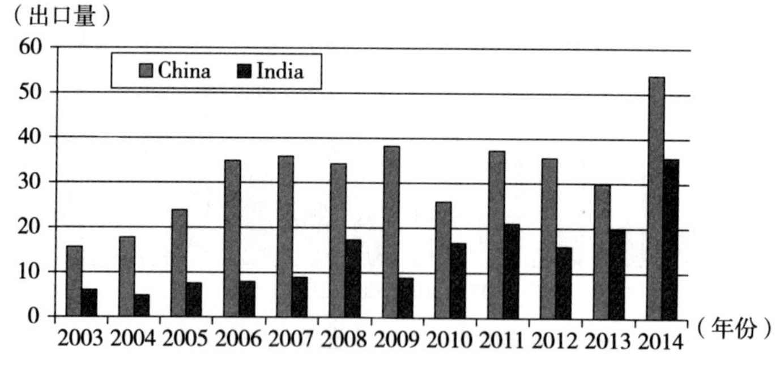

图 22 中国与印度 2003—2014 马铃薯出口（万吨）

欧盟的大宗交易都在内部完成。如果内部市场下降 15%，将意味着出口量要加大，必须将价格下调 38%以满足世界市场的销售。2014 年外销总金额下降 37.4%，这主要是价格的影响。

而美国出口量的51%与53%的金额是加拿大以外的国家，2013年的出口量和金额分别增长了43%和46%。在这些增加里面，墨西哥是增加最多的，2014年进口了7.7263万吨，比2013年减少了1.2%，大概花费了2 760万欧元（增加了1.3%）。加拿大对墨西哥的出口量很小，而且只有8%的出口量和交易额是发生在美国以外的市场，比2013年下降很多。由于去年美元的价格有轻微的上涨，因此加拿大的马铃薯价格有所下跌。

2014年中国和印度的商品薯出口大增，对世界交易贡献巨大。而且，2014年中国对俄罗斯的贸易增长显著，主要由于俄罗斯禁止从欧盟进口马铃薯，马来西亚、越南和巴基斯坦也有较大的市场需求。印度2014年的贸易对象主要是尼泊尔、巴基斯坦和斯里兰卡，俄罗斯也有很少一部分。目前，中国和印度面临的主要问题也是所有马铃薯出口大国面临的，就是要把这种由于环境因素造成的市场波动转化成长期的可靠订单。

所有的薯条、商品薯、脱水产品、种子、雪花粉、马铃薯粉、甘薯和冷冻马铃薯的数据都可以在2015年马铃薯市场与交易汇总中找到，这一定期的汇总每周都在更新。

4 未来趋势

4.1 非洲与亚洲的需求远远超过其他地区

目前，发展中国家市场马铃薯的消费需求呈现增长趋势，在北美与欧洲等市场呈现出稳定交易。而且，这一趋势将会随着亚洲和非洲地区人口的增长而延续。但是，这一增长在北美增长会很缓慢，在欧洲甚至会下降。

最新的联合国估算，2015—2050年，人口会增加30.4%，达到95.5亿，而未来5年会增长5.4%，达到77.2亿。最明显的是非洲地区，那里的人口将在今后35年里翻倍，尼日利亚的人口将增加140%，会取代美国成为世界第三人口大国（表9）。

表9　2015—2050年世界人口估计（百万）

	2050	2030	2020	变化（%）	2015	变化（%）2015：2050
世界	9 550.9	8 424.9	7 716.7	5.4	7 324.8	30.4
亚洲	5 164.1	4 886.8	4 581.5	4.5	4 384.8	17.8
非洲	2 393.2	1 634.4	1 312.1	12.5	1 166.2	105.2
欧洲	709.1	736.4	743.6	0.1	743.1	−4.6
南美洲	505.1	467.7	434.6	4.7	415.1	21.7
北美洲	446.2	403.4	375.7	4.0	361.1	23.6

（续）

	2050	2030	2020	变化（%）	2015	变化（%）2015：2050
2015—2050年主要国家的人口估算						
大洋洲	56.9	47.3	42.1	6.9	39.4	44.5
印度	1 640.1	1 476.4	1 353.3	5.5	1 282.4	27.9
中国	1 384.9	1 453.3	1 432.9	2.2	1 401.6	−1.2
尼日利亚	440.4	273.1	210.2	14.5	183.5	139.9
美国	400.9	362.6	338.0	4.0	325.1	23.3
印度尼西亚	321.4	293.5	269.4	5.4	255.7	25.7
巴西	231.1	222.7	211.1	3.7	203.7	13.5
埃及	121.8	102.6	91.1	7.5	84.7	43.8
俄罗斯	120.9	133.6	140.0	−1.5	142.1	−14.9
日本	108.3	120.6	125.4	−1.1	126.8	−14.6
英国	73.1	68.6	65.6	2.8	63.8	14.5
德国	72.6	79.6	81.9	−0.8	82.6	−12.1
波兰	34.1	37.4	38.2	−0.2	38.2	−10.8

资料来源：最新联合国人口估算（2012）。

亚洲的人口预计35年会下降17.8%，其中中国的人口会下降1.2%。相反的，印度人口会增加27.9%，预计在2030年会超过中国成为世界人口最多的国家。日本的人口到2050年会下降到1.083亿。

南美洲和北美洲地区人口呈现中性增长，分别为21.7%和23.6%，达到4.462亿和5.051亿。相对于南美的其他国家，巴西人口增长会缓慢一些。欧洲的人口在未来的35年将会下降4.6%，达到7.091亿人，其中，俄罗斯的人口将下降15%。预计到2050年，德国和波兰的人口比目前少10%，而英国和法国的人口将增加14%。

4.2 2050年马铃薯消费需求预测

利用联合国粮农组织提供的数据以及联合国人口估算，人类到2015年对马铃薯的消费需求为2.53亿吨（这一数据与表中统计有差异，主要是没有计算由于种植过程的损失以及将马铃薯作为其他用途的消耗）。基于3.8亿吨的产量与2.53亿吨的消耗，可以计算出消耗对生产的比为66%。

随着人口与消耗以目前的速度增长，预计到2050年，需要消耗3.305亿吨马铃薯，比目前的量要多出30.4%。如果消耗与生产比保持不变的话，2050年需要生产4.9亿吨马铃薯才能满足需求，也就是要比现在增产30%（表10）。

表 10 2015—2050 年世界马铃薯消耗预测（百万/年）

	2050	2030	2020	变化（%）	2015	变化（%）2015∶2050	2015 消费与生产比（%）*
世界	330.5	291.5	267	+5.4	253.4	30.4	67.4
亚洲	149.8	141.7	132.9	+4.5	127.2	17.8	67.9
欧洲	59.7	62	62.6	+0.1	62.6	−4.6	54.8
非洲	45	30.7	24.7	+12.5	21.9	105.2	71.8
北美洲	25.8	23.3	21.7	+4	20.9	23.6	85.3
南美洲	15	13.8	12.9	+4.7	12.3	21.7	78.8
大洋洲	2.7	2.3	2	+6.9	1.9	44.5	105.6
世界主要国家马铃薯消耗预测（百万/年）							
中国	58	60.9	60	+2.2	58.7	−1.2	61.2
印度	38.2	34.4	31.5	+5.5	29.9	27.9	65.9
美国	22.3	20.2	18.8	+4.0	18.1	23.3	91.2
俄罗斯	13.5	14.9	15.6	−1.5	15.8	−14.9	52.3
英国	7.4	6.9	6.6	+2.8	6.4	14.5	114.7
德国	5.1	5.6	5.8	−0.8	5.8	−12.1	60.0
巴西	4.4	4.3	4.1	+3.7	3.9	13.5	109.7
埃及	4.2	3.5	3.2	+7.5	2.9	43.8	60.4
波兰	3.9	4.3	4.4	−0.2	4.4	−10.8	69.5
日本	2.3	2.5	2.6	0.0	2.6	−11.5	100
尼日利亚	1.9	1.2	0.9	+14.5	0.8	139.9	66.7
印度尼西亚	1.3	1.2	1.1	+5.4	1.1	25.7	107.8

注：基于粮农组织 2011 数据。

* 使用 2015 年人口估算和 2013 年产量估算数据。

资料来源：粮农组织与联合国人口估算。

以上估算是基于今后马铃薯的消耗和目前是一个水平的假设。这一假设很可能不成立。已经有证据表明，北美洲和欧洲的人均马铃薯消耗量已经很稳定，而且还有下降的趋势。这一趋势在今后不会发生很明显的反转。因此，这些地区市场的增长主要来自于人口的增长，而不是人均消耗量的增加（表 11）。

表 11 马铃薯消耗［千克/（人·年）］

	2011	变化（%）	1992
世界	34.6	+23.1	28.1
亚洲	29	+94.6	14.9
欧洲	84.2	−11.5	95.1
非洲	18.8	+77.4	10.6
北美洲	57.8	−3.5	59.9
南美洲	29.6	+21.3	24.4
大洋洲	47.9	−11.9	54.4

（续）

	2011	变化（%）	1992
主要国家的马铃薯消耗［千克/（人·年）］			
俄罗斯	111.4	−5.6	118
波兰	114.7	−20.6	144.4
英国	100.8	−3.6	104.6
德国	70.7	−10.8	79.3
美国	55.6	−3.3	57.5
中国	41.9	+187.0	14.6
埃及	34.6	+83.1	18.9
印度	23.3	+60.7	14.5
日本	20.8	−18.1	25.4
巴西	19.2	+51.2	12.7
尼日利亚	4.4	+780.0	0.5
印度尼西亚	4.2	+40.0	3

资料来源：联合国粮农组织统计年鉴。

这将意味着欧洲的需求下降将会比 2011 年预测还要厉害。因此，只有在某些市场如法国和英国等人口还在增长的国家马铃薯需求会增加，而像德国和俄罗斯这些国家的市场将会大幅度缩减。

而像中国、印度和埃及等国家在过去 25 年马铃薯消耗量增长显著，中国人均马铃薯消耗量从 1992 年到 2011 年增长了 182%。而这一增长趋势未必能够持续下去，而且很难预测中国的人均消耗量会达到美国的水平［55.6 千克/（人·年)］。埃及的消耗也可能小幅增长，但是由于印度人口的增长，他的人均消耗就算增加到 30 千克/（人·年)，印度整体的需求也是很巨大的。

马铃薯消耗增长潜力最大的地区是非洲的尼日利亚和亚洲的印度尼西亚，这些地区的人均消耗量仍然低于 5 千克/（人·年)。考虑到这些地区人口的增长速度，人均消耗量翻倍都会对这些市场产生巨大的影响。

4.3 马铃薯：可持续满足世界粮食需求的作物

目前，马铃薯产业面临最大的挑战是如何说服世界在资源如此紧缺的情况下，马铃薯在缓解世界人口增长带来食物需求压力起到的重要作用。马铃薯无论是从营养考虑还是从环境考虑，都有很多益处。相对于蔬菜、豆类和谷类，马铃薯比蔬菜提供更多的碳水化合物，比豆类和谷物提供更多的维生素和矿物质。而且，越来越多的研究发现，马铃薯的抗性淀粉还有助于有益结肠细菌的生长。

当考虑环境效应，马铃薯对环境的影响比所有的主要粮食作物都要小。由贝瑞乐食品公司的食品和营养中心主导的研究发现，只有水果和色拉蔬菜的环境效应较低（表 12)。

表 12 马铃薯与其他作物的环境效应

	生产 1 千克所需要的水（升）	生产 1 千克所产生的 CO_2（克）	生产 1 千克所需要的土地（米^2）	环境值	相对于马铃薯的环境效应（%）
水果	600	70	3	673	45.1
色拉蔬菜	100	722	9	831	55.7
马铃薯	900	584	7	1 491	100
面包	1 300	989	7	2 296	154
豆类	1 800	1 550	21	3 371	226
通心粉	1 390	1 984	17	3 391	227
水稻	3 400	3 170	14	6 584	442

资料来源：Barilla 食品与营养中心。

相反的，生产面包的环境效应值比马铃薯高 54%，豆类比马铃薯高 126%，通心粉比马铃薯高 227%，水稻要比马铃薯高 442%。生产 1 千克豆类需要土地面积是生产 1 千克马铃薯的 3 倍，生产 1 千克稻谷需要土地面积是生产 1 千克马铃薯的 2 倍。只有生产水果所需要的土地面积较小。马铃薯生产需要的水分是豆类的一半，是水稻的 1/4。马铃薯的二氧化碳排放是生产通心粉的 30%以及水稻的 18%。

如果马铃薯的单产可以与其他作物过去 20 年的增长速度保持一致，那么，其对环境的效应将更小。考虑到人口的增长以及对食物的需求，马铃薯的种植需要进一步扩大。所以，马铃薯产业所面临的主要问题是如何让世界关注马铃薯在世界粮食安全中的重要角色。

更多的信息可以访问世界马铃薯市场以及特有的每周马铃薯信息服务：www. worldpotatomarkets. com 或者联系 email：info@worldpotatomarkets. com

附录

附表 1 世界马铃薯生产大国（2011—2013 年）

国家	百万吨				千公顷			
	2013p	变化（%）	2012	2011	2013p	变化（%）	2012	2011
世界	376.453	+1.6	370.595	375.077	19 337.1	−0.2	19 375.5	19 256.8
中国	95.988	+3.4	92.808	88.354	5 616.5	+1.5	5 533.8	5 426.4
印度	45.344	+9.3	41.483	42.339	1992.2	+4.5	1 907.0	1 863.2
俄罗斯	30.199	+2.3	29.533	32.681	2 087.8	−5.0	2 197.2	2 202.6
乌克兰	22.259	−4.3	23.250	24.248	1 391.6	−3.6	1 444.1	1 443.0
美国	19.844	−5.5	20.991	19.488	425.7	−7.1	458.1	435.8
德国	9.670	−9.3	10.666	11.837	242.8	+1.9	238.3	258.7
孟加拉	8.603	+4.9	8.205	8.326	443.9	+3.1	430.4	460.2
法国	6.975	+10.0	6.341	7.440	160.7	+4.2	154.2	158.6
荷兰	6.801	+0.5	6.766	7.333	155.8	+4.0	149.8	159.2

（续）

国家	百万吨				千公顷			
	2013p	变化（%）	2012	2011	2013p	变化（%）	2012	2011
波兰	6.334	−30.3	9.092	8.197	337.2	−9.6	373.0	400.5
白俄罗斯	5.914	−14.4	6.911	7.148	305.4	−8.0	332.0	341.1
英国	5.580	+22.6	4.553	6.310	139.0	−6.7	149.0	146.0
伊朗	*5.560*	*+3.0*	*5.400*	5.578	190.0	+5.6	180.0	185.7
阿尔及利亚	4.928	+16.8	4.219	3.862	162.7	+17.3	138.7	131.9
埃及	*4.800*	+0.9	4.758	4.338	178.0	+0.5	177.2	164.1
加拿大	4.620	+0.7	4.590	4.168	142.1	−4.0	148.0	140.9
秘鲁	4.571	+2.1	4.475	4.072	317.1	+1.5	312.4	296.4
土耳其	3.948	−17.7	4.795	4.613	125.0	−27.3	172.1	143.0
巴基斯坦	3.802	+12.1	3.393	3.492	174.4	−5.7	185.0	159.3
巴西	3.554	−4.8	3.732	3.917	128.1	−5.8	136.0	149.2
比利时	3.480	+18.8	2.930	4.129	75.4	+16.9	64.5	82.3
哈萨克斯坦	3.344	+6.9	3.126	3.076	184.2	−2.3	188.5	184.0
罗马尼亚	3.290	+33.4	2.465	4.077	207.6	−9.4	229.1	248.3

注：斜体数字为FAO估算。

资料来源：FAO。

附表2　世界马铃薯生产大国单产（吨/公顷）

国家	2013p	变化（%）	2012	2011	2010	2009	2008
世界	19.47	+1.8	19.13	19.48	17.85	17.91	18.15
美国	46.61	+1.7	45.82	44.72	45.28	46.44	44.43
比利时	46.15	+1.6	45.42	50.14	42.27	44.71	46.07
荷兰	43.65	−3.4	45.17	46.06	43.59	46.33	45.58
法国	43.40	+5.5	41.12	46.91	42.15	45.53	41.72
英国	40.14	+31.4	30.56	43.22	43.88	44.42	41.66
德国	39.83	−11.0	44.76	45.76	39.98	44.06	43.76
阿尔及利亚	34.68	+21.7	28.51	27.41	23.59	18.02	14.34
加拿大	32.51	+4.8	31.01	29.58	31.61	31.31	31.20
土耳其	31.58	+13.3	27.86	32.26	32.33	30.82	28.39
伊朗	*29.26*	*−2.5*	*30.00*	30.04	29.21	26.68	26.52
巴西	27.75	+1.1	27.45	26.25	25.89	24.83	25.37
埃及	*26.97*	+0.4	26.85	26.44	33.02	26.30	25.94
印度	22.76	+4.6	21.75	22.72	19.93	18.81	19.30
巴基斯坦	21.80	+18.9	18.34	21.92	22.68	20.28	16.45
孟加拉	19.38	+1.7	19.06	18.09	18.23	13.34	16.54
白俄罗斯	19.36	−7.0	20.82	20.96	21.35	18.60	22.08
波兰	18.78	−22.9	24.38	20.47	17.86	19.10	19.06
哈萨克斯坦	18.15	+9.4	16.59	16.72	14.30	16.18	14.44
中国	17.09	+1.9	16.77	16.28	15.67	14.40	15.18
乌克兰	16.00	−0.7	16.10	16.80	13.25	13.93	13.87

（续）

国家	2013p	变化（%）	2012	2011	2010	2009	2008
罗马尼亚	15.85	+47.2	10.76	16.42	13.30	15.38	14.05
俄罗斯	14.46	+7.6	13.44	14.84	10.02	14.27	13.76
秘鲁	14.41	+0.6	14.32	13.74	13.16	13.33	12.92

注：斜体数字为FAO估算。

资料来源：FAO。

全产业链视角下中国马铃薯主食开发战略的发展机遇和挑战

屈冬玉　李广存　谢开云

（中国农业科学院蔬菜花卉研究所，北京　100081）

摘要：2015年，中国政府正式启动马铃薯主粮化战略。马铃薯主粮化是定位，主食化才是目的。为进一步推动马铃薯主食化，使人们更好地理解马铃薯主粮化战略，丰富马铃薯主食化产品形式，增加消费，让马铃薯真正成为丰富食品结构、改善人们身体素质的重要食品。本文将在全产业链视角下，对马铃薯主食化的认识、实施条件、发展机遇和挑战进行了剖析，并提出了应对措施。

前言

中国是人口大国，粮食安全是关系到社会稳定、国计民生的重大问题。随着我国工业化、城市化进程的推进，耕地面积逐年减少，人口继续增加，而水资源不足以及粮食生产基础脆弱、抗御自然灾害能力不强等原因，致使我国粮食安全面临着严峻挑战。目前，我国三大主粮已经全部净进口。据国家统计局统计，2014年我国粮食总产量达到6亿多吨，实现新中国成立以来首次“十一连增”。但2014年粮食进口突破1亿吨（大豆约7 000万吨，谷物约2 000万吨），在未来的一段时期内，进口量仍在不断增长；而我国水稻、玉米和小麦三大粮食作物受耕地面积、种植效益和增产潜力的影响，其总产量难以保持较大规模的增长。马铃薯作为我国第四大粮食作物，适应性广、高产稳产、增产潜力大、营养全面、资源利用率高、加工产业链长、生态效益好，并且其种植面积和单产均具有巨大的发展潜力。因此，马铃薯对保障国家粮食安全、顺应国人营养需求、缓解资源环境压力，有着其他作物不可替代的作用。为此，农业部于 2015 年 1 月 6 日召开了马铃薯主粮化发展战略研讨会，提出马铃薯主粮化是因势而谋、应势而动、顺势而为之战略选择。

1　马铃薯主食开发战略的内涵

中国政府今年正式启动马铃薯主粮化战略，对于保障我国粮食安全、调整食物结构、改善膳食营养、展示马铃薯多功能性等都具有重要意义。马铃薯主粮化的关键是主食化，增加消费量。马铃薯主食化是指将马铃薯加工成适合中国人消费习惯、在日常饮食里能够占有重要比重的主食产品，作为我国水稻、玉米和小麦三大主粮的重要补充。

马铃薯是非常适宜主食化的粮食作物。一是马铃薯营养全面均衡，富含多种维生素、膳食纤维、钾盐和多酚类，经济效益高，正被更多人认识和接受。二是耐旱、耐瘠薄、水分利用率高、抗灾，非常适合我国严重干旱缺水的资源环境。在其他主粮作物不易种植的区域也可获得较高产量，具有不与其他主粮作物争地生产的天然优势。在华北和西北的干旱和半干旱地区，马铃薯已经成为当地农民长期赖以生存和脱贫致富的重要支柱作物。例如，渭源县 2011 年农民人均从马铃薯产业中获得收入达 1 354 元，占农民人均纯收入的 50%；会泽县 2012 年农民人均销售马铃薯纯收入 957.65 元；马铃薯在宁南山区更是被农民称为“救命蛋”和“金蛋蛋”。三是适宜规模化种植。2013 年，我国马铃薯种植面积达 8 780.1 万亩，总产 1.0368 亿吨，对保障国家粮食安全起到了重要作用。四是发展空间大。目前，我国马铃薯的单产仅为 17.7 吨/公顷，大大低于世界发达国家的单产水平，与国内每亩 5 吨以上的高产典型相比，还有很大的增长空间。同时，我国南方有约 1 600 万公顷冬闲稻田，可再发展 400 万公顷马铃薯。五是耐储藏。将马铃薯加工成全粉，可储藏 15 年以上。六是产业链长，从育种、生产、流通到加工、主食化产品研发、消费整个产业链长，效益高，从业人员多。因此，选择马铃薯作为主食化粮食作物是应对国家粮食安全的重要战略选择，并且在中国东北、西北和西南山区的一季作区，马铃薯也一直作为农民的主粮食用。而且，在欧美发达国家，马铃薯一直被作为主食。

2　马铃薯主食化背景下的战略发展机遇

马铃薯主食化是经过多年酝酿、适时提出的重要战略规划。马铃薯主食化涉及马铃薯产业的多个方面和层面，不仅仅是马铃薯加工和后期的主食化产品研发，还包括适合主食化开发的专用品种选育、高效低能环保的栽培生产和加工工艺研发、方便快捷的市场流通、先进的市场监管、消费观念的引导和消费习惯的形成等，这对于马铃薯产业的全面创新与升级具有重要意义。

马铃薯主食化开发战略为马铃薯产业发展提供了难得的发展机遇。在马铃薯主食化战略的大背景下，国家将加大对马铃薯产业的支持力度和政策导向。科技工作者可更好地依据产业链来布局科技链，针对产业链条上各个关键环节开展育种、栽培、病虫害防控、加工、市场营销等基础、应用基础和应用研究，为马铃薯主食化战略的顺利实施提供全方位科技支撑。加工企业可基于科技链的技术支撑，充分利用中国13亿人口的巨大消费市场，进行适应中国特色的加工工艺研究、产品研发和市场开拓，丰富马铃薯主食化产品类型，宣传消费理念，创新消费方式，引导消费，尽快占领市场，获取巨额经济效益。对于消费者，将有形式多样、丰富多彩、标准化的马铃薯主食化产品可供选择。消费者可以根据需要选择适合自己的主食化产品，并且由于方便快捷的市场流通和发达的物联网，可以足不出户享受到全国各地的马铃薯主食化产品，消费量将大幅增加。届时马铃薯产业链条得以充分拓展和延伸，从业人员大幅增加，将需要更多管理者做好市场化引导，对马铃薯产业链条中关键环节进行多层次、多方位有效监管，保障马铃薯生产、经营、流通的规范化，主食产品生产的标准化和行业竞争的有序化，管理者将更有用武之地。从而形成一大重要支柱产业服务于经济社会发展。

3 马铃薯主食化战略面临的挑战

马铃薯主食化开发战略为马铃薯产业带来了前所未有的巨大利好，但同时也面临着巨大挑战：一是品种缺乏。目前，中国种植的马铃薯品种只有少数几个品种适宜中国特色的主食化开发，油炸食品加工和全粉加工专用品种依然是国外引进品种一统天下。如夏波蒂和大西洋，这两个品种需要大肥大水、适应性弱、抗病性差，并且不同的主食化产品对马铃薯品种的要求不同，制作馒头、面条需要马铃薯全粉延展性高的品种，而制作米粉则不然。因此，培育出更多不同生态类型的、适宜不同主食化产品加工的品种是关键；二是效益不稳，近几年马铃薯价格波动严重。2011—2013年，马铃薯价格从最低位经过稳定期到达高位期，2014年多数产区马铃薯价格又进入了低迷期。目前，各马铃薯产区的价格在上扬，但各不相同，这种严重的价格波动造成了农户种植收益震荡。因此，稳定马铃薯种植收益和提高农民的种植积极性，保障产量稳定，满足主食化需求十分关键。三是饮食习惯。长期以来，中国人一直将小麦、大米和玉米作为主粮，是经过千百年来的适应和磨合形成的饮食习惯，并且这种饮食习惯具有明显的地域特点。南方人喜食大米，北方人喜食面条和馒头。要适应这种主食习惯，使马铃薯成为国人餐桌上的主食之一，除了在马铃薯产品品质、花样等本身特性上下工夫外，更关键的将是适应或改变国人的消费观念和习惯，这恐怕将是一个复杂长期的过程。四是价格成本。以马铃薯全粉为例，马铃薯要加工成全粉，需要经过经清洗、去皮、挑选、切片、漂洗、预煮、冷却、蒸煮、捣泥、经脱水干燥等多个工序，增加了马铃薯全粉的生产成本。目前，马铃薯全粉的价格在 10 000 元/吨左右，是面粉的 3～4 倍，以全粉为原料的产品成本偏高是马铃薯主食化的一个重要限制因素。

尽管马铃薯主食化存在巨大挑战，但马铃薯主食产品及产业开发正在有序推进，并已经取得了重要进展。在品种筛选上，通过对我国 22 个主栽马铃薯品种的比较研究，筛选出了青薯 9 号、一点红、大西洋、夏波蒂 4 个适宜加工馒头的专用品种。在主食产品研发上，开展了马铃薯意大利面、胡辣汤等主食产品的试制，完成了全粉添加对马铃薯面团的流变特性影响研究，初步确定了含 40%马铃薯全粉馒头的营养功效测评试验方案，成功生产了 55%占比的即食马铃薯米粉，并申报相关专利 20 项。在专用设备研发上，初步完成了马铃薯面条设备选型及功能改造方案，制造出了一体化仿生擀面机样机并开始市场推广等。在政策导向上，农业部也正在抓紧编制《全国马铃薯主食产品及产业开发规划》，并多次召开座谈会和推进会，将适时发布。

4　马铃薯主食化战略的对策

李克强总理在 2015 年中央农村工作会上强调，农业生产方式要由生产主导型向消费主导型转变。基于马铃薯主食化的战略机遇和挑战，中国马铃薯主食开发应从消费端入手，生产是基础，加工是关键。一定要坚持市场导向，在标准化、规模化、企业化和品牌化上下工夫。围绕中国饮食传统、地方特色和西餐特点，积极引导企业研发生产以马铃薯为原料的标准化、多样化、特色化产品，通过全产业链发展，尽快实现主食化的目标。有关单位要整合政策，以企业为核心，以市场开拓为抓手，做好试点示范、宣传推广和科研开发等支持保障工作。从产前、产中和产后不同环节来着力推进马铃薯主食研发：一是要创新品种选育途径，充分利用现代生物技术与基因组学研究成果，加强高效育种技术研发，加快不同主食产品的专用品种选育，培育出更多适应不同生态类型的主食化品种；二是研究集成配套的高产高效栽培技术、种植模式和种植方式，提高水肥利用效率，加强病虫害防控技术研发，提高生产效率，降低生产成本；三是强化以企业为主体的主食产品技术研发，针对不同消费人群和不同消费习惯，加快推进加工工艺研发，降低能耗和成本，丰富主食产品形式，增加消费量，实现主食产品产业化。在工作方式上，一是要注重可持续价值链导向，密切衔接科研、生产、加工、流通、消费等各个环节，使各环节均有较好的价值利益取向，保障马铃薯的均衡周年生产和供应；二是强化国家马铃薯主粮化政策及资金扶持，优化投资结构，对产业链和供应链中的创新驱动领域和关键技术环节进行重点扶持；三是加强宣传和消费引导，采用多种形式、多种方式对马铃薯主食化进行宣传，引导市场消费。最终建立以企业为主体包含马铃薯的产业链、价值链和供应链的不同环节进行主食化产品开发的大体系，让马铃薯真正成为丰富食品结构、改善人们身体素质的重要食品。

5 展望

马铃薯主粮化战略已经启动，部分省份和地区已经开始抢占先机，加大了宣传力度。宁夏农牧厅已经吹响了在宁夏实施马铃薯主粮化战略的号角，并开展了为期一个月（4 月 28 日至 5 月 28 日）的马铃薯主粮化宣传展示活动。但我们也应该清醒地认识到马铃薯“主粮化”的道路并不平坦，需要克服很多困难，需要从业者的创新能力，需要政府的大力扶持，也需要加强国际合作。我相信，只要各部门从战略的高度通力合作，共同推动马铃薯主粮化战略工程的实施，马铃薯主食化的春天一定会到来。

专题论文（摘要）

中国马铃薯文化与品牌建设

闫洪志[1]　赵秀艳[1]　郝媛媛[2]　张伟俊[2]

（1 内蒙古凌志马铃薯科技股份有限公司，内蒙古赤峰　024500；
2 正观品牌顾问有限公司，内蒙古呼和浩特　010010）

2015年1月6日，中国农业科学院、国家食物与营养咨询委员会、中国种子协会在京举办马铃薯主粮化发展战略研讨会，会议正式将马铃薯定位为继小麦、水稻、玉米之后的第四大主粮。马铃薯在中国俗称"土豆"，即便未被封为"第四大主粮"之前，中国人对于马铃薯也并不陌生。从地域上讲，由南到北、从东到西，马铃薯都是百姓餐桌上的必需品。中国人对美食孜孜不倦的雕琢和追求使得马铃薯呈现出丰富的形式和多元的口味。而中国人对待美食的态度又体现着浓郁而厚重的文化感。这是中国人经验与智慧的象征，他们从食物中窥见了人与人、人与社会、人与自然、人与物质的内在关联。但是，针对"马铃薯文化"，在中国还没有人展开过专项研究，属于一个相对新鲜的命题。

由于缺乏早期的文字记载，或者文字记载中存在作物名称混淆等原因，对于马铃薯传入中国的时间专家的说法不一，有的认为在明万历年间（1573—1619），有的则认为马铃薯最早传入我国应该是18世纪。至于如何传入的，现在有三种说法：一是荷兰人将马铃薯带到台湾地区种植，而后传入大陆，所以土豆又被称为荷兰薯；二是由晋商从俄国或哈萨克汗国（今哈萨克斯坦）引入中国，主要种植在山西，现在山西人还有"五谷不收也无患，还有咱的二亩山药蛋"的说法；三是主要由印度尼西亚（荷属爪哇）传入广东、广西，因此，在这些地方土豆被称为爪哇薯。

由于从基础性状而言，马铃薯有其他农作物所不具备的产品特征，例如耐寒、耐旱、耐贫瘠、营养丰富等。笔者三十余年始终致力于马铃薯的生产经营，对马铃薯有着天然的情感，更重要的是，在生产和经营过程中，从马铃薯的物质基本面出发，看到了许多可贵的精神价值与品质。经过多年的研究，笔者将这些精神内核升华提炼，形成了相对完整的"马铃薯文化"系统，亦称"土豆文化"。

同时多年来，笔者致力于“土豆文化”的推广，希望社会大众对马铃薯有更加深刻的理解，也希望在物质和文化层面共同助推马铃薯在中国的主食化发展。

“土豆文化”以土豆为文化图腾，核心理念在于“质朴坚韧、敬地爱人”。所谓“质朴”，就是“有内涵，不张扬”，土豆营养价值丰富，在法国被称为“地下苹果”，在欧洲被称为“第二面包”，在所有粮食作物中维生素含量最全，连经济学教父亚·当斯密在其《国富论》中都提到了土豆的重要价值。但即便如此，土豆依旧保持朴实无华的特性。所谓“坚韧”，就是倡导人们要像土豆一样，“扎根土地，向阳生长”。土豆可以在除了盐碱地之外的所有类型土壤中生长，可以适应低至8℃高至30℃的日均温度。同时可以在土地更少、气候更恶劣的条件下更快地生产出更多富有营养的食物。所谓“敬地”，就是无论做什么事情，都要“尊重自然规律”。土豆对环境的适应性本身体现的就是对自然规律的敬重。春天扎根、夏天成长、秋天结果、冬天涵养。所谓“爱人”，就是要“心怀天下、兼爱众生”。土豆虽然具有极高的营养，却始终没有高昂的身价，也正因为如此，不分人种，无论贫贱富贵和身份等级，都无条件的为他们贡献着自己的营养，并屡次在人类饥荒中扮演着救世主的角色。同时，在“质朴坚韧、敬地爱人”的核心价值观基础上，笔者又延展生成了“行为得失、效法土豆”的行为准则，将土豆所蕴含的优良气质贯穿到规范人们思维和言行的各个方面，形成了完整的“土豆文化”体系。笔者深信，“土豆文化”的传播与推广将会对社会文化生态起到积极的促进作用。

然而，“土豆文化”的传播，离不开企业品牌的建设。中国要建设现代化新型农业企业，不仅是指机械的现代化、管理模式的现代化，更是指品牌思维的现代化。农业型企业只有具备了品牌化的思维模式，才能从根本上督促自身保障产品质量，降低消费者购买风险，提高品牌信任度，也才能从根本上解决食品安全问题，让消费者在选择过程中找到“美味”与“安全”的平衡点。

马铃薯——南非饮食的核心：启发、告知、宣传

ImmaculateZinde

(Potatoes South Africa，Private Bag X135，
Pretoria-South Africa，0001)

本报告主要介绍南非马铃薯协会（Potatoes South Africa，PSA）在宣传马

铃薯生物特性方面取得的巨大进展。通过宣传，协会希望能够改变人们对马铃薯的态度和认知，激发人们对马铃薯的喜爱，从而将其作为主要的淀粉来源和蔬菜。这符合南非卫生部发布的《居民膳食指南》中的两点：

- 尽量每顿饭都食用淀粉食物
- 每天摄入较多的蔬菜和水果

在南非，马铃薯作为主粮的人均消费很低。因此，为了开拓市场，促进消费，需要依靠宣传的手段，提高公众认知度。马铃薯的一个典型特征是用途广泛。可能也正是这个特征，使人们对马铃薯存在着负面印象和误解。最近，南非马铃薯协会在南非 9 省进行了调研，在 600 名参与调研的人员中，62%表示食用马铃薯会使人发胖。根据非正式部门的一项调查（非正式部门马铃薯销售占到鲜薯总销售量的 60%），马铃薯最常见的三种消费方式是炖、凉拌和做成土豆泥。据此，增加南非马铃薯的消费要以宣传马铃薯的生物和营养特性为重点。

南非马铃薯协会开展了综合性宣传活动，利用广告、公关、活动、网站、社交媒体等渠道向公众宣传马铃薯的生物和营养特性，推荐马铃薯是平衡膳食、补充营养的绝佳选择。为了确保向公众传达准确的、有科学依据的信息，食品专家会事先对信息进行核实和修改。

1997—2005 年，南非对马铃薯的宣传微乎其微。也是在这段时间，南非人均马铃薯消费有所下降。2005 年，南非开始了对马铃薯的宣传活动，当时每年人均马铃薯消费量为 32 千克。到 2015 年，每年人均马铃薯消费量已经增至 40 千克。

通过大力开展公关活动，在过去的 10 年中，南非马铃薯协会获得了超高的媒体曝光率，价值超过 5 000 万兰特。协会在社交媒体的公众关注度不断提高，增强了其作为一个组织的社区意识，建立了共享马铃薯信息和菜谱的平台。

可见，启发、告知和宣传是我们勇往直前，提高公众认知度，开启马铃薯繁荣之门的重要支柱。

中国主栽马铃薯品种块茎中蛋白质的含量及其氨基酸组成分析

王中平　郭华春

（云南农业大学薯类作物研究所，云南昆明　650201）

本研究的目的在于全面了解中国马铃薯主栽品种块茎中蛋白质含量及其氨基

酸组成，并从中筛选出蛋白质含量和营养价值均较高的品种，以促进马铃薯主粮化战略的实施和马铃薯现代产业体系的发展。共收集了全国 62 个马铃薯主栽品种，并在云南农业大学农场统一种植，采用统一的田间管理。利用称重法测定各个品种块茎中的干物质含量，通过凯氏定氮法测量这些品种块茎中的粗蛋白质含量，并采用氨基酸分析仪测定每个品种块茎中蛋白质的各氨基酸（色氨酸除外）含量，最后通过模糊数学法和比值系数法根据块茎中蛋白质的必需氨基酸组成，以 WHO/FAO 模式为标准对这 62 个主栽品种块茎中蛋白的质量进行评价。结果表明，62 个马铃薯主栽品种块茎的干物质含量为 13.51%～28.59%，平均含量为 17.74%，其变异系数为 14.93%；这些主栽品种的鲜块茎中粗蛋白质含量为 1.06%～4.11%，平均含量为 2.15%，品种间变异系数为 20.34%；各主栽品种烘干块茎中粗蛋白质含量为 6.88%～18.07%，平均含量为 12.26%，变异系数为 20.15%。每 100 克鲜块茎中各水解氨基酸的平均含量和在不同品种间的变化范围如下：苏氨酸 54.68 毫克（34.73～81.80 毫克），缬氨酸 92.98 毫克（52.23～198.01 毫克），亮氨酸 90.04 毫克（53.98～133.88 毫克），异亮氨酸 61.61 毫克（34.09～119.39 毫克），赖氨酸 94.87 毫克（48.90～225.51 毫克），胱氨酸 24.87 毫克（18.28～43.59 毫克），甲硫氨酸 22.35 毫克（10.53～34.84 毫克），苯丙氨酸 73.61 毫克（40.15～154.28 毫克），酪氨酸 48.09 毫克（24.39～100.52 毫克），组氨酸 26.73 毫克（14.86～62.44 毫克），天冬氨酸 334.34 毫克（157.08～903.23 毫克），谷氨酸 334.45 毫克（162.62～702.14 毫克），丝氨酸 52.43 毫克（33.90～80.82 毫克），脯氨酸 55.46 毫克（25.60～166.71 毫克），甘氨酸 52.88 毫克（32.63～80.43 毫克），丙氨酸 70.92 毫克（39.24～112.37 毫克），精氨酸 63.79 毫克（32.93～162.90 毫克），各种氨基酸含量的变异系数为 16.27%～43.18%；必需氨基酸（含蛋氨酸和酪氨酸）的总含量平均为 563.09 毫克（326.05～1 091.64 毫克），变异系数为 20.35%；氨基酸总含量的均值为 1 554.10 毫克（834.85～3 350.51 毫克），变异系数为 23.56%；必需氨基酸总含量在总氨基酸中的比率平均为 36.49%（31.63%～42.67%），变异系数为 6.96%。62 个主栽品种块茎蛋白的贴近度为 0.84～0.96，平均为 0.90，其变异系数为 3.23%；它们的比值系数分为 89.60～66.53，平均为 80.27，其变异系数为 6.44%。所得结论如下：62 个马铃薯主栽品种块茎的干物质含量均低于粮谷作物，其中青薯 168、滇同薯 1 号、同薯 20 号、中薯 7 号等 8 个品种有较高的干物质含量；各主栽品种鲜块茎中的粗蛋白质含量也低于粮谷作物，其中含量超过 2.50%的高蛋白品种仅有青薯 168、威芋 3 号、宁薯 4 号等 7 个，但是烘干块茎中蛋白质的平均含量却比几乎所有谷类作物干物质中的蛋白质含量高。62 个主栽马铃薯品种块茎中蛋白质的必需氨基酸组成均与 WHO/FAO 参考模式的非常接近，尤其是中薯 18 号、丽薯 7 号、天薯

11号、夏波蒂等品种；绝大部分品种块茎中蛋白质营养价值高，尤其是定薯1号、合作88、中薯18号、中甸红等品种。各品种的天冬氨酸和谷氨酸含量远高于其他氨基酸含量，而其如从蛋白质中部分地释放出来就会增加块茎中游离态的鲜味氨基酸含量，这也许与马铃薯块茎的鲜味有一定的联系。块茎的干物质含量、粗蛋白质含量（鲜重和干重）、各氨基酸含量、必需氨基酸总含量和氨基酸总含量在品种间的变化差异非常大，但不同品种的总必需氨基酸在氨基酸总量中的比率相对稳定。

“重启”公众对马铃薯营养价值的认知

Maureen L. Storey

（Alliance for Potato Research and Education，
2000 Corporate Ridge，Suite 1000，McLean，VA 22101，USA）

有流行病学研究表明，食用马铃薯会提高罹患肥胖症及相关疾病的几率。由于膳食方面的书籍和研究均得到大力宣传和推广，导致在过去的十年中，马铃薯因其碳水化合物（淀粉）含量和血糖指数高而一直备受诟病。公众对于马铃薯微量元素的价值普遍存在误解，并且基本忽略其对营养摄入的作用。因此，2011年，受到马铃薯消费量下降的刺激，以及在高瞻远瞩领导层的积极支持下，美国和加拿大两国的马铃薯业联合成立了马铃薯研究和教育联盟（APRE）。

马铃薯研究和教育联盟是一个非盈利组织，支持营养研究，并将研究成果转化为教育和政策方案，宣传马铃薯是适合各个年龄段人口食用的蔬菜，并且营养丰富。美国和加拿大的马铃薯加工企业和种植者为联盟提供资金。联盟属于独立实体，但其与成员公司、销售委员会（美国马铃薯协会）、国家级和省级马铃薯委员会以及游说组织（国家马铃薯理事会）开展合作。尽管联盟位于华盛顿特区，其不进行任何游说活动。

顾名思义，马铃薯研究和教育联盟有研究和宣传教育两个使命。宣传教育的对象主要包括学术界、政府和其他公众健康学家和卫生保健人员等会影响到消费者的人群，特别是注册膳食学家，他们常常在传统媒体或社交媒体上发布言论。联盟没有直接针对消费者的活动。

在过去的10年中，由于缺少公开的研究和针对科学和卫生保健专业领域的宣传和教育，导致联邦政策将马铃薯排除在粮食救助项目以外，或者大大减少了其中马铃薯的数量。粮食救助项目由美国农业部负责，价值高达几十亿美元，每天为几百万低收入人口提供食物。该政策通常由政府发起，并由国家研究院医药研究所协调，最终形成《美国居民膳食指南》。例如，根据医药研究所2005年报告，农业部妇女和婴幼儿特殊补充营养救助计划将马铃薯排除在外，意味着参与该计划的人员无法凭借获得的现金价值食品券在食品杂货店购买蔬菜水果时选择购买马铃薯。医药研究所在最近进行的科学评审中推翻了之前的推荐意见。2015年，该研究所在向农业部提交的报告中，敦促将马铃薯纳入妇女和婴幼儿特殊补充营养救助计划，作为钾和膳食纤维的重要来源，这两种营养素都是妇女和婴幼儿极易缺乏的重要元素。医药研究所委员会力荐马铃薯的依据，就是来自学术界、政府和马铃薯研究和教育联盟的知名科学家所整理的科学证据。因此，无论是鲜食、冷冻、罐装还是以其他形式加工的马铃薯，只要不添加脂肪、盐和糖，均可由参加救助计划的人员持食品券购买。

这个例子表明，若想推翻联邦政府之前的政策，影响公共舆论，只能依靠科学研究。宣传和教育也同样重要，信誉度高的科学界领导们一定要传达真实、可信的信息。

马铃薯研究和教育联盟举办的第一个活动是名为“白色蔬菜：被遗忘的营养”圆桌会议。该会议在2012年由普度大学主办，参加人员均为科学家，就马铃薯和其他白色蔬菜撰写论文并做报告。本报告将回顾白色蔬菜概念的发展历程，从最初在圆桌会议上提出，到在同行评议的科学刊物上发表，到由马铃薯研究和教育联盟的营养宣传员通过传统媒体和社交媒体进行宣传，再到医药研究所修订推荐意见，推翻联邦政策。

最健康的食品——马铃薯的营养与功能

毕阳　朱艳　王毅　李永才　薛华丽

（甘肃农业大学食品科学与工程学院，甘肃兰州　730070）

马铃薯营养丰富，含有80多种营养物质，富含维生素C、维生素B_6和烟酸等多种维生素，以及钾、镁、磷、铁、锌等多种矿物质。维生素C含量是苹果的10倍，钾含量是香蕉的2倍。一个中等大小的烘烤马铃薯（173克）可提供每日膳食所需维生素B_6的32%，维生素C的22%，以及钾的26%。马铃薯属低热量高纤维食品，几乎不含脂肪、胆固醇和钠。马铃薯各类营养素含量均衡，蛋白的氨基酸组成与人体需求接近，是“优质蛋白”的来源。马铃薯还富含多种功能成分，其所含的类胡萝卜素、黄酮类化合物和咖啡酸以及块茎贮藏蛋白在清除自由基方面具有独特的功效。马铃薯还含有一种特殊的降低血压的化学物质地骨皮胺。虽然马铃薯富含淀粉，但其所含的部分淀粉属于抗性淀粉，不易被消化利用。因此，科学食用马铃薯可有效延缓衰老，减轻心脑血管疾病，改善神经系统，抑制肿瘤的危害，维持消化系统的正常机能。

烹饪方式对马铃薯的营养和功能成分影响显著，由于马铃薯皮中富含膳食纤维，因此在食用前用自来水洗净后尽量保留，挖除较深的芽眼及变绿的部分即可；如果非要削皮，尽量不要削的太深。削皮及切分后的马铃薯接触空气后容易发生褐变，如果不能马上烹饪尽量浸泡在含醋的冷水中。马铃薯与某些金属接触后也易发生变色，因此在烹饪是不要使用铁质和铝制的锅。马铃薯即可作为主粮，也可作为蔬菜制作佳肴。作为主粮时建议采用烘烤、蒸煮及馅料等非油炸烹饪方式；作为蔬菜时建议以片、丝、泥等低油烹饪方式炒或烧，或与其他肉类共烹。

希森马铃薯主食产品的研发

梁希森

（希森马铃薯产业集团，北京延庆　102100）

中国是个农业大国，中国用不足世界 1/10 的耕地养活了近全世界 1/5 的人口，堪称不易，其中最重要的是吃饭问题。老祖宗说“民以食为天”、“家中有粮，心中不慌”，邓小平时代说“无农不稳，无粮不安”，现在习总书记说“碗里一定要装着自己生产的粮食”，否则“遇到灾荒年，钱再多也没用”。

我从小受过穷、挨过饿、要过饭，我知道粮食对于人的重要性。社会再发达、科技再先进，粮食不够吃社会也会大乱。因此，15 年前我选择了投资大、周期长、见效慢、别人都不看好的马铃薯育种行业。我是个地地道道的中国农民，农民造不了飞机大炮、神舟飞船，农民的本分就是种好地、多打粮食。

当前，国家把马铃薯提升为我国第四大主粮作物，对保障未来粮食安全，有着重要意义。马铃薯省水、省地、耐贫瘠，且营养全面均衡，随着主粮化战略推进，它将逐渐改变人们的饮食习惯和消费观念，既可用作蔬菜，也能够以淀粉和全粉产品的面貌越来越多出现在人们的餐桌上。

十几年来，我们始终致力于把中国的小土豆做成大产业。在马铃薯主粮化的好消息的推动下，未来我们将加大力度投入自主创新，研发更多顺应市场趋势的马铃薯新品种和适应国人口味的马铃薯主粮产品。

希森马铃薯产业集团有限公司是国家马铃薯工程技术研究中心的依托单位，经过十几年多达30多亿元的投入和努力，已选育出了18个品种特性优良、适于不同功用的马铃薯新品系，目前正进行区域试验。其中有2个品系干物质含量特别高，适应性强，最适合加工全粉，全粉可在国家储备粮库中安全存放15年，是真正意义上的国家主粮。还有‘紫玫瑰’为代表的彩色马铃薯系列品种，含有丰富的花青素、多酚等强抗氧化性物质，可增强血管弹性，减少心脑血管疾病的发生频率，延缓衰老，防癌，美容；具有很高的经济价值和市场前景。

长久以来，我们始终致力于推进中国马铃薯主粮化进程，并为此做了大量努力，现已推出了一系列比较成功的产品。中国人千百年来形成的饮食习惯，决定了“土豆主粮化”在中国的推广不能照搬西方国家的经验，而必须适应中国人的口味。近四五年来，“希森”投入大量财力精力进行“中国口味”的土豆主粮化探索，经过数百次的反复试验，成功地用马铃薯全粉为主要原料按照不同添加配比，加工出馒头、花卷、水饺、面条、煎饼等各种中国特色主食以及蛋糕、面包、各类点心等烘焙类食品，深受社会各界欢迎和好评。农业部、中国农业科学院、国家粮食总局等领导和专家们先后来“希森”观摩、品尝，大开眼界、大受启发。同时，我们在北京，山东德州、济南等地数家餐厅开设了菜肴和主食品种多达几百种的“全营养土豆宴”，深受社会各界欢迎。

我们还通过合作方式，进行马铃薯相关食品及下游产品的开发，并正在尝试马铃薯全粉与面粉按一定比例掺兑的方式生产“全营养面粉”，通过这种方式让中国消费者迅速接受全营养的马铃薯全粉及其制品，加速推进马铃薯主粮化国家战略的实现。

马铃薯贮藏加工

孟加拉国马铃薯加工业的发展近况

M. H. Rashid[1]，S. Akhter[2]，M. J. Hossain[3]

[1 BARI，Gazipur；2 Tuber Crop Research Centre (TCRC)，BARI，Gazipur；3 TCRC，Bangladeh Agricultural Research Institute，Gazipur，Bangladesh]

马铃薯是孟加拉国第三大粮食作物，其产量仍在保持继续增长。在 1990—1991 期间，全国马铃薯产量约 124 万吨，种植面积为 12.4 万公顷。在 2012—2013 期间，产量达到了 860 万吨，种植面积为 44 万公顷。每公顷产量从 10.0 吨增加至 19.5 吨。这些马铃薯可以通过当地消费的增加，包括鲜食或加工，鲜薯出口或加工产品的出口得到了有效的消化。此前，虽然在马铃薯作为大米的替代品的过程中花费了很大的气力，但由于社会问题和马铃薯与大米（煮）相比更高的成本的限制，这些努力并没有收到应有的效果。由于孟加拉国的地理位置，鲜薯出口增速不快。因此，目前，大家的注意力更多集中在加工产品的出口上。由于孟加拉国的气候条件并不完全适合于的生产加工所需的高品质马铃薯。所有涉及马铃薯加工（原料生产，产品质控和终端营销）都必须标准化。BARI 的 TCRC 目前正在筛选替代品种，根据块茎的特定品质改进生产技术，开发短时间内使用时所需的低成本存储条件，控制加工后的产品质量。理想的加工品种干物质含量高于 20%。虽然低的干物质含量也能应用，但需要额外的能源和更多的原料，这会导致生产成本的上升。BARI 的 TCRC 最近选育了几个品种，具有较好的加工品质。

到 2013 为止，TCRC 共选出了十多个适合加工的品种，即‘BARI Alu-18 (Baraka)’，‘BARI Alu-19 (Bintje)’，‘BARI Alu-20 (Jaerla)’，‘BARI Alu-23 (Ultra)’，‘BARI Alu-24 (Dura)’，‘BARI Alu-25 (Asterix)’，‘BARI Alu-26 (Felsina)’，‘BARI Alu-27 (Espirit)’，‘BARI Alu-28 (Lady Rosetta)’ and ‘BARI Alu-29 (Courage)’。上述的材料中，只有‘Lady Rosetta’和‘Courage’适合加工成薯条，其他适合加工成薯片。一些厂家在市场上能找到什么

品种，就加工什么品种。在最近测试的40个品种中，'Asterix'，'Atlas'，'KufriPokhraj'，'Necter'，'Simpli Red'和品系8.73、8.37在一定程度上适合于法式薯条加工，而'Alaska'，'Asterix'，'Atlas'，'Dido'，'Metro'，'Necter'，'Safrana'，'Vivaldi'和品系8.73、8.102适合于薯片加工。在另一项研究中，品种'Sassy'，'Dolly'，'Atlantic'，'Safrana'，'Defender'和'Elger'的干物质和淀粉含量表型优异。只有'Alaska'的还原糖较高而无法用于加工。

抑芽剂CIPC［异丙基（3-氯苯基）氨基甲酸酯］已在近年来用于加工的马铃薯的存储。马铃薯块茎储存在相对较高的温度下（10～12℃，不是2～3℃）而不发芽，也没有糖分的形成，贮藏期可以延长到11月（8个月）。目前，国内约400个冷库中有10～15个已经开始使用CIPC技术。

诱抗技术在马铃薯块茎干腐病控制中的应用

李永才　毕阳　王毅　尹燕　包改红　孙小娟

（甘肃农业大学食品科学与工程学院，甘肃兰州　730070）

由镰刀菌（*Fusarium* spp.）引起的干腐病是马铃薯块茎主要采后病害之一，其贮藏后期发病率高达30%，严重限制了马铃薯的生产。目前通常采用噻苯咪唑等合成杀菌剂对其进行控制，然而长期使用杀菌剂会使干腐病菌普遍产生抗药性。由于消费者对食品安全越来越关注，因此寻求利于消费者身体健康并对环境危害较小的潜在的、安全的果蔬采后病害控制方法势在必行。采用物理、生物或化学激发子处理以增加采后园艺产品抗性的诱抗技术已成为目前关注的热点，并作为病害安全控制首选方法。本试验系统的研究了安全化学诱抗剂对马铃薯块茎干腐病的控制效果及其机理，结果表明，0.25%壳聚糖、100毫摩尔/升硅酸钠、100毫摩尔/升β-氨基丁酸、45毫摩尔/升柠檬酸和70毫摩尔/升K_2HPO_4处理均能显著降低接种*Fusarium sulphureum*马铃薯块茎的病斑直径，且其诱导作用存在时效性。进一步研究表明，这些化学诱抗剂均能通过提高过氧化物酶、多酚氧化酶和苯丙氨酸解氨酶等防御反应相关酶的活性以及增加木质素、类黄酮和酚类物质等抗性相关物质的含量来增强块茎组织的抗病性。同时，研究表明0.25%壳聚糖和100毫摩尔/升硅酸钠还具有较高的抗菌活性。综上可知，化学诱抗剂可以作为部分代替人工合成杀菌剂的安全防腐剂，在马铃薯块茎病害控制中将具有潜在的应用前景。

应用近红外光谱技术检测马铃薯及其产品：综述

赵凤敏　兴丽　曹有福　张小燕　杨炳南*

（中国农业机械化科学研究院，北京　100083）

马铃薯（*Solanum tuberosum* L.）为世界主要农作物之一，富含多种对人体健康非常重要的化学成分，如淀粉、碳水化合物、蛋白质、钙和钾等。马铃薯是位于水稻、小麦、玉米之后的第四大粮食作物，世界上约 80%的国家种植马铃薯，因此，马铃薯在世界农业中起着尤为重要的作用。马铃薯的品质包括多种方面，如理化性质、安全特征和品质特征等。马铃薯质量检测在市场和技术领域中均属于重点关注方面。因此，不同的分析方法和技术应运而生，如湿化学法、仪器法和感官分析等。虽然传统的实验室分析方法能提供较高的精确度，但这些方法大多数费时、费力、昂贵且不适合在线应用。

与传统方法相比，近红外光谱（NIR）是一种快速、无损、准确的技术，可用于测量马铃薯及其产品。本文综述了利用近红外反射光谱（NIRS）预测马铃薯及其产品的化学成分、结构特征以及马铃薯发芽能力，并对近红外光谱（NIR）在马铃薯及其产品的化学成分、质地和马铃薯发芽能力分析中的应用进行了总结和评价，结果表明，近红外光谱作为一种有效工具可用于监测马铃薯大部分化学成分、质地及发芽状况，但还原糖和总糖则需要进一步研究来提高其预测精度。近红外光谱对于马铃薯化学成分分析具有较大潜力，但未来仍会面对一些巨大挑战。以往研究大多在实验室固定的近红外仪器即不能提供连续光谱信息的情况下进行，但马铃薯产品加工时，如马铃薯片加工则是连续的、实时的，有必要开发在线近红外光谱分析系统。因此，应对实验室水平的稳态光谱技术与在线动态近红外光谱技术间的差异进行研究。在线近红外光谱技术的发展因素较为复杂，主要包括样品的不均匀性、不稳定性和复杂参数，实验室检测过程中样品需充分混合以确保近红外分析的稳定性和均匀性，但在线检测过程很难保证样品均匀进而实现快速、动态扫描。

未来重点研究的另一个方面是如何利用先进的化学计量学方法进一步提高马铃薯化学成分的预测精度。近红外光谱信息用于分析时除了所需的信息，通常包含一个干扰的成分称为噪声，其可能会干扰数据的准确提取和分析，在光谱信息

* 为通讯作者。

中噪声是一种严重影响近红外光谱分析的预测因素，通常采用化学计量学进行预处理。化学计量学方法，包括光谱预处理和多元校正方法，是消除或降低噪声和提高近红外光谱预测的一种有效工具。以往研究中，最常见的预处理方法为标准正态变量（SNV）、多元散射校正（MSC）、导数和平滑等。未来应重点研究一些先进的预处理方法，进而能更好地消除噪音所产生的影响。

ASM处理对马铃薯块茎快速愈伤的促进及部分机理

王毅　毕阳　李永才　吴觉天　李昌健　姜红

（甘肃农业大学食品科学与工程学院，甘肃兰州　730070）

块茎愈伤是减轻马铃薯采后损失的重要措施，但块茎采后自然愈伤需要3周左右，由于在露天进行加之时间偏长，易受到外界低温的影响并增加看护成本。因此，有效提高愈伤速率是马铃薯生产中亟待解决的问题。苯丙噻重氮（ASM，又名BTH），是水杨酸的结构类似物，也是第一个人工合成并商品化的诱抗剂。ASM本身对病原菌没有直接的影响，而是通过诱导植物体内的系统获得抗性来增强对病害的抵抗。ASM不仅能有效减轻多种作物的田间病害，还能明显控制多种果蔬的采后病害。本研究以陇薯3号马铃薯块茎为试验材料，对块茎纵切并清洗掉表层淀粉后分别采用100毫克/升 ASM和无菌水处理(CK)浸泡处理10分钟，然后置于黑暗，20℃，95% RH环境中进行愈伤。愈伤期间利用荧光显微镜观察伤口部位木栓质多聚酚类化合物(SPP)和多聚脂肪族化合物(SPA)的沉积情况，测定块茎失重率及接种硫色镰刀菌(*Fusarium sulphureum*)后干腐病的发病率和病情指数，分析O_2^-产生速率和H_2O_2含量以及苯丙烷代谢关键酶苯丙氨酸解氨酶(PAL)、肉桂酸羟化酶(C4H)、4-香豆酰-辅酶A-连接酶(4CL)、肉桂醇脱氢酶(CAD)和过氧化物酶(POD)活性和产物总酚、类黄酮和木质素的含量变化。结果表明：ASM处理显著降低了愈伤期间马铃薯块茎的失重率和干腐病发病率及病情指数，促进了伤口部位SPP和SPA的形成，加速了块茎愈伤。ASM处理诱导了伤口部位O_2^-和H_2O_2的积累，且积累高峰明显早于CK，首次高峰分别出现在8小时和12小时。此外，ASM处理显著提高了块茎中的PAL、4CL和CAD的活性，并使其峰值提前出现，而C4H活性与CK相比无明显差异，处理组的POD活性低于CK组。ASM处理还可促进总酚、类黄酮和木质素的积累，并使积累时间大幅提前。由此表明，ASM处理能够激活块茎伤口组织产生大量的O_2^-和H_2O_2，H_2O_2作为信号分子促进了苯丙烷代谢，从而加速了块茎的愈伤过程。

印度农业和马铃薯贮藏技术的瓶颈

Shreekant Zamindar

（26，Bada Rawala Juni Indore Indore M. P. India）

印度基本上还是一个以农业为主的国家，80%人口的收入均直接或间接地来自农业。然而，印度以农业为主并不意味着印度的农业非常发达，作物每年的单产水平亟须提高。印度农业生产的技术水平不均衡，在一些地区，农民仍然利用传统的牛耕方式进行生产，而传统的农场人均生产力和收入水平处于全国最低的行列。

现在，印度的农业正在从传统农业向园艺业转变。随着城市人口的增长和消费习惯的改变，城市居民对于新鲜和加工的蔬菜水果有着更大的需求。另外，零售食品行业的兴起为国内食品业的发展创造了更多的机会，如冷链的出现。

只有解决农业面临的主要瓶颈，才能够促进印度农业的发展。

土地：农民土地的分化和分散是造成印度农业生产力低、农业发展落后的主要原因之一。而且农民都是通过传统的体力劳动来耕作，缺少耕作机械。

播种：生产优质的种薯非常重要，而获得此类种薯同样重要。可是，由于价格高昂，大多数农民无法获得优质的种薯，特别是生产规模小、地处偏远的农民。播种完全依靠人力，致使作物产量不稳定，既浪费人力，又导致单位劳动力生产力低。为了保证种薯的质量，需要对化肥、粪肥和农药的质量和数量格外重视，施用过多会引发病害，施用过少则会在 2～3 种作物轮作后降低土壤肥力。

灌溉：尽管印度是仅次于中国的全球第二大灌溉国，但是其灌溉面积仅占农业生产面积的 1/3。而且全球变暖现象改变了当地的气候，降雨不稳定，提高了发生洪水和干旱的几率。为了解决这些问题对农业的影响，灌溉必不可少。可是，灌溉需要电力，而农耕地区多数位于电力资源不足的村庄里，只有极少数的农民有喷灌机。另外，河道、运河和水坝对于灌溉都非常重要，而在印度，水源往往无法达到田间，或者洪水将土地淹没，造成巨大损失。

收获：一直以来，农民收获作物后都将其放在太阳下晒干。无论是谷物、经济作物还是园艺作物，均将其放在灰泥或混凝土地上，根据作物的不同，一般需要晾晒 5～45 天。晾晒期间天气状况不佳会影响作物质量。众所周知，质量的恶化是由于不恰当的干燥方式所致，只有利用烘干机才能避免这种情况的发生。然而，这类机器初始成本高，而且多数是为加工厂设计，机器的加工能力远高于个体农户，甚至一些集体农户的需求。

贮藏：农村地区的贮藏设施严重不足，有的地区则完全没有。在这种情况下，农民只好在收获后立刻以市场价卖出，而当时价格往往很低。在印度，85%的马铃薯在冬天生产，在漫长且炎热的夏天贮藏，贮藏温度2～4℃，需要很高的成本。

运输：印度农村道路状况不佳，影响生产原料和产出的及时运输。而且，农村道路无法通到市场，致使作物腐烂，只能以低价出售。对于运输马铃薯这样的作物来说，需要有制冷设备的卡车，保持温度恒定。然而，由于成本高，农民无法通过这样的方式运输，因此也降低了马铃薯的质量。若生产地远离市场，运输成本的增加也会提高商品售价。

供应链：印度马铃薯生产的增加也带来了很多问题，贮藏能力不足和供应链的缺乏导致大量的浪费。

文盲率：农民不懂技术，不会使用新机械，只懂得依靠传统的农作技术，也不懂得要将作物贮藏，结果只能以很低的价格出售。

马铃薯加工对于印度实现粮食自给至关重要。带有附加值的加工产品逐渐在国内和国际市场中占有一席之地，农民种植马铃薯的收益有所提高。

城市化的推进、粮食消费方式的改变以及对方便食品的偏好极大地改变了马铃薯及马铃薯产品的销售方式。印度国内及跨国马铃薯加工企业现在更偏好本地的加工品种，而不是进口品种。价格低廉的脱水马铃薯薯条、薯块等在手工作坊就可以加工的产品在印度有很大的市场，这个产业还可以为农民创造更多的就业机会。随着马铃薯加工业的快速发展，印度将经历“松脆”革命。

贮藏过程中马铃薯品质的保存

Nora Olsenlsen，Mary Jo Frazierrazier，Lynn Woodell，Tina Brandt

(University of Idaho，Kimberly Research & Extension Center，3806 N 3600 E，Kimberly，Idaho 83341，USA)

贮藏马铃薯，确保其满足市场期望是一个复杂的系统工程，需要管理病害和抑制发芽，减少重量损失和加工品质的变化，保证其能够为消费者所接受。虽然马铃薯的整体品质不能在贮藏中得以提升，但是可以通过适当的管理减少因贮藏造成的损失。如果病害未被监测到或者没有及时管控，会造成灾难性的损失。贮藏的马铃薯迅速腐化往往与腐霉泄漏、晚疫病、红腐病有关，随后会导致果胶杆菌软腐病。田间管理及收获和处理的时候进行管控能够减少在贮藏过程中发生的病害，贮藏条件和产后利用可以减少损失。温度、湿度和通风等三个指标是在贮藏过程中对抗病害的最主要工具。在收获后使用亚磷酸盐进行喷撒能够有效保护马铃薯块茎的健康，防止收获和贮藏过程中感染晚疫病和红腐病。镰刀菌干腐病是另一种影响马铃薯贮藏品质的病害。栽培种感病性、薯皮擦伤管理、早期的贮藏和愈伤期间可能会影响本病害的发展。新收获的马铃薯可能含有的苯醚甲环能够帮助抑制贮藏中镰刀菌干腐病的发生。对于加工和鲜食马铃薯市场而言，一旦马铃薯开始发芽，会带来更多的品质问题。碳水化合物状况的改变、呼吸速率的增加、水分和重量的损失、诸如阻碍空气流通、加重病害发展等贮藏管理问题可能是降低马铃薯品质的主要因素。品种的选择、温度和贮藏的时间长度将影响贮藏中马铃薯的发芽情况。美国马铃薯栽培种的休眠长度各不相同，可以长达 100 天，休眠长度和发芽行为将决定是否有必要采取发芽控制措施以实现期望的抑芽效果。在美国，抑制马铃薯在贮藏过程中发芽的常用药剂是氯苯胺灵（CIPC）、在收获前的田间施用马来酰肼、萘产品（DIPN，DMN）、丁香油、3-癸烯-2-酮和其他在全球范围内广泛使用的化学药品。CIPC 是最常用的抑芽剂，但可以与其他的方式混合使用。鲜食马铃薯在美国上市前可以喷撒额外的抑芽剂或混合性药剂。长途运输需要采取强力的抑芽措施。收获后让块茎适当地愈伤可以使伤口木栓化，这样能最大地减少病原体侵入和减少重量损失。由病害造成的重量损失非常明显，目光可见，不过由于呼吸作用和蒸腾作用也可能造成很大的重量损失。早期的贮藏条件和决策可能会影响重量损失和加工品质的变化。为保持贮藏中马铃薯的品质，可以整合栽培种的内在耐贮性，采取病害防治措施和抑芽处理，以及提供适当的贮藏温度、湿度和通风条件等。

马铃薯大中型通风贮藏库温湿度自动控制系统的开发及应用效果

朱艳　毕阳　李永才　王毅

（甘肃农业大学食品科学与工程学院，甘肃兰州　730070）

介绍了采用以 TP401TH 温湿度传感器和 TP3 信号接收主机为系统，通过无线信号传输与接收过程完成马铃薯贮藏库内温湿度实时检测和远程监测功能的温湿度自动控制系统，为大中型通风库的贮藏管理提供依据。TP401TH 传感器可灵敏检测环境中的温湿度变化，并通过无线 WiFi 发送数据信号，由 TP3 主机接收并在屏幕上以多种形式显示，完成温湿度检测、实时显示和数据传输等功能。主机信号可通过 GPS 发送到互联网，实现用户对通风库内各个位点的温湿度变化的远程实时监控，便于及时调整通风孔的通风工作，使库内温度和湿度保持稳定。该系统可完成库内温湿度自动检测和远程监测，便于贮藏情况分析和通风库的精确管理等一系列操作，且具有操作简单、可靠性高、价格便宜等特点，适用于各种库体的温湿度监控。试验监测点通风库内的改造系统显示，库内的温湿度变化恒定，温度平均保持为3～5℃，湿度明显高于库外，平均为85%～90%，接近于马铃薯的最佳贮藏条件。马铃薯块茎（品种为陇薯7号和陇薯10号）贮藏6个月后的腐烂率和发芽率分别控制在7%和10%以内。综上所述，该系统可有效控制大中型马铃薯贮藏通风库的温度和湿度，显著降低马铃薯贮藏期间的损耗，维持其产品品质。

超高压预处理对α淀粉酶酶解马铃薯淀粉结构及物化特性的影响

木泰华　Leyla Raad　张苗　孙红男　陈井旺

（中国农业科学院农产品加工研究所、农业部农产品加工综合性重点实验室，北京　100193）

试验研究了在25℃条件下超高压（200、400和600兆帕）预处理40分钟对细菌α淀粉酶（0.02%、0.04%和0.06%，w/v）酶解马铃薯淀粉乳（25%，w/w）的影响。超高压预处理后酶解的马铃薯淀粉的结构、形态及物化性质均发生了显著性变化。与采用0.02%和0.04%α淀粉酶酶解的淀粉相比，600兆帕预处理的马铃薯淀粉经0.06%α淀粉酶酶解后，显示出较高的水解度和还原糖含量，分别为29.64毫克/毫升和49.36%。天然马铃薯淀粉（NPS）为圆形和椭圆形，颗粒表面光滑，然而酶解后的天然马铃薯淀粉（hNPS）和酶解后的超高压预处理马铃薯淀粉（600兆帕）均呈不规则和破裂形状，颗粒表面有裂痕和孔洞。α淀粉酶酶解可显著降低超高压预处理马铃薯淀粉的平均粒径，其从600兆帕下预处理淀粉的29.43±0.10微米降低至0.06%α淀粉酶酶解600兆帕下超高压预处理淀粉的20.03±0.16微米。除600兆帕预处理的马铃薯淀粉外，随着酶浓度的增加和压力的升高，马铃薯淀粉的膨胀势降低，溶解度增加。与NPS相比，0.02%和0.04%α淀粉酶酶解的天然和超高压预处理马铃薯淀粉在出峰位置和峰强度大小上无显著差异，但在其指纹区域发生显著变化。随着酶浓度的增加，峰变得更尖锐，而一些峰变得不明显或完全消失，表明马铃薯淀粉在淀粉结晶区域和无定形区域被大量降解，此现象在600兆帕超高压预处理的淀粉上尤其明显。X射线衍射（XRD）显示，NPS为典型的B型淀粉，在5°、17°和22°处有很强的吸收峰，而600兆帕预处理的马铃薯淀粉经0.06%α淀粉酶酶解后，其晶型由 B 型转变为 B+V 型，并在 19.36°处出现一个新的吸收峰。马铃薯淀粉起始温度（T_o）的范围从 52.42℃（0.06% α 淀粉酶酶解 600 兆帕下超高压预处理淀粉）至 58.37℃（0.06% α 淀粉酶酶解天然马铃薯淀粉）。峰值温度（T_p）范围在 57.59℃（400 兆帕处理的马铃薯淀粉）至 63.19℃（0.06% α 淀粉酶酶解 600 兆帕下超高压预处理淀粉）之间。糊化焓值（ΔH_{gel}）范围从 4.41 焦/克（0.06% α 淀粉酶酶解 600 兆帕下超高压预处理淀粉）至 10.92 焦/克（0.06% α 淀粉酶酶解天然马铃薯淀粉）。综上所述，超高压预处理可提高 α 淀粉酶对天然马铃薯淀粉颗粒的降解作用，并最终改变淀粉无定形区和结晶区的结构。本研究表明，采用超高压协同 α 淀粉酶处理的方法能有效改善马铃薯淀粉的物化、功能和微观结构特性，这一改性方法可以在食品及相关行业广泛应用。

添加不同蛋白对马铃薯面条食用品质的影响

徐芬　胡宏海　戴小枫　黄峰　张春江　刘倩楠　张雪　张泓*

（中国农业科学院农产品加工研究所、
农业部农产品加工重点实验室，北京　100193）

马铃薯富含多种人体所需的营养素，通过在小麦粉中添加一定比例的马铃薯全粉，加工成的新型全营养马铃薯面条将在很大程度上满足人们对于营养型主食的要求。但是由于马铃薯全粉不含面筋蛋白，在马铃薯面条加工中存在成型难、易断条、易浑汤等问题。有研究表明，通过添加谷物蛋白、豆类蛋白和坚果蛋白等植物蛋白，既可提高小麦面条的蛋白质含量，又能改善小麦面条的食用品质，其改善效果与蛋白种类密切相关。本研究通过在马铃薯面条复配原料粉中分别添加一定比例的谷物蛋白、豆类蛋白和坚果蛋白 3 种植物蛋白粉，探讨了其对马铃薯面条的色泽、蒸煮特性、拉伸特性、质构特性、微观结构及风味成分等食用品质的影响，以期筛选出适合于马铃薯面条加工的蛋白粉，为改善马铃薯面条的食用品质提供理论依据。本研究对照组：复配原料粉为 80%小麦粉+20%马铃薯全粉；试验组：复配原料粉中马铃薯全粉所占比例固定为 20%，分别添加不同种类及比例的谷物蛋白（2%、4%、6%）、坚果蛋白（2%、4%、6%）和豆类蛋白（2%、4%、6%），替代相应比例的小麦粉。分别称取上述马铃薯面条复配原料粉 250g，制得马铃薯鲜切面。取部分马铃薯鲜切面吊挂在人工气候箱中烘干，制得马铃薯干面。蛋白粉

* 为通讯作者。

添加组的马铃薯鲜切面与对照组相比，L* 值均降低，a* 值及 b* 值均增大；且随蛋白粉添加量的增加，L* 值逐渐降低，a* 值及 b* 值逐渐增大，表明蛋白粉的添加会使马铃薯鲜切面的亮度减小，红度、黄度增大，面条颜色加深。添加蛋白粉可显著降低马铃薯面条的蒸煮损失，且随蛋白添加量的增加，蒸煮损失逐渐降低。其中，谷物蛋白添加组马铃薯鲜切面的蒸煮损失显著低于坚果蛋白添加组和豆类蛋白添加组。添加三种蛋白均可显著改善马铃薯面条的食用品质，包括增强其拉伸阻力、硬度、黏合性和咀嚼性，降低弹性及黏结性，且谷物蛋白对面条品质的改善作用最为显著，豆类蛋白次之。添加不同蛋白粉的马铃薯面条的微观结构存在显著差异，谷物蛋白添加组的微观结构较为致密，形成完整的面筋网络，淀粉颗粒与面筋网络结合较为紧密。但坚果蛋白组与豆类蛋白组的网络结构较为疏松，淀粉颗粒与面筋网络结合较为松散，特别是坚果蛋白组中面筋网络中存在的较大空隙，对淀粉的包裹效果较差。豆类蛋白添加组的马铃薯面条中含有更多的氮氧化物、硫化氢等挥发性成分，豆腥味重，而谷物蛋白和坚果蛋白对马铃薯面条的风味影响不显著。由此可见，3 种蛋白中，谷物蛋白对马铃薯面条的食用品质改善效果最佳。

施氮量、品种和贮藏时间对马铃薯块茎中的糖含量及油炸薯条和薯片中丙烯酰胺含量的影响

N. Sun[1]，C. Rosen[1]，J. Crants[1]，A. Thompson[2]，M. Glynn[3]

(1 Department of Soil，Water and Climate，University of Minnesota，Saint Paul，MN，USA，55108；2 Department of Plant Sciences，North Dakota State University，Fargo，ND，USA，58102；3 USDA-ARS Potato Research Worksite，East Grand Forks，MN，USA，56721)

现已知丙烯酰胺是神经毒素和潜在的致癌物。自从 2002 年在马铃薯油炸产品中发现了丙烯酰胺，对马铃薯加工产业来说，减少该复合物在薯条和薯片中的含量成为首要任务。丙烯酰胺是美拉德反应的产物，在高温油炸过程中，由天冬酰胺和还原糖这两个前体物质反应生成。降低马铃薯块茎中前体物质的含量是减少丙烯酰胺生成的有效潜在途径之一。本研究的总体目标是评估用来降低马铃薯油炸产品中丙烯酰胺含量的各种实践方法。我们在三个地点（2011 年在明尼苏达的贝克尔和北达科他的英科斯特；2012 年在明尼苏达的贝克尔和明尼苏达的帕克拉皮兹）开

展了为期两年的试验来测定施氮量、马铃薯品种和贮藏时间对于整个马铃薯块茎中蔗糖和葡萄糖含量的影响以及加工产品薯条和薯片中丙烯酰胺含量的影响。在5种施氮量（所有处理种肥均为34千克/公顷，而追肥则分别是0，100，170，235和300千克/公顷）水平下种植了3个薯条加工品种（‘Russet Burbank’，‘Alpine Russet’和‘Dakota Trailblazer’）和2个薯片加工品种（‘Snowden’和‘Ivory Crisp’）。收获时或收获后在7.2℃条件下分别贮藏3、6和9个月，测定整个马铃薯块茎中的蔗糖和葡萄糖含量，待加工成薯条和薯片后，测定其丙烯酰胺的含量。总体来说，葡萄糖和丙烯酰胺的含量受种植地点、年份、品种、施氮量和贮藏时间的影响。蔗糖含量同样受以上除施氮量之外的因素影响。葡萄糖和丙烯酰胺的含量受施氮量和贮藏时间的影响，但其含量的动态趋势因种植地点和年份而异。2012年在明尼苏达的贝克尔和帕克拉皮兹种植的薯条品种有更高的丙烯酰胺含量，而2011年和2012年在贝克尔种植的薯片品种则有更高的丙烯酰胺含量。2011年在英科斯特种植的所有品种其葡萄糖含量均较低。比起施氮量，品种对于葡萄糖和丙烯酰胺含量的影响更大和更稳定。薯条品种‘Dakota Trailblazer’和薯片品种‘Ivory Crisp’中葡萄糖和丙烯酰胺含量最低。对于还原糖和丙烯酰胺含量，马铃薯品种和贮藏时间之间存在极显著的交互作用，反映了不同品种在不同的贮藏时间其还原糖含量和丙烯酰胺含量的反应存在差异。经9个月贮藏后，薯片品种中葡萄糖含量激增，表明马铃薯块茎应在其最佳的贮藏时间内用完。本研究结果表明，除施氮量和贮藏时间可显著影响薯条加工中的丙烯酰胺含量之外，种植地点和年份可引起一些特殊的变化。马铃薯品种选择无疑是降低加工产品中丙烯酰胺含量的最佳途径。

马铃薯全粉对面条营养特性的影响研究

胡宏海 徐芬 戴小枫 张春江 黄峰 张雪 刘倩楠 张泓*

（中国农业科学院农产品加工研究所、农业部
农产品加工重点实验室，北京 100193）

由于马铃薯富含多种人体所需的营养成分，通过在小麦粉中添加一定比例的马铃薯全粉加工而成的新型马铃薯面条，有望增强面条的营养价值，这将在很大程度上满足人们对于营养型主食的要求。本研究通过在小麦粉中添加一定比例的不同品种马铃薯全粉制作成马铃薯面条，对其中的大西洋马铃薯面条、夏波蒂马铃薯面条

* 为通讯作者。

分别在鲜湿面、干面、鲜湿面煮制后、干面煮制后4个不同状态下的各项营养指标进行了测定，并与小麦粉面条进行了对比分析。基本营养成分分析结果表明，35%大西洋马铃薯面条与35%夏波蒂马铃薯面条中粗蛋白、粗纤维、灰分和还原糖的含量均显著高于小麦粉面条，且夏波蒂马铃薯面条的粗蛋白和粗纤维含量显著高于'大西洋'马铃薯面条；维生素分析结果表明，两种马铃薯面条中的维生素 B_1、维生素 B_2、维生素 B_3 和维生素C的含量均显著高于小麦粉面条。同时，干制与煮制工艺会降低面条中维生素 B_1 和维生素 B_3 的含量，但马铃薯面条中该类营养素含量仍高于相应的小麦粉面条；矿物质分析结果表明，4个状态下马铃薯面条中有Ca、P、K、Na、Mg、S、Fe、Zn、Cu、Cr、Mn、Mo、Se 13种矿物元素，其中绝大多数矿物元素含量均显著高于小麦粉面条。常量元素中，马铃薯面条中P含量是小麦粉面条的1.3～2.0倍；K含量是小麦粉面条的5.4～10.8倍；Mg含量是小麦粉面条的1.7～3.4倍。微量元素含量也十分丰富，其中Fe元素含量是小麦粉面条的2.6～8.3倍；夏波蒂马铃薯鲜湿面的Se元素含量是小麦粉面条的5倍；并检出了小麦粉面条中不含Zn元素以及含量极少的Mo元素。膳食纤维分析结果表明，马铃薯面条的总膳食纤维含量和不可溶性膳食纤维含量均显著高于小麦粉面条，只有可溶性膳食纤维含量低于小麦粉面条。氨基酸含量分析结果表明，两种马铃薯面条中的必需氨基酸含量和氨基酸总量均大于小麦粉面条。采用营养质量指数法(INQ)以18～50岁轻体力劳动男性及女性为例，对小麦粉干面、大西洋马铃薯干面和夏波蒂马铃薯干面进行了INQ值对比分析，结果表明，两种马铃薯面条的营养价值均高于小麦粉面条，且夏波蒂马铃薯面条更优于大西洋马铃薯面条。

马铃薯全粉对小麦面团流变特性的影响

张泓　徐芬　胡宏海　张春江　黄峰　张雪　刘倩楠　戴小枫*

(中国农业科学院农产品加工研究所、农业部农产品加工重点实验室，北京　100193)

流变性是对面团进行黏弹性和耐揉性的综合评价尺度，也是衡量原料粉加工品质的重要指标。面团流变特性既决定了面制品加工过程中面团的加工特性，又对面团加工后成品的质量具有重要影响。本试验研究了添加不同比例(0、20、25、30、35、40%)马铃薯全粉对小麦面团流变学特性的影响。利用流变仪(AR2000ex)测定了6组面团样品的流变学特性，包括稳态剪切试验、频率扫描试

* 为通讯作者。

验、蠕变及蠕变回复试验和温度扫描试验。其中的稳态剪切试验选取剪切速率范围0.01～10 秒$^{-1}$，测定了面团黏度随剪切速率的变化曲线。结果表明，面团黏度随剪切速率的增加逐渐降低，表现出剪切变稀的特性，具有假塑性。面团的黏度随剪切应变率的增加而减小，属于非牛顿流体，并随着剪切速率的进一步变大，下降趋势逐渐变缓，曲线趋近平行，接近于 100 帕・秒，表明当剪切速率达到一定程度的时候面团的表观黏度逐渐趋于一个稳定值。与对照组相比，添加马铃薯全粉使面团黏度变大，且随马铃薯全粉添加量的增加而增大。频率扫描试验选取振荡频率的变化范围为 0.01～10 赫兹，检测面团弹性模量（储能模量 G′）、黏性模量（损耗模量 G"）以及力学损耗因子（tanδ）随频率的变化。结果表明，随振荡频率的增加，面团的弹性模量、黏性模量及损耗因子逐渐增加，表明面团黏弹性增加并逐渐接近凝胶状态。马铃薯全粉添加量越高，面团黏弹性越大，但随添加量的增加，损耗角（弹性模量与黏性模量的比值）越小，表明随马铃薯全粉添加量的增加，面团的黏性越大，弹性越小。设定初始应力为50帕，蠕变时间为5分钟，然后撤掉应力，回复5分钟，测定了面团蠕变过程以及回复过程曲线。结果显示，随马铃薯全粉添加量的增加，面团最大应变值明显降低。且随添加量的增加，面团的蠕变回复率逐渐降低，表明添加马铃薯全粉降低了面团的弹性。添加了马铃薯全粉后，面团黏滞性增大，蠕变回复率减小。设定初始应变值2%，温度以5℃/min 上升，扫描范围30～110℃，频率固定1赫兹。记录了面团的弹性模量、黏性模量及损耗因子随温度的变化曲线。随温度的升高，面团黏弹性模量先上升，后下降。上升过程中，面团开始糊化，淀粉颗粒不断溶胀，当直链淀粉脱离淀粉颗粒时，慢慢形成了淀粉糊，且随温度的持续升高，淀粉颗粒仍在继续吸水膨胀。当其体积膨胀到一定限度后，颗粒便出现破裂现象，颗粒内的淀粉分子向各方向伸展扩散，溶出颗粒体外，导致面团黏弹性模量显著下降。同时，由于马铃薯全粉的添加，延迟了面团的糊化过程，并随全粉添加量的增加，面团糊化温度逐渐提高。

新鲜马铃薯泥部分替代面粉制作面包、戚风蛋糕和曲奇饼干

曾凡逵　周添红　刘刚*

（中国科学院兰州化学物理研究所、环境材料与生态化学研究发展中心，甘肃兰州　730000）

马铃薯将成为中国继水稻、小麦和玉米之后的第四大主粮作物。中国作为

* 为通讯作者。

全球人口最多的国家，为了确保粮食安全，到2020年将会有一半以上的马铃薯作为主食进行消费。本研究的目的是采用新鲜马铃薯泥为原料，开发面包、戚风蛋糕和曲奇饼干。马铃薯泥制作：将马铃薯清洗、去皮、切块。将准备好的马铃薯放入锅中添加冷水，煮10～20分钟。用捣碎机将马铃薯捣成泥，马铃薯泥的水分含量为70%。马铃薯面包原料：300克马铃薯泥，275克高筋面粉，55克细白砂糖，5克食盐，6克活性干酵母，100克水，50克鸡蛋，125克牛奶，30克黄油，20克奶粉。戚风蛋糕原料：150克马铃薯泥，113克细白砂糖（蛋黄用），6克泡打粉，100克低筋面粉，4克食盐，70克植物油，71克蛋黄，106克水，71克细白砂糖（蛋白用），142克蛋白。曲奇饼干原料：400克马铃薯泥，100克细白砂糖，6克泡打粉，240克低筋面粉，2克食盐，125克黄油，90克植物油，50克水。制备马铃薯面包：将活性干酵母溶解于温水，混合面粉、细砂糖、奶粉和食盐，在混合粉中间捣一个坑，加入油脂、马铃薯泥和水，混合均匀。将混合物放在撒有少量面粉的工作台上进行揉面直到表面光滑，将面团置于涂有少量油脂的碗里进行发酵1小时，至面团体积增加到约为原来的两倍。将面团翻转，然后整形成球状。烤盘上放一张羊皮纸，将整型好的面团放在羊皮纸上排列好，继续发酵1小时，直到面团体积增加到约为原来的两倍。将烤箱预热到220℃，焙烤25～30分钟，将面包烤成轻微的金黄色，当敲打烤盘底部时感觉面包里面是空的。在线架上将面包进行冷却。制备马铃薯戚风蛋糕：预热烤箱到180℃，将蛋黄和蛋白分离，将干的原料混合（面粉、糖、泡打粉和食盐），在混合物中间捣一个坑，加入马铃薯泥，油脂、蛋黄和其他液体原料，混合均匀。在另外一个塑料盆中，逐步添加细砂糖，将蛋白进行打发，直到达到硬性发泡（提起打蛋器能拉出直立尖角）。将蛋黄糊慢慢倒入打发好的蛋白中，缓慢将蛋黄糊搅拌到蛋白液中，直到混合均匀。将蛋糕液倒入一个25.4厘米干净的圆形平底锅中，焙烤10分钟，当按压蛋糕表面能回弹说明蛋糕已经焙烤好。制备马铃薯曲奇饼干：将烤箱预热到170℃，将黄油在一个大碗里搅打成糊状，加入糖搅拌，直到呈现苍白色，将面粉和其他原料过筛，混合均匀。用裱花袋将混合好的原料在烤盘上挤成胡桃木型的球状，用沾有水的叉子的底部进行整形，放入烤箱焙烤13～15分钟，直到呈现轻微的金黄色，顶部变得结实。将曲奇饼干置于线架上冷却。用新鲜马铃薯泥制作的面包、戚风蛋糕和曲奇饼干比用脱水马铃薯泥为原料制作的产品具有更加浓郁的马铃薯风味，普通老百姓在自己家里的厨房就能制作，成本也比较低。将马铃薯开发成面包需要考虑面团的加工性能，—SH/S—S交换反应、疏水相互作用以及在酰胺和羟基间的氢键都有助于面团独特黏弹性的形成。制备面包一定要使用高筋面粉，马铃薯的添加起到了调节面筋含量的作用。新鲜马铃薯泥的添加量不能过高，否则面团的流变学性质、微观结构和力学性质将会受到不利影响。制备马铃薯蛋糕和饼干，则尽量不要生成面筋。

内蒙古化德县贮期通风库内马铃薯腐烂的病原鉴定

王希卓　孙洁　张凯　朱旭　孙海亭

（农业部规划设计研究院，北京　100125）

2013年10月至2014年4月在内蒙古乌兰察布市化德县对贮期通风库内腐烂的马铃薯进行了取样，以组织分离法对病原菌进行分离、纯化培养，通过形态观察与分子鉴定手段确定了造成化德县贮期马铃薯腐烂的病害主要有以下几种：干腐病（*Fusarium* spp.）、晚疫病（*Phytophthora infestans*）、早疫病（*Althernaria solani*）、环腐病（*Clavibacter michiganense* subsp. *sepedonicus*）、软腐病（*Erwinia* spp.）。其中干腐病为主要病害，轻微发病可造成薯块表皮褐斑，影响经济及种用价值，严重发病造成薯块凹陷腐烂，失去应有价值。经鉴定引起马铃薯干腐病的病原菌有4种，分别是：接骨木镰刀菌（*Fusarium sambucinum*）、燕麦镰刀菌（*F. avenaceum*）、锐顶镰刀菌（*F. acuminatum*）和木贼镰刀菌（*F. equiseti*）。贮藏后期病薯多存在病菌复合侵染现象，如致病疫霉引起的晚疫病及部分茄链格孢引起的早疫病发生的复合侵染，细菌类密执安棒形菌环腐亚种引起的环腐病及胡萝卜欧文氏菌胡萝卜致病亚种引起的软腐病发生的复合侵染等。腐烂薯块由于呼吸增强，温度升高加速了腐烂过程，导致更易被病原菌侵入，因此复合侵染多出现在腐烂较严重的薯块上，并可对薯块造成致命性破坏。复合发病的薯块多失去商用及种用价值，且病残体极易成为来年贮期病害的初侵染源。

内蒙古马铃薯产业的特点、问题及对策

王希卓　孙洁　孙海亭　朱旭　张凯

（农业部规划设计研究院，北京　100125）

马铃薯是保障中国粮食安全的重要作物之一，是脱贫增收的重要产业。内蒙古处于高海拔、高纬度地区，其光照充足，昼夜温差大，夜间气候冷凉干燥，有利于马铃薯的生长发育。该地区地势相对平坦，适合集中连片种植，便于机械化、规模化和标准化生产。马铃薯脱毒种薯繁育已形成了从茎尖脱毒、组培快繁、温室扦插、网室栽培、原种繁育到一、二级种薯生产的完整体系。马铃薯种植技术设施推广迅速等较好的基础生产条件，加之大中型贮藏设施发展较快，马铃薯加工能力较强等特点，使得内蒙古成为中国马铃薯主产区之一。此外，还分析了内蒙古马铃薯产业在种植单产水平、良种繁育体系、贮藏设施建设规范、加工产业结构优化和加工企业废水处理等方面存在的问题，提出了进一步加大马铃薯政府补贴力度、实现贮藏设施的系列化、标准化和集成化、优化加工结构、解决马铃薯加工废水处理等的对策和建议，以期为内蒙古地区马铃薯产业的可持续发展提供一定的理论依据和实践参考。

中国马铃薯加工技术的发展与未来趋势分析

李树君　杨炳南*　杨延辰
赵凤敏　张小燕　尹学清

（中国农业机械化科学研究院，北京　100083）

中国是世界马铃薯生产和消费大国。根据统计，种植面积和总产量分别占世界的 1/4 和 1/5，均居第一位。中国政府在刚刚过去的一年，根据国情、农情、粮情，研究提出了把马铃薯作为“主粮化”的发展战略。这是一个是改变中国国人一直把马铃薯作为蔬菜的传统习惯，是提升马铃薯对保障粮食安全重要地位的、优化农业种植结构的、具有划时代意义的关键性决策，对促使马铃薯种植发展和推进马铃薯加工进步具有积极作用。自 20 世纪 80 年代以来，尤其进入 90 年代以后，其加工量平均年增长速度保持在 10%～20%，加工比率占到总产量的 10%以上。2013 年生产年度，中国马铃薯精淀粉产量 50 万～60 万吨，马铃薯全粉产量 5 万～6 万吨，速冻薯条产量 9 万～10 万吨，油炸薯片产量 20 万～30 万吨，鲜切半成品加工势头迅猛。马铃薯加工技术取得了较为明显的进步，①马铃薯加工特性与品质评价技术，利用近红外光谱和 DNA 指纹图谱技术，建立 225 个品种及其加工制品的品质指标数据库，完成了水分、

* 为通讯作者。

淀粉、蛋白质、还原糖4个原料指标近红外预测模型和马铃薯薯条、薯片、雪花全粉3个加工制品评价模型，把品种按加工适宜性进行排序，指导原料种植、原料收购与加工生产；②马铃薯产后商品化处理关键技术，包括鲜薯分级、洁净、包装、鲜销上市的商品化成套技术及鲜切马铃薯半成品加工成套技术，实现产地马铃薯的除土除杂、表面清洁、缺陷检测与剔除、分等分级、包装销售，形成了为集中加工、冷链配送、超市销售的新型成套服务能力；③马铃薯淀粉加工成套技术，研制开发出万吨级以上大型淀粉生产线，其中包含了所需的刨丝设备、离心分离系统、全旋流逆流洗涤分离站、真空脱水系统、气流干燥系统以及各类变性淀粉加工技术及设备，提高了淀粉的游离率和淀粉质量，大型淀粉加工生产线的淀粉提取率提高到了93%以上；④马铃薯全粉加工成套技术，研制了蒸汽去皮、低剪切蒸煮制泥、滚筒薄膜干燥等成套技术设备，提高了去皮生产效率，保障了马铃薯细胞完整性；⑤马铃薯速冻制品加工成套技术，主要以速冻薯条加工为主，开发出水力输送切条系统，与蒸汽去皮结合，提高了切条的出品率达到70%以上，同时研究了不合格薯条加工成薯饼、薯泥等综合利用技术，形成与薯条生产的配套；⑥其他马铃薯食品加工技术，如作为主食的马铃薯薯饼、薯丸、马铃薯馒头、马铃薯面包、面条等，作为日常休闲食品的鲜切马铃薯油炸薯片、马铃薯冲调食品、马铃薯油炸与高温高压膨化食品、马铃薯冰激凌等。分析了中国马铃薯加工存在的问题，主要表现在：工业化加工比例少，综合利用率低，制品品种相对单一；开工率不足，生产成本居高不下；贮运技术落后，难以保障充足的优质原料；资源利用率有待提高，环保设施需要健全；高新加工技术供给不足，体系仍需完善等。对中国马铃薯加工发展趋势进行了分析、提出了对策建议，在粮食安全问题日益凸显的当今，马铃薯的重要地位日益显露。中国农业部把马铃薯首次提升为“第四大主粮”的战略高度，得以重视。未来5年，在现有种植面积530多万公顷的基础上，扩大到1 000万公顷，粗略测算与现有供销基本持平相比多出来的产量，为中国马铃薯主粮化加工将会提供充足原料。可以预测，中国马铃薯加工已经到了非解决不可、必须解决好的阶段，发展潜力可显易见。健全马铃薯产业体系，丰富马铃薯加工制品，提升马铃薯加工技术，促进马铃薯主粮化发展，成为大家需要认真研究和解决的重点任务。

美国马铃薯抑芽剂的选用

Mary Jo Frazier，Nora Olsen

(University of Idaho，Kimberly Research & Extension Center，3806 N 3600 E，Kimberly，Idaho 83341，USA)

抑制马铃薯块茎发芽有利于在贮藏、运输和零售的环境进行质量控制。在美国，贮藏温度为5～12℃时，通常使用化学抑制剂，使油炸马铃薯产品颜色更浅，鲜食马铃薯的质量也会更高。目前市场上还通过选择合适的马铃薯品种和低温冷藏技术与抑芽剂的使用相结合来抑制块茎发芽。与抑芽丹、萘类产品（二异丙醇亚硝胺和二甲基亚硝胺）、丁香油、3-癸烯-2-酮等其他化学药剂相比，氯苯胺灵在美国市场中占主导地位。本研究的目标是选出能够高效抑制马铃薯块茎萌芽的药剂、多药剂喷洒或者综合性的方法。研究结果表明抑芽丹在块茎膨大的中晚期进行叶面喷施可以使块茎的休眠期延长30天，并能延缓块茎贮藏期间的萌芽。萘类产品在块茎储藏期间以冷热助推剂的方式能够起到温和的抑制效果，也可以与其抑芽剂联合使用。丁香油可以在贮藏中以热助推剂的方式使用或者在装袋时以水溶液喷雾的方式使用。丁香油和其他精油类对正在萌发的新芽造成生理性的伤害而使其变黑，依据品种和储藏的温度不同而可使块茎2～6周左右不萌发。丁香油还可用于有机马铃薯的贮藏。与3-癸烯-2-酮混合热施造成发育中芽组织的生理伤害、使芽变黑，同时提高抑制块茎萌发相关的激素水平。对块茎使用3-癸烯-2-酮处理1～3次进一步推迟块茎萌芽的时间，最长可达10个月，根据品种和贮藏温度的不同，在整个生长期需施用1～3次。单次热施氯苯胺灵即可获得较好的块茎品质和超长的贮藏时间。另外可以根据贮藏时长和温度来决定是否需要再次处理。由于氯苯胺灵属于有丝分裂抑制剂，控制药剂残留的长期措施必须在块茎萌芽前使用，成本较高。鲜薯清洗后在包装时可以喷洒氯苯胺灵水溶液。由于在清洗过程中，块茎表面的氯苯胺灵残液被冲洗掉，有必要再次施用来抑制块茎萌芽。通过上述处理，新鲜块茎储存在室温（15～17℃）条件下可保持一个月几乎或者完全不发芽。氯苯胺灵对种薯有害，可造成种薯出苗率大幅度降低，甚至显著减产。保存种薯时尽量避免使用氯苯胺灵或接触到其处理块茎的设备。在商品薯（包括加工型或者鲜食型）贮藏时常联合或先后有序的使用这些化学抑制剂来延长块茎的贮藏时间。施用多种抑芽剂既可以保证效果，又可以减少氯苯胺灵的使用，而且有的时候确实需要调整抑芽措施。抑制块茎萌芽的总体方案可能根据马铃薯用途、品种和贮藏条件的不同，联合使用一种乃至多种抑芽剂。

几种估算马铃薯（*Solanum tuberosum* L.）生物计量学指标的方法比较

Anders Kjær[1]，Glenn Nielsen[2]，Morten Rahr Clausen[1]，Sren Stærke[3]，Bjarke Jrgensen[3]，Merete Edelenbos[1]

（1 Department of Food，University of Aarhus，Kirstinebjergvej 10，5792 Aarslev，Denmark；2 Memphys，University of Southern，Campusvej 55，5230 Odense M，Denmark；3 Newtec Engineering A/S，Staeremosegaardsvej 18，5230 Odense M，Denmark）

马铃薯是世界第四大用于生产碳水化合物的作物，而且其生态适应范围很广，只要有人类居住的地方基本都可以种植。相对于其他用来生产碳水化合物的主要作物如小麦、水稻和玉米，马铃薯收获的块茎细胞是没有经过脱水的。这就意味着马铃薯块茎对一些收获性的损伤，病虫害以及其他危害因素比较敏感。而且，马铃薯块茎会有一个自然地休眠与萌芽的循环过程，这一过程可以显著改变块茎的碳水化合物构成，从而改变储藏马铃薯的商品性与其他潜在用途。马铃薯块茎之间的生化成分差异较大，就算是来自于同一品种的不同株系或者同一个植株的不同块茎之间都存在着显著差异。由于其异质性较大，所以有必要对其块茎进行分类并进行质量评级。传统的分类与评级主要依靠大量的人工挑选，盐水分离和相对简单的单点取样法。但是随着大型仓库、分拣中心以及加工处理设施的增大，以及消费者和标准规则对鲜食薯和加工薯品质的预测性、整齐性和完好性的增加，需要更可靠的方法评价单个马铃薯块茎的各项质量指标。这一需求引起了人们的兴趣，为利用复杂技术进行质量检测创造了市场。

现代的块茎处理与加工主要用大型的自动化系统，为了满足这一需求，企业就需要自动化程度更高的设备用于品质评估与分拣。仅仅依据大小对块茎分类已经不能满足企业需求，而可以依据诸如淀粉、糖分、蛋白以及氨基酸等品质性状进行分类的设备逐渐成为企业新的需求方向。

本项研究主要对5个不同的评价与分析方法（元分析）进行了分析比较。其中两个方法基于高光谱分析，两种方法基于电导与生物阻抗法，一种基于低场核磁共振技术。来源于10个品种的60个块茎同时切块处理后，同时用5种方法进行了品质检测，并进行了生物计量学分析。多变量的统计分析结果为每一个方法对单一品质性状变量的估算能力提供了依据。生物计量学变量包括干物质相关的参数，简单糖类，氨基酸，细胞的形态及电导率。结果显示这些变量之间有一定的关联度，因此通过对这些数据的分析可以用来解释一些方法的估算。

结论是，所有的测试方法均有较高的估算干物质含量的能力，而估算果糖与葡萄糖的能力较弱，且只有高光谱法才可以较准确估算蔗糖的含量。这些方法都可以用来估算氨基酸的含量，尤其是天冬酰胺。高光谱法可以更准确的估算来自完整薯块的天冬酰胺。对设备的进一步优化以期提高其检测与估算能力的试验正在开展中。

中国马铃薯贮藏技术现状与发展分析

田世龙[1,2]　田甲春[1,2]　葛霞[1,2]

(1 国家马铃薯产业技术研发中心，北京　10000；
2 甘肃省农业科学院农产品贮藏加工研究所，甘肃兰州　730070)

马铃薯是中国主要粮菜兼用型作物，种植面积世界第一。马铃薯安全贮藏是马铃薯产业发展中的一个极其重要环节。本文主要介绍了当前中国马铃薯贮藏设施与设备情况、采后处理及抑芽保鲜技术现状及其未来发展趋势。近年来，马铃薯产业开始出现产、贮、运、加、销一体化发展的格局，集约化程度有所提高，贮藏设施规模和标准有了较大提高，在各级政府的重视下，马铃薯贮藏设施和保鲜技术，得到了前所未有的发展，贮藏设施、用途、规模丰富多样，有自然通风地下/半地下窖、自然通风贮藏库、强制通风贮藏库、机械恒温＋通风贮藏库、强制通风＋制冷制热＋在线监测系统贮藏设施并存，贮藏量从数十吨到千吨级。马铃薯采后贮藏病害控制、降低腐烂的方法主要是通过使用通风降温和必要防腐剂使用来实现，马铃薯采后分级技术与装备、净薯及包装技术与装备也都有不同程度的发展和应用，马铃薯抑芽剂、防腐剂使用以及安全智能化的管理技术也在产业发展的也有了一定的应用。我国马铃薯贮藏设施简陋，不够科学规范。运输设施设备小、技术方法落后，大部分贮运过程缺乏科学有效的管理。目前与马铃薯贮藏相关的质量标准少，这些标准覆盖面小且对生产质量的控制和规范作用有限。马铃薯的贮藏和马铃薯采后处理水平低，处理不到位。病害防治技术落后是造成马铃薯贮藏损失的主要原因；缺少完整的马铃薯质量评价体系，对马铃薯品种贮藏加工特性缺乏系统了解和研究，现有的质量评价仅仅关注种薯；抑芽技术应用与推广不足。针对当前马铃薯贮藏现状存在的问题，结合中国马铃薯产业的发展需求，提出马铃薯贮藏安全防腐与便捷处理技术、绿色抑芽及轻便操作技术、贮藏环境自动智能化控制及信息化技术、质量标准精细化、贮藏设施与保鲜技术的协调配套和集成优化将成为未来中国马铃薯贮藏技术业发展的需求和方向。

马铃薯薯饼成型条件的研究

杨鷟 杨炳南* 杨延辰 赵凤敏
刘威 张小燕 刘凤军 何江涛

（中国农业机械化科学研究院，北京 100083）

中国是世界上马铃薯种植面积和产量的第一大国，马铃薯加工制品发展是丰富制品品种、提高综合利用率、促进马铃薯产业发展的关键方面，本研究在深入考察的基础上，研究出了一种马铃薯薯饼加工工艺条件。通过建立单因素试验模型，开展了马铃薯薯饼工艺条件试验，确立了适合加工薯饼的成形压力、初炸温度、初炸时间等工艺条件的范围：漂烫温度87～93℃，漂烫时间14～16分钟，成形压力43～64千兆，压力作用时间10秒，初炸温度160～180℃，初炸时间120～180秒。通过建立多因素试验模型，运用软件Design Expert 9.0，对马铃薯薯饼工艺条件进行了响应面法优化。首先，研究了配方各因素水平对响应值（马铃薯薯饼成形后的饼坯强度、初炸后脆度、初炸后含油率、复炸后脆度及复炸后含油率）的影响，研究了工艺条件各因素水平对响应值（复炸后的脆度、复炸后的含油率）的影响，经过响应值分析，得出对复炸后脆度的影响顺序为初炸温度＞初炸时间＞成形压力；对复炸后含油率的影响顺序为初炸时间＞初炸温度＞成形压力，经过对马铃薯薯饼成型工艺条件进行优化，经过验证，得出了工艺条件的最适值：成形压力64千兆、初炸温度180℃、初炸时间132秒。最后所成型的马铃薯薯饼，外观为椭圆形，色泽均匀，具有马铃薯特有的香味，无杂点或少杂点，具备“外酥里嫩”特征。

---

* 为通讯作者。

马铃薯，贮藏与管理——通过积极的交流提高贮藏品质

Todd Forbush

（Techmark，Inc.）

马铃薯的贮藏是一个包括马铃薯，马铃薯贮藏设备以及马铃薯贮藏管理团队构成的多个合作模块的综合体。本报告的主要目的是对马铃薯贮藏这一体系内多模块之间的关系进行细化分析。每个模块对马铃薯贮藏来说都非常关键。因此，对每一部分的功能进行了定义与分析，并对它们之间的互作进行了研究，以期发现优化马铃薯贮藏条件的方法，提高马铃薯的贮藏品质。马铃薯贮藏通风系统是一个隶属于贮藏系统的的交流集合体。通过对马铃薯品质相关的气调系统的案例分析，找出影响马铃薯贮藏品质的关键因素，并协助马铃薯贮藏管理团队开发出适应马铃薯块茎贮藏条件需求的有效策略。通过分析发现，主要的影响因素可以归为以下两大类：①贮藏期间病原的活动以及用于缓解病原传播的措施；②块茎糖分含量以及如何使用气调系统在最大限度保持块茎加工品质以及满足马铃薯基本贮藏条件的同时最小化能源的消耗。

利用数值计算的方法分析马铃薯米粉挤压中淀粉凝胶形成的影响因素

刘倩楠　胡宏海　戴小枫　徐芬　黄峰　张春江　张雪　张泓*

（中国农业科学院农产品加工研究所、农业部农产品加工重点实验室，北京　100193）

为了探讨马铃薯米粉一步挤压成型加工过程中可影响淀粉凝胶形成的因素，以及各因素之间的影响关系。以马铃薯鲜薯和早籼米为原料，通过一步挤压成型机将马铃薯鲜薯丁与早籼米混合后加工成马铃薯米粉。在一步挤压成型机中，马

* 为通讯作者。

铃薯鲜薯丁和早籼米的混合物料先经过磨盘磨碎，再通过单螺杆进行挤压。在挤压的过程中摩擦产生的热量使淀粉形成凝胶，当凝胶通过挤压机头的空隙后得到成型的马铃薯米粉。马铃薯米粉加工过程中，淀粉凝胶的形成与马铃薯米粉经历的热量有直接关系。采用有限元数值计算的方法可模拟马铃薯米粉加工过程中挤压机内流场的分布状态，对目标参数的变化进行分析。利用 Gambit 软件对螺纹元件和流场进行网格划分，再由 Polyflow 软件对流场进行设定。通过流变仪测定马铃薯米粉凝胶的黏度，将流变数值输入到流场参数中，通过数值计算，得到不同时刻的耗散功率以及物料的停留时间，两者的积分即为马铃薯米粉加工过程中的耗散功。耗散功主要是由黏性生热所产生，用耗散功衡量物料所经历热量的大小。在流场的分布中，得到了同一时刻的黏性热和剪切应力的分布。从分布图中可以看出，黏性热与剪切应力分布状态相一致，两者成正相关。流场内的黏性热和剪切应力均在螺杆与机筒的间隙处存在最大值。流场内的剪切应力水平与螺杆转速有关。螺杆转速越高，挤压机流场内的剪切应力水平越高，相应的黏性热水平也越高。影响淀粉凝胶品质的另一个因素为物料的停留时间。物料的停留时间又与流场内的速度分布以及物料的流动轨迹相关。在单螺杆挤压部分，从螺杆根部到机筒，螺槽内的速度逐渐变小。当螺杆转速增加，流场内的速度水平升高，物料的停留时间变短。马铃薯米粉加工过程中，在原料中加入了示踪剂，并借助于数字图像处理（DIP）方法，通过测量挤出物中示踪剂浓度的变化，来表征物料在一步挤压成型机内的停留时间，验证了模拟条件下数值计算结果的可靠性。通过有限元数值计算，可为提升挤压马铃薯米粉的品质提供一种新的分析方法。

马铃薯生产中水资源挑战和机遇

马铃薯高效灌溉技术

康跃虎[1]　万书勤[1]　王凤新[2]　冯志文[1]

（1 中国科学院地理科学与资源研究所陆地水循环及地表过程重点实验室，北京　100101；2 中国农业大学中国农业水问题研究中心，北京　100083）

本研究通过长期的田间试验，研究了滴灌和大型喷灌机（LEPA）条件下灌溉频率和土壤基质势不同水分调控措施对马铃薯生长和耗水的影响，并探讨了马铃薯施肥灌溉下的水肥耦合机制。研究结果表明，滴头正下方20厘米深度处或大型喷灌机垄中心20厘米深度处的土壤基质势（SMP，F）与马铃薯生长及耗水有很好的相关关系。灌溉频率（N）明显影响马铃薯的生长和耗水。在石家庄栾城和北京通州地区，马铃薯的平均蒸散量（ET）为3.5毫米/天，滴灌后ET最大值可达11毫米/天。在总灌水量相同的情况下，不同灌溉频率马铃薯的产量和水分利用效率的高低顺序为：每天灌溉1次（N1）＞2天1次（N2）＞3天1次（N3）＞4天1次（N4）＞6天1次（N6）＞8天1次（N8）。不同土壤基质势下马铃薯株高的高低顺序为：－25千帕（F2）＞－15千帕（F1）＞－35千帕（F3）＞－45千帕（F4）＞－55千帕（F5），而产量和水分利用效率高低顺序为F2＞F3＞F1＞F4＞F5。在内蒙古自治区达拉特旗，沙质土壤大型喷灌机灌溉条件下，不同土壤基质势马铃薯（品种为费乌瑞特和夏波蒂）产量的高低顺序为－10千帕（F1）＞－20千帕（F2）≈－30千帕（F3）≈－40千帕（F4）≈－50千帕（F5），而灌溉水利用率之间无明显差异。在干旱半干旱地区，灌溉时必须考虑水盐调控以防止土壤发生次生盐渍化。在青海省乌兰县，当滴头正下方20厘米深度处的土壤基质势控制在－20千帕以上时，马铃薯（品种为夏波蒂）的产量可达60吨/公顷，且土壤盐分并不增加。在宁夏回族自治区固原市原州区，当大型喷灌机垄中心20厘米深度处的土壤基质势控制在－20千帕以上时，原来受盐分胁迫的马铃薯生长良好，且产量可达45吨/公顷。因此，滴灌条件下，当土壤基质势控制在－25千帕以上，或者每天灌溉1次，马铃薯可以获得高产和高的水分利用效率。大型喷灌机条件下，马铃薯适宜的土壤基质势阈值为－20千帕（针对沙质土壤，土壤基质势阈值需要提高到－10千帕）。在干旱和半干旱地区，考虑到灌溉和盐分淋洗的需要，无论是滴灌还是大型喷灌机，土壤基质势阈值均推荐控制在－20千帕。在上述研究基础上，形成了一套基于控制土壤基质势的马铃薯水分管理新理论新方法。

克服挑战以及通过食物链合作体系促进农业可持续发展：与水资源相关的案例分析

Huvier S. Boutin

（Bayer CropScience AG，Alfred Nobelstrasse 50，40789 Monheim，Germany）

食物链合作体系是拜尔作物科学部门开发出的一个新的商业模式，这一模式由种植者、贸易商、加工企业和零售商共同构成，而且基于可持续发展农业的基本原则并最终有利于所有参与伙伴的共同发展。这些合作伙伴的共同目标是在降低对环境的影响的同时增加可持续的生产质高价优的食品，并且还要保证雇员与消费者的基本利益。全球与地方的紧密合作是成功推行可持续生产这一概念的关键。农民、加工商与贸易商之间的紧密联系是生产与管理能满足消费者需求马铃薯的基本保障。食物链合作体系的构建，旨在提升马铃薯的品质以满足逐年提升的国际食物安全标准，为生产者与机械操作人员提供更安全的工作环境，提升这一体系各个合作成员的社会价值。通过对生产系统的综合分析可以将农业生产对环境的影响最小化。通过联动机制的制定、实施和监控以跟踪可持续农业生产的发展状态。食物链合作体系的执行是通过跨学科跨地域的多方协同管理，主要提供培训、认证、记录、监控和咨询等服务。对地表水（主要指湖泊河流）的保护是可持续农业的核心内容。农业合作社以及工业合作伙伴均对地表水的保护的价值有清晰的认识。因此，他们可以联合起来开发用于保护与提高地表水品质的工具与服务。而政府部门则作为协调与监督人来强化可持续发展措施的执行。喷施设备中植物保护产品的残留物在没有经过收集以及再处理的情况下将被考虑为潜在的地表水污染源。农田的废水如果不经过适当的回收处理则会通过排污系统进入地表水系统。一方面通过校正、培训与漂移减免喷头的使用，拜尔作物科学部门与农民及主要的马铃薯加工企业一起在强化应用技术的推广。同时，一个新的增强污水处理的技术手段和 Phytobac™系统一起试用。Phytobac™系统主要是利用土壤微生物的代谢活力将化学残留降解为天然的化合物。在田间搭建的 Phytobac™系统结构简单功能强大，而且由于其封闭系统可以有效地保护地表水不受农药残留的影响。目前这一系统已经成功地在 APAC（印度），EUMEA（埃及、土耳其、南非和法国）和 LATAM（哥伦比亚）等地应用。在这些地区的应用示范案例很好地展示了食物链合作体系对世界地表水资源的保护所发挥的重要作用。更多信息可以在以下网站找到：www. foodchainpartnership. com

马铃薯水分生产效益的现状及前景

Martin Steyn[1]，Anton Haverkort[2]，Linus Franke[3]

(1 Department of Plant Production and Soil Science，University of Pretoria，Private Bag X20，Hatfield，0028，South Africa；2 Plant Research International，Wageningen University and Research Center，P. O. Box 616，6700 AP，Wageningen，the Netherlands；3 Department of Soil，Crop and Climate Sciences，University of the Free State，P. O. Box 339，Bloemfontein 9300，South Africa)

水是世界最珍贵的自然资源，但是预计到 2030 年世界将有 40%的地区遭受水资源缺乏影响。非洲与亚洲将会是受影响最严重的地区。目前全球 60%～70%的淡水资源被用于农业灌溉。但是由于其他行业诸如工业以及城市用水对水资源的需要增加，灌溉农业将会面临激烈用水竞争。因此，农民今后面临的主要压力就是利用更少的水生产出更多地粮食以满足世界人口增长的需要。由于较少的降水量与不适宜的雨季使得雨养农业在很多地区不能实现，因此马铃薯的生产很大程度上依赖于灌溉。同时，在南非使用淡水灌溉将面临很大的压力。马铃薯在南非的 16 个主要区域，而这些区域在气候土壤与生产方式上都有差异。由于雨养模式的不可靠，南非的 80%的马铃薯种植区域需要灌溉。最近开展的一项研究旨在评价马铃薯地区所需要水或者其他资源的投入情况。研究结果发现实际的灌水量在于地区之间存在很大差异，而且在同一地区的不同种植户之间也差异明显。实际的灌溉量往往超出了计算出的理论需水量，而且灌溉量与实际的马铃薯产能也不成比例。在不同地区与种植者之间的水分利用效率差异巨大［62～

118千克/（公顷·毫米）]，说明通过适当的灌溉措施水分利用效率还有很大的提升空间。然而，大部分地区的平均水分利用效率在70～80千克/（公顷·毫米），这是可以接受的。相对于其他作物来说，马铃薯是一种比较高效的将水分转化为干物质的粮食作物。大量的研究以及近50年来一些显著的全球气候变化表明气候改变是一个既成事实。气候变化可能会影响将来的温度及降水模式，包括降水频率以及周期的增加，导致一些更加恶劣的极端气象条件，包括洪水、干旱、高温以及龙卷风。这些气候条件无疑会不利于作物，如马铃薯的生产。马铃薯是一个温带作物，对高温以及水分缺乏非常敏感。最近在南非开展了一项针对将来马铃薯生产存在风险的研究。这项研究主要是通过建模，利用气候变化和作物生长模型研究不同的情形。结果发现到2050年大气CO_2对马铃薯产量促进作用是非常可观的。而且，较高的CO_2可以导致气孔开度变小，从而减小蒸腾速率。结果是，由高温以及水分缺乏对作物生产与水分利用效率的负面影响可以通过增加的大气CO_2的正面效应来抵消。另外，南非的马铃薯种植户可以通过改变播种期来适应气候的改变，从而保证马铃薯的生长以及土地与水分的有效利用。总之，作为一个有较强气候变化适应性的作物，马铃薯保障全球粮食安全的重要地位在今后几十年将得到持续的巩固。

西北干旱雨养农业区覆膜模式下马铃薯生产与水分高效利用

张俊莲[1]　秦舒浩[2]　王蒂[1,3]　邢国[4]　李德明[5]

（1 甘肃农业大学甘肃省作物遗传改良与种质创新重点实验室，甘肃兰州　730070；2 甘肃农业大学园艺学院，甘肃兰州　730070；
3 甘肃农业大学农学院，甘肃兰州　730070；
4 安定区农业技术推广中心，甘肃定西　743000；
5 定西市农业科学研究院，甘肃定西　743000）

研究干旱雨养农业区不同沟垄覆膜种植模式下马铃薯产量形成与农田水分养分运移规律，揭示西北干旱雨养农业区该模式下马铃薯高产优质机理，筛选最佳种植模式。试验在甘肃省定西市农业科学研究院进行。田间沟垄覆膜种植模式设置6个处理，即平畦不覆膜（宽行70厘米，窄行40厘米，对照，其他处理宽、窄行均相同）、半膜平畦（膜上播种2行，膜宽60厘米）、全膜双垄沟播（垄沟均覆膜，播种在沟中，大垄高15厘米，小垄高8厘米；在沟中膜上打孔利于水分渗入)、全膜双垄垄播、半膜膜侧种植(垄上覆膜,垄高15厘米,垄宽70厘米,沟宽40厘米,播种在沟中膜侧位置)、半膜垄上种植。结果发现,全膜覆盖显著阻碍土壤水分蒸发,并利用其微起垄集雨面,更好地集留住大量无效降水,马铃薯田土壤贮水量保持较高水平,满足植株生长发育所需,使植株开展度、株高及全株和根系干物质含量显著提高,特别是生长后期,全膜覆盖模式的干物质积累量较其他模式高出64.82%~231.6%,且地上部分干物质能最大量输入至块茎,产量极显著增加。与对照相比,覆膜起垄种植模式产量增幅36.29%~86.75%,其中全膜双垄垄播和沟播增产幅度显著高于半膜和平畦覆膜处理,差异水平显著。马铃薯出苗及生长期,全膜覆盖处理下的种薯及根系所处土层(20~25厘米)地温均表现为前期(5月)温度较高,适宜薯块芽的萌发和生长,中后期(6~8月)底层地温显著低于表层,加之水分较多,确保植株生长及块茎形成和膨大,使全膜覆盖处理具有高的成苗率、强的生长势、多的结薯率。全膜处理速效氮和速效钾含量均高于其他处理,速效磷含量变化存在于根系主要分布层(20~40厘米)。氮磷钾三种养分变化趋势一致,即随气温升高,土壤和植株棵间蒸发量增大,底层土壤水分向表层运移,导致土壤养分随水分运移至表层0~20厘米,7月现养分峰值,而20~40厘米土层则现低谷;8月,随降水量增加,表层养分随水流运移至底层,20~40厘米土层现养分峰值,后期随薯块膨大,所需养分较多,致使该层土壤三种养分均显著降低,特别是氮和磷的降低十分陡峭。因此,在马铃薯全生育期,气温、降水量、土壤蒸发量、植株棵间蒸发量,成为影响马铃薯根际土壤养分运移关键因素。因此,本研究确定西北旱作雨养农业区全膜双垄垄(沟)播模式为马铃薯种植的最优模式。

西北干旱雨养农业区限量补灌模式下马铃薯生产与水分高效利用

张俊莲[1]　秦舒浩[2]　王蒂[1,3]　李德明[4]

(1 甘肃农业大学甘肃省作物遗传改良与种质创新重点实验室,甘肃兰州　730070;2 甘肃农业大学园艺学院,甘肃兰州　730070;3 甘肃农业大学农学院,甘肃兰州　730070;4 定西市农业科学研究院,甘肃定西　743000)

研究西部干旱雨养农业区限量补灌模式下马铃薯田蒸散量、灌水利用率、产量及品质变化，揭示该模式下马铃薯高产优质机理，筛选最佳种植模式。试验在甘肃省定西市农业科学研究院进行，田间限量补灌试验设水分（补灌45毫米和90毫米）和灌水时期（苗期和薯块膨大期），确定水分量和补灌期后，进一步研究低水分量（15～60毫米）对马铃薯生产影响。结果发现，苗期限量补灌能极显著提高产量，即苗期补灌优于薯块膨大期补灌，且苗期补灌量对产量的影响与降水量有密切关系。干旱年份（362.7毫米降水量），补灌45毫米就能显著提高产量，低于该补灌量，产量显著降低，高于该补灌量，增产效果不显著。更为干旱年份（327.7毫米降水量），苗期补灌量应显著增加，可达90毫米，甚至更高，确保高产和稳产。水分充足时，苗期补灌基础上，薯块膨大期可增加一次补灌，具显著增产效果；苗期补灌显著促进植株生长及干物质积累，即非常干旱条件下，高定额（90毫米）苗期补灌或高定额水量苗期和薯块膨大期等份补灌，均可保证植株旺盛生长，分化出更多叶片，获更多冠层面积，干物质积累量最高，特别是苗期补灌90毫米，其干物质移动量和转换率均达最大量，提高了干物质从叶片到薯块运转及转化效率，为高产稳产奠定基础；补灌显著提高根系层土壤含水量，即90毫米补灌前期上层（0～20厘米）土壤含水量显著提高，中后期下层（50～70厘米）土壤含水量急剧升高，说明大量水分渗入土壤深层，影响水分利用效率；45毫米补灌水分主要分布在上、中层（20～50厘米）土壤，而22.5毫米补灌水分主要分布在上层土壤，中层土壤未获得水分，且易于蒸发散失，所以该补灌量严重不足。另外，限量补灌马铃薯收获后土壤贮水量和农田蒸散量均不同程度高于对照，且同一时期随灌水量增加，这两项指标均明显增加。相同水量下，抗旱品种苗期补灌45毫米的水分利用效率最优，收获后土壤贮水量显著低于薯块膨大期，说明此条件下植株生长旺盛，所需水分较多，导致收获后田间贮水量下降。还发现苗期补灌的灌水利用效率最优，且苗期一次性补灌优于等量水分分次补灌；限量补灌能提高叶片蒸腾量和土壤棵间蒸发量，即苗期灌水的高蒸腾量持续期明显长于薯块膨大期，表明苗期补灌下植株获得了很好生长，冠径大，蒸腾作用明显，水分和养分供应充足，可获得高产优质的产量。土壤棵间蒸发量与土壤水分含量密切相关，苗期90毫米灌水的棵间蒸发量显著高于45毫米灌水，后期由于降水的影响，处理间差异不显著。补灌改善叶片生理状态，表现为灌水处理的叶片光合速率、气孔导度、蒸腾速率均显著提高，且随灌水量增大光合能力也更高，但当灌水量超过45毫米时，各生理指标增幅不大，与45毫米补灌间差异不显著。本研究确定旱作区马铃薯苗期补灌45厘米为最优用水模式。

农业用水安全的解决方案

Peter G. McCornick

(International Water Management Institute, Colombo, Sri Lanka)

预计到2050年世界人口将达到96亿。随着经济的发展，对食物的需求，尤其是耗水量大的产品的需求增加。不管是雨养还是灌溉农业，如果继续按照目前我们对水资源管理的模式发展下去，预计到2050年我们对水资源的需求很可能将会加倍。然而，通过提高农业水分生产力，我们可以生产满足预期的粮食需求，而水分消耗只增加10%。

今后绝大部分的人口与食物需求的增加主要来自于在发展中国家，而这些地区的土地与水资源已经面临很大的危机，并且食物的生产已经让当地的生态系统不堪重负。城市用水以及能源性用水对于干净和可靠的水资源的需求对农业用水造成很大压力。不可持续的水资源利用威胁到39%的世界粮食生产，24亿人的粮食安全，22%的全球经济。气候变化对一个特定地区的影响到底有多大目前还没有一个确定的说法，但是却会很明显的加重诸如城镇化以及对食物的需求增加导致的恶劣影响。

在一些快速增长的发展中国家，尤其是世界马铃薯生产前三名的中国和印度对农产品的需求是巨大的，但是这些国家已经开始面临水分稀缺对它们主要农业生产地区的威胁。就是在发达国家的一些主要的农业生产地区也会面临水资源的缺乏，尤其是今年美国的加利福尼亚州。

农民们长期生活在一个季节多变的环境下，有能力应对季节的变化，尤其是雨季的提前与推后或者雨季的长短等变化。经过多年的雨水匮乏，位于印度西南部地区上皮马河盆地的农民已经将主要作物从需水较多的甘蔗转向了需水较小的大豆，这一应对水分匮乏的农业措施为农民也带来了更好的收入。为了适应城市的扩张与市场的需求，在南亚地区城市周边的农民除了种植水稻之外还种植一些蔬菜。因此，这些农民单位水用量的产出效率更高而且对于环境改变的适应能力更强。基于一些其他地区相类似的例子，本项报告针对提高水的生产效率以及农业用水的安全保障提出了几个解决方案。

马铃薯品种选育

马铃薯块茎中的还原糖快速测定技术

马耀宏[1]　孟庆军[1]　杨艳[1]　杨俊慧[1]
史建国[1]　郑岚[1]　李一苇[1,2]

(1 山东省科学院生物研究所、山东省生物传感器重点实验室，
山东济南　250014；2 济南大学，山东济南　271022)

还原糖含量是马铃薯的重要品质指标之一。马铃薯油炸食品的颜色差异与块茎中还原糖含量的相关系数达 90%，还原糖在油炸过程中与 α-氨基酸发生的美拉德反应，已被证明是影响薯片和薯条颜色的主要原因。油炸薯片和薯条中的丙烯酰胺含量也与还原糖含量呈正相关关系。马铃薯块茎的还原糖含量与品种、栽培地区气候条件和储藏条件等相关。由此可见，快速、准确的测定马铃薯及其制品还原糖的含量，对于马铃薯品种选育、马铃薯制品及油炸食品具有重要意义。目前测定马铃薯还原糖的方法较多，主要有手工斐林试剂滴定法、3，5-二硝基水杨酸（DNS）比色法、碘量法、高锰酸钾法、砷钼酸比色法等。由于马铃薯块茎中的还原糖含量相对较低，传统的滴定方法误差较大；DNS 比色法易受颜色干扰；碘量法操作步骤繁琐，终点也较难判断。以上手工方法难以满足还原糖快速准确测定的需求。本研究在原有还原糖分析仪的基础上，依据光电技术的基本原理和补色技术原理，根据待测样品与斐林试剂在热滴定过程中的颜色变化特点，参照滴定终点反应液体颜色状态，选择适当的补色光源，提高光透射信号稳定性和终点变化率。选择最适的元件，对整体系统进行优化设计，提高系统抗干扰的能力，解决了低浓度还原糖测定误差大的问题，实现低浓度还原糖的自动测定。经过优化改进，仪器样品测定时间 3 分钟；线性范围为 0～1.0 wt%（r=0.9998）；RSD 为 0.74%（n=10）；标样回收率为 99.1%。取当地马铃薯块茎样本洗干净、擦干、去皮，称取 100g，加 400 毫升水，在组织捣碎机中捣碎，纱布粗滤，取上清液分别用 DNS 比色法和还原糖测定仪进行 10 次测试。DNS 比色法的测定结果为：平均值 0.45%，变异系数 CV=0.03，回收率 102.1%。还原糖测定仪测定结果为：平均值 0.43%，变异系数 CV=0.01，回收率 99.2%。试验结果表明，这两种方法的测定结果比较吻合，

并无明显差异。其中，还原糖测定仪法的标准偏差、变异系数小，回收率测定结果优于 DNS 比色法。所以，还原糖测定仪法是较 3，5-二硝基水杨酸（DNS）比色法更为精确、可靠、快捷的马铃薯块茎还原糖的测定方法。

中国马铃薯育种技术现状及发展趋势

隋启君　姚春光

（云南省农业科学院经济作物研究所，云南昆明　650205）

本文通过查阅中国马铃薯育种方面的文献，梳理阐述了有史以来中国科学家在马铃薯育种技术方面的探索，包括中国马铃薯育种目标发展变化、常规育种技术改进、新型栽培种利用、倍性育种、体细胞无性变异利用、诱变育种、体细胞杂交技术、基因工程育种、性状鉴定评价技术、实生种子利用技术及脱毒种薯生产技术在马铃薯育种中的应用，也阐述了国际马铃薯中心（CIP）对中国马铃薯育种的贡献。此外还介绍了中国马铃薯育种技术现状，包括常规育种技术现状、马铃薯资源创新现状、分子标记辅助育种技术、基因工程育种技术、马铃薯基因组测序技术等最新研究进展。

孟加拉低地晚播马铃薯耐热品种选育

MohammadHossain[1*]，A. A. Mahmud[1]，M. M. Hasan[1]，E. H. M. S. Rahaman[1]，B. C. Kundu[4]，M. M. A. Patwary[4]，M. M. R. Talukdar[4]，M. B. Anowar[4]，M. S. Kadian[2]，B. Merideth[3]

[1 International Potato Center（CIP），USAID Horticulture Project，Banani，Dhaka-1213，Bangladesh；2 International Potato Center（CIP），SWCA，New Delhi-110021，India；3 International Potato Center（CIP），Apartado-1558，Lima 12，Peru；4 Bangladesh Agriculture Research Institute（BARI），Joydebpur，Gazipur-1701，Bangladesh]

在孟加拉国，马铃薯是仅次于水稻和小麦的重要粮食作物，生长季节为

* 为通讯作者，Email：mohammad. hossain@cgiar. org。

冬季的11月到翌年的3月。由于一些不利的环境条件，如较迟的雨季和晚收的稻谷，马铃薯种植时间可能被迫延迟。冬季后期的高温常导致马铃薯植株早衰。在孟加拉国南部，像Chittagong，Jessore，Patuakhali，Barisal和Khulna地区，冬季来得迟，并且温度回升比北部地区早。有鉴于此，孟加拉农业研究所（BARI）块茎作物研究中心（TCRC）与国际马铃薯中心（CIP）开展合作，选育适合高温条件下种植的品种，尤其针对较迟种植地区。在2012—2013年种植季节中，通过对国际马铃薯中心的10份优良品系进行鉴定，筛选出5个品系参加孟加拉国3个地点的进一步试验。在2013—2014年种植季节中，5个入选的CIP品系即‘395192.1’、‘395193.6’、‘392820.1’、‘393536.13’和‘396311.1’以及2个在当地种植面积较大的品种‘Diamant’和‘Asterix’作为对照于12月的最后一个星期种植在3个地点，即Chittagong，Patuakhali和Jessore，以评价这些品系对高温的适应性。试验的播种时间比最佳播种时间推迟近一个月，从而使块茎膨大期处于较高的温度中。在Chittagong和Patuakhali，最适时间种植之后60天的平均最高和最低温与推迟1月种植之后60天的平均最高和最低温的变化范围在2～7℃之间。在Jessore地区的温度差为0.5～12℃。CIP品系在所有地点的出苗率均超过90%，各品系的长势、株高、冠层覆盖率和单株主茎数等形态性状在所有地点均有显著差异。因Chittagong温度更高而导致各品系衰老的时间比其他2个地点提前7天。在播种74天后，除‘396311.1’和‘395192.1’外，其余品系均的衰老值较高：1分（80%～100%）。从3个地点的平均产量来看，CIP 396311.1的块茎产量最高（25.37吨/公顷），其次是CIP 395193.6（24.77吨/公顷）和CIP 392820.1（23.95吨/公顷）。对照品种‘Diamant’和‘Asterix’产量相对较低，分别为18.36吨/公顷和16.13吨/公顷。在营养生长期和收获期，约有30位男性和女性农民、研究人员及推广人员也参与了评估。在5个测试的CIP品系中，2个品系即‘392820.1’和‘396311.1’获得了好评，因为在高温条件下，这些品系的产量仍然较高，而且在块茎的形状和大小、表皮的颜色、质地和感官测试等方面均有较好表现。在2014—2015年的种植季中，筛选的2个CIP品系作为潜在耐热品种在拟推广目标地区进行了评估试验。

温室栽培中不同微型薯种薯大小对其生长发育的影响研究

高航[1] 高玉亮[2] 李葵花[1*]

(1 延边大学农学院，吉林延吉 133000；
2 延边朝鲜族自治州农业科学院，吉林龙井 133400)

马铃薯（*Solanum tuberosum* L.）是仅次于水稻、玉米、小麦之后的世界第四大粮食作物，因其适应性强、产量高、营养丰富、加工用途多、产业链条长等特点而成为高效经济作物。目前农业部正推进马铃薯“主粮化”决策，以保证谷物基本自给、口粮绝对安全，从而达到新形势下的国家粮食安全战略目标。虽然中国马铃薯种薯生产体系早已建立，但因马铃薯块茎繁殖系数较低、管理不善等原因仍存在着健康种薯普及率不高且质量偏低等问题。因此，提高马铃薯脱毒种薯繁殖系数成为解决问题的关键所在。中国东北地区四季分明，属于马铃薯一季作地区，种薯的繁殖系数极低，但随着经济的发展，建设了大量的温室来生产反季节作物的同时还可用于马铃薯种薯生产的多季栽培。微型薯个体的大小直接影响植株的生长状态及结薯量，因此为了检验不同大小马铃薯微型薯在温室中的生长状况，本研究利用诺兰马铃薯品种为试验材料，把微型薯大小分为：0.3 克以下（minimum，MIN）、0.3～0.5 克（super small，SS）、0.5～1.0 克（small，S）、1.0～3.0 克（medium，M）、3.0～5.0 克（large，L）、20.0 克以上（super large，SL）6 个等级。每个等级挑选 30 个均匀的块茎，当芽长为 0.5～1.0 厘米时，栽植于口径为 20 厘米的花盆中，SL 栽植深度为 7 厘米，其他等级栽植深度为 3 厘米，每盆 3 粒，进行常规栽培管理。植株出苗期间调查出苗时间和出苗率；种植 60 天后测定株高和茎粗；种植 70 天后统计单株结薯量、单薯重和结薯大小分布情况。结果表明：MIN、SS、S 等级的出苗时间分别为 14 天、13 天、10 天，1.0 克以上的微型薯种薯 9 天均可出苗；0.5 克以上的微型薯出苗率达到 100%，0.3 克以下的微型薯出苗率达 95%，符合田间栽培的要求。统计分析表明，本研究范围内，块茎越大其植株越高且茎更粗；M 和 L 等级的种薯其单薯重无显著性差异，S 和 SL 及 M 和 L 等级的种薯其单株结薯数也无显著差

* 为通讯作者，E-mail address：khli@ybu.edu.cn。

异。另外，把收获的马铃薯块茎按0.5克以下（Ⅰ）、0.5～1.0克（Ⅱ）、1.0～3.0克（Ⅲ）、3.0～5.0克（Ⅳ）、5.0～10.0克（Ⅴ）和10.0克以上（Ⅵ）6个级别进行分类，结果表明：MIN等级的种薯其薯块大小分布在Ⅰ、Ⅱ、Ⅳ和Ⅴ，SS级的分布在Ⅲ、Ⅳ和Ⅴ，S和M级的分布在Ⅰ、Ⅱ、Ⅲ、Ⅳ、Ⅴ和Ⅵ，L级的分布在Ⅱ、Ⅲ、Ⅴ和Ⅵ间，SL级的分布在Ⅳ和Ⅴ间，且均无显著性差异。研究结果表明，1.0克以上的微型薯种薯其出苗所需时间较短，出苗率100%，且不同等级的薯块大小分布无显著差异。因此，在温室内种植建议采用1.0克以上的微型薯进行马铃薯原种生产，而对于较大块茎可进行切块栽植，来提高马铃薯原原种繁殖系数，降低生产成本，加快马铃薯脱毒种薯的推广速度，并为今后田间有效生产种薯提供理论依据。

通过马铃薯杂交育种快速聚合两个晚疫病抗病基因

Lindhout Pim，Van Heusden Sjaak

（Solynta，Dreijenlaan 2，6703 HA Wageningen，The Netherlands）

传统的马铃薯育种是通过两个四倍体基因型杂交，通常是品种间杂交，然后需要3～8年的时间对无性繁殖的后代进行选择。选育出一个新品种后，马铃薯块茎需要无性繁殖5～8年才能作为种薯。因为块茎会感染病害，不仅会造成产量损失，对其进行质量检测也会造成额外花费。

因为马铃薯有严重的自交衰退，在许多其他作物中常用的回交和自交方法在马铃薯中都行不通。因此，马铃薯育种效率不高，一些很老的品种如1876年育成的‘Russet Burbank’，在美国马铃薯市场仍然大量使用。不过，F_1代杂交育种技术可应用于马铃薯，这在其他作物中已被证明可以快速有效地将新性状导入杂交品种中。此外，F_1代种子更容易繁殖、运输和储藏，且无病菌感染。

因为二倍体马铃薯自交不亲和，且有严重的自交衰退现象，此前，这种F_1代杂交技术被认为不适合马铃薯。Solynta公司发展了F_1代育种技术。他们将*Solanum chacoense*中的自交亲和基因（*Sli*）导入到二倍体马铃薯中，然后通过大规模的育种项目，剔除那些影响植物生长发育的等位基因。

从2008年第一次杂交Solynt公司已经得到了一些很好的自交亲和系，含有95%以上的纯合位点。但这些植株还不足以作为杂交品种的亲本。因此，我们将继续通过杂交与自交生产一些表现更好更加纯和的自交系用作杂交品种的亲本。

2014 年 Solynt 公司已经得到了 300 个杂种，它们将会在 2015 年生长季在田间进行测试。

杂交育种的一个优点是可以通过分子标记辅助回交系统快速导入基因。Solynt 公司将会通过分子标记辅助回交方法将两个晚疫病抗病基因快速导入到马铃薯 F_1 代杂交品种的两亲本中。只需要两年时间就能得到含有两个抗病基因同时遗传上基本一致的 F_1 杂种。同样的，也可以增加其他的抗病基因，可以是特定的抗病基因或是将感病基因改造得到的抗病基因。通过这种方法得到的马铃薯对病原菌来说需要克服更多防卫反应，所以有望提供更为持久的抗性。

马铃薯低温糖化相关性状的 QTL 定位

肖桂林　宋波涛　曹红菊　彭晓君　涂卫　谢从华*

（园艺植物生物学教育部重点实验室、华中农业大学，湖北武汉　430070）

马铃薯是（*Solanum tuberrosum* L.）世界第四大粮食作物，其加工业在马铃薯产业中占据着重要地位，尤其是油炸加工。收获后的块茎为了抑制发芽、失水皱缩以及病虫害的传播常常贮藏于低温（4℃）条件下，低温贮藏会加速淀粉向还原糖的转化，造成还原糖含量的积累，即“低温糖化”。低温糖化了的块茎经过油炸加工时还原糖与氨基酸发生非酶促的迈拉尔德 Maillard 反应，致使炸片颜色变黑，口感变苦，更生成有潜在神经毒性和致癌性的丙烯酰胺。解析马铃薯低温糖化的遗传机制是解决马铃薯低温糖化问题的关键。

本研究通过将抗低温糖化野生种 CW2-1（*S. berthaultii*）和低温糖化敏感材料 ED25 进行杂交获得了二倍体马铃薯 F_1 群体，共包含 178 个后代。利用 AFLP、SSR 以及候选基因标记采用双拟测交策略分别构建了双亲的遗传图谱，两图谱均由 12 个连锁群组成，其中父本图谱由 129 个标记组成，长为 1037.9 厘摩尔，平均标记间距是 8.0 厘摩尔；母本图谱由 245 个标记组成，长为 1 043.5 厘摩尔，平均标记间距是 4.3 厘摩尔。母本图谱较父本图谱密度高，原因可能是母本 ED25 的杂合度高于父本 CW2-1。利用该群体对 5 个低温糖化相关的性状进行了分析，即收获时（0 天）、低温贮藏后（4℃ 30 天）、先低温贮藏再经过回暖后（Rec）的还原糖含量，以及低温贮藏前后和回暖前后还原糖含量的变化量（4℃ 30～0 天和 Rec－4℃ 30 天）；定位结果表明，5 个低温糖化相关的性状共

* 为通讯作者，E-mail：xiech@mail. hzau. edu. cn。

定位到31个QTL，效应值最大的QTL是CISSb05-1，可解释16.8%的表型变异，最小的是CISSb10-1，可解释表型变异的5.4%。不同性状间定位到的QTL有重叠的有22个，占69%，其中CISSb05-1和CISSb11-3在3个还原糖含量相关的性状中均定位到，并且均在不止一个环境中定位到，说明这两个位点在从块茎刚收获经低温贮藏再到回暖过程中持续且稳定的发挥着功能；此外，不同性状间存在着性状特异的QTL，表明不同性状既受到相同位点也受到性状特异位点的调控。位点互作分析表明这些位点间存在上位性和加性效应。父本图谱上检测到一组上位性QTL；母本谱图上共检测到了涉及8个位点的6组上位性QTL，分布于6条染色体上。加性效应检测结果表明，0天、4℃30天和Rec分别检测到了1个、4个和5个位点，与没有QTL相比，有QTL的后代的0d的还原糖含量降低了21%；同时有4个QTL的后代的4℃30天还原糖含量降低了15%；同时有5个QTL的后代的Rec的还原糖含量降低了12.7%，由此说明，利用这些加性的位点开发相应的标记，在该性状的分子标记辅助选择具有较好的应用前景。本研究结果不仅揭示了低温糖化抗性的遗传机制，而且为马铃薯加工品质改良分子标记辅助选择体系的建立奠定了基础。

干旱及灌溉条件下不同基因型马铃薯的生长参数、产量性状研究

Binod Prasad Luitel，Bhim Bahadur Khatri，
Duryodhan Choudhary，Bishnu Prasad Paudel

[National Potato Research Program，Nepal
Agricultural Research Council (NARC)，246，Lalitpur，Nepal]

在山区的一些较低的山谷中，夏季生长的马铃薯的生产越来越受制于缺少灌溉导致土壤水分的缺乏。由于全球变暖导致的水资源缺乏，是许多农民不能够及时进行灌溉的主要原因。在2013—2014年的夏季生长季（2～5月），在海蒂班研究农场开展了不同马铃薯基因型在干旱及灌溉条件下的生长、产量以及产量构成的研究。一共7个品种（系）用于本项研究，5个国际马铃薯中心的品系（‘391598.75’，‘392242.25’，‘391011.47’，‘378711.7’和‘LBr-40’），1个德国品种‘NPI-106’和1个作为对照的商品品种（‘Desiree’）。试验采用裂区试验设计，灌水处理排在主区，而基因型排在裂区，3个重复。生长期调查冠层覆盖、株高、叶片数、主茎数、叶片和节间长度、块茎数和重量，以及商品薯产

量。所有形态学指标中，冠层，株高、叶片数对干旱较为敏感，这种效应在对照品种‘Desiree’中更为突出。干旱显著减少被测基因型的冠层覆盖度，其值变化范围在34%～45%之间。干旱处理后的冠层覆盖整体比灌水处理减少了39%。胁迫对中晚熟品种Lbr-40的株高影响不明显。干旱处理后的株高整体比灌水处理减少了25.9%，叶片数减少了27.9%，总茎数减少了5%。相对于其他中晚熟品种，对照‘Desiree’的株高与叶片数在干旱条件下减少更多，分别为36%和45%。干旱处理后的叶片与节间长度分别比灌水处理减少了15.5%和14.6%。总块茎数在基因型与处理互作极显著，平均块茎数在干旱处理下减少了55%。干旱胁迫对‘Desiree’的总块茎数影响最大，而对‘Lbr-40’影响最小。干旱处理后的商品薯数比灌水处理减少了79%。干旱导致不同品系（种）商品薯数下降，分别为63.6%（CIP‘392242.25’），66.6%（‘LBr-40’），80%（CIP‘378711.7’），82%（CIP‘391598.75’，CIP‘391011.47’），83%（‘Desiree’）。CIP‘392242.25’在干旱处理后的商品薯重最高。干旱处理后的商品薯重与平均块茎产量比灌水处理分别减少了78.4%和78.4%。干旱导致不同品系产量的损失分别为70%（CIP‘392242.25’），77%（‘LBr-40’），79%（CIP‘391011.47’ and ‘NPI-106’），80%（CIP‘391598.75’），81%（CIP‘378711.7’），87%（‘Desiree’）。品系CIP‘392242.25’的干旱敏感系数最低，为0.52，其次是‘LBr-40’，为0.60。而且这两个品系在干旱条件下产量损失相对较小，说明在田间条件下这两个品系耐旱性较强。因此，干旱敏感的形态学指标可以用来区别耐旱和对干旱敏感的马铃薯品系，而这些鉴定出的耐旱性相对较强的品系可以在水分缺乏地区进行大范围推广种植。

品种和贮藏对彩色薯肉马铃薯中花青素含量的影响

Jaroslav Cepl

（Potato Research Institute，Havlickuv Brod，Czech Republic）

对8个彩色薯肉马铃薯品种进行了评价，这8个马铃薯品种是：①‘Blue St. Galler’，薯肉部分紫色；②‘Blue Congo’，薯肉部分紫色；③‘Highland Burgundy’，红色薯肉带白边；④‘Salad Blue’，薯肉部分紫色；⑤‘Shetland Black’，薯肉黄色，维管束紫色；⑥‘Valfi’阿尔菲，薯肉部分紫色；⑦‘Violette’，薯肉深紫色；⑧‘Vitelotte’，薯肉为带亮点的深紫色。品种之间总花青素含量（TAC）范围为248.5～2257.8毫克/千克，差异达到了统计学显著水平。红肉（③）或深紫色肉（⑦、⑧）品种的TAC含量最高，是其他品种的5倍。

抗氧化活性（AOA）与总花青素含量（TAC）之间紧密相关性（r^2=0.659）。总花青素含量（TAC）最高的品种（③、⑦和⑧），其抗氧化活性（AOA）最高。具有大理石纹理的品种（②、④和⑤）总花青素含量（TAC）和抗氧化活性（AOA）最低。对收获后未经储藏以及经过4℃储藏180天的5个紫肉品种（①、②、③、⑥和⑦）进行总花青素含量（TAC）测定发现，品种（③和⑦）的TAC在储藏后比储藏前增加了20.3%和16.8%，品种（⑥）的TAC在储藏后下降了35.9%，品种（①和②）的TAC在储藏前后并没有明显改变（差异未达到显著性水平）。

无土基质栽培生产马铃薯微型薯营养液配方的优化

张雁[1]　高玉亮[2]　李葵花[1*]

（1 延边大学农学院，吉林延吉 133000；
2 延边朝鲜族自治州农业科学院，吉林龙井 133400）

马铃薯（*Solanum tuberosum* L.）属茄科双子叶植物，是仅次于水稻、玉米、小麦之后的第四大粮食作物。马铃薯在生产上主要以无性繁殖为主，种薯一旦感染病毒、真菌、细菌等病害，易造成品种退化，品质和产量下降，严重影响马铃薯产业发展。虽然，中国的马铃薯种薯生产体系早已建立，但因马铃薯块茎繁殖系数较低、管理不善等原因而仍存在着种薯普及率不高且质量偏低等问题。解决该问题的最有效方法是提高马铃薯种薯尤其是原原种的繁殖系数，从而达到提高种薯品质、降低生产成本的目的。中国北方地区四季分明，冬季寒冷，故马铃薯种薯生产只进行一季栽培，但利用温室可周年进行种薯生产，大大提高种薯繁殖系数。另外，马铃薯无土基质栽培可根据植株不同生长发育期，适时更换营养液而及时满足植株的生长需求，生产的微型薯数量多、体积小，符合马铃薯原原种要求，并且与产量较高的气雾栽培相比管理简便，不受环境影响等优点。目前，全世界的马铃薯无土基质栽培生产种薯技术较成熟，并已进入规模化生产，尤其是韩国和日本的营养液配方被广泛采用。本研究以生长至7～8片复叶诺兰

* 为通讯作者，E-mial：khli@ybu.edu.cn。

品种顶芽（含两片复叶）的扦插苗与约10厘米的组培脱毒苗为试验材料，采用珍珠岩无土栽培基质栽培，基于韩国“高试园”马铃薯营养液配方的优化，开发了适合温室中生产的营养液配方。在 KNO_3、$NH_4H_2PO_4$、$Ca(NO_3)_2$、$MgSO_4$ 等试剂的不同组合与韩国“高试园”营养液配方相比较，在马铃薯植株营养生长时期，当 KNO_3 浓度减少到0.28克/升时，可避免温室温度过高而引起的植株徒长现象，定植45天后的扦插苗株高为45.4厘米，分枝数为3.2个，茎粗为0.38厘米；而组织培养苗株高为50.2厘米，分枝数为2.8个，茎粗仅为0.18厘米。在生殖生长期（块茎形成期），当 $Ca(NO_3)_2$ 的浓度提高至0.49克/升时，扦插苗与组织培养苗所结的微型薯量较多、较均匀，定植70天后，扦插苗每株结薯量为4.3粒，其中大于1克的比例为85.6%，而组织培养苗每株结薯量为3.6粒，其中大于1.0克的比例为45.2%；当 KNO_3 浓度增加至0.56克/升时，扦插苗所结微型薯的单粒重最大，为2.5克，但每株平均结薯量仅为0.8粒，较少。因此，适合温室无土栽培生产微型薯的材料为成熟植株的顶芽扦插苗，微型薯生产营养液的最佳组合：植株营养生长时期为 KNO_3（0.28克/升）、$NH_4H_2PO_4$（0.08克/升）、$Ca(NO_3)_2$（0.32克/升）、$MgSO_4$（0.22克/升），生殖生长时期为 KNO_3（0.34克/升）、$NH_4H_2PO_4$（0.07克/升）、$Ca(NO_3)_2$（0.49克/升）、$MgSO_4$（0.18克/升），并与MS的微量元素和铁盐配合使用时，获得的单株结薯量及均匀度均优越于韩国“高试园”配方的原原种。此外，植株营养生长时期的配方也适用于无菌条件下的试管苗在温室中大量扩繁，以确保生产马铃薯原原种的基础苗数量。该项技术的研究可为今后继续筛选适合于不同成熟期品种的无土栽培营养液配方提供基础理论数据。

中国干旱半干旱地区作为营养健康食品的马铃薯育种和品种改良

陈勤* 王冬冬 陈越 赵华 李哲清 张琼

（西北农林科技大学，陕西杨凌 712100）

马铃薯是继玉米、水稻、小麦之后的世界第四大粮食作物。研究发现，马铃薯中含有丰富的抗氧化活性物质，通过提高马铃薯抗氧化活性物质的含量及人们对抗氧化活性的物质摄入量，可以极大地提高人类的健康水平。中国是世界上最

* 为通讯作者，E-mail：chenpeter2289@nwsuaf.edu.cn。

大的马铃薯生产国，几乎所有的省份及自治区都有马铃薯种植，其中大部分处于干旱半干旱地区。由于马铃薯具有较强的抗旱、耐贫瘠能力，因此，在这些地区种植马铃薯相对于其他粮食作物，具有更大的经济效益。所以，未来几年内中国的马铃薯种植面积将会显著增加。培育新的抗旱、耐贫瘠、抗病、高产、高营养的马铃薯新品种，对中国农业的高效可持续发展具有重要意义。本研究利用传统杂交，成功选育出抗病、抗旱、高产、高营养的彩色马铃薯新品系。研究结果表明，彩色马铃薯品种因富含多酚和花青素，比普通的马铃薯品种具有更高的抗氧化活性。薯肉颜色与抗氧化活性的相关性分析表明，对于多数马铃薯品系而言，薯肉颜色越深，即花青素含量越高，其杂交后代具有更高的抗氧化活性物质，这为利用薯肉颜色来直接筛选高抗氧化品种提供了理论依据。然而，一些白色肉的材料，其杂交后代也表现出很高的抗氧化活性。究其原因，虽然花青素含量低，但其多酚类物质的含量较高。结果表明，通过彩色马铃薯亲本间的杂交，也可能选育出白色的高抗氧化新品系。马铃薯的抗氧化活性和多酚类物质及花青素含量均具有正相关性。同时，杂交后代中糖苷生物碱的含量也表现出显著差异，这种差异与薯肉的颜色没有直接的相关性。大部分杂交后代的化学物质含量介于亲本之间。但本研究筛选出了一些总酚含量和抗氧化活性均高于亲本品种并且糖苷生物碱含量较低的杂交后代，同时一些后代表现出优异的商品特性，产量和干物质含量均高于亲本。本研究结果表明，通过杂交品种选育和化学分析的方法来筛选具有优异性状，且适应中国市场需求的彩色马铃薯新品系是可行的。本研究将为促进马铃薯的遗传资源改良和品种创新，为干旱农业可持续发展提供技术理论支撑及丰富的遗传资源和育种材料。

中国马铃薯资源发掘、创新与利用研究现状

蔡兴奎[1,3]　陈琳[1,3]　刘婷[1,3]　靳姣姣[1,3]
邹莹[1,3]　宋波涛[1,3]　柳俊[2,3]　谢从华[1,3]

（1 华中农业大学园艺园林学院，湖北武汉　430070；
2 华中农业大学生命科学技术学院，湖北武汉　430070；
3 园艺植物生物学教育部重点实验室，湖北武汉　430070）

马铃薯是我国仅次于水稻、小麦和玉米的第四大粮食作物，栽培面积近600万公顷，年产量约9 000万吨，居世界首位。中国农业部预计今后20年间，我

国需增产500亿千克粮食保障人民生活和社会发展的基本需要，马铃薯的贡献率将达到50%。

选育高产、稳产、优质的马铃薯品种是产业发展的基础。但现有品种主要来源于四倍体栽培种，遗传背景狭窄。野生种虽具有众多优良性状，但由于种间杂交障碍，有利基因转育困难。因此，利用现代生物学技术与传统技术结合的途径，发掘和创新马铃薯种质资源，提供符合育种目标的亲本，是我国马铃薯育种需要解决的首要问题。

马铃薯具有丰富的野生种和原始栽培种，现已鉴定出7个原始栽培种和228个野生种。目前，我国建有国家马铃薯种质资源库和资源圃，收集和保存各种马铃薯种质资源材料2 000多份，已完成部分资源材料的鉴定，从中筛选出抗青枯病、抗病毒、抗寒、抗旱、抗低温糖化、早熟等优良性状材料。例如从39个马铃薯野生种的2000多份株系中，筛选出27份抗PVY的材料。分析PVY抗性与其植物分类学的关系发现，抗性分布最多的系（series）是不结块茎的*Etuberosum*，对应的进化枝（clade）为outgroup；抗性分布与其倍性（ploidy）不相关，但与其胚乳平衡数（EBN）极显著相关，1 EBN材料抗性分布比率显著高于2 EBN和4 EBN材料。进一步分析抗性与其生物地理起源的关系发现，抗性与其起源的经度和绝对纬度并不相关，但与其起源的海拔高度极显著相关，抗性材料主要来源于海拔2 100米以下的区域。

建立了稳定高效的“五步法”原生质体培养技术体系，每个培养阶段均具有明显的形态特征。在此基础上，系统地进行了马铃薯叶肉原生质体融合和体细胞杂种鉴定技术体系研究。例如将抗青枯病的马铃薯野生种*S. chacoense*与栽培种叶肉细胞融合，获得了100余份体细胞杂种，筛选出32份与野生种抗性相当的体细胞杂种，已应用于抗青枯病常规杂交育种，获得系列抗病品系。体细胞杂种的遗传学研究发现，杂种细胞主要发生核基因组和线粒体基因组重组，而叶绿体基因组呈单亲的偏亲现象。体细胞杂种的遗传组成分析表明，青枯病抗性由核基因控制，至少有2个遗传位点与抗性有关。采用同样的方法，将红茄的青枯病抗性、*S. commersonii*的抗寒性、*S. etuberosum*的PVY、PVA和PLRV抗性导入了马铃薯栽培，获得一大批体细胞杂种。建立了“前景+背景”的轮回选择技术应用于马铃薯晚疫病持久抗性改良，将抗病基因型和高抗基因型比例分别提高了5.0个百分点，选择后代保留了亲本群体86%以上的遗传多态性。

利用功能基因组与生物信息学结合的途径，发掘马铃薯重要性状的功能基因，提供目标性状改良的基因资源，开发目标性状辅助选择的连锁标记，提供品种改良的新途径和选择的新技术。目前已分离、鉴定晚疫病水平抗性和抗低温糖化相关的功能基因30个，开发分别与青枯病抗性、晚疫病水平抗性、抗PVY和试管薯结薯相关的连锁标记10余个。

中国马铃薯品种选育和应用

金黎平 庞万福 段绍光 刘杰 徐建飞 段艳凤 卞春松

（中国农业科学院蔬菜花卉研究所、农业部薯类作物生物学和遗传育种重点实验室，北京 100081）

中国的马铃薯品种选育研究始于20世纪30年代末期，经历了国外引种鉴定、国内资源搜集到品种间杂交、种间杂交、常规和分子生物学结合的综合技术育种的过程，20世纪60年代育成和应用了自主知识产权的新品种。总体上，主要育种目标为适宜不同生态区域的优质抗病丰产的鲜薯食用、淀粉加工、油炸食品加工和全粉加工品种，以及满足各种市场需求的特色品种等。目前全国有育种单位约30个、研究人员150余人。据估计，国家马铃薯资源库和各育种单位共保存了5 000多份（次）种质资源，评价鉴定了2 000多份资源，筛选出许多抗病、抗旱、耐冻和品质优良的育种材料，并开展了重要性状基因定位和分离，建立了块茎品质、抗病抗逆性等重要性状的鉴定评价技术。按照现行法规，马铃薯新品种必须通过审定后才能应用于生产，到2014年共育成了审定品种446个，绝大部分为鲜薯食用型品种。育成品种中，1983年以前育成的品种占总品种数的20.6%，1984—1993年的占16.1%，1994—2003年的占17.7%，2004—2014年的占45.5%。育成品种的遗传背景有所拓宽，1983年前，68.8%的品种用6个亲本育成，而2005年以前，这个比例降为45%。国外品种作为亲本资源占有重要地位，2012年前育成的379个审定品种中，含北美亲本血缘的占13.7%、欧洲亲本血缘的占35.9%，含CIP亲本血缘的17.9%。1999—2013年，77个新品种申请保护，其中17个获得授权，构建了217份审定品种的SSR分子遗传指纹图谱。2013年全国种植70万公顷以上的品种1个，7万公顷以上的品种16个，3.5万公顷以上的品种29个，0.35万公顷以上的品种75个。早熟品种主要分布在中原二季作区、南方冬作区和西南的低海拔二季作区，中晚熟品种主要种植在北方一季作和西南中、高海拔的主产区，油炸食品和全粉加工品种主要分布在内蒙古中西部、河北张家口、云南和甘肃的部分地区，高淀粉品种主要在西北、东北以及西南中高海拔地区。在北方高纬度和西南高海拔地区是种薯生产地。中国马铃薯产业的发展和市场需求的变化对品种选育提出了新的目标和要求，但目前还存在种质资源改良滞后、育种群体小、丰产稳产的市场适销品种缺乏，企业缺乏育种能力、商业化育种刚刚起步、科研单位与企业合作脱节、新品种推广与种薯生产体系结合不紧密，新品种推广应用慢等问题。因此，针对中国马铃薯大多数由小农户在贫困地区种植的特点，建议种质资源和品种选育仍以公益性为主，加强育种技术尤其是常规育种结合分子育种的综合技术研发，针对消费市场的多元化需求、产业的快速发展、种植业结构的调整和不同的生态条件选育聚合多种性状、优质专用型新品种；鼓励研究机构与企业进行密切合作，建立合作育种网络，共建品种选育技术体系，推动商业化品种选育，加速品种的推广应用。

孟加拉国马铃薯品种选育策略

M. H. Rashid，B. C. Kundu，M. J. Hossain

在孟加拉国，由于马铃薯产量高、食用品质好、出口市场广阔、适合农产品加工、能增加就业机会和女性的参与，促进农业综合企业的发展，因此近年来已成为一个重要的作物。马铃薯总产量从1990—1991年的124万吨增加到2012—2013年的860万吨；种植面积从12.4万公顷增加到44万公顷，产量从10.0吨/公顷增加到19.5吨/公顷。如果对营销和利用率采取必要措施，马铃薯每年的总产量仍然有可能加倍。

孟加拉国自1960年开始开展品种选育的系统研究，但由于当地马铃薯的生长季节正处于短日照的自然环境下而不能开花，长期以来只是限于品种引进。直到2000年，经过长期和大量的工作，热带作物研究中心（TCRC）的科学家成功地诱导了品种开花，第一个孟加拉国品种于2012年发布。从此以后，每年都有两到三个品种。这些品种高产而且适应当地条件，退化速度慢。'BARI Alu-35'，'BARI Alu-36'和'BARI Alu-37'是第一批品种，他们在品系比较试验中（AYT）的平均产量分别为38.46、33.8和34.9吨/公顷，在区域试验（RYT）的产量分别为44.0、41.8和40.6吨/公顷，在农场试验中的产量为38.9、38.5和37.5吨/公顷。对照为引进品种'BARI Alu 8'（Cardinal）和'BARI Alu 7'（Diamant），产量分别为34.8和33.9吨/公顷、24.3和23.1吨/公顷以及33.1和34.3吨/公顷。

由于实生种子生产的块茎不整齐，同时已经能够通过组织培养获得大量优质种薯，因此实生种子不再受欢迎，从国际马铃薯中心引进的实生种子（TPS）技术也变得越来越不重要了。

通过组织培养和杂交改善地方品种的工作也有开展，但所取得的进步很小。这些材料高度退化而且产量低，但由于其特有的风味、黏性和适合长时间的家庭贮藏而受到人们的喜爱。

另一个方法是选育转基因马铃薯（美国国际开发署援助）。美国威斯康星大学已将来自于球栗薯（*Solanum bulbocastanum*）的晚疫病抗性 RB 基因通过基因工程转入到了品种‘Katahdin’。2006 年，从‘Cardinal’和‘Diamant’与两个‘Katahdin’转基因品系‘SP 904’和‘SP 951’杂交的后代中，在孟加拉国筛选出了两个最好的品系。种薯种植在位于加兹浦尔的孟加拉农业研究所（BARI）的生物技术部。两个最好的品系‘F1C5’和‘F1C6’参加了设置重复的田间比较试验（位于 Joydebpur 和 Debigonj），表现优良。新品种将在完成其他手续并获得政府批准之后进入市场。

马铃薯多样性保存：国际马铃薯中心马铃薯资源的超低温保存

R. Vollmer，A. Panta，V. Egusquiza，
R. Villagaray，N. Barkley，D. Ellis

（International Potato Center，Lima，Peru）

超低温保存是一种用来长期（100 年以上）保存无性繁殖作物的有用且高效的策略。该方法中，植物材料在进入冷库时只需进行一次处理和标记，因此其发生混淆、贴错标签、体细胞无性系的变异以及基因漂移等潜在风险的可能性远低于其他保存方式。2013 年，国际马铃薯中心执行了严格、公开、简单明了的质量管理体系和标准，对其马铃薯冷库的植株活力检测、决策制定、运行、健康和安全性以及质量控制进行了评估。在这一严格的新标准下，国际马铃薯中心的马铃薯冷库中的材料被清除了近 75%，因为十几二十年前保存的材料已经不能达到现在的标准。植株再生是指由外植体（顶芽、茎干、叶片、根等）直接发育形成具有正常形态学特征的试管植株，而不经过愈伤组织形成的过程。超低温保存的标准是通过保存 150 个茎尖（每个玻璃瓶 10 个），将其中 30 个在液氮中冷冻 24 小时后解冻进行活力检测。国际马铃薯中心基因库目前认可的超低温保存活力标准是保存后的材料可再生率达到 30%或以上。如果第一轮的再生活力在 20%～30%之间，那么将继续保存 150 个茎尖并再次进行活力检测。如果资源材料的活力低于 20%，那么该资源就不能被保存在冷库中，并且要在数据库中注明该资源材料需要改进低温保存策略。目前，国际马铃薯中心的马铃薯冷库中保存了 969 份资源材料，其中 567 份是按照上述标准保存于 2013 年和 2014 年，剩下的材料保存于 2010—2012 年。成功保存于 2013 和 2014 年的马铃薯材料的平均存活率可达到 67.8%，再生率可达到 52.3%。在执行上述的严格标准下，我

们每年可新增450份材料进入冷库保存，大约相当于每个技术人员每年保存60份材料的工作量。运用超低温保存方式能够有效地保持基因库中资源材料遗传的一致性，并为后代提供材料。

中国马铃薯加工品种选育和利用中存在的问题与对策

王登社　郦海龙　牛丽娟

（雪川农业发展股份有限公司技术中心，河北察北　076481）

我国马铃薯加工产业起步于上世纪八十年代，除了加工产业起步晚，企业规模小，低水平重复建设严重，政府扶持力度小和缺乏专有人才和技术等制约因素外，严重缺乏适合加工用马铃薯品种也是制约我国马铃薯加工产业发展的重要因素，本文对我国加工品种在利用和选育中存在：①国内选育加工品种数量少，且很少被加工企业选用；②引进品种垄断薯条薯片原料市场，品种问题突出，更新换代已迫在眉睫；③全粉加工品种缺乏，难于满足国内全粉加工企业的需求；④国外引进的加工品种均为高水肥品种，适用范围窄，资源消耗大；⑤种质资源缺乏，育种手段单一，导致加工品种选育进展缓慢；⑥国内现行的马铃薯品种审定制度，使马铃薯加工品种审定完全滞后市场需求，扰乱了市场秩序；⑦种薯企业受多种原因制约，难以开展加工品种选育的工作等。问题分析提出了对策和建议。这些建议和对策包括：①引进与自育相结合，提高和加快加工型品种育种能力和育种进度；②建立科研院所与加工企业间的合作，使加工品种选育与生产需要高度吻合，选育出真正能被加工企业认可的新品种；③从国家主粮化战略层面出发，制定加工型马铃薯新品种选育规划，并结合本国人民生活习惯和饮食要求，制定品种选育的标准，从品种层面推动马铃薯主粮化进程；④建立针对加工品种的特殊审定程序与规则，使加工品种的审定与推广同步；⑤转变观念和改变育种体制，加大针对加工型品种选育的资金和政策支持，多方面提高企业育种能力。对有自行育种计划的企业，国家应给予技术和资金扶持，推动企业育种计划的有效实施。最后文章指出我国马铃薯育种能力弱，马铃薯品种尤其是加工品种缺乏是不争的事实，需要引起国家和全社会的重视，并采取一系列有力的措施，从根本上改变马铃薯育种现状，提高马铃薯加工品种选育能力，选育出抗逆抗病高产低耗优质的马铃薯加工新品种新品系，使中国加工企业真正用上中国自己的品种，也使我国马铃薯主粮化成为建立在自主品种开发应用基础上的主粮化。

国际马铃薯中心马铃薯铁、锌生物强化研究进展

Merideth Bonierbale*，Gabriela Burgos，Walter Amoros，Elisa Mihovilovich，Thomas Zum Felde

（International Potato Center，Lima，12，Peru）

多样性：初步筛选发现，马铃薯资源材料块茎铁含量在11～30毫克/千克，锌含量在8～25毫克/千克。同时，对维生素C和酚类化合物的含量也进行了测定，因为这些物质会影响到铁的吸收。研究表明，基因和环境间的交互作用对铁和锌的含量影响显著，但这并没有导致按基因型评级的相对顺序的明显变化。马铃薯块茎中铁和锌的遗传力中等偏上，微量元素含量和重要的抗性性状间不存在负相关关系。

存留性和生物利用性：对烹饪过程中矿物元素的存留进行了检测，发现烹饪过程并不会对马铃薯的矿物质含量产生显著影响。因此，马铃薯原材料中的矿物质含量可能可以直接用于评价烹饪后马铃薯的矿物质含量。但烹饪过程降低了维生素C的含量，因此可能会影响到铁的吸收。对铁生物利用性的评估表明，马铃薯块茎中63.7%到79.0%的铁元素在体外胃肠消化中释放，因此在肠道中是可以被吸收利用的。

育种：从2004年起，国际马铃薯中心（CIP）开始尝试通过育种来增加马铃薯中铁和锌的含量，基础群体包含来自富利亚种和窄刀种/角萼种的18份材料组成的群体，这些材料不但具有优良的烹饪特性，而且矿物质含量均显著高于已报道过的二倍体安第斯地方品种的平均值。经过三个周期的轮回选择，后代的铁和锌的含量比基础群体均提高了两倍（铁含量为28～40毫克/千克DW，锌含量为27～35毫克/千克DW）。CIP现在正在将这些二倍体水平上所获得的高铁和高锌的特性向适应性更广泛的四倍体群体中进行转移。第一代通过4x～2x杂交得到的生物强化四倍体马铃薯的结果显示，其铁含量为8～41毫克/千克，锌含量为6～43毫克/千克，且其中50多个基因型的铁含量高于30毫克/千克，锌含量高于35毫克/千克。这意味着，通过CIP生物营养强化项目，马铃薯可以满足该项目针对的妇女群体中平均30%～50%铁和锌的需要量。

---

* 为通讯作者，E-mail：M.Bonierbale@cgiar.org。

基因组选择育种：利用测序技术对150个具有富利亚种、窄刀种/角萼种血缘的地方品种进行基因型分析，同时也结合矿物质和维生素C含量的表型分析。结果显示，经过质量过滤后，14 453个单核苷酸多态性位点（SNP）可用于后期分析。利用多重数据资料对马铃薯基因组选择育种进行可行性分析。结果表明，对上述二倍体地方品种资源中矿物质和维生素C含量的预测精度足以满足在该基因池中实施基因组选择育种的要求。

成果分享：CIP选育出了高铁和高锌的育种材料，并将这些材料提供给了卢旺达农业委员会和埃塞俄比亚农业研究所，用于当地适应性育种评价。来自基础群体具有较高铁和锌含量的一些材料以及经轮回选择后的材料已引入埃塞俄比亚、卢旺达、玻利维亚、不丹和尼泊尔，用于相应的品种开发。

荷兰马铃薯研究领域的公私部门合作：利润共享

Anton J. Haverkort

(Wageningen University and Research Centre, Plant Research International, P. O. Box 16, 6700 AA Wageningen, The Netherlands)

农业是荷兰非常重要的经济活动。荷兰是仅次于美国的全球第二大农产品出口国，其以奶制品、牛肉和加工食品为主，不过植物繁殖材料也是高附加值的农业产品。荷兰以鲜花和蔬菜种子而闻名，郁金香球茎和其他观赏植物也知名度较高。荷兰出口的马铃薯种薯比所有其他种薯出口国出口的总量还多。此类种植材料的附加值非常高。以番茄为例，优良品种的杂交种子约为0.20欧元/粒，种植后的马铃薯售价为16欧元。一千克的种子大概要5万欧元，产出的马铃薯农场售价350万欧元，零售价750万欧元。马铃薯也是同样的道理。一粒微型薯价值0.50欧元，能够产出300g G1种薯，5次扩繁后，产出3万千克的G6种薯，可生产出1.5万千克的薯条，在快餐店出售，价格超过15万欧元。在荷兰，每年约有350万吨的马铃薯被加工成薯片和薯条，200万被加工成淀粉，种薯产量超过100万吨。在所有的这些产品中，80%被出口到国外，所以保持产业的竞争力非常重要。最佳的方式就是开展公私部门的合作，使公费研究促进产业发展，现举例如下。

2003年，荷兰政府建立了生物系统基因组学中心（Centre for Biosystems Genomics, CBSG），每年的研发项目经费为1 000万欧元，项目团队包括5所大学、2个科研机构、5个马铃薯育种和种薯企业、6个蔬菜育种企业、国家马铃薯淀粉产业和分别代表番茄和马铃薯种植者和马铃薯加工业的两家机构。主要目的是促进公共部门和私营部门在遗传和育种研究领域（转录组学、蛋白质组学、生物信息学）的协作，并寻求国际合作和经费来源。由瓦赫宁根大学负责协调的全球马铃薯基因组测序项目就是一个例子。2005年，政府开展了一个为期10年每年经费100万欧元的研究项目，目的是通过无标记同源转基因的方法把抗性基因转移到现有马铃薯品种中，以获得对晚疫病的持久抗性。由于欧洲公众对于转基因作物的谨慎态度，业界对于任何基因改良活动也比较谨慎，并没有直接投资该项目，但是向指导委员会派出了代表，并参与了抗性基因利用的联合体，目的是进一步开发利用抗性基因。直接开展公私合作面临两个限制性因素：①所有政府资助的研究（纳税人出资）必须发布研究成果；②欧盟禁止国家为企业或产业提供援助，为使欧盟内部保持公平的竞争环境。不过，大学和科研机构可以通过专利等方式获得知识产权，并通过公司加以利用，企业可以通过育种权利（Breeding Rights）最终获得受益。公共机构有偿提供知识产权并非为了获利，而是为了给研究提供经费，促进公私合作取得成果，加快品种开发，提高市场接受度，增强育种行业的竞争力。

全球马铃薯种质资源收集质量管理体系：资源材料的识别鉴定

D. Ellis[1]，N. Barkley[1]，R. Gomez[1]，Soto[1]，
A. Salas[1]，A. Panta[1]，F. Vargas[1]，
D. Douches[2]，J. Coombs[2]，N. Warthmann[3]

（1 International Potato Center，Lima Peru；
2 Michigan State University，E. Lansing，MI，USA；
3 Australian National University，Canberra，ACT，Australia）

位于秘鲁首都利马的国际马铃薯中心受联合国粮农组织（FAO）的委托，创建了用于收集和保存全球马铃薯种质资源的基因库，并依据粮食和农业植物遗传资源国际条约，将这些种质资源用于世界范围的研究、育种和培训工作。在过去的半个多世纪，该基因库共收集保存了4 350份栽培种马铃薯试管苗种质资源材料，包括了遍布于安第斯山脉的各个地方品种。

作为基因库新的质量管理体系（QMS）的一部分，我们的主要工作是通过比较收集到的马铃薯试管苗和保存在大田的原始材料，对基因库中每份资源进行

确认，确保过去25年所收集的试管苗资源不存在材料混淆或者贴错标签的情况。为了达到这个目的，我们为每份资源材料绘制了独一无二的指纹图谱，并制作了植物标本集，使新的质量管理体系在材料维护时有可靠的稳定性。

为了完成对资源材料的识别验证，工作人员检测了每份资源的所有试管苗。从每份材料中选出一颗试管苗进行无菌繁殖，在扩繁过程中选出一管材料进行DNA提取，最后结合形态学特征的确认和DNA指纹的对比对每份材料进行识别。资源材料的指纹图谱分析方法是当前通用的SOLCap Illumina Infinium马铃薯V2 12 000单核苷酸多态性（SNP）微阵列。

目前，所有的资源材料已经完成了试管苗的继代扩繁，约25%的材料已完成DNA指纹鉴定。截至目前的数据显示试管苗材料与其样本之间的一致性达到92%。田间植株与其相对应的试管苗材料之间的形态学特征比较正在进行中，任何不一致性都将被确认。用于将来确认资源材料一致性和稳定性的植物标本集正在准备中。同时为了提高DNA指纹鉴定的分辨率，我们已经开始探索第二代低通量全基因组靶向测序技术。我们的目标是在2016年初拿到90%以上栽培种马铃薯资源材料的DNA指纹，并建成植物标本标签用便于以后应用，保证基因库中资源材料的真实和纯正。

马铃薯抗寒资源筛选与抗寒分子机制研究

陈琳　涂卫　寇爽　梅文祥　康黎
蔡兴奎　宋波涛*　谢从华

（园艺植物学教育部重点实验室、华中农业大学，湖北武汉　430070）

低温是影响马铃薯生产的重要自然灾害之一。马铃薯普通栽培种既不耐霜冻也不具有冷驯化能力，目前马铃薯的抗寒研究也较为薄弱，这严重制约着马铃薯的抗寒育种与马铃薯产业的进一步发展。基于此，本实验室通过LT_{50}测定和马铃薯苗期抗寒能力直接评价体系等方法，对涉及26个种的400多份野生种、种间杂种及栽培种进行了系统的抗寒性鉴定，结果显示，来自于*S. acaule*，*S. commosonii*等13个野生种的54个基因型具有较好的抗寒能力，其中6个只具有驯化抗寒能力，22个只具有非驯化抗寒能力，其余基因型既有非驯化，也

* 为通讯作者，E-mail：songbotao@mail. hzau. edu. cn。

有驯化抗寒能力；而 162 份普通栽培种品种（系）的非驯化抗寒能力均较差，但其中来自于国际马铃薯中心等单位的 11 品种（系）具有明显的抗寒驯化能力。同时，通过对 *S. acuale*、*S. commosonii* 和 *S. demmisum* 等与 *S. tuberosum* 种间杂交产生的 192 个株系的抗寒性鉴定结果表明，其中 114 份材料具有较好的非驯化抗寒能力。基于上述筛选得到的极端抗寒材料，构建了 FT008（*S. acaule*×*S. tuberosum*）、FT009（*S. acaule* × *S. chacoence*）、FT014（*S. demmisum* × *S. chacoence*）等 5 个抗寒分离群体，正在利用 SNP 等标记对这些群体进行相关遗传图谱构建和抗寒 QTL 定位等工作。

此外，通过大量的资源筛选，获得了 4 类不同类型抗寒能力的材料：同时具有驯化抗寒能力和非驯化抗寒能力，只具有驯化抗寒能力，只具有非驯化抗寒能力，既不具有驯化抗寒能力、也无非驯化抗寒能力。分别在上述各类材料中选择 2 份典型代表性材料，综合转录组和代谢组分析技术，对驯化和非驯化抗寒分子机制进行了相应分析，结果表明马铃薯驯化抗性和非驯化抗性形成的途径和相应的基因并不完全相同，说明马铃薯驯化抗寒能力和非驯化抗寒能力可能受不同的途径和基因控制。进一步的分析表明，包括脂类去饱和途径、次级代谢苯丙醇途径、类受体激酶、钙离子信号途径等 10 条途径可能参与了马铃薯非驯化抗性的形成，此外，涉及 10 大类的 19 个特异转录因子也参与了非驯化抗性的形成，在马铃薯超量表达 *StWRKY1*、*StWRKY8* 等转录因子能显著提高植株的抗寒性。本研究通过抗寒资源的鉴定和抗寒相关遗传与分子机制解析，为马铃薯的抗寒育种提供了良好的资源支撑和理论基础。

国际马铃薯中心资源在中国马铃薯育种及品种推广应用中的贡献：专家评估结果

秦军红* Willy Pradel 谢开云 Guy Hareau 李文鹃

（国际马铃薯中心亚太分中心，北京 100081）

马铃薯因其对人类饮食的重要贡献成为世界上最重要的作物之一。她发源于拉丁美洲的安第斯高山地区，17 世纪被引入中国。在中国，为了给持续增长的

* 为通讯作者，E-mail：J. Qin@cgiar. org。

人口提供食物，马铃薯的面积增长明显。马铃薯不仅可直接消费，而且可为食品加工提供原料。国际马铃薯中心与中国各省市农业科研机构一起，在马铃薯品种选育和推广方面开展了广泛的合作。选育高产、抗病和抗逆、优质的品种是双方合作的目标，符合这些目标的品种也相继育成并在生产中推广。

在 2014 年 11 月至 2015 年 3 月期间，我们在 6 个省份（云南、甘肃、四川、贵州、重庆和广西）开展了调研并完成了 2 个数据库。数据库 1 包括各省份当前所有马铃薯品种名称及品种特性信息；数据库 2 包括各省份当前主栽马铃薯品种的推广应用信息。数据库 2 是通过专家访谈的形式获得的，为了让参会的所有专家最后达成共识，专家访谈按照详细的 5 个步骤进行。参加专家访谈的专家合计 68 人，他们了解整个马铃薯产业链的情况：包括育种、栽培、推广、种薯生产和加工。数据分析结果用统计描述、百分比和图表的形式表示。结果表明：调研的 6 个省市马铃薯品种共有 190 个，其中 84 个与国际马铃薯中心资源相关。6 个省市的马铃薯总播种面积中有 30%左右（100 万公顷）播种与国际马铃薯中心资源相关的品种。与国际马铃薯中心资源相关的品种中，面积较大的依次是合作 88（16.5 万公顷，主要在云南），鄂马铃薯 5 号（14 万公顷，主要在重庆），宣薯 2 号（13.8 万公顷，主要在云南和贵州），陇薯 3 号（13.3 万公顷，主要在甘肃）。这项调研在 2015 还将继续进行，涵盖中国的河北、黑龙江、内蒙古、宁夏、陕西、山西，以及其他 8 个国家：印度、尼泊尔、孟加拉、菲律宾、越南、印度尼西亚、巴布亚新几内亚和巴基斯坦。

全球马铃薯种质资源收集：国际马铃薯中心的人文传承

D. Ellis，N. Barkley，R. Gomez，A. Salas，G. Rossel，I. Manrique，N. Franco，A. Panta，R. Silvestre，F. Vargas，R. Vollmer，B. Zea，R. Falcon，V. Quispe，O. Chavez，G. Carpio.

(International Potato Center，Lima Peru)

位于秘鲁首都利马的国际马铃薯中心基因库收集和保存了全球马铃薯（共 9 707份资源材料，包括7 647份试管苗材料和2 060份野生亲缘种实生籽材料）、甘薯（共7 066份资源材料，包括5 974份试管苗材料和1 092份野生亲缘种实生籽材料）和 9 类安第斯山区块根块茎类（分别是 oca，ulluco，mashua，mauka， ahipa，maca，yacon，arracacha，achira）（共1 291份资源材料，包括1 073份试管苗材料和57份野生亲缘种实生籽材料）资源。这些种质资源都是国际马铃薯中心受联合国粮农组织（FAO）的委托而收集保存，并依据粮食和农业植物遗传资源国际条约被用于世界范围的研究、育种及培训。作为世界上最大的试管苗基因库，国际马铃薯中心基因库拥有超过13 000份试管苗种质资源。其中，马铃薯试管苗资源主要是来自于安第斯山脉的地方品种，并遵循严格的质量标准进行继代保存。这些材料在世界范围的分发受到一定的限制，这是因为目前正在对这些材料进行鉴定，而且还要求在分发前必须证实这些试管苗是健康无病的。为了保证这些资源不被遗失，以便为后代利用，所有的马铃薯试管苗材料都分别在秘鲁的万卡约以及巴西的巴西利亚做了备份保存。实生籽材料则在万卡约和斯瓦巴特群岛的全球种子库进行了备份保存。已建立20 000多份植物标本卡，便于后人长期保存和识别所保存的材料。另外，国际马铃薯中心还启动了资源的低温保存项目，以每年增加450份材料的速度对试管苗材料进行低温保存。在安第斯山区域，国际马铃薯基因库与当地70多个社区建立了合作，例如库斯科区域的Parque de la Papa。合作的主要方式是将起源于安第斯高山区域却已经遗失的当地品种送回给当地最早保护、培育和种植这些品种的农民后代，帮助其种植历史得以延续。国际马铃薯中心非常热衷于与这些社区进行知识、种质资源以及研究成果的交流。

国际马铃薯中心关于亚洲马铃薯的发展战略

Gregory A. Forbes[1]，Julian Parr[2]，Mohindar S. Kadian[2]

[1 International Potato Center（CCCAP），ICRAF-Kunming Institute of Botany（KIB），Kunming，650204，China；2 CIP-SWCA Regional office，NASC Complex，IARI Campus，Pusa-110 012，New Delhi，India]

目前世界大部分马铃薯种植在发展中国家，发展中国家种植最多的是亚洲。然而，马铃薯生产在亚洲不平衡，其生产主要由中国，印度和孟加拉国主导，人均消费量的变化也相当大。过去几十年中，一些国家，例如中国、印度、孟加拉国的消费量迅速增长，亚洲中部消费量居于首位。但是，在东南亚的大部分国家中消费量保持在很低的水平。全世界2/3的穷人口聚居在亚洲，由此突显出了马铃薯在减少贫困和粮食安全中的作用。CIP的亚洲马铃薯计划“Agile Potato for

Asia”针对许多国家，包括中国、印度、孟加拉国、尼泊尔、不丹、缅甸、印度尼西亚、越南，亚洲中部的国家，乌兹别克斯坦、吉尔吉斯斯坦和塔吉克斯坦。本计划设法应对这些目标区域高度复杂的种植模式。在热带地区，马铃薯主要在高海拔地区终年种植，主要依靠季风气候；在亚热带地区，马铃薯种植日程表较复杂，取决于纬度和海拔高度，在夏季，高海拔地区也可以种植马铃薯，低海拔地区可以在秋季、冬季或春季种植。CIP 的计划尤其关注秋季、冬季或春季马铃薯的种植，这个季节的马铃薯可以与水稻、小麦或其他蔬菜作物轮作。马铃薯在亚热带低海拔地区通常在冬季短日照条件下的灌溉地里种植，是非常重要的粮食和经济作物。它是谷类系统中一个重要的轮作作物。然而，这些种植制度需要多种用途的马铃薯品种（鲜食和加工），并且具有不同成熟期，对许多胁迫，包括热、干旱、盐胁迫和一些病害的抗性。在亚洲，低海拔的反季节马铃薯种植成为马铃薯生产增长最快的一部分，因此，CIP 认为可以通过提供新的马铃薯种质资源和新的种植制度，从而为马铃薯种植者提供更多的选择。对于解决长期以来亚洲粮食安全面对的众多挑战，包括人口增长、气候变化、农业生产集约化和自然资源日益减，马铃薯是一个理想的作物。CIP 的马铃薯亚洲发展计划是建立在六个相互联系的子项目上，3 个与育种和选择新品种有关；一个与加强可持续生产相关；一个与创造需求相关，最后一个与规模化相关。这个计划的成功需要强有力的合作者和各个层面利益攸关者的共同努力。

育种对世界的价值

Gerard Backx

（HZPC-Seed Potato Company. P. O. Box 88，
8500 ABJoure，The Netherlands）

育种是提高世界许多粮食作物产量的主要因素。在某些作物中，育种家已成功地实现了每年 2%以上的遗传增益。在马铃薯育种中遗传增益不大。与作物规模相比，育种的投入非常有限，私营部门和公共部门都如此，一般来说二者立场一致。如果私营部门不愿投资，公共部门也不投资，缓慢的遗传增益将降低作物未来的竞争力。

育种家不愿在育种和研究过多的投入是因为不可能从这些投资中获得实质性的回报。创制一个新的品种将花费至少 300 万欧元，而且并非所有品种都能获得商业上的成功。马铃薯品种引进和大规模推广都需要花很长时间。一个品种需要

15年以上才能使市场容量达到成功品种的范畴。在许多重要的马铃薯生产国家，还不能基于植物品种专利（Plant Variety Patents）或植物育种家权利（Plant Breeders Rights）来保护一个新品种。在大多数国家，新品种的保护是有限的，时限为15～30年不等。只在少数国家如欧盟，保护期限是30年。育种家很难在15年内收回投资。

在育种上的有限投资，意味着在支持育种家的新育种方法或技术开发上的投资也有限。一个明显的例子是马铃薯育种家开始投资于标记辅助育种的时间。当马铃薯育种家首次使用该技术时，其他育种家使用这些技术已经超过10年了。只有当技术非常普通和廉价，马铃薯育种家才开始使用它，而且该技术的使用范围仍然远低于其他作物。

公司预算少也意味着私营部门对公共研究的贡献有限。大多数公共项目由公司支持，甚至由公司发起，或理应由公司发起。只有几个大项目真正由研究机构开始，但也需要育种家的支持。基因组学项目（生物系统基因组学中心——CGSG）或许是一个非常积极的例外，尽管育种公司的贡献是必需的，但该计划来自公共部门，且大部分资金由政府资助。这个项目不仅极大地丰富了马铃薯和其他茄科作物的遗传学知识，同时对马铃薯育种家开展标记辅助育种提供了巨大帮助。

从长远来看，马铃薯界需要育种家在遗传增益方面的投资。同时，育种家需要一个不错的投资回报。一个可观的回报将刺激私人和公共部门在研究领域的投资，有益于整个马铃薯产业链的研究应包括种植者、加工者、零售商直至消费者。

利用参与式品种选择法（PVS）筛选适合于尼泊尔丘陵地区种植的高营养马铃薯品种

Bhim Bahadur Khatri[1]，Binod Prasad Luitel[1]，Buddhi Prakash Sharma[1]，Mohinder Singh Kadian[2]

[1 National Potato Research Program，Nepal Agricultural Research Council (NARC)，246，Lalitpur，Nepal；
2 International Potato Center (CIP)，South，West & Central Asia (SWCA)，New Delhi-110012，India]

马铃薯是尼泊尔丘陵山区的重要粮食作物。目前丘陵地区种植的马铃薯产量低，且高度退化，品质差，种薯来源也不清楚。为了满足国家对新品种的需求，国家马铃薯研究项目（National Potato Research Programme）制定了一个品种研发计划，该计划预计用10～12年时间培育出一个新的马铃薯品种。为了克服这个漫长的过程，由公立研究机构和推广中心制定的参与式品种选择（Participatory Variety Selection，PVS）项目虽然已经在水稻、玉米和小麦中得以广泛应用，但对马铃薯来说，这还是一个新方法。因此，为了缩短品种选育的时间，并尽快向农民提供改良品种的种薯，2012/13和2013/14年度在Dolakha/Sindhupalchok地区（海拔2 550米）实施了PVS项目，试验按母子试验设计［Mother and Baby（M and B）Trial Design］进行。2012/13年在母试验（Mother Trial）以品种'Rosita'为对照，评价了从国际马铃薯中心引进的15个富含营养的马铃薯基因型，在6个子试验（Baby trial）对同样材料也进行测试。基于PVS参与者的主观评价及参试品种的表现，2013/14年从15个基因型中选出8个，采用相同的试验设计，以品种'Rosita'和'Janakdev'为对照进行试验，但增加了子试验（Baby trial）数。在两年里，PVS的参与者包括农民、来自尼泊尔农业研究委员会的研究人员以及农业部的推广人员，他们在播种、营养生长（开花）期和收获期按性别分别进行评价。总共有41位女性和69位男性参与了2012/13试验，36位女性和80位男性农民参与了2013/14试验，第一年与第二年的参与者是不同的。两年里，在营养生长期，高抗晚疫病受到人们的青睐，其次是主茎数多的品种。我们发现在不同阶段，除了产量标准外，女性参与者与男性参与者的选择结果不同。在母试验中，2012/13年在营养生长期大多数PVS的参与者喜欢'Rosita'，这是对照品种之一，在当地已经种植几十年了，然后是CIP 394613.139。然而，在2013/14年无性系CIP 393617.1排在第一位，然后是'Rosita'。但是，在子试验中，2013/14年种植的CIP 394613.139和2013/14年种植的CIP 393617.1受到PVS参与者的偏爱。总的来说，两年来参与者更偏向于以产量为主要因素，然后是抗病性。综合两年的PVS结果，CIP 395112.32和CIP 393073.179可推荐为适合于尼泊尔丘陵地区种植的商业化栽培品种。

中晚熟马铃薯新品种中薯18号的选育

段绍光　金黎平　庞万福　卞春松　徐建飞　刘杰

（中国农业科学院蔬菜花卉研究所，北京　100081）

中薯18号是中国农业科学院蔬菜花卉研究所新育成的优质、丰产且适应性广的中晚熟鲜薯食用新品种，完成了国家马铃薯中晚熟华北组 2011—2012 年的区域试验和 2013 年的生产试验。2002 年从国际马铃薯中心引进 C91.628×C93.154 杂交组合的实生种子，2002 年秋在中国农业科学院蔬菜花卉研究所南口温室培育了实生苗并收获实生薯家系，2003 年在张北马铃薯育种基地露地播种实生薯家系并筛选优良单株，2004—2006 年在河北张北进行了多代无性系鉴定、筛选，系谱号为 02162-875 表现优良。2011 年通过内蒙古自治区审定，定名为中薯 18 号。其参加了国家中晚熟华北组 2011—2012 年的区域试验。2011 年，试验点为 7 个，分别为：河北省张家口市农业科学院、河北省围场县马铃薯研究所、山西省农业科学院高寒区作物所、山西省农业科学院五寨试验站、内蒙古正丰马铃薯种业公司、内蒙古乌兰察布市农业科学研究所和陕西省榆林市农业科学研究所。2012 年，河北省张家口市农业科学院点变异系数超 15%，报废。2011 年，参加马铃薯区域试验，7 点平均产量34 456千克/公顷，比对照克新 1 号增产 16.6%，6 点增 1 点减，平均生育期 101 天，比对照晚 12 天。2012 年，参加马铃薯区域试验，6 点平均产量31 845千克/公顷，比对照克新 1 号增产 16.2%，5 点增 1 点减，平均生育期 97 天，比对照晚 5 天。两年平均产量33 152千克/公顷，比对照增产 16.4%。2013 年参加马铃薯生产试验，试验点增加了内蒙古锡林郭勒盟种子管理站。8 点平均产量30 719千克/公顷，比对照克新 1 号增产 6.8%，5 点增 3 点减。农业部蔬菜品质监督检验测试中心（北京）进行了品质分析。黑龙江省农业科学院克山分院马铃薯病毒检测研究室 PVX、PVY 接种鉴定。河北农业大学植保学院进行了晚疫病室内菌接种鉴定；湖北恩施南方马铃薯研究中心进行了田间晚疫病抗性鉴定。品种特征特性：中薯 18 号为中晚熟鲜食品种，从出苗到收获 99 天左右。株型直立，生长势强，茎色绿色带褐色，叶色深绿色，花冠紫红色，天然结实性少，匍匐茎短，薯块长圆形，淡黄皮淡黄肉，芽眼浅，人工接种鉴定结果为：抗轻花叶病毒病，抗重花叶病毒病，感晚疫病；田间鉴定结果为：晚疫病抗性好于对照品种。块茎品质为：维生素 C 含量 17.3 毫克/100 克，淀粉含量 15.50%，干物质含量 23.70%，粗蛋白含量 2.34%，还原糖含量 0.43%。栽培技术要点：中薯 18 号丰产、稳产、适应性广，生长势强，块茎大而整齐，薯形好，抗病毒病、退化慢，是优质抗病丰产的中晚熟鲜薯食用品种。适宜在河北、陕西、山西、内蒙古等华北地区栽培。

拜耳“前瞻式农业”：以比利时可持续发展的农业实践为例

(Author’s e-mail：Birgitt. Walz-Tylla@bayer. com.
Bayer CropScience，Monheim，Germany)

马铃薯种植者如今都面临着复杂的挑战——以可持续发展的方式增加农产品产量，生产活动不受天气变化的影响，改善水肥管理，维持农田内的生物多样性，并满足食物链和消费者不断增长的需求。在拜耳，我们相信以统筹的方法实现可持续农业发展，促进农业价值链各相关方的技术交流是克服这些挑战的最佳途径。

因此，拜耳的“前瞻式农业”是一个知识平台，它使选定的农场能够与农业产业价值链上的所有利益相关者——农民，农学家，食物链，学者，政治家，政府官员，消费者等分享他们的专业知识和成就。

通过了解马铃薯可持续生产的过程，可以直接或间接的增强消费者对产品本身质量的信心。

以比利时为例：在比利时，拜耳与马铃薯种植者简和何塞彼得斯合作优化马铃薯生产，并将成果展示给所有相关方群体，包括媒体，政治家和消费者。公众的反应表明，马铃薯的生产过程是评估马铃薯质量、增强消费者信赖的一个重要组成部分。

更多信息请访问：www. forwardfarming. com。

马铃薯作物管理：使用哌啶类杀菌剂，减少与晚疫病相关的生产风险

C. P. Shepherd

(DuPont Crop Protection, Stine-Haskell Research Center, 1090 Elkton Road, Newark, Delaware, 19711-0030, USA)

由马铃薯晚疫病疫霉引起的晚疫病一直是中国马铃薯生产的重要限制因素之一，常常导致块茎产量和品质的损失。使用有效的杀菌剂马铃薯晚疫病综合防治的重要措施。比较和阐明杀菌剂的特点等对于在马铃薯晚疫病有效防控方面至为重要。杜邦公司商品名为Zorvec™的哌啶类杀菌剂（oxathiapiprolin为ISO批准的杀菌剂俗名）是杜邦公司最近研制出的新型哌啶基噻唑异恶唑啉杀菌剂第一个成员，它作用于卵菌属病原菌的一个独特的位点，对其他的杀真菌剂没有交叉抗性。离体培养研究，扫描电镜和整株植物研究被用于比较哌啶类杀菌剂和目前使用的其他商用杀菌剂。本研究证明哌啶类杀菌剂具有以下特征①对抗晚疫病疫霉的内源活性；②对病原菌的各个发展阶段均有效果；③寄主植物吸收后可转运到植株各部位。上述几个特点的综合优势使得哌啶类杀菌剂及时在最严峻的病原菌胁迫条件下也可以提供持续可靠的抗性。在用药量比目前其他常用的杀真菌剂低5～100倍的情况下，哌啶类杀菌剂仍然对晚疫病疫霉和其他主要的卵菌属病原菌高度有效。哌啶类杀菌剂新的活性模式使得它成为杀真菌剂交叉抗性管理中一种非常有价值的可选方案，而它对于有益生物影响甚微，也使之成为害虫综合防治项目的重要选择。它对环境的低毒性，加上剂量低效果好的特点使之成为马铃薯农户的新武器。

中原二作区马铃薯生产现状及发展趋势

庞万福[1]　卞春松[1]　段绍光[1]　徐建飞[1]
刘杰[1]　金黎平[1]　屈冬玉[1,2]

(1 中国农业科学院蔬菜花卉研究所，北京　100081；
2 宁夏回族自治区人民政府，宁夏银川　750000)

中原二作区是我国重要的马铃薯产区之一，近年来种植面积约 55.33 万公顷。包括辽宁、河北、山西、陕西 4 省的南部，河南、山东、江苏、浙江、安徽、江西、天津、北京 8 省市的全部和湖北、湖南的东部。中原二作区气候特点无霜期长但 7、8 月气温高降雨量大不适合马铃薯生长，因此栽培上避开高温期早春与晚秋种植称为春秋二作栽培。二作区收获上市正是全国马铃薯生产供应淡季，销售价格高于北方一作区。春作从北向南一般在 3 月初到 2 月中下旬播种，5 月下旬到 6 月上旬收获。近年来，为了提早上市延长上市期设施栽培发展迅速，已成为中原区重要的栽培方式。主要有地膜覆盖、双膜覆盖（地膜＋小拱棚)、三膜覆盖（地膜＋小拱棚＋大棚）甚至还有四膜覆盖栽培。地膜覆盖 3 月上旬播种，5 月下旬、6 月中旬收获；双膜覆盖 1 月下旬播种，4 月下旬、5 月上中旬收获；三膜覆盖 12 月旬播种，4 月中旬收获。设施栽培生产条件好，投入高，一般产量 30 吨/公顷以上，高的可达 45 吨/公顷，设施栽培收获早销售价格高，已成为中原区重要的经济作物。

牧草耕犁从秋季向春季的推迟可改善加拿大东部地区水质及增强马铃薯生产的经济效应

Yefang Jiang[1], Judith Nyiraneza[1], Bernie Zebarth[2], Mohammad Khakbazan[3], Christine Noronha[1], Keith Fuller[4]

(1 Agriculture and Agri-Food Canada, 440 University Ave., Charlottetown, PE C1A 4N6, Canada; 2 850 Lincoln Road, Fredericton, NB E3B 4Z7, Canada; 3 2701 Grand Valley Road, Brandon, MB, R7A 5Y3, Canada; 4 32 Main Street, Kentvillie, NS, B4N, 1J5, Canada)

加拿大是世界第14大马铃薯生产国，超过50%的马铃薯生产主要集中在加拿大东部地区，这一区域的耕地以质地较粗的沙砾土壤为主。为了满足块茎的产量以及商品性的要求，马铃薯生长期需要大量的氮肥，但是马铃薯对施用氮肥的利用率只有40%～60%。因此，这一土壤—作物间的特性以及加拿大东部的湿润气候加速了土壤氮的淋失。大量的来自马铃薯轮作田的氮素淋失不仅影响了饮用水质，而且严重威胁到了水生态系统的保护。这一农业环境问题在爱德华王子岛（PEI）地区尤为严重。位于东海岸的爱德华王子岛是加拿大最小的一个省份，但是加拿大马铃薯主要产区，马铃薯产能占到全国的25%。该地区马铃薯主要种植在基于半承压或者无承压砂岩含水层之上的沙壤土层，而该砂岩含水层是爱德华王子岛饮用水的主要来源。目前，已经有证据表明该地区的地下水污染与河水入海口营养富集造成氧气缺乏等环境问题的主要来源之一是大量的农田氮肥淋失。在这一地区，马铃薯通常与谷类作物以轮作，谷类作物和牧草一起深播。牧草在第三个生长季的秋季时候通过耕犁作为绿肥。前期的研究发现这一农业生产过程中大部分氮肥的淋失来源于马铃薯收获和秋季牧草的耕犁后。轮作的牧草通常包括含氮较高的豆科类作物，而且这一类作物由于其较低的碳氮比所以更有利于土壤有机质的保持以及产能的提高。但是由于较湿润的非种植季节，通过这些秋季耕犁后牧草矿化释放出的一部分硝酸盐则会随着水分得移动而流失掉。为了探明牧草耕犁期由秋季向来年春季延迟对于缓解硝酸盐淋失效应的作用，本研究在PEI苏里斯的农场开展了为期3年（2010—2012）的轮作及耕犁试验。三块试验地分别种植红三叶草和猫尾草，并采用春季或者传统的秋季耕犁处理。通过测量不同处理田块排水沟水样与井水水样中硝酸盐含量来检验推迟耕犁是否会减少土壤氮淋失。检测结果表明秋季耕犁田块的排水沟水样的硝酸盐含量高于春季耕犁田块，这一结果可能是因为在1号试验地进行了耕犁前除草剂处理。同样，对地下水样的检测发现2号试验地秋季耕犁处理后水样的硝酸盐含量高于春季耕犁处理的。因此，耕犁时间由秋季向春季的推迟这一技术结合春季除草剂处理不仅不影响马铃薯块茎产量与品质，还可以减少20%～60%的氮淋失。研究还发现很小一部分（9.6%～22%）秋季耕犁后的牧草能够在当季降解，而大部分耕犁后的牧草残留在土壤中直到第二个种植季节。因此，无论是秋翻还是春翻，应该鼓励延迟牧草翻耕，和/或相应的除草剂喷施，以及计量土壤氮素供应，这有利于马铃薯的生产和缓解硝态氮的淋失。

在2013—2014年度，在原来的试验地开展了同样的推迟耕犁处理试验。除了监测排水沟与地下水的水样外，还收集了土样以及植物并进行了生物物理与模型分析。结果发现相对于前一次的试验，本次试验中耕犁时间推迟对硝酸盐淋失有一定缓解，但是效果弱于前次试验，造成这一结果的原因可能是由于2013年春季较低的温度影响了牧草的正常生长。这一新的数据有力地支持了春季耕犁可以缓解硝酸盐淋失这一推断，增强了企业使用牧草春季耕犁这一有效策略的信心。

不同颜色地膜覆盖对广东冬种马铃薯生长发育的影响

李小波[1,2,3]　安康[1,2]　何琴[1,2]
张小兰[1,2]　方志伟[1,2*]

（1 广东省农业科学院作物研究所，广东广州 510640；
2 广东省农作物遗传改良重点实验室，广东广州 510640；
3 华南农业大学生命科学学院，广东广州 510642）

为了探明在广东冬种条件下，不同颜色地膜覆盖对马铃薯生长、发育的影响，并筛选出最适宜冬种的地膜种类，以冬种马铃薯品种粤引85-38（费乌瑞它）为试验材料，设计了以稻草覆盖作对照的冬种马铃薯不同颜色地膜（黑色、黑白双色、银黑色、深绿色、透明、浅绿色、黄色）覆盖单因素试验。结果表

* 为通讯作者。

明，与稻草覆盖栽培方式相比，地膜覆盖可以使冬种马铃薯出苗、成熟提早，缩短生育期4～8天，其中透明地膜覆盖缩短生育期最多，为8天；黑色、黑白双色和黄色地膜覆盖缩短生育期最少，均为4天。地膜覆盖可增加马铃薯单株结薯数量1个以上，但各种颜色地膜之间差异不显著；地膜覆盖提高冬种马铃薯产量23.4%以上，其中，浅绿色地膜覆盖产量为31.36吨/公顷，比对照稻草覆盖（16.02吨/公顷）增产95.8%；黑色地膜覆盖29.84吨/公顷，比对照稻草覆盖增产86.3%，增产达到显著水平；黄色地膜覆盖19.77吨/公顷；比对照稻草覆盖增产23.4%，但增产不显著。地膜覆盖可以改变马铃薯的商品薯率，其中，黑色地膜覆盖的商品薯率最高，为76.8%，与对照58.4%相比，增加达到显著水平；透明地膜，因透光较多，增加了薯块青头的几率，并导致商品薯率最低，为52.4%，但与对照相比差异不显著。同时，地膜覆盖可增加马铃薯块茎干物质含量和淀粉含量，其中黑色地膜覆盖的干物质含量、淀粉含量均最高，分别为17.93%、12.16%，黄色地膜覆盖和稻草覆盖的干物质含量、淀粉含量相同且最低，均分别为15.75%、9.98%。地膜覆盖还可提高植株对晚疫病的抗性，对照稻草覆盖田间晚疫病的发病率和病情指数分别为35.0%、19.0，黑色地膜覆盖田间晚疫病的发病率和病情指数分别为14.0%、1.6，与对照相比差异达极显著水平。综上可知，黑色地膜覆盖可以提高大田冬种马铃薯的商品薯产量，增加马铃薯的块茎干物质含量和淀粉含量，并能提高植株对晚疫病的抗性。试验研究结果表明，采用黑色地膜覆盖进行广东冬种马铃薯生产效果最好。

多效唑对印度尼西亚中海拔地区马铃薯品种生长和产量的影响

Kumala Dewi[1]，Fransiscus Xaverius Wagiman[2]，
Didik Indradewa[2] and Erlin Kurniati[3]

（1 Biology Faculty，Gadjah Mada University，Jl. Teknika Selatan，Yogyakarta 55281，Indonesia；2 Faculty of Agriculture，Gadjah Mada University，Bulaksumur，Yogyakarta 55281，Indonesia；3 UPTD Balai Pengembangan Perbenihan Tanaman Pangan dan Hortikultura，Ngipiksari，Kaliurang，Sleman，Yogyakarta，Indonesia）

在中海拔地区种植马铃薯，满足热带地区日益增长的马铃薯种薯需求是一项巨大的挑战。此项试验的目的是①评估打破马铃薯块茎休眠的生理机制；②评估

多效唑对中海拔地区种植的几个马铃薯品种生长和产量的影响。参试选用的4个马铃薯品种名称分别为Granola-Pengalengan，Granola-Kopeng，Atlantic和Nadia。为打破休眠，将40～50克大小的马铃薯种放到低温10℃以下或轻度高温（25℃）和潮湿的环境下放置4周。对薯块出芽数和芽长进行测定，用Ceralpha淀粉酶方法测定α-淀粉酶活性，HPLC测定激素含量。为分析多效唑对马铃薯生长和产量的影响，所有的马铃薯品种均种植在700～800米以上海拔的中海拔地区，昼夜温度范围为28～31℃/22～25℃。土壤施有机肥（2.5吨/公顷），SP36（150千克/公顷），尿素（100千克/公顷）和氯化钾（110千克/公顷）。种薯以株距为30厘米进行种植。种植后4个星期喷洒浓度分别为0毫克/千克（对照），12.5毫克/千克或25毫克/千克的多效唑，并且同时进行土壤浸施。在第8周植物取样用分光光度法测定叶绿素含量，同时测定株高、块茎硝酸还原酶活性、还原糖含量、淀粉含量、维生素C和钾的含量。结果表明，所有四个马铃薯品种可以良好地生长在约700米的海拔高度中间海拔地区，生产的马铃薯块茎能够用作种薯和消费。保存在22～25℃温度下的块茎3～4周后发芽。在低温（10℃）下存储的块茎与常温存储的块茎相比有较高的α-淀粉酶活性，与轻度高温（22～25℃）相比，发芽推迟了5～6周。所有品种发芽的块茎均检测到细胞分裂素。Granola-Pengalengan，Nadia和Atlantic品种的发芽块茎中细胞分裂素含量相近，但是Granola-Kopeng品种的细胞分裂素含量只有其他品种1/4。仅在Granola-pengalengan里检测到了生长素。块茎中的细胞分裂素出现表明这类激素在块茎发育和块茎发芽中均发挥作用。多效唑处理降低了株高，但是，它会增加总蛋白质含量。施用12，5毫克/千克或25毫克/千克的多效唑后新块茎数、淀粉含量、硝酸还原酶活性和钾含量都增加了，特别是Granola-Pengalengan品种。另一方面，每个品种的对照和施用多效唑在维生素C含量都比较相似。尽管Atlantic品种生产的新块茎较大，但是每株生产的新块茎的数量比试验中的其他品种少。这可能是由于其块茎与花的形成期处于同一时期，从而争抢光合同化物，限制了更多块茎的形成。

不同光照处理对4个马铃薯早熟品种产量的影响

卞春松　庞万福　段绍光　徐建飞　刘杰　金黎平

（中国农业科学院蔬菜花卉研究所，北京　100081）

多层覆盖栽培是二季作地区实现防寒、早熟和高效生产的常用方式之一。覆盖栽培可以提高小环境的温度，增加湿度，但也降低了光照强度。不同品种对光照强度的要求不一样。为了探明中薯3号、中薯5号、中薯7号和费乌瑞它4个马铃薯早熟品种在华北地区对光照强度的敏感性，本试验在中国农业科学院蔬菜花卉研究所南口试验基地，设无覆盖自然光照（5月10日9点测得光强为55 000勒克斯）以及单层尼龙纱覆盖（同时测得光强为40 000勒克斯，约为自然光强的70%）、尼龙纱加遮阳网覆盖（同时测得光强为13 600勒克斯，约为自然光强的24%）3个处理，对4个品种在不同光照强度下生长的株高、主茎数、第5片复叶面积以及收获产量4个主要农艺性状表现进行测量，以期为筛选品种种植区域和改良栽培技术方案提供依据。

从试验测产来看，自然光照条件下各小区平均产量为32.86吨/公顷，单层纱下产量为31.86吨/公顷，尼龙纱加遮阳网覆盖下产量为16.57吨/公顷。4个品种在单层纱下生长比自然光照条件下生长略有减产且减产幅度均低于6%，在尼龙纱加遮阳网覆盖条件下比自然光照条件下减产超过40%；可见在二季作南口地区的早春栽培中，自然光照和单层纱处理（遮光小于自然光强的30%）时4个马铃薯品种的产量变化较小，但尼龙纱加遮阳网覆盖（遮光大于自然光强的76%）显著降低了产量。生产中可以采用合适的覆盖栽培来实现增温、保墒且不会因为减弱光照强度而导致产量的损失。从品种来看，中薯3号、中薯5号、费乌瑞它和中薯7号的平均产量分别为：30.43吨/公顷、29.29吨/公顷、29.29吨/公顷和21.43吨/公顷，其中中薯3号、中薯5号和费乌瑞它的产量较高，均超过中薯7号20%以上，相比于中薯7号更适合当地生长。在自然光照条件下，中薯3号、中薯5号和费乌瑞它的产量分别为36.22吨/公顷、35.66吨/公顷和32.93吨/公顷，但差异不显著，但均显著高于中薯7号的产量（26.62吨/公顷）；在单层纱遮阳处理中，中薯3号、中薯5号、费乌瑞它和中薯7号的产量分别为34.4吨/公顷、34.4吨/公顷、33.42吨/公顷和26.2吨/公顷，前三者产量差异不显著，但均显著高于第4位的中薯7号；在尼龙纱加遮阳网覆盖处理中，中薯3号、中薯5号、费乌瑞它和中薯7号的产量分别为20.87吨/公顷、18.67吨/公顷、15.44吨/公顷和11.51吨/公顷，前两者产量差异不显著，均显著高于第3位的费乌瑞它和第4位的中薯7号。因此，在马铃薯栽培生产中，建议根据栽培条件筛选适宜品种，在覆盖生产过程中采用对光照不敏感且对温度敏感的品种，实现早熟、高效的目标。

种薯切块大小和种植密度对马铃薯品种 Favorita 产量的影响及植株性状与产量的关系

吕文河[1]　李勇[2]　雷雪萍[1]　白雅梅[3]

（1 东北农业大学农学院，黑龙江哈尔滨　150030；
2 黑龙江省农业科学院植物脱毒苗木研究所，黑龙江哈尔滨　150086；3 东北农业大学资源与环境学院，黑龙江哈尔滨　150030）

黑龙江省是中国马铃薯的重要产区之一。传统上，小农户种植马铃薯通常采用70厘米甚至65厘米的垄距，种薯切块大小约30g或更小，株距依品种不同在15～20厘米。这主要是因为小农户缺乏大型农业机械以及便于和其他作物，如玉米、大豆（垄距70厘米或65厘米），轮作的缘故。近年来，马铃薯生产在黑龙江省北部农场发展很快，那里地势平坦，便于机械化作业，垄距一般采用90厘米。Favorita马铃薯由于其早熟，产量高、商品性好、食用品质佳，因此受到广大种植者和消费者的喜爱。本试验的目的是在大垄（90厘米）条件下，研究不同种薯切块大小和株距对马铃薯品种Favorita产量的影响，以及植株性状和产量之间的关系。试验设在黑龙江省克山县一农场（N：48.26°，E：125.60°），土壤为黑钙土。选用Favorita原种1代为试验材料。采用二因素裂区设计，3次重复。种薯切块大小被安排在主区，分别设30、50和70克共3个处理；株距被安排在副区，分别设10、15、20、25、30、35和40厘米共7个处理。3个处理组合（30克切块，株距15厘米；50克切块，株距25厘米；70克切块，株距35厘米）用种量相同（2.22吨/公顷）。试验结果表明，随着切块大小的增加，总产量随之增加，但50克和70克的总产量无显著差异。商品薯（≥75克）产量表现出同样的趋势。株距在10～40厘米的范围内，随着密度的增大，总产量呈逐渐增高的趋势。株距在10厘米时，总产量最高，显著高于其他株距处理，其次是15、20和25厘米。商品薯产量在不同密度间无显著差异。就不同组合来看，种薯切块50克，株距10厘米总产量最高（30.67吨/公顷），而商品薯产量则以种薯切块50克，株距20厘米最高（23.06吨/公顷）。用种量相同时（2.22吨/公顷），70克切块总产量最高，50克次之，30克总产量最低，但差异不显著；对商品薯产量来说，50克切块产量最高，70克次之，30克总产量最低，但差异亦不显著。株高，单位面积主茎数，叶面积指数与总产量有显著的正相关，而茎粗，单位面积分枝数与总产量有显著的负相关。只有株高和商品薯产量存在显著的正相关关系。单位面积的主茎数与总产量及商品薯产量的关系利用二次多项式描述会更好，R^2 值从直线回归方程的0.6178和0.1480分别增加到0.7604和0.4197。当主茎数为35个/米²时，总产量有最大值（30.10吨/公顷）；当主茎数为 27 个/米²时，商品薯产量有最大值（21.43 吨/公顷）。由于近几年种薯和商品薯单价变化幅度较大，所以本研究没有做经济效益分析。

SERENADE 生物杀菌剂对马铃薯土传病害和产量的影响

Sarah Hovinga[1]，Sarah Reiter[1]，Dilara Ally[1]，Denise Manker[1]，Albert Schirring[2]

（1 Bayer CropScience，West Sacramento，CA 95605，USA；
2 Bayer CropScience，Monheim am Rhein，40789，Germany）

生物制品具有有效控制水稻纹枯病菌，长蠕孢霉菌和马铃薯疮痂病菌等土传病害的潜力。Serenade 是基于枯草芽孢杆菌的新菌株 QST713 的生物性杀菌剂。该产品可控制土传病害和提高作物非生物胁迫的耐受度。Serenade 在美国、加拿大、拉丁美洲和欧洲被用来提高马铃薯的产量和品质。施用 Serenade 对病害的防治效果受到生长条件和生产实践的影响。生长条件和生产实践还会影响 Serenade 生物杀菌剂对马铃薯品质参数和产量的影响。统计分析表明，种植时的土壤温度、植株表型、种薯处理措施和土壤含沙量等农艺因素会影响对土传病害的防治，而且使用 Serenade 生物杀菌剂可以提高产量。在大会上，会向各位代表介绍一种采用 Serenade 的综合作物管理方法。

Emesto™——马铃薯块茎及土传病害新型控制方法

A. Witzenberger，K. Kemper

（BayerCropScience AG，40789 Monheim，Germany）

黑痣病和其他块茎及土传病害是马铃薯生产中严重制约其质量和产量的因

素，严重时候可导致20%的鲜薯产量损失。一旦被侵染，商品薯产量（或称可销售产量）会大大降低，马铃薯生产效益大受影响，因为马铃薯加工企业、零售商及消费者更喜欢表面没有黑斑或者其他损伤的均匀的马铃薯。Emesto™，商品名戊苯吡菌胺，属于一种新型的吡唑酰胺类杀菌剂，能抑制真菌体内琥珀脱氢酶的合成。与目前使用的杀菌剂相比，此类杀菌剂使用小剂量便能控制所有黑痣病融合群，块茎及其他土传病害，如马铃薯银屑病。当把药剂做种衣剂使用，或在播种时沟施，戊苯吡菌胺均匀的分布在块茎上，或在块茎周围的土壤中。和其他有效成分不同的是，它只分布在局部，滞留在它需要滞留的地方以保护幼芽和生长的块茎直至收获。戊苯吡菌胺在许多国家进行了多年田间试验，证实该药剂对块茎和土传马铃薯病害具有很好的防控作用，并在不同生长条件下对植株是安全的。此外，还发现该药剂对马铃薯生长有促进作用，特别是在马铃薯生长发育的早期阶段。这里要介绍的是戊苯吡菌胺已经上市的国家（如加拿大和美国）以及正在试验中的亚洲国家的研究结果。重点要介绍施用Emesto™如何能提高马铃薯的商品薯（如改善薯皮成熟度，提高马铃薯等级）产量，因此提高马铃薯生产效益。

8个马铃薯栽培种实生种子发芽及植株的耐旱性评价

Ebadi Asghar*，Kamrani Morteza，
Torabi Giglou Mousa

（Moghan College of Agriculture and Natural Resources. University of Mohaghegh Ardabili，Aneshgah Street，56199-11367，Ardabil，Iran）

马铃薯是一种世界范围种植的主要蔬菜类作物，也是非常重要的双子叶和块茎类作物。对于雨养农业区的马铃薯生产来说，干旱是最主要的限制因素之一。不同的品种对于土壤水分缺失的反应有差异。因此，本项研究对来自于8个品种的8个实生种子后代在发芽期及成熟期进行了耐旱性评价和筛选。实生种子由于其具有较大遗传变异，可以用来筛选理想的马铃薯品种。发芽阶段的试验采用完全随机设计，3次重复，使用聚乙烯二醇（PEG8000）诱导干旱，设3个处理，分别为0、−0.3和−0.6兆帕的渗透胁迫。处理后，所有检测的指标在不同品种间表现出基因型差异。干旱胁迫处理和品种的TPS对所有性状都存在显著的

* 为通讯作者，E-mail：asghar _ ebadi@uma. ac. ir。

互作，说明品种对干旱胁迫的反应是不一样的。在非胁迫条件下，品种‘Picaso’的实生种子萌发出的幼苗的茎最短，而且在胁迫条件下茎长没有发生显著的减小。随着胁迫程度的加重，实生种子的平均发芽时间也在增加。在−0.6兆帕的PEG处理下，平均发芽时间最短与最长的实生种子品种分别是‘Picaso’和‘Banba’，时间分别为15.7和18.9天。在非胁迫处理条件下，品种‘Satina’的种子的最终发芽率最高。但是在胁迫条件下，品种‘Picaso’的发芽率最高。品种‘Banba’在非胁迫及−0.3兆帕处理下的发芽率最低，同样品种‘Kizer’在−0.6兆帕处理后的实生种子的发芽率最低。温室盆栽试验用来评价8个品种植株成熟时的耐旱性。试验同样采用完全随机设计，通过灌水时间间隔的方式进行控水，灌水间隔分别为3、6、9和12天。通过对所有性状数据的分析发现，干旱对几乎所有性状有明显的影响，而对茎分支数以及单株块茎数影响不明显。几乎对所有性状来说，均不存在显著的水分处理和品种间的互作，说明品种对水分处理反应存在着相似性。所有品种实生种子的后代受干旱影响显著，表现为绿色器官变小。为了筛选出耐旱马铃薯，利用单株产量计算耐旱指数。通过对不同品种耐旱指数的分析，发现品种‘Kara’和‘Picaso’的后代耐旱指数较高，而品种‘Delika’的最低。而且，根据发芽率的计算，‘Picaso’在发芽期表现出较高的耐旱指数。当使用−0.3兆帕处理后，所有种子的发芽率的减小在30%～53%，但是‘Picaso’的减少不到15%。当胁迫程度增加到−0.6兆帕的时候，品种间发芽率降低差异显著。‘Picaso’实生种子的发芽率约50%。

中国马铃薯种薯体系和种薯技术的演变

谢开云[1]　李文娟[1]　秦军红[1]　白艳菊[2]　柳俊[3]　何卫[4]

（1 国际马铃薯中心亚太中心，北京　100081；
2 农业部马铃薯种薯质量检验检测中心，黑龙江
哈尔滨　150086；3 华中农业大学，湖北武汉　430070；
4 四川省农业科学院作物研究所，四川成都　610066）

马铃薯自400多年前传入中国以来，非正规的马铃薯种薯体系所生产的种薯一直是中国北方和西南山区马铃薯生产的主要种薯来源。经过漫长的发展过程，农民自发地或经马铃薯专家指点做了一些“正选择”的方法来提高自留种薯质

量，使自留种薯在一定时期内仍在传统马铃薯生产区域中发挥着重要作用。二季作区或冬作区也试图就近建立适合当地条件的种薯繁供体系，但进展缓慢，这些地区所使用的种薯仍是以外地调入为主。近三十年来，随着脱毒种薯技术的广泛应用和各类规模种薯企业的建立，中国正规种薯体系得到了快速的发展。为规范正规种薯体系的运作，中国从 1984 年开始就制订了马铃薯种薯的国家标准（GB 4406—1984），以后在 2000 年（GB 18133—2000）和 2012 年（GB 18133—2012）分别做了一些修订。马铃薯产地检验规程（GB 7331—1987 和 GB 7331—2003）对种薯产地的选择也提出了相关要求。正规种薯体系的建立和壮大，促进了中国脱毒种薯的推广应用。中国的种薯繁育技术也是随种薯体系的演变而不断发展和提高的，即从传统的系选技术，逐步向脱毒种薯生产技术过渡。在 20 世纪 70～90 年代，中国的实生种子利用技术曾为解决偏远山区的种薯退化问题发挥了重要作用，且该技术在国际马铃薯中心的宣传和推广下，使许多发展中国家的薯农从中受益。目前中国在马铃薯脱毒技术、组培技术、试管薯生产技术、微型薯生产技术（基质栽培和雾化栽培）、种薯病害检测技术等方面均已接近世界先进国家的水平，甚至在某些方面（如试管薯生产技术和微型薯雾培技术）已走到了世界前列。目前中国各级脱毒种薯的生产能力均有了显著的提高。据不完全统计，全国每年的试管苗生产能力达到 20 亿～30 亿株，微型薯（G1 代种薯）生产能力达到 40 多亿粒，原种（G2 代种薯）生产能力超过50 000公顷，一级种薯（G3 代种薯）生产能力可达500 000公顷。但中国马铃薯种薯生产面积大、地域分布广、生产者多样，为种薯质量的监管带来了很大的困难，因而，种薯质量监管体系仍有待进一步的完善。

火山土种植的不同马铃薯品种磷利用率的遗传多样性

Patricio Sandana，Julio Kalazich

(INIA-Chile)

本研究的目的是比较评估磷吸收效率（PUPE）的贡献和磷素利用效率（PUTE）对在高磷含量的火山土壤条件下不同基因型马铃薯的磷肥利用效率（PUE）的贡献。在智利南部进行了三次实验。每个实验组采取的因子组合（1）22 个马铃薯基因型以及（2）2 种磷施肥率（分别为 0 和 130 千克 P/公顷，－P 和＋P）。参与测试的基因型包括 5 个当地马铃薯品种，9 个栽培种和 8 个高代品系（从智利国家农业研究协会马铃薯育种项目引进）。所有参试因子被安排在一个裂区试验设计中，其中磷率被分配在主区，基因型被安排在三个不同随机区组的亚裂区。整个实验块茎干物质产量介于 1.9 和 16.5 毫克/公顷之间，+P 和 −P处理之间的块茎产量差异显著（$P<0.01$；$R^2=0.69$）。平均来说，在实验 1、2、3 中，−P（$P<0.01$）块茎产量分别降低为 20%、41%和 32%。然而，根据基因型的不同，−P 处理产量减少在 0～66%。产量的下降与总体的生物产量下降表现了很好的相关性（$P<0.01$；$R^2=0.85$）。在整个实验中，无论是在−P（$P<0.01$；$R^2=0.84$）和+P（$P<0.01$；$R^2=0.64$）的磷水平上，块茎产量与生物量中磷含量呈正相关。根据磷水平、基因型及二者的互动，PUTE 在 252～763 千克干物质产量/千克 P 范围内变动。而同样根据磷水平、基因型及二者的互动，PUPE 显示出了更大范围的变动（吸收 0.09～2.68 千克 P/千克有效 P）。PUE（介于 PUTE 和 PUPE 之间的产物）在 40-1411 千克干物质产量/千克有效 P 之间波动。+P 处理 PUE 平均降低了 87%。在试验 1、2、3 中，+P 处理平均 PUE 分别为 84、62 和 72 千克干物质产量/千克有效 P，但是在−P 处理的 PUE 分别是干物质产量分别为 926、443 和 468 千克。有趣的是，在试验 1、2、3 中−P 处理 PUE 受基因型的影响，分别介于 560～1 411、165～781 和 268～471 千克/千克有效 P 之间，在−P 处理中整个试验平均来说，地方种 1、4 号和 R89063 表现出了最高的 PUE（738～882 千克干物质产量/千克有效 P），但是 Rodeo，Asterix 和 Rk 24-26 表现出了最低的 PUE（377～434 千克干物质产量/千克有效 P）。在整个试验中，PUE 与 PUPE，而不是 PUTE，显示出良好的相关性（$P<0.01$；$R^2=0.60$～0.87）。本研究在更广泛基因型的基础上表明，PUPE 比 PUTE 对马铃薯 PUE 的影响更大，可以通过育种计划改善马铃薯生产系统的 PUE。

水培和传统模式下不同马铃薯品种的生长特性和微型薯产量

Shambhu Prasad Dhital[1]，Haktae Lim[2]

（1 National Potato Research Program，Nepal Agricultural Research Council，Khumaltar，Lalitpur，Nepal；2 Bio-Health Technology Dept. College of Biomedical Sciences，Kangwon National University，Chunchon Gangwon-Do，Republic of Korea）

本研究在尼泊尔的 Khumaltar 于 2012 年和 2013 年在温室内采用水培和

传统的土壤栽培方法系统评价了5个不同马铃薯品种（'Khumal Seto-1'，'Janak Dev'，'Khumal Ujwal'，'Desiree'和'IPY-8'）的生长特征和微型薯产量。在两种栽培条件下，均采用4周苗龄的脱毒试管苗为基础材料，种植的行距20厘米，株距10厘米，采用完全随机排列设计，3次重复。在植株生长期间，测定了植株生长相关性状如株高和根长。依据不同马铃薯品种的成熟期一次性收获，收获后，依据以前的分级方法对微型薯大小进行分级，划分等级为5克以上，1～5克，0.5～1克和0.25～0.5克四个等级。研究结果表明，不同的栽培方式和不同的品种对马铃薯的生长特性存在极显著影响。所有试验的马铃薯植株生长健壮，叶色浓绿，水培条件下的株高和根长均大于传统的土壤栽培。试验过程中还发现，马铃薯的最大株高达74厘米，为水培条件下获得；最小的株高为传统土壤种植条件下的54厘米。不同马铃薯品种也极显著影响其株高，但是不同马铃薯品种与栽培方式之间不存在显著互作影响。以上的研究结果表明，在水培条件下，马铃薯植株可以最大限度地利用养分，植株高大且繁茂。在比较不同马铃薯品种的根长和匍匐茎长度时也得到类似的结果，水培条件下的马铃薯根长和匍匐茎长度均显著大于传统的土壤栽培方式。而且在根长和匍匐茎长度方面，不同马铃薯品种与栽培方式之间存在极显著的交互作用。在微型薯数量方面，所有试验品种在水培条件下的微型薯数量均显著高于传统土壤栽培方式。水培条件下，'Janak Dev'每平方米最多可以形成1 773个微型薯，而'Khumal Seto-1'最少，只有751个；在传统栽培方式下，'Janak Dev'每平方米最多可以形成327个微型薯，'Khumal Seto-1'微型薯最少（165）。'Janak Dev'和'Khumal Seto-1'水培条件下的微型薯数量分别是传统栽培的444.2%和355.1%。栽培方式和品种之间存在互作，'Janak Dev'在水培条件下每平方米生产的微型薯数高于传统栽培。在微型薯产量方面，'IPY-8'在水培条件下的微型薯产量达4 260克/米^2，而传统土壤栽培方式只有989.4克/米^2。在微型薯大小方面，所有参试品种中，'IPY-8'在两种栽培方式下均最高。研究结果还表明，在影响微型薯大小的因素中，由遗传特性所决定的品种因素扮演着重要角色。经济分析结果表明，水培条件下，每个微型薯的NRs为1.46，大大低于传统栽培方式的3.13。试验过程中还发现，在栽培的初始阶段，水培生产方式的成本略高于传统的土壤栽培，但后期水培条件下的微型薯产量和数量均显著高于传统的土壤栽培，往往一年内就可收回水培设施的安装成本。本研究结果表明，水培是马铃薯微型薯高效生产模式。

iPot计划：基于农业遥感与作物生长模型的比利时马铃薯产业的工业化监控系统

Joost Wellens[1], Bernard Tychon[1], Isabelle Piccard[2], Anne Gobin[2], Jean-Pierre Goffart[3], Viviane Planchon[3], Yannick Curnel[3], Nele Cattoor[4] and Romain Cools[4]

[1 Department of Sciences and Environmental Management, Université de Liège (ULg), 6700 Arlon, Belgium; 2 Environmental Modeling, Flemish Institute for Technological Research (VITO), 2400 Mol, Belgium; 3 Walloon Agricultural Research Center (CRA-W), 5030 Gembloux, Belgium; 4 Belgapom, 9290 Berlare, Belgium]

比利时加工型马铃薯的产能由1990年的50万吨上升到了2012年的365万吨，比利时的马铃薯加工业在过去十年里的显著增长主要归功于活跃于马铃薯产业的企业（主要是家族式的公司）以及一些主要的生产与交易商共同努力。目前，比利时以每千人395吨的马铃薯产能位列世界马铃薯生产国第四，而且比利时马铃薯单产世界排名第一。为了保持比利时在马铃薯产业的领先地位，马铃薯加工行业从未放弃对马铃薯生产各个环节有明显促进作用新技术的追求。因此，紧密的关注跟踪每块马铃薯种植区则成为马铃薯产量与品质提升的重要工具，而且还可以减少由于错误估计造成的储藏空间、包装以及加工等产业的浪费，从而保持比利时在世界马铃薯行业强有力的竞争地位。

由比利时科学政策办公室（Belgian Science Policy Office，BELSPO）资助的iPot计划的主要目的是为比利时马铃薯交易与加工协会（Belgapom）的成员提供实时的马铃薯田间状况（气象—土壤）和作物生长信息。同时通过对卫星图片的分析与作物生长模型的结合提前预测马铃薯的产量。

将卫星图片用于作物生长的监测已经在一些地区长期的开展。通常，分辨率在0.25千米到1千米的较低或者中等分辨率的卫星图片用于提供作物生长发育以及产量的信息。然而最近发射的具有高分辨率光学感应器的Sentinel-2卫星系统，具有更高的分辨率（20米的范围）与更快的更新频率（每2～3天即可提供同一区域的信息），因此该系统的应用革命性地加快了世界范围的作物生长的监控。并且，用于植被覆盖指数（NDVI）与生物物理参数（fAPAR，LAI，fCover）计算的自动化数据处理体系的开发，使得包括有单个卫星图片单元里马铃薯每个生长阶段的地图可以更准确的绘制出来。

对作物生长（物候学）的在线扫描会进一步提高作物模型以及产量预测的准确性。通过作物物候性状数据与 B-CGMS 模型的整合，实际的单位地块产量数据将通过优化代数纳入到模型，一方面减小了观测数据与模拟数据的差异而另一方面可显著提高今后产量估算的准确性。

通过将新的更精确的观测技术与模型技术的有机结合，极大地提升了包括农工业，农业保险业等企业对这一新技术的兴趣。而 iPot 计划的推出就是为了搭建一个连接作物生长监控方面最新的研究成果与整个产业应用之间的桥梁。现在正在开发一个直观的基于互联网的地理信息平台，以便使比利时的马铃薯产业界和研究中心的人员可以实时对数据进行监控与分析，并把这些信息和他们自己观测以及通过农民合作获得的田间数据进行比较校正，最终目的是改善生产决策的准确性。

纳米微肥在早熟马铃薯中的应用

Andrianov Andrey Denisovich[1]，Andrianov Denis Andrianovich[1]，Egorov Denis Nikolaevich[2]，Kuznetsov Nikolay Valentinovich[3]

（1 Faculty of Agricultural Technology and Forestry，Bashkir State Agrarian University，Ufa 450001，Russia；2 Green Lift LLC，Nizhny Novgorod 603104，Russia；3 New Agrotechnologies LLC，Nizhny Novgorod 603104，Russia）

本研究以早熟 Red Scarlett 和中熟 Melody 马铃薯为试验材料，通过播前种薯处理和生长期叶面喷施田间试验，旨在探究新型肥料“Green Lift”对两种马铃薯品种的影响。与对照相比，“Green Lift”处理在实验室和大田条件下均能显著提高供试马铃薯品种种薯萌发率和成苗率（达到 96%～99.8%）。同时在所有抽样时期处理组叶片的叶绿素含量都比对照高。通过三次重复试验对处理组单株和单位种植面积的最大叶重，同化叶片表面积，分枝数，单株结薯个数与结薯重量（始花后 20 天）进行了观测。正常灌溉条件下，早熟品种 Red Scarlet 的早期熟性早于喷施“Green Lift”处理条件下的中晚熟品种 Melody。萌芽期和开花期以及播种期喷施“Green Lift”处理取得了最高马铃薯产量，连续两年的试验研究结果一致。与对照组相比，两种供试马铃薯品种 Red Scarlet 和 Melody 每公顷增加产量分别为 9.1 吨和 11.6 吨。“Green Lift”处理组块茎干物质含量比对照（20.6%～20.8%）增加 0.5%～0.6%，淀粉含量比对照（13.9%～14.1%）增加 0.4%～0.6%，维生素 C 含量比对照（14.1%～15.2%）提高 1.1%～1.2%。硝酸盐含量（最高 66 毫克/千克）显著低于 TAC 标准。商品薯率达到 90.0%～96.6%，比对照提高 2.6%～2.8%。生育期喷施“Green Lift”能使马铃薯抗病性增强，处理条件下两种供试马铃薯品种对早疫病、晚疫病和马铃薯疮痂病的免疫能力都显著提高，其中 Red Scarlet 的表现最为明显。同时，处理组没有观察到叶片病毒病症状，“Green Lift”处理改善了两种供试马铃薯品种生长和发育的各个方面。生长期进行 2～3 次这种新型肥料的处理可以使马铃薯同化叶面积显著增加（经过处理的 Red Scarlet 始花后 20 天同化叶面积就达到了 7.76 万米^2/公顷）。“Green Lift”结合微量元素肥料处理可以显著增强马铃薯对主要病害的抗性。生长期进行 2～3 次这种新型肥料的处理，两年试验平均产量达到最大（Red Scarlet 两年的产量分别达到 53.7 和 55.3 吨/公顷）。同时，萌芽期，开花期和块茎形成期使用“Green Lift”还能显著改善马铃薯块茎的品质。“Red Scarlet”块茎田间可采收率达到了 96%，淀粉含量达到了 14.35%。

马铃薯品种克新 13 号的氮肥管理措施

孙磊　毕诗婷　田静偎

（东北农业大学资源与环境学院，黑龙江哈尔滨　150030）

试验设在黑龙江省哈尔滨市，目的是评价氮肥追施时期和追施比例对马铃薯品种克新 13 号块茎大小和块茎产量的影响，确定克新 13 号的氮肥管理措施。试验共设 6 个处理，每个处理的氮磷钾用量均为 N150 千克/公顷，$P_2O_5$75 千克/公顷和 K_2O180 千克/公顷。试验共设 6 个氮肥处理：全部氮肥的 1/3 在块茎膨大前一周施用（记为 2：1，下同）；全部氮肥的 1/2 在块茎膨大前一周施用（1：1A）；全部氮肥的 1/2 在块茎膨大初期施用（1：1B）；全部氮肥的 2/3 在块茎彭大前一周追施（1：2A）；全部氮肥的 2/3 在块茎彭大初期追施（1：2B）；全部氮肥的 1/3 在块茎膨大前一周施用，1/3 在块茎膨大期施用（1：1：1）。各处理余下的氮肥和全部的磷钾肥在播种时施入。结果表明，6 个处理的产量依次为 1：1B（35.0 吨/公顷）>1：2B（34.3 吨/公顷）>1：1A（33.5 吨/公顷）>1：2A（33.1 吨/公顷）>

2∶1（31.7 吨/公顷）＞1∶1∶1（30.6 吨/公顷）。商品薯率依次为 1∶2A（84.2%）＞1∶1B（83.4%）＞1∶1A（83.3%）＞1∶2B（83.3%）＞1∶1∶1（81.5%）＞2∶1（79.8%）。氮肥追施时期比追肥量对块茎产量的影响更大，且块茎膨大初期为氮肥追施的适宜时期。此外，1∶1 的基追比例比 1∶2 的基追比例更有利于提高块茎产量和商品薯率。基肥氮施用比例高（2∶1 处理）不但不利于块茎高产，同时也不利于大中薯的形成。追肥时期过迟（1∶1∶1）在本试验中的块茎总产量和商品薯产量均最低。因此，对于克新 13 号马铃薯将 1/2 的氮肥在块茎膨大初期追施有利于获得较高的块茎产量和商品薯率。

北方一季作区马铃薯生产现状及展望

石瑛[1,2]　金黎平[1*]　陈伊里[2]　熊兴耀[1]

（1 中国农业科学院蔬菜花卉研究所，北京　100081；
2 东北农业大学农学院，黑龙江哈尔滨　150030）

北方一季作区是中国最大的马铃薯产区，种植区域包括东北的黑龙江、吉林和辽宁大部（辽东半岛除外），华北的河北北部、山西北部和内蒙古，西北的陕西北部、宁夏、甘肃、青海东部和新疆的天山以北区域；该地区的气候和光照等条件均适合马铃薯生长，一年种植一茬马铃薯，通常为春种秋收；马铃薯常年种植面积约占全国总面积的 50%，是优质种薯的生产基地和重要的商品薯、原料薯供应基地。2012 年区域内的马铃薯种植面积达 267.2 万公顷，占全国马铃薯种植总面积的 48.3%；总产量约4 455.5万吨，占全部产量的 48.0%；平均单产1 308.7千克/亩，比全国平均水平高 17.1%。近年来，针对生产的具体情况开展的研发工作主要集中在以下领域：不同肥料和生长调节物质的使用、水分供给和光照调控下的马铃薯生长及生理特性研究；应用覆膜、灌溉和土层置换等技术的马铃薯优质丰产栽培研究；养分管理对提高马铃薯产量、肥料利用率和抗逆性等的研究；马铃薯全程机械化种植、覆膜种植和水肥一体化等栽培技术的集成应用。一季作区与国内其他的马铃薯种植区域相比，生产水平和经济效益存在一定差距：本区地域广阔，各地生态环境和气候条件不尽相同，西北和华北干旱半干旱地区缺水严重，种植马铃薯单产较低；大部分产区的栽培管理较为粗放，生产的总体水平偏低；但近年来规模化种植发展的速度较快，区域内的种植面积相对

* 为通讯作者。

稳定。由于秋季马铃薯收获时间集中，且与市场的距离较远，易导致结构性和季节性滞销，经济效益不稳定且年度间差异较大；而冬作、秋作和早春作栽培的马铃薯因错季上市，主要作为蔬菜进入城市市场，产值高、经济效益好。一季作区马铃薯生产中存在的主要问题是靠天吃饭和新技术推广应用缓慢，由于区域广阔、栽培主体分散，使得新技术的推广应用受到限制，且已应用的技术到位率较低，这些因素均制约了区域内马铃薯生产的发展。可持续发展的思路是因地制宜地改善生产条件，在干旱地区推动节水灌溉技术的应用；逐步改变栽培主体分散的生产方式，提高马铃薯规模化和集约化种植的比例；对生产过程实行规范化管理，强化新技术应用的效果；部分种植区域要控制灌水、化肥和农药的过度使用，减轻因水资源的挥霍和化学品大量投入而导致的生态环境改变。未来需要着力开展马铃薯优质丰产栽培的生物学、生理学和分子生物学的基础理论研究，脱毒小整薯标准化生产和配套技术研究，以及优质丰产节本高效的商品薯和原料薯生产技术研究，为一季作区马铃薯生产的可持续发展提供坚实的理论基础和有效的科技支撑。

尼泊尔的马铃薯研究和开发：增强生产能力和粮食安全

Shambhu P. Dhital，Bhim B. Khatri，
Binod P. Luitel，Buddhi P. Sharma

(National Potato Research Program，Nepal
Agricultural Research Council，Nepal)

在尼泊尔，马铃薯是最重要的粮食和经济作物之一。马铃薯在平原和丘陵地区是一种主要的蔬菜，在高山地区则是主食。1962 年开始的尼泊尔和印度的联合项目中，官方首次试图提高马铃薯生产。随着马铃薯在全国粮食生产中的重要性增加，国家马铃薯发展项目（NPDP）于 1972 年启动。1977 年，尼泊尔政府和瑞士政府签署了五年双边协议（1978—1983）以进一步加强马铃薯的研发。在马铃薯发展的初期阶段，主要关注合同制的种薯生产。后来于 1989 年，建立了一个组织培养实验室，并鼓励签订了合同的种植者形成一个有凝聚力的群体非正式生产高质量的种薯。1991 年国家马铃薯发展项目（NPDP）分开，成立了国家马铃薯研究项目（NPRP）和马铃薯开发部门（PDS），以便满足研究和开发的具体要求。作为国家商品研究项目，NPRP 负责在全国范围内启动适当的马铃薯研究项目以改善尼泊尔农民的生计。NPRP 的组织培养实验室仍不断提供种源作

为原原种（PBS）。在尼泊尔，马铃薯主要在两个季节种植：平原短日条件的冬季和丘陵山区长日条件的夏季。2012 年，马铃薯面积估计有190 250公顷，总产量2 584 301吨，平均产量为 13.6 吨/公顷。在尼泊尔种植的 5 种主要粮食作物中（水稻、玉米、小麦和小米），马铃薯的播种面积排第五，总产量排第二，单产排第一。此外，马铃薯在食品安全中起着至关重要的作用，是农民的主要收入来源之一。马铃薯种植在多样化的气候条件下，从 70～4 400米的海拔高度均有分布，而且几乎全年都有马铃薯收获。每人可用马铃薯为 65 千克/年。马铃薯在全国农业国内生产总值（AGDP）的贡献为 9.4%。

国家马铃薯研究项目的主要目标是：选育高产、抗病、加工性好的品种，研发适当技术以便提高生产力，进行病虫害管理、生产增值加工产品，以及领导和协调研究网络以便研发出适应特定地区的技术，负责原原种（PBS）生产，促进国内外马铃薯研究和开发组织的合作。迄今为止，已正式释放‘Kufri Jyoti’、‘Kufri Sindhuri’、‘Janakdev’、‘Khumal seto-1’、‘Khumal rato-2’、‘Desiree’、‘IPY-8’、‘Khumal Laxmi’、‘Khumal Upahar’和‘Khumal Ujwol’十个品种在尼泊尔种植。马铃薯主要病害为晚疫病、青枯病、癌肿病、疮痂病、粉痂病、黑痣病和病毒病，主要虫害包括马铃薯块茎蛾、潜叶蝇和蛴螬。在种源的生产方面，每年通过组织培养技术生产不同品种的200 000粒原原种（微型薯）。微型薯通过地区农业发展办公室分发给农民团体和合作社。实现目标的主要策略是：选育适合短期加工或对热、干旱、霜冻和生物逆境具有忍耐能力的营养富集品种，制定环境友好的对晚疫病、青枯病、癌肿病和疮痂病以及马铃薯块茎蛾、红蚂蚁、潜叶蝇、蚜虫和蛴螬的防治管理技术，开发低成本的高效微型薯生产体系和晚疫病防控系统。在尼泊尔，马铃薯生产的主要限制因素包括：缺乏高产品种和优质种薯，种子贮存设施不足、缺乏官方种子认证体系，生产和流通体系落后，作物管理水平低下。

前茬作物和肥料对早熟马铃薯的影响

Andrianov Andrey Denisovich，Andrianov Denis Andrianovich

(Faculty of Agricultural Technology and Forestry，Bashkir State Agrarian University，Ufa 450001，Russia)

在俄罗斯乌拉尔山麓草原地带的巴什科尔托斯坦共和国，休耕是控制干旱、杂草，提高土壤肥力，增加土壤微生物和可吸收营养元素的一项主要措施。每公顷推荐使用 30～60 吨粪肥、秸秆或者其他有机肥，以防止多次栽培下土壤肥力的丧失。绿肥对早熟马铃薯的影响最为显著。

2001—2002 年，在巴什科尔托斯坦共和国的"Ashkadar"农业合作社开展了田间试验和模拟试验。试验地的土壤是深度中等，腐殖质含量中等的典型黑色黏质土，有效磷含量低，钾含量中等，土壤 pH 在 6.0～6.4。试验材料是保存的"Nevskii"原种。双因子试验包含以下变量：因子 A. 前茬作物，①冬黑麦；②甜苜蓿—休耕绿肥；③休耕；因子 B. 30 吨/公顷产量的施肥方法，①种冬黑麦时施 64 吨/公顷的农家堆肥；②种冬黑麦时施 64 吨/公顷的农家堆肥＋收获后的麦秸 4 吨/公顷回田；③甜苜蓿翻耕入土＋腐熟厩肥 32 吨/公顷；④甜苜蓿翻耕入土＋无机肥（收获时施入）；⑤腐熟厩肥 64 吨/公顷；⑥农家堆肥 32 吨冬黑麦/公顷＋无机肥（收获时施入）。田间试验设置重复 3 次。试验地块面积 168 米^2，被记录的试验地面积 105 米^2。

试验安排：播种时间为 2001 年的 5 月 9 日和 2002 年的 5 月 10 日。最终收获的时间是 2001 年 8 月 15 日和 2002 年 8 月 13 日。试验数据列表统计，产量和薯块的化学成分（硝酸盐，淀粉和维生素 C 的含量）取决于前茬作物和肥料，早期马铃薯植株对土壤肥力变化的响应，因为作物灌丛指数提高导致的植株变化、总生物量增加、产量潜力和块茎质量提高。获得最大的叶面积的是第五个处理（免耕；腐熟厩肥 64 吨/公顷）和第 6 个处理（冬黑麦；农家肥 32 吨/公顷＋收获时施无机肥）。获得最大产量（30.9 吨/公顷）和最大商品价值的（92.8%）是第五个处理。薯块质量最好的是第四个处理（苜蓿—免耕；甜苜蓿翻耕入土＋收获时施无机肥），淀粉含量高达 17.5%，维生素 C 含量 21.4 毫克/千克。试验中的处理因素对植物生长发育、薯块质量和产量有不同的影响。这些因素的有效性还取决于营养生长期的气象条件和作物的特性。利用甜苜蓿和秸秆作为生物改良物对早期马铃薯产量有积极的影响。甜苜蓿做绿肥提高了早熟马铃薯的产量和薯块的质量。从农业和经济的角度来看，这种方法的应用适合于巴什科尔托斯坦共和国乌拉尔山麓草原的典型黑钙土。

中国西南马铃薯栽培模式研究及水分高效利用

郭华春　肖继坪　李婉琳　王琼

(云南农业大学薯类作物研究所，云南昆明　650201)

西南多季马铃薯生产区包括云南省、四川省、贵州省、重庆市、西藏自治区和湖南湖北西部，生产面积和产量都约占全中国的40%。由于该地区海拔巨大差异形成了气候生态的多样，致使马铃薯种植呈现明显的多样性。种植季节和模式几乎涵盖了中国从海南省到黑龙江省的所有类型。该地区2 400米以上的高海拔地区马铃薯以春播一季净作为主，是低海拔地区的种薯供给地；1 400～2 400米的中海拔地区，有早春作、春作和秋作，不同季节又有净作和间套作；马铃薯与其他作物间作套种是该区域主要的栽培模式，可以大大提高土地、温光水肥的利用效率，增强抗灾能力，我们的研究表明：马铃薯与玉米套作可使复合产量超过15吨/公顷（马铃薯按5∶1折算）。1 400米以下地区，马铃薯以一季冬作为主，主要是水稻—冬马铃薯的水旱轮作模式和甘蔗/马铃薯套作模式，夏季种植水稻解决食粮，冬季种植马铃薯增加收入，使冬马铃薯成为该地区农民重要的经济来源，可以实现一季冬马铃薯收入人民币15万元/公顷的高收入目标，东南亚国家有大量的冬闲田，水稻—冬马铃薯的水旱轮作模式在这些国家具有重要的推广价值。由于多季栽培并存，留种方式也呈现多样化特点，传统上形成了高山换种、"早春—秋作—春作"的三季串换等留种模式，西南地区早年还利用无霜期长的特点，采用实生种子育苗移栽生产种薯，栽培面积曾经达到1万公顷/年以上。

水分亏缺是限制西南地区马铃薯生产的主要因素，由于西南大部分地区属高原季风气候，干湿季明显，春作马铃薯虽然2～3月播种，但由于春旱土壤湿度小，往往要5月雨水到来才能出苗，而降雨使晚疫病极易发生，马铃薯常常还没有开始结薯植株就死亡，使产量很低。为了突破生产上的瓶颈，我们研究积聚头年的雨水，利用滴灌进行补水，使马铃薯及时出苗，提前生长，避开晚疫病发生高峰，实现高产目的，形成了"集雨补灌，早收避病"的栽培技术，该技术比对照出苗提早20多天；现蕾比常规栽培提早30多天；7月中旬集雨补灌已经成熟，而常规栽培还处在盛开花期。集雨补灌比常规栽培增产43.5%，商品薯率增加53.0%，增产效果明显。在低海拔冬作栽培中采用覆膜栽培、膜下滴灌、水分一体化技术也大大提高了水分利用率，提高了马铃薯产量。

河北省地下水漏斗区马铃薯+谷子种植模式

李明哲 庞昭进 郭安强 张爱岭 郝洪波*

（河北省农林科学院旱作农业研究所、河北省农作物抗旱研究实验室，河北衡水 053000）

河北省是中国最大的地下水漏斗区，其地下水超采量和超采面积均占全国的1/3左右。深层地下水位降落漏斗区有7个，范围涉及17个县（市），影响面积最大的是衡水—德州漏斗区，达到7 933.5平方公里，主要包括衡水市、景县、吴桥、冀州、枣强等地。事实上，华北平原深层地下水降落漏斗已经连成一片，形成华北区域大漏斗。该地区种植面积最大的农作物为冬小麦、夏玉米和棉花，其中冬小麦—夏玉米为主要农业种植模式，而冬小麦的灌溉用水占到农业灌溉用水总量的70%。有研究证明，人类开采地下水是该区域地下水位下降的主导因子，而冬小麦为该区农业灌溉用水的主要消耗作物，是造成农业水分供需失衡的主要原因。从中国食物安全的角度来看，完全放弃冬小麦种植不太可行。在地下水严重超采区适度压缩冬小麦种植，能够在一定程度上缓解或恢复地下水漏斗带来的生态和地质负面影响，但同时造成大量土地春季闲置，也会造成大量光热资源的浪费。冬小麦压缩后种什么，是需要迫切解决的问题。为此，调整种植结构，探索出一条既能保障国家粮食安全，又能保障水安全，且适合该区当地种植的节水种植新模式是当务之急。衡水市位于河北省东南部，是省内最大的地下水漏斗区。立足衡水研究节水种植新模式，探讨农业可持续发展的新途径，对指导该类型区的农业生产具有现实意义，而且也将对全国农业的持续发展产生重大影响。马铃薯具有生长周期短、耐旱、耐贫瘠、高产、稳产和区域适应性广等特点，从种植历史和马铃薯本身的广适性来看，在该区域种植马铃薯是可行的。2013年，衡水市种植面积667公顷左右，与小麦相比每亩可节水60 米^{3}以上，平均产量水平在2 500千克/亩左右，即使按5∶1折粮后，也可达到500千克/亩。就马铃薯的增产潜力来看，对保障粮食安全总量水平是可行的，在一定的技术支持下，将会提高该区域粮食产量。谷子抗旱耐瘠、水分利用效率高、化肥农药用量少，是典型的环境友好型作物，每生产1克干物质，仅需水257克，相当

* 为通讯作者。

于玉米的1/2左右。衡水地区传统的种植方式多为夏播，一般在6月中下旬播种，9月下旬收获，正常年份自然降水即可满足生长需要。因此通过筛选合适的品种并配套科学的栽培技术，马铃薯＋谷子一年两作理论上是可行的。通过2013—2014年的试验：3月上旬起垄覆膜播种马铃薯，收获以后复种一茬谷子，每亩纯收益可达3 000元左右，其中，每亩马铃薯产量2 000～3 000千克，谷子300～400千克，而且马铃薯早春地膜覆盖能够有效减少早春扬尘，取得较好的生态效益。

无人机遥感——小农的革命性武器

Quiroz Roberto[1], Loayza Hildo[1], Palacios Susan[1], Balcazar Mario[1], Silva Luis[1], Posadas Adolfo[1], De Mendiburu Felipe[1], Mares Victor[1], Barreda Carolina[1], Cheruiyot Elijah[1], Bett Arnold[2], Ramirez David[1], Harahagazwe Dieudonne[1]

(1 International Potato Center, PO Box 1558, Lima 12, Peru;
2 Department of Physics, University of Nairobi, Uhuru Highway, Nairobi 00100, Kenya)

为了实现可持续的粮食和营养安全，小规模农场（SHF）——全球粮食安全的支柱，需要高科技系统的支持，来帮助他们提高粮食产量的同时维持或降低原有生产成本水平和减少对环境的伤害。在马铃薯生产方面，小规模自耕农场实际产量和潜在产量之间一直存在差距。比如，根据参与式马铃薯建模估计，在非洲、亚洲热带高地和安第斯山区的小规模自耕农场，实际产量不到潜在产量的30%。无人机（UAV）装载的成本低但有效的传感器可以监测农作物物候期内其生长空间属性，比如土壤类型、灌溉问题及病虫害感染情况。另外，这些新兴监测技术可以帮助科学家们缩短测试其他相关技术所花费的时间，例如筛选对生物及非生物胁迫的抗性。无人机遥感器监测系统的使用，既可以强化农业统计数据量化能力，又可以减少水和化学试剂等的使用量，以维持或增加农产品产量，突出需要加强田间管理的地区。遥感数据可以直接用于产量预测，或通过不同空间尺度获取的参数建立数学模型，估计产量。换句话说，这项技术可以通过增加农业信贷和农业保险，及时提供相关信息，优化决策，改变小规模自耕农场的生产经营方式。所有这些创新将促进小规模自耕农场实行精细农业管理模式，从而促进农业生态集约化生产，缩小产量差距。本报告会以当今马铃薯研究中的一些成果为实例，介绍低成本传感器及其操作平台的优势、瓶颈和发展趋势。

微型薯商业生产中沙培和水培技术的使用

Babak Darvishi

(Seed and Plant Certification and Registration Research Institute, Karaj 31535-1516, Iran)

马铃薯种薯的快速繁育可以通过控制种薯的生长环境的来实现。控制生长环境可以防止种薯在田间发生退化的情况。本文研究目的是引进一个新的、低成本微型薯快速繁育系统。为评估培养系统在促进块茎形成方面的优越性，采用 4 次重复的完全随机区组设计裂区实验。主区和副区包括培养系统（泥炭和沙培养）和栽培种（Agria and Sante)。通过单主茎苗在无菌的 MS 培养基继代培养和快速繁殖生产出足够数量的试管苗用于试验。该实验设置是在温室条件下使用沙子或泥炭作为两个培养系统的开放水培实验。传统的系统（泥炭培养）是采取每隔 15 天施用 0.3 克/升 18：18：18+TE 的 Kristalon 肥料（Yara 公司生产)，而沙培根据需要施用营养液。沙培从移栽后 45 天到 55 天施用无氮营养液。结果表明，沙培中的植株成活率比传统系统高。沙培单位面积结薯数、单株结薯数分别增加了 70%和 44%，但是营养液沙培获得的块茎比重有所下降。在块茎发芽的全部三个阶段，收获的块茎的全氮含量和粗蛋白的比重并不受培养系统和马铃薯栽培种的影响。沙培可以容易地进行巴氏灭菌，因此预计沙培养物中生长的块茎基本不携带任何病原菌。此外，这种技术可防止使用危险气体（如溴甲烷或硫威钠)。由于营养液沙培的生长介质成本低，繁育率高，其是马铃薯微型薯生产中相对物美价廉的方法。

早熟马铃薯灌水时间研究

Andrey Denisovich Andrianov，Denis Andrianovich Andrianov

（Faculty of Agricultural Technology and Forestry，Bashkir State Agrarian University，Ufa 450001，Russia）

马铃薯是巴什科尔托斯坦共和国人民的主要粮食作物。就算是在最好的储藏条件下保存，块茎营养成分也会随着储藏时间的增加丢失。许多重要的营养成分都是通过呼吸作用丢失掉。具有较高营养价值的新收获块茎应该尽可能地利用其价值。由于气候原因，巴什科尔托斯坦共和国并不能全年都生产马铃薯，但是每年的 6 月可以收获足够的马铃薯用于消费。马铃薯植株的第一个光合高峰期一般是在上午。因此，可以依据马铃薯植株在一天内的不同生理特性而制定不同的灌水时间。为了找到马铃薯品种‘Red Scarlet’最适宜的灌水时间，在 2000—2011 年在 Milovskoe 试验农场连续开展了三因素处理试验。所有的观察、计算与分析均基于常用的方法。最大的叶面积在开花 20 天后形成。在上午 7 时至 11 时灌水可以使叶面积数增大 2 倍达到 5.45 万米^2/公顷，而产量可以达到 40 吨/公顷。该试验的主要特点是，用较小的水量获得最大的产量。试验的处理之一，耗水量（96.2 米^3/吨），马铃薯产量却较高。上午和晚上以及白天和晚上灌水导致产量的差异非常明显，分别达到了－6.6％和 5.1％。这一结果导致了更有利的早熟马铃薯的生物形态指标。发达的根系和有效的叶面积不仅仅让单个植株而且让整个群落更有效地利用肥料和光辐射。而且，白天的灌溉可导致 20％浪费，而晚上的灌溉可导致真菌累的病害的发作与严重程度的增加（0.5～0.7 个点）。最大产量来自于早上 7 点至 11 点的灌水处理，而且随着施肥量的增大，8 月 7 日块茎产量达到 40 吨/公顷。这种条件下，干物质与淀粉产量最大，分别为 10 吨/公顷和 6.8 吨/公顷。施肥使产量达到 40 顿/公顷可以提高水分的利用率。马铃薯灌溉应该在早上 7 点到 11 点这段时间里进行。经过比较所有的灌溉方法发现喷灌是最有效的灌水方式。为了达到 40 吨/公顷的产量，必须在依据 80％—85％—80％的主吸水线对 40—50—60sm 的土壤层进行预灌溉，同时结合施肥。马铃薯必须每年进行灌溉。

马铃薯主要病害

先正达马铃薯虫害管理可持续的解决方案

Kiran Shetty

（Syngenta，North America）

马铃薯虫害管理是一个面对无数挑战的动态和持久的课题，需要农民时时抉择如何管理。未来农民在害虫管理上将不仅依赖于新的创新产品和技术，还将衡量其在环境可持续发展中的表现和能否满足货源可持续性的新需求。这为建立更广泛的合作伙伴关系，协调测量，和寻求为农民提供新的解决方案的简单高效的方法提供了一个很好的机会。这次讨论的目的是分享先正达在马铃薯虫害管理方面的一些见解，其已通过可持续性项目测试并在部分马铃薯种植区实施。

通过解析马铃薯—病原菌互作机制开发抗病新策略

Paul R. J. Birch[1,2]，Eleanor Gilroy[2]，Steve Whisson[2]，Petra Boevink[2]，Ingo Hein[2]

[1 Division of Plant Science，College of Life Science，University of Dundee (at James Hutton Institute)，Invergowrie，Dundee DD2 5DA，UK；2 Cell and Molecular Sciences，James Hutton Institute，Invergowrie，Dundee，DD3 5DA，UK]

马铃薯是世界第三大粮食作物。通过强化其主要粮食作物的种植地位，以满足预计到 2050 年全球人口将突破 90 亿的日益增长的人口需求，在过去的 25 年中，发展中国家的马铃薯产量显著增加，目前已超过了发达国家。然而，世界不同地区的马铃薯产量差异巨大，以非洲南撒哈拉地区为最低。病害是制约马铃薯产量、危害世界粮食安全的主要限制性因素。全球每年因病毒、细菌、真菌、卵菌、昆虫和线虫病害可造成马铃薯减产 40%以上。采用化学方法防治病害存在不足：一是成本太高，如晚疫病；二是由于立法，在欧盟许多杀虫剂和杀菌剂的有效成分很快将被减少使用或彻底禁用。因此，制定新型、稳定、持久的策略来对抗害虫及病原菌危害，已成为科学界面临的急迫任务。要使马铃薯成为未来主要的粮食作物，必须使其具备抵御各种生物胁迫的能力。科学界正在调整策略以应对这一挑战。我们已收集了可用来筛选新抗源的主要野生马铃薯种质资源。马铃薯基因组的相关研究也正在揭示与这个重要作物免疫相关的候选基因及其作用机理。此外，基因组学也广泛应用于害虫及病原菌的研究工作中，这有助于我们发现促进侵染和病程的遗传位点。以晚疫病原菌 *Phytophthora infestans* 为例，本文详细阐释了我们是如何更好地了解该物种的生物学特性与侵染马铃薯的能力，以及在现有农业模式的选择压力下该物种是如何进化的。在分子、细胞以及群体水平上对晚疫病菌获取的知识，有助于我们去探索晚疫病更持久的抗病基因源和更新的防治策略。马铃薯基因组的研究成果使我们挖掘新抗病基因及其紧密连锁分子标记的速度进一步加快，这将被用于新品种选育以及生物技术解决方案。然而，经过 150 多年的短兵相接，我们最终能否征服这个病害?

新型杀真菌剂在印度南部马铃薯晚疫病防治中的效果评估

B. Anjaneya Reddy[1]，A. Sreenath[2*]，K. Tulasiram[1]，V. Nache Gowda[1]

(1 College of Horticulture，NH_{75}，Tamaka，Kolar-563103，Karnataka，India；2 Horticulture Research and Extension Centre，Hogalagere-563135，Kolar，Karnataka，India)

马铃薯是印度的重要蔬菜作物，也是世界很多地区的重要粮食作物。众所周知，马铃薯受到包括真菌、细菌、病毒、线虫等多种病虫害的侵染。在这些病虫害中，每年晚疫病的出现对印度南部马铃薯的栽培构成严重了威胁，尤其在科拉尔、奇克巴尔拉普尔和哈桑区。在大田试验中利用品种‘Kufri Jyothi’

试验了一些新型的杀真菌剂。试验包括对照共8个处理，采用随机区组试验设计。试验在2011—2012年、2012—2013年早春作物季节里重复了两次。播种后40天、50天和60天记录发病程度。观察记录病情发展、病情指数和小区产量，并对这些数据进行了统计分析。结果显示，病害在叶片和茎段上开始呈褐色或者黑色水渍状病斑，随后迅速扩增到整个叶片。在潮湿的环境中产生大量孢子在叶片背病斑边缘形成白色霉层。在茎秆上，晚疫病产生的褐色病斑。病斑通常会出现在容易积水的叶片与茎段的连接处或叶片集中的植株顶端。两年的数据显示，在测试的众多杀菌剂中，嘧菌酯23毫升/升＋SC1毫升/升的组合最有效，病情指数为13.63，产量为12.77吨/公顷；其次为咪唑菌酮＋代森锰锌3克/升的组合，病情指数为24.50，产量为11.905吨/公顷；霜脲氰＋代森锰锌3克/升的组合，病情指数为25.17，产量为11.548吨/公顷。这些制剂比标准对照（甲霜灵＋代森锰锌1.5克/升的组合，病情指数为66.00，产量为8.323吨/公顷）的效果更好。结果还显示，如果延迟一天使用杀真菌剂，即使最有效的组合也会失去效果。

11个马铃薯主栽品种卷叶病抗性的评价及抗病过程中防御酶系参与研究

萨日娜　陈恩发　张若芳*

（内蒙古大学马铃薯工程技术研究中心，内蒙古呼和浩特　010021）

病毒病是马铃薯生产中的一个重要限制因素。尤其是马铃薯卷叶病，除了可单独侵染马铃薯之外也可以和其他病毒混合侵染，使马铃薯的产量和品质降低，给马铃薯生产带来了很大的损失。目前，对于马铃薯卷叶病最广泛的防治方法无非是采用杀虫剂等化学农药来控制其传播介体，从而减少卷叶病的发生。但近几年，随着人们对绿色食品越来越重视，这种防治方法逐渐失去说服力。在生产中，选择播种抗性强的马铃薯品种是控制马铃薯卷叶病经济、有效的防治方法。到目前为止，许多学者调查了马铃薯品种的抗病毒病情况，不过尚未发现有哪个品种对马铃薯卷叶病毒中国株系（PLRV-Ch）是高抗的。本研究以11个马铃薯

* 为通讯作者。

主栽品种 Atlantic、Russet Burbank、东农 308、Desiree、Favorita、虎头、克新 1 号、陇薯 3 号、Shepody、内薯 7 号和中薯 11 号为供试材料，利用温室人工接毒的方法鉴定各马铃薯品种对马铃薯卷叶病毒中国株系（PLRV-Ch）的抗性，并对接毒后的不同抗性水平马铃薯品种进行抗病相关酶活性的测定，研究马铃薯组织中超氧化物歧化酶（SOD）、过氧化物酶（POD）、过氧化氢酶（CAT）、微量丙二醛（MDA）和一氧化氮（NO）等在参与马铃薯抵御卷叶病毒感染过程中的生理机制。结果表明，所鉴定的 11 个马铃薯品种中克新 1 号、东农 308 和虎头 3 个品种对 PLRV-Ch 有较高的抗性，其中虎头属于耐病品种。内薯 7 号、陇薯 3 号和中薯 11 号对 PLRV-Ch 有中等抗性，其中中薯 11 号有病毒增殖的现象。而 Atlantic、Desiree 两个品种属于中感型品种，Atlantic 有抗病毒增殖现象。Shepody、Favorita 和 Russet Burbank 3 个品种属于感病品种。从中选取不同抗性水平的 3 个品种即克新 1 号（抗病品种）、陇薯 3 号（中抗病品种）和 Shepody（感病品种）进行防御酶活性的测定。随着 PLRV-Ch 侵染时间的延长，3 个品种的超氧化物歧化酶（SOD）活性、过氧化物酶（POD）活性和一氧化氮（NO）含量均有不同程度的提高。活性提高的时间与幅度大小因品种而异。整体而言，抗病型品种和中抗病型品种的酶活性提高时期比感病型品种要早且幅度也大。而 PLRV-Ch 侵染后 3 个品种体内的过氧化氢酶（CAT）活性变化没有明显的规律。随着侵染时间的延长，中抗病型品种和感病型品种的 CAT 活性均呈先降低后上升的趋势，而抗病型品种则没有降低的过程，一直缓慢上升，到第 11 天时出现最高值。微量丙二醛（MDA）含量变化与对照（不接种 PLRV-Ch）并无明显差异。马铃薯品种克新 1 号、东农 308 和虎头对 PLRV-Ch 有较高的抗性，而这种抗性与其基因及体内防御酶系有一定的关系。因此，防御酶活性变化的幅度大小和变化时间的早晚，可作为今后马铃薯抗 PLRV-Ch 机理研究的一种线索性的生理指标。

利用马铃薯晚疫病菌关键效应蛋白解析晚疫病菌致病机理

田振东[1*] 任亚娟[1] 王洪洋[1] 路远[1]
张伟[1] 杜鹃 Paul Birch[2] 谢从华[1]

[1 园艺植物生物学教育部重点实验室、华中农业大学，湖北武汉 430070；2 Division of Plant Sciences，College of Life Science，University of Dundee (at JHI)，Cell and Molecular Sciences，and Dundee Effector Consortium，James Hutton Institute，Errol Road，Invergowrie，Dundee DD2 5DA，UK]

由卵菌 *Phytophthora infestans* 引起的晚疫病是马铃薯生产中最为严重的病害。基因组测序发现晚疫病菌基因组中至少含有 500 多个编码 RXLR 效应蛋白的基因。RXLR 效应蛋白通过菌丝吸器分泌进入寄主细胞，分别定位于寄主细胞细胞膜，细胞质，细胞核，内质网等不同细胞器，并通过与寄主靶标蛋白的结合来调控寄主抗病免疫应答反应。通过国际合作已筛选出一些在晚疫病菌致病过程中起着关键作用的 RXLR 效应蛋白，在马铃薯中稳定表达这些效应子或调其控靶标基因的表达显著降低了晚疫病抗性。我们正在开展这些效应子如何精细调控马铃薯免疫应答反应的细胞和分子机制研究。另外这些效应子基因正在用于马铃薯抗性资源的筛选和晚疫病持久抗病基因的鉴定与评价研究。

云南省马铃薯疮痂病病原菌 *Streptomyces caviscabies* 的鉴定

杜魏甫 巩晨 倪石建 杨梦平 于德才 张红骥

(云南农业大学，云南昆明 650201)

疮痂病是马铃薯的主要病害之一，严重影响薯块的商品价值。马铃薯疮痂病

* 为通讯作者，E-mail：tianzhd@mail. hzau. edu. cn。

由链霉菌引起，但土壤中可引起疮痂病的链霉菌只占很小比例。本研究通过对云南省马铃薯种植区的疮痂病进行调查并采样，分离纯化后得到菌株 1C11A。经 16S rDNA 通用引物扩增、sanger 测序并与 NCBI 数据库进行比对，确定 1C11A 为链霉菌。结合链霉菌形态学特征的聚类结果，最终确定上述菌株属 *Streptomyces caviscabies*（AF112160）。以品种合作 88 为研究对象的致病性试验表明，1C11A 符合柯赫氏法则，从而确定 *Streptomyces caviscabies* 是云南省马铃薯疮痂病的主要致病菌。

俄罗斯地区马铃薯黄化病毒诊断方法

Yuri Shneyder，Mariya Tikhomirova，Yuri Prikhodko，Natalia Sherokolava，Elena Karimova

（All-Russian Pl ant Quarantine Centre，Moscow region，Russian Federation）

马铃薯黄化病毒（PYV）属于检疫性有害生物，已被欧洲植物保护联盟列入 A1 检疫性有害生物范畴，但是它并不在俄罗斯检疫性有害生物范畴，PYV 病毒属于雀麦花叶病毒科（Bromoviridae），之前很长时间 PYV 属于苜蓿花叶病毒属（*Alfamovirus*），现在被归为环斑病毒属（*Ilarvirus*）。PYV 病毒广泛传播于秘鲁、智利、厄瓜多尔地区。由于缺少诊断 PYV 的分子方法，可运用的血清学方法较少，以及测试植物材料的必要性，我们设计了引物用于分子检测，以及验证 ELISA 试剂盒。我们利用参考毒株，阳性对照，阴性对照，评价经常侵染马铃薯的病毒反应，研究 ELISA 试剂盒检测马铃薯黄化病毒 AS-0599（DSMZ，德国）的特异性。结果表明该试剂盒对于广泛传播的马铃薯病毒（PVY，PVX，TRSV，INSV）无特异性。当设计原始的分子检测方法时，我们利用简并引物 Ilar1F5/Ilar1R7 检测雀麦花叶病毒科的病毒，但是这些引物对 PYV PV-0706（DSMZ）没有反应。以后，我们利用从 NCBI 基因库中查找的 PYV 基因序列，设计特异性引物 PYV-labv-3。用于环斑病毒属的简并引物之前没有用于检测 PVY。除对三种环斑病毒属病毒（PDV，PNRSV，ApMV）进行 PCR 外，还对 PYV PV-0706（DSMZ）进行了 PCR，并观察到清晰的 PCR 产物。对 PCR 产物进行测序，测序结果在 GenBank NCBI 中对比分析，结果显示环斑病毒属 *Fragaria chiloensis* 潜隐性病毒与其相似度最大，高达 81%。我们将分离的 PYV PV-0706 病毒序列提交到 Genbank NCBI，序列号 KP996592。这是 PYV 复制酶的第一个基因序列。PYV 复制酶部分序列测序完成后，设计 10 对特异性引物（PYV-rdrp-1F/R，……，PYV-rdrp-10F/R）扩增出目的片段大小在 158～271bp 之间。经过特异性和敏感性及退火温度分析，10 对引物中 PYV-rdrp-6F/R 最好，可扩增出 265 bp 大小的片段，引物具有很高特异性，与感染马铃薯的病毒和类病毒菌株 PVY、PVX、PLRV、PVS、PVM、PAMV、PYDV、APMoV、APLV、PVV、PVT、PSTVd 无交互作用，与马铃薯植株的叶、茎及未感染块茎也无交互作用。扩增反应灵敏度高，PYV PV-0706 菌株 cDNA 稀释 10 000倍仍可扩增出目的片段。因此，利用 PYV AS-0599（DSMZ，Germany）ELISA 试剂盒检测样品，再用特异性引物 PYV-rdrp-6F/R 进行阳性鉴定，二者结合使用可用于马铃薯样品检测。

两个马铃薯 PVS 分离物的分子鉴定

王靖惠[1]　孟繁烨[1]　陈汝豪[1]
柳俊[1]　Nie Xianzhou[2]　聂碧华[1*]

（1 园艺植物生物学教育部重点实验室、国家蔬菜改良中心华中分中心、湖北省马铃薯工程技术研究中心、华中农业大学，湖北武汉　430070；2 加拿大农业与农业食品部马铃薯研究中心，加拿大新不伦瑞克，弗雷德里克顿　E3B4Z7）

马铃薯 S 病毒（Potato virus S，PVS）是侵染马铃薯的重要病毒之一，PVS 分为 PVS^O 和 PVS^A 两个株系。目前 NCBI 仅收录了 11 个全长的 PVS 分离物。本研究克隆了两个来自中国湖北的 PVS 分离物，它们分别属于安第斯株系和普通株系。比较 PVS^A-7 和 PVS^O-24 两个株系序列，其核苷酸序列只有 79.4%的同源性，进一步比对分析表明 PVS^A-7 与已报道的来源于巴西的 PVS^A 株系分离物 PVS-BB-AND 的核苷酸序列同源性达 95.6%，而 PVS^O-24 与已报道的来源于美国的 PVS^O 株系分离物 PVS-id4106-US 的核苷酸序列同源性达 97.3%。研究还设计并评价了区分 PVS 不同株系的特异引物。同时在指示寄主奎奴亚藜（*Chenopodium quinoa*）上进行了致病力分析，结果显示，虽然接种叶坏死症状不明显，但只有 PVS^A-7 能系统侵染指示植物并伴随系统性坏死症状。

* 为通讯作者，E-mail：bihuanie@mail. hzau. edu. cn。

西北马铃薯晚疫病菌群体遗传与病害防控

单卫星　田月娥　孙洁平　尹军良　马云芳　权军利

（西北农林科技大学植物保护学院、旱区作物逆境生物学国家重点实验室，陕西杨凌　712100）

由致病疫霉菌（*Phytophthora infestans*）引致的马铃薯晚疫病，历史上曾经造成著名的爱尔兰大饥荒，至今仍然是马铃薯的最严重病害。西北地区是我国重要的马铃薯产区，晚疫病普遍发生，但由于病菌毒性变异和马铃薯品种抗性丧失问题突出，其防控高度依赖化学农药。认识病菌遗传变异的来源与生活史，是实现病害有效防控的基础。病菌分子遗传标记的开发和应用，极大地推动了对致病疫霉菌群体遗传变异、晚疫病流行和防控以及晚疫病全球传播和成灾机理的认识。近年来，我们从毒性分化、交配型分析、线粒体单倍型、SSR基因型分析等方面，结合群体遗传学方法，对西北地区晚疫病菌开展了系统的群体遗传分析。结果显示，在我国西北马铃薯主产区，晚疫病菌行使无性生殖，病菌群体遗传多样性水平较低，年度间变化显著。这些结果表明，晚疫病菌的越冬极为有限，结合病害流行特点和病害防控试验，初步确认种薯带菌是晚疫病主要的病菌初侵染源，带病种薯调运是晚疫病远距离传播的重要途径。近年在晚疫病菌与马铃薯互作机理方面取得长足进展，突出地表现在克隆获得马铃薯晚疫病抗性基因和晚疫病菌无毒基因，确认了晚疫病菌编码一类序列上高度分化的小分子胞外分泌蛋白家族，特别是RXLR效应蛋白家族。RXLR效应蛋白在晚疫病菌中有近600个成员，在病菌致病过程中起关键作用：普遍存在的抑制植物免疫反应的毒性功能、罕有的被寄主植物识别实现其抗病性状表达的激发子功能。晚疫病菌RXLR效应蛋白核心成员的鉴定和利用，从晚疫病持久抗病基因的鉴定、评价以及创制等多个方面，积极地推动马铃薯的晚疫病抗性育种。

发展中国家马铃薯晚疫病的严重程度与防治措施

Gregory A. Forbes

[International Potato Center (CCCAP), ICRAF-Kunming Institute of Botany (KIB), Kunming, 650204, China]

晚疫病在所有马铃薯的主产区都有发生，其发病程度由天气条件决定，适宜的温度和叶片的长期湿润会导致严重的发病。马铃薯晚疫病被认为是全球最严重的植物病害之一，每年造成的损失和杀菌剂的使用费用估计高达100亿欧元。晚疫病在某些地区，如高原热带地区情况尤为严重，因为在那马铃薯周年生产，而且农民认识和解决这个问题的能力不足。此外，发展中国家许多晚疫病频发的地区都存在贫穷和粮食安全性问题，晚疫病对小规模马铃薯生产者的生计造成严重威胁。

马铃薯晚疫病一般能被杀菌剂有效地控制，然而，许多杀菌剂会对环境和健康造成危害，特别是在发展中国家，农民徒手喷施杀菌剂，而且几乎从来不使用防护服。此外，在病害高发区如高原热带地区，感病品种需要经常施用杀菌剂。如果没有使用价格昂贵的系统性或渗透性杀菌剂，这个病害很难控制。

为了找到晚疫病的可持续解决方案，国际马铃薯中心（CIP）及其合作伙伴努力了几十年育成了一些具有高抗晚疫病的马铃薯品种，同时能满足马铃薯市场链的众多要求。但是所有的努力只取得了部分成功，这次的报告会谈到其中一些原因，以及今后为取得更大成功可能采取的措施。尽管如此，最近的研究表明，植物寄主抗性在发展中国家可能比以前认为的更有作用。

在工业化国家，已经发展了先进的决策支持系统（DSS）去帮助农民施用杀菌剂。然而，这些系统通常需要复杂的天气数据记录设备和处理器来管理数据，这限制了它们在发展中国家大多数情况下的使用。许多人寻求更简单的方法来帮助资源有限的农民。其中一个方法是用降雨阈值估计杀菌剂的流失。这个方法在几十年前在哥伦比亚被评估过，近期国际马铃薯中心及其合作伙伴在厄瓜多尔和秘鲁也对其进行了评估。最近国际马铃薯中心及其合作伙伴评估了一种手持工具，它可以同时采集多个决定何时喷施杀菌剂的重要因素。不管有无决策支持系统，研究人员已经证明了提高农民对这一复杂植物病害的认识对于防治病害所带来的好处。

中国马铃薯土传病害及综合防控

杨艳丽

(云南农业大学植物病理系，云南昆明 650201)

土壤传播的病害因其隐蔽性强，在作物生产过程中危害较大且防治困难。影响中国马铃薯生产的土传病害主要有马铃薯黑痣病、马铃薯粉痂病、马铃薯枯萎病、马铃薯干腐病、马铃薯疮痂病、马铃薯青枯病和马铃薯线虫病等。这些病害在中国马铃薯不同产区有所发生，其影响因产地不同而异。马铃薯黑痣病（*Rhizoctonia solani* Kilhn）在我国多个马铃薯种植区域有不同程度的发生，尤其在黑龙江、吉林、辽宁、甘肃、青海以及内蒙古西部地区，病害发生严重，重症田块植株发病率达到70%～80%，一般年份可造成马铃薯减产15%左右。中国黑痣病菌融合群以AG3为主。防治措施主要有农业防治、生物防治和化学防治。马铃薯疮痂病（*Streptomyces* spp.），河北农业大学对我国10个省区马铃薯疮痂病进行的调查研究表明：我国马铃薯疮痂病发生普遍，尤其在脱毒微型薯生产过程中，栽培基质重复使用造成薯块发病较为普遍，发病率达30%～60%。利用16S rDNA序列对中国的马铃薯疮痂病菌进行聚类分析，结果表明中国马铃薯疮痂病菌具有明显的多样性，疮痂病菌包括 *S. scabies*、*S. galilaeus*、*S. bobili*、*S. turgidiscabies*、*S. acidiscabies*、*S. diastatochromogenes*、*S. setonii* 和 *S. enissocaesilis*，其中 *S. galilaeus*、*S. bobili* 和 *S. enissocaesilis* 为新发现种。目前，对疮痂病的防控技术主要是化学防治结合种薯处理、灌溉、抗病品种利用、调节土壤pH和矿质元素、轮作和施绿肥、以及生物防治等措施。马铃薯枯萎病（*Fusarium* spp.）在马铃薯各产区发生危害程度不同。内蒙古普遍发生枯萎病并危害严重，据调查结果显示，2011年主栽品种克新1号平均发病率为16%～43%；夏波蒂平均发病率为25%～60%，严重地块达到78%，平均减产10%～30%。贵州省马铃薯主栽品种威芋5号和宣薯2号平均发病率均在25%以上，严重地块高达84%，平均减产20%～40%。马铃薯枯萎病菌主要由5种镰刀菌引起，分别为尖孢镰刀菌（*F. oxysporum*）、茄病镰刀菌（*F. solani*）、三线镰刀菌（*F. tricinctum*）、串珠镰刀菌（*F. moniliforme*）和燕麦镰刀菌（*F. avenaceum*）。以上发病区域的综合防控技术也在研究和应用中。马铃薯干腐病，是中国马铃薯产区贮藏期重要病害，其常年发病率为10%～30%，最高可达60%。研究表明引起中国马铃薯干腐病的镰刀菌有10个种，分布在不同的省份。河北省有接骨木镰刀菌（*F. sambucinum*）、尖孢镰刀菌（*F. oxysporum*）、锐顶镰刀菌（*F. acuminatum*）和芬芳镰刀菌（*F. redolens*），优势种群为 *F. sambucinum* 和 *F. acuminatum*。黑龙江有 7 个种及变种，分别为拟枝孢镰刀菌（*F. sporotrichioides*）、茄病镰刀菌（*F. solani*）、接骨木镰刀菌（*F. sambucinum*）、拟丝孢镰刀菌（*F. trichothecioides*）、燕麦镰刀菌（*F. avenaceum*）、茄病镰孢蓝色变种（*F. solani* var *coeruleum*）和黄色镰刀菌（*F. culmorum*）。甘肃省以硫色镰孢（*F. sulphureum*）为主。内蒙古主要有尖孢镰刀菌（*F. oxysporum*）、木贼镰刀菌（*F. equiseti*）、接骨木镰刀菌（*F. sambucinum*）、燕麦镰刀菌（*F. avenaceum*）和锐顶镰刀菌（*F. acuminatum*）5 个种。云南省有芬芳镰刀菌（*F. redolens*）、接骨木镰刀菌（*F. sambucinum*）、茄病镰刀菌（*F. solani*）和黄色镰刀菌（*F. culmorum*）。马铃薯粉痂病（*Spongospora subterranea* f. sp. *subterranea*），主要发生在云南和甘肃。云南大田发病率为 5～10%，一级种基地种薯带菌率在 3%左右。甘肃省渭源县发病率为 5%～20%，重病田发病率在 90%以上。目前没有有效的防治措施。马铃薯线虫病，2006 年中国检疫科学院和华南热带农业大学首次报道从来自河北省张北县的腐烂马铃薯块茎中检测出马铃薯腐烂茎线虫（*Ditylenchus destructor* Thorne）。云南农业大学 2013 年鉴定出云南马龙县发生的线虫病为马铃薯根结线虫，以北方根结线虫（*Meloidogyne hapla*）和爪哇根结线虫（*Meloidogyne javanica*）为主。

病毒性种薯退化和生长环境影响突尼斯马铃薯的产量

Nouri Khamassy，Riadh Ilahy

[Laboratory of Horticulture，National Agricultural Research Institute of Tunisia（INRAT）]

病毒通过影响植株叶冠的大小来抑制光合作用效率从而影响作物的生长。产量减少可能是光合作用减弱导致分配到马铃薯中的干物质减少引起的。为了评估品种‘Spunta’（对 PVY^n 有较强的抗性）春播时（2～6 月）的种薯感染 PVY 病毒水平和贫瘠的生长环境对其产量的影响，2014 年在突尼斯国家农业研究所（INRAT）研究站设立了试验小区。‘Spunta’在突尼斯的种植面积超过 80%。在这个试验中评价 5 个不同来源的种薯。它们分别有 5 个 PVY 感染级别：0%、

2%、4%、8%及50%，种植在3个贫瘠生长环境中生长：正常施肥—灌水量的15%，0%有机物及高盐（大约4克/升）。所有植株都种植在同一块地，使用相似的栽培技术及环境条件，把收获前后不同因素对田间种植的同一品种马铃薯的影响降到最低水平。所评估的参数除商品薯和非商品薯产量外，还包括覆盖度（种植60天后枝叶覆盖地面的百分率），茎数（茎数/穴），块茎数，单个块茎重（克/块茎），总产量（吨/公顷）。结果表明，无论哪一个感染水平在缺少田间管理和贫瘠的生长环境中对作物生长都有非常明显的影响。与正常生长的作物相比，覆盖度（%）和茎数至少减少了50%。所以，无论哪一个感染水平产量减少了50%（在数量上潜在产量的50%，在质量上潜在薯块重量的50%）。不同种薯来源的差异显著。感染水平在8%和50%时对产量有负面影响，在缺乏田间管理条件下感染水平对产量有负面影响尤为明显。本试验也证实了前人的研究结果，即在良好的生长环境下产量下降不显著。根据该试验结果，建议实施国家种薯项目。事实上，在一些受种薯退化困扰的国家，利用耐病和适应的品种（如突尼斯的'Spunta'）生产出病毒忍耐水平低于15%（合格种薯）的种薯是可能的。

通过叶面施用 Infinito 减少马铃薯块茎晚疫病在田间及储存中的损失

D. Steiger[1*]，S. Tafforeau[2]，R. Wanningen[3]，C. Braun[1]

（1 BayerCropScience AG，40789 Monheim am Rhein，Germany；2 Bayer SAS，69009 Lyon，France；3 Bayer CropScience Netherlands，3641 RT Mijdrecht，The Netherlands）

致病疫霉菌的游动孢子通过两种方式导致马铃薯晚疫病，其一是通过叶片感染繁殖菌丝（叶片感病）；其二是通过土壤感染薯块（块茎感病）。这导致马铃薯产量和品质的极大降低。然而，晚疫病造成的损失不仅局限于田间。收获过程中并不明显的薯块感染可能在后续的储存过程中继续感染，从而导致收获后不可预见的损失。

马铃薯晚疫病侵染薯块能力的经验性结论是，实际对田间的孢子囊产生和游动孢子扩散的控制越好，薯块实际越不易感染晚疫病。

---

* 为通讯作者，E-mail：dominique. steiger@bayer. com。

在众多其他植物保护性产品中，Infinito®（氟吡菌胺＋霜霉威一氯化氢）特点就是在控制孢子数量，移动性，发育能力方面作用从而能很好地限制孢子扩散。在由拜耳科学公司关于2002至2010年在荷兰进行的六个马铃薯试验的汇编中证实，含有Infinito®处理的方案在减少收获当时和以后贮藏块茎晚疫病方面显著好于标准方案。在这一汇编中，可销售马铃薯（无块茎晚疫病症状）收获时的百分比在标准方案1，标准方案2，包含Infinito®的方案3中分别为82%，92%和97%。收获后1～3个月（依赖于不同试验）可销售马铃薯的百分比在标准方案1，标准方案2，包含Infinito®的方案3中分别降至68%，86%和94%。在这种情况下，生产效率，指初始马铃薯产品在储存后依然完好的到达最终消费者的百分比，在标准方案1，标准方案2，包含Infinito®的方案3中分别为56%，79%和91%。这清楚地表明了，最大程度的控制游动孢子在田间释放能够有效地大大降低收获及存储中的损失，节省了那些由于块茎晚疫病而导致一些块茎无法到达的最终消费者手中所造成的土地、收获、运输及仓储的费用。

尼泊尔马铃薯病害特别是晚疫病现状

Buddhi Prakash Sharma[1]，Gregory A. Forbes[2]，
David E. L. Cooke[3]，Shambhu Prasad Dhital[1]，
Bhim Bahardur Khatri[1]，Binodprasad Luitel[1]

[1 National Potato Research Programme，Nepal Agricultural Research Council，Nepal；2 International Potato Center，CCCAP，ICRAF-Kunming Institute of Botany (KIB)，Kunming，650204，China；3 The James Hutton Institute，Invergowrie，Dundee，United Kingdom]

马铃薯在尼泊尔的许多地方均有种植，分布在海拔75米的低地至海拔4 700米的高山上。由于不同海拔地区种植时间和成熟时间差异很大，因此全年均可收获马铃薯。影响马铃薯块茎产量的主要生物胁迫是病害。经济上影响较大的病害有晚疫病、癌肿病、粉痂病、黑痣病、青枯病、早疫病和病毒病。在所有病害中，由致病疫霉菌引起的晚疫病研究最为深入，包括病原菌的遗传多样性和不同的农业气候条件下低成本有效的控制方法。为了研究马铃薯晚疫病菌的遗传多样性，在2011和2012两年期间从低地、丘陵和高山收集了89

个菌株。病原菌的收集、保持和评价参照 EUCABLIGHT 操作手册。这些菌株 A1 和 A2 交配型分别占 61%和 39%，且在 3 种不同地里位置有所不同，在低地中是 92∶8，丘陵是 28∶72，高地是 12∶88。对收集的菌株的甲霜灵敏感性进行测试发现，31.5%为高抗，38.2%为中等抗性，30.3%为敏感性。其中抗甲霜灵的菌株有 12%来自高山，38%来自丘陵和低地。代表 3 个地区的 19 个菌株经过微卫星标记分析发现，均属于 13 _ A2 类型，该类型在欧洲广泛分布，被认为具有很强的侵染性。上述结果表明，尼泊尔马铃薯晚疫病菌的种群正向侵染性更强的方向快速转变。将 25 个马铃薯基因型在 3 个地区，包括 Rampur（海拔 260 米）、Khumaltar（海拔1 360米）、Nigaley（海拔2 450米）进行了 2 季在自然发病条件下的测试。一共记录了 5 次发病情况，直到感病材料 KufriJyoti 的叶片全部被感染。发病程度用叶片被侵染的比例，最后转化成级数用于比较。用 R 程序包中的 AMMI 模块分析了马铃薯基因型抗病的稳定性。其中基因型 CIP 393280.57、LBr 40、CIP 393077.54、CIP 384321.15、PRP 276264.01、PRP 25861.1 和 CIP 393385.39 在几个环境中均表现出对晚疫病的稳定抗性。这些基因型也比国家标准对照品种‘Janak Dev’、‘KufriJyoti’、‘KufriSindhuri’和‘Desiree’具有更高的产量。在豌豆琼脂培养基上，杀菌剂 Acrobat（烯酰吗啉）和 Sectin（咪唑菌酮）的浓度分别在 50 毫克/千克和 250 毫克/千克下能有效抑制晚疫病菌的生长。在田间试验中，Acrobat 和 Sectin 轮流和代森锰锌一起喷施，一共 4 次，每次间隔 9 天，其性价比（4.6）比其他处理相对更高。为了找到不同寄主抗性的最合适喷施频率，在 Khumaltar 这个适合晚疫病发病的地区进行了 2 年的试验。测试的马铃薯基因型具有不同的抗性，即：‘KufriJyoti’极易感病，‘Janak Dev’具有抗性，还有两个有潜力的材料 L 235.4 和 CIP 389746.2 也用于本次试验。‘KufriJyoti’在喷施 6 次杀菌剂后表现最好，能有效控制病害并获得最高的产量，而中抗基因型‘Janakdev’、CIP-389746.2 和 L235.4 只需喷施 4 次。CIP-389746.2 在 4 次喷施、每次间隔 9 天的试验中产量达到最高（27.05 吨/公顷），而‘KufriJyoti’在 6 次喷施试验中的产量为 23.84 吨/公顷。

有机马铃薯种植中各种无铜叶片处理药剂控制马铃薯晚疫病菌的适用性研究

Jan Nechwatal，Michael Zellner

（Bavarian State Research Center for Agriculture，
Lange Point 10，85354Freising，German）

马铃薯晚疫病对有机马铃薯的产量和质量会造成严重损失，然而，这种病害还只能被含铜杀菌剂有效地控制。由于土壤中铜的积累会对环境及非靶标生物造成预期的不利影响，所以迫切需要减少铜杀菌剂的使用量。在一个旨在减少和避免铜在有机耕作中使用的项目中，对不同无铜药剂控制马铃薯晚疫病菌感染叶片的效果进行了试验，希望找到在未来可能替代或改良铜杀菌剂的产品。我们用离体叶片试验、盆栽试验和田间试验的方法对一些商业化和非商业的有机药剂进行了测试。目前为止总共测试了 23 种无铜替代产品。在离体叶片试验中，叶片在喷施了待测药剂后接种晚疫病菌。用水琼脂块保湿维持接种的晚疫病菌孢子囊悬浮液滴不被蒸发，确保不同侵染点所受感染压力一致。接种叶片在 15℃ 放置 5 天，发病率为侵染的叶片数和叶面积的百分率。用块茎或带芽眼的薯块种植的盆栽马铃薯在喷施了待测药剂后喷施晚疫病菌孢子囊悬浮液。此后植株在 20℃ 培养 7 天，头 48 小时用塑料袋将其套住保湿。同样的，发病率为侵染的叶片数和叶面积的百分率。只有很少的药剂在离体叶片试验中被证明是能有效抵抗晚疫病菌侵染叶片。其中最可靠的是壳聚糖、白藜芦醇、一种低铜含量的肥料、甘草抽提物、木贼和一种柑橘抽提物。这些产品中有些对病害的发生率和严重程度的控制几乎和铜杀菌剂一样有效。所有这些产品在马铃薯盆栽试验一样有效，可以显著降低植株的感染率。除了上述的实验室试验方法，也选择了一些无铜药剂进行了田间试验。2012 年测试了枯草芽孢杆菌，壳聚糖和柑橘制剂。2014 年测试了木贼和柑橘抽提物，壳聚糖，甘草抽提物，铜肥和白藜芦醇。田间试验表明，即使在实验室试验中被证明能提供植物保护的药剂在野外条件下不一定有效，但也进一步验证了一些产品替代或改良铜杀菌剂的可能性。特别是检测的壳聚糖、甘草抽提物、木贼抽提物和铜肥一起应用有可能会成为一种管理策略来减少叶片感染程度，从而减少孢子囊在土壤表面和有机种植的马铃薯上的积累。

利用新型化学生物试剂 Emesto™，Velum™与 Serenade™可持续性地防控马铃薯土传病害复合侵染

A. Schirring[1*]，J. Smedema[1]，A. Witzenberger[1]，S. Reiter[2]，K. Kemper[1]，H. Fuersch[1]，D. Manker[2]，S. Huvier-Boutin[1]

(1 Bayer Crop Science AG，Alfred Nobel-Strasse 50，40789 Monheim，Germany；2 Bayer CropScience LP，CA 95605，Sacramento，USA)

创新土传病害复合侵染防控措施，对马铃薯生产可持续发展起到重要作用。现今，全世界农民都面临着由土传病害引起的产量和质量损失。由于经济压力及缺乏可替换的经济作物，农户种植马铃薯轮作周期很短。目前对主要病害还没有可以有效利用的抗病种质资源，这导致了土传和虫病害的猖獗。土壤真菌如立枯丝核菌、镰刀菌、炭疽病菌与粉痂病菌，为害越来越严重，这些由病害产生的损伤又会被线虫，如根结线虫、球异皮线虫与短体线虫放大。此外，一些土壤病害和线虫会传播病毒（如烟草脆裂病毒、马铃薯帚顶病毒），对品质产生负面影响，因此影响了商品薯产量及经济收益。

这里总结了不同研究小组在马铃薯种植制度方面所取得的进展，包括轮作、整地、播种、填闲作物和覆盖作物。创新型生物防控与高效化学试剂可预期在马铃薯生产可持续发展中发挥更大作用。另外，这里也详细说明了实施新型作物可持续管理措施所面临的挑战及机遇，以及基于 Emesto™，Velum™和 Serenade™的综合管理措施。再者，这里还概述这些新方法的表现及对马铃薯产业链所有合伙人的效益。

* 为通讯作者，E-mail：albert. schirring@bayer. com。

介体密度和侵染时间对美国斑马薯片病发展的影响

A. Rashed[1], F. Workneh[2], L. Paetzold[2], N. Olsen[3], C. M. Rush[2]

(1 University of Idaho, Department of Plant, Soil, and Entomological Sciences, Aberdeen Research & Extension Center, Aberdeen, ID, US 83210; 2 Texas A&MAgriLife Research and Extension, Amarillo, TX, US79106; 3 University of Idaho, Department of Plant, Soil, and Entomological Sciences, Kimberly Research & Extension Center, Kimberly, ID, US 83341)

斑马薯片病（ZC），因其能够引起马铃薯产量和品质显著下降，已成为美国及全球马铃薯产业的关注焦点。这种病与存在于韧皮部的细菌‘*Candidatus* Liberibacter solanacearum’（Lso）相关。Lso 是一种由马铃薯木虱为传播媒介的植物病害。自 2000 年在美国发现，迄今对斑马薯片病的研究已取得巨大进展。研究在大田和实验室均已开展，如调查介体迁移与马铃薯作物出苗时间的关系，评估木虱介体传播 Lso 的效率，计算斑马薯片病情在整个季节的发展、收获后 Lso-薯块间互作，以及对种薯质量的影响。木虱介体迁移具有位置特异性，但多数情况下，马铃薯木虱首先出现在包围种植田的自然植被上，作物出苗后 2～3 周时转移到田间。田间试验结果显示，木虱侵染 3～4 周后叶片才开始出现症状（潜伏期）。斑马薯片病潜伏期不受植物生长阶段和季节的影响。薯块症状先于叶片症状出现。薯块和叶片症状的严重程度受侵染时间的影响。后侵染的薯块症状表现较轻甚至没有。收获前一周被侵染的薯块，不仅能保持表型无症状，且 qPCR 也检测不出斑马薯片病的存在。产量损失与发生在植株发育早期的侵染相关，如薯块形成和膨大期，但是薯块质量下降（如薯片质量下降）在受侵染超过一周的植株上更为严重。多数受 Lso 侵染的种薯不能发芽，少部分能发芽的则会比未被侵染的对照发芽晚，且植株矮化、弱小，并在短期内死亡。因此斑马薯片病通过种薯传播的作用可以忽略不计。同时对 Lso 与收获后薯块间的互作进行了评价。病原菌会在收获后的薯块里继续发展。在商业贮藏条件下，Lso 效价的增加与贮藏前后薯块暴露在高温下（例如愈伤期）相关。目前，对病原菌传播介体的管理仍然是减少疾病传播的关键。我们的研究目标是发现栽培措施和综合防治的方法以便实现可持续的管理办法。

Tizon Latino：拉丁美洲研究茄科晚疫病的组织

Ivette Acuna[1]，Silvia Restrepo[2]，Hector Lozoya[3]，Julio Gabriel[4]，Rafael Mora[3]

(1 Institute of Agricultural Research INIA，Osorno，Región de Los Lagos，5290000，Chile；2 University of Los Andes，Biology Science Laboratory，Bogota，11001000，Colombia；3 Chapingo Autonomous University，Texcoco，Mexico State，56230，Mexico；4 PROINPA Foundation，Cochabamba，4285，Bolivia)

马铃薯晚疫病由卵菌致病疫霉引起，是世界上攻击茄属植物的主要病源，引起世界范围内重大产量损失。该病害于 1845 年第一次发现，它引起了著名的爱尔兰大饥荒，引起数百万人死亡，许多人移民。在 20 世纪 90 年代，由于病原菌群体迁移和变化，晚疫病在世界马铃薯生产系统中再一次流行，它拥有更强的攻击性和抗杀菌剂能力，使许多商业品种的抗性丧失。考虑到上面这些问题，世界上晚疫病的研究者重点研究了致病菌、病害流行及生态、寄主遗传改良和病害综合防治上。同时，考虑到科学的世界性研究中合作是解决世界性问题的关键，我们应建立合作的网络。因此，欧洲晚疫联合会即欧洲网络有 22 个成员国，他们把研究方法标准化，有共同的研究目标，不仅涉及了晚疫病，最近也研究早疫病。此外，也成立了美国晚疫联合会和亚洲晚疫联合会，研究目标相似。Tizon-Latino 组织于 2014 年 9 月在哥伦比亚的波哥大召开的拉丁美洲马铃薯协会会议上成立。它的成立是协同研究起源自拉丁美洲、并造成严重的产量损失和影响该地区的粮食安全的一种病害和宿主的需要。现在，已有十个拉丁美洲国家成为是这个组织的成员。TizonLatino 的主要目标是分享晚疫病和其致病物的知识和规程，最终目标是推进可持续的控制这一生物学问题。这个组织网络将成为一个平台，在这里合作者共同工作去寻找用于研究茄科晚疫病的经费资助，以及加强与现有的欧洲、亚洲和北美洲合作网络密切合作。然而，拉丁美洲的网络必须找到有别于其他网络的独特的工作领域。我们知道，最重要的区别是：①在拉丁美洲病原体的宿主包括茄科物种在内的多样性；②需要参与农业推广工作和研究，这有利于科技成果的转化。因此，TizonLatino 的研究将主要是病原体的监测和特性鉴定；研究由于气候变化对农家种马铃薯晚疫病的影响，以及对多样性和粮食安全问题的影响；寻找持久抗性和育种群体；基于决策支持系统和推广的综合病虫害管理，技术转移则集中在对适应气候变化管理策略的研发和贯彻，这些都是基于拉丁美洲对晚疫病的脆弱性和粮食安全问题提出的。

更多内容请访问 https：//tizonlatino. wordpress. com

中国马铃薯病害和综合疾病管理发展趋势

陆悦健

［巴斯夫（中国）有限公司，上海　200137］

由于政策扶持和投资增加，马铃薯已经成为中国第四大重要的主粮作物。随着近来马铃薯种植和实践水平的升级，马铃薯病害复杂趋势呈现一些新的模式，特别是叶面和土传病害。本报告我们总结了中国马铃薯主产区最新和主要病害，并结合实践中综合疾病管理的进展。我们将分享 BASF 马铃薯解决方案在中国的试验结果。

Velum——一种马铃薯高效生产的革命性杀线虫剂

J. Smedema*，M. Rist，H. Fuersch

（BayerCropScience AG-Alfred Nobel Strasse
50-D-40789 Monheim am Rhein）

Velum，又名氟吡菌酰胺，是一种新型的广谱杀线虫剂，属于吡啶基乙基苯甲酰胺类化合物。氟吡菌酰胺是第一种具备抑制复合物 II（SQR）活性的杀线虫剂。它能够选择性地抑制线粒体呼吸链中的复合物 II（SQR），使线虫细胞内的 ATP 被迅速耗竭。此外，氟吡菌酰胺还具有良好的毒理学和生态毒理学特性。

* 为通讯作者，E-mail：jaap. Smedema@bayer. com。

随着现有几种杀线虫剂被限制或禁止使用，作物的线虫防治工作正面临重大挑战。与其他杀线虫剂相比，氟吡菌酰胺在极低的施用量下仍能取得优异的线虫防治效果。在南非以及在世界其他地方的研究证明，氟吡菌酰胺对马铃薯线虫病具有良好的治疗作用。作为一种高效的杀线虫剂，氟吡菌酰胺对多种线虫均具有杀灭作用，其中对根结线虫属（根结线虫）尤为显著。氟吡菌酰胺的治疗作用包括抑制根瘤、根病变发展，防治根结线虫、短体线虫和球异皮线虫等非寄生性线虫和孢囊线虫。大量田间数据表明，即便在很高的侵染压力下，氟吡菌酰胺仍能提供长久的抑线虫效果。我们计划将氟吡菌酰胺开发成不同的剂型，以满足撒施、冲施、喷雾或拌种等不同施用方式。

现行的防治线虫的方法是施用剧毒化合物。但这些化合物往往被滥用于其他领域，如毒杀动物等。因此，需要尽快将新型的低毒产品应用于线虫防治实践。Velum 无疑将会为这一困扰行业数年的问题提供全新的解决方案。Velum 能够在保证农民用药安全、减少对畜禽和其他野生动物潜在毒害的前提下，获得理想的线虫防治效果。Velum 不但可应用于棉花、玉米、烟草和甘蔗，而且还可以应用于马铃薯及其他水果和蔬菜作物的线虫防治。

中国马铃薯主食产品开发现状及前景

戴小枫

（中国农业科学院农产品加工研究所、农业部农产品加工
重点实验室，北京　100193）

马铃薯是全球公认的全营养食品，富含蛋白质、膳食纤维、维生素及矿物质等人体所需的营养素。联合国粮农组织将马铃薯列为仅次于小麦、水稻、玉米的世界第四大主食来源。在欧美等发达国家，马铃薯早已作为主食的形式食用，在人们的饮食中扮演着重要的角色。目前，中国马铃薯产量居世界首位，其消费形式多以鲜食为主，加工利用还远远落后于发达国家，加工关键技术及装备也多依赖对国外相关技术及设备的引进与改造。中国马铃薯加工产品形式主要为淀粉、变性淀粉、全粉、油炸薯片和薯条等，产品种类单一、营养价值低，缺乏适合中国居民饮食习惯的马铃薯主食产品，极大限制了马铃薯加工与消费的可持续性增长。由于马铃薯富含人体所需的营养成分，通过向传统主食内添加一定比例的马铃薯加工成新型马铃薯主食产品，有望增强传统主食的营养价值，将在很大程度上满足人们对于营养型主食的需求。近年来，中国国家马铃薯主食产品及产业开发团队以开发适合于中国居民饮食习惯的马铃薯主食产品为目的，开展了马铃薯主食专用马铃薯品种筛选、配方与工艺、品质形成机理及营养素综合评价等方面的研究。目前，已从现有主栽马铃薯品种中初步筛选出适合马铃薯馒头、面条加工的专用马铃薯品种各 2 个；研究了不同植物蛋白、不同筋度小麦粉对马铃薯馒头、面条等主食产品品质的影响，对其产品配方进行了优化，确定了马铃薯馒头、面条的最佳加工工艺；通过研究马铃薯蛋白与马铃薯淀粉的相互作用，马铃薯全粉添加对马铃薯面团流变学特性的影响，初步阐明了马铃薯主食产品的品质形成机理；分别对马铃薯馒头、面条的宏量营养素和维生素、矿物质等微量营养素及膳食纤维的含量进行了对比检测分析，采用灰色系统理论分析和营养质量指数法对马铃薯主食产品的营养价值进行了综合评价，结果表明马铃薯馒头、面条等马铃薯主食产品的营养价值显著高于小麦馒头、面条等传统主食产品。基于上

述工艺技术研究结果，创制和改造马铃薯馒头、面条的专用加工装备，开展了马铃薯馒头、面条的中试试验，成功实现了马铃薯馒头、面条的产业化生产示范，为马铃薯主食产品加工技术与装备的推广应用开辟了广阔前景。

马铃薯作为欧洲主粮的发展历程、现状及未来展望

Romain Cools

(Belgapom)

几百年来，马铃薯在欧洲大部分地区一直被视为主要食粮。

发展历程

马铃薯一直是南美洲安第斯地区印加人民的主要食物。16 世纪，西班牙殖民者将马铃薯带到西班牙，以后，由西班牙和爱尔兰僧侣将马铃薯传遍欧洲各地。马铃薯缓解了欧洲人对谷物食品的依赖，但同时也存在风险，爱尔兰大饥荒就是一个例子。

17 世纪，欧洲各国的统治者试图强迫人民食用马铃薯，但效果甚微，马铃薯仍然主要用作猪饲料。关于这段历史有很多趣味横生的故事，比如 18 世纪德国弗雷德里克大帝统治时期的发生的事情就说明了这种情况的存在。在 18 世纪，法国人 A. A. Parmentier 通过研究发现，马铃薯营养非常丰富。于是，马铃薯开始被称为“穷人的面包”。

19 世纪，随着欧洲人口的增长，马铃薯成为欧洲人民的主要食粮。工业革命时期，马铃薯每天可以为工人提供 3.000 千卡的热量，比谷物物美价廉。马铃薯降低了劳动力成本，促进了经济的发展。

丰富多样的马铃薯菜肴

过去，只有富人才能请得起厨师，烹饪各种美味佳肴。到 20 世纪下半叶，西方国家越来越多的人都能够去饭馆吃饭或者在自家的现代化厨房里烹制菜肴。

欧洲是一个多样性非常丰富的地区，所以菜肴也是多种多样，欧洲各地出现了非常多的带有地区风味的马铃薯菜肴。

薯条虽然起源于欧洲，却通过美式快餐文化逐渐传播到全世界。

欧洲马铃薯消费下降

现代人体力劳动减少，不需摄入太多的热量，欧洲逐渐出现了肥胖症这一“富贵病”。人们往往认为肥胖和食用马铃薯相关，但是大量的科学研究已经证明这种观点是错误的。自 20 世纪 90 年代起，尽管一些流行的减肥餐中把马铃薯排除在外，马铃薯还是恢复了往日的形象，成为人们心目中的天然、健康食品。

欧洲马铃薯消费下降的原因非常简单。①现代人体力劳动减少，不需要摄入太多的热量。②旅游和移民丰富了人们的饮食。③马铃薯烹饪前需要削皮，而现在欧洲人普遍比较繁忙，觉得削皮过于麻烦。

但是，最近的消费者研究表明，马铃薯在消费者中保持着良好的形象。

同时，马铃薯也在不断地现代化，口味、颜色各异的新品种不断涌现，新的马铃薯菜肴和烹饪方法（用炉灶、微波炉、炒锅）不断被开发和推广。

在超市可以看到新型的马铃薯包装方式，为消费者带来了极大的方便。在传统的薯条（新鲜、冷藏、冷冻）旁边，还有已经削皮或切完的马铃薯半成品以及马铃薯泥，方便人们食用。

可见，马铃薯经历了漫长的过程，终于从传统的主粮演变为今天大受现代消费者青睐的健康食品。

秘鲁马铃薯的多样化和综合利用

Oscar Ortiz

（Research and Development，International Potato Center）

马铃薯在安第斯山区的驯化可以追溯到约 8000 年以前。当地人几个世纪以来不断积累农耕知识和经验，逐渐形成了安第斯农业。西班牙殖民者入侵前，安第斯文化的一个主要成就是将动植物驯化，使其适应当地各种小气候，并把驯化的植物推广到其他地区。安第斯地区多样化的马铃薯栽培种就是成功的典范之一。根据国际马铃薯中心的资源评价结果，中心种质资源库共保存有4 354个原始马铃薯栽培品种，大多数至今仍然在当地种植。在这些品种中，有的只能在特定区域种植，另外一些则可以广泛种植。总体上讲，马铃薯是高山农业的典型作物，因为马铃薯是少有的几个能够在海拔4 000米以上地区生长的作物之一。由于安第斯地区马铃薯有着丰富的多样性，当地的马铃薯消费方式也多种多样。传统的烹饪方式包括煮、炖、烤、做汤以及做成当地的特色菜肴。事实上，马铃薯的保存和加工方式的雏形在印加王国时期就出现了。例如，当地的一个传统马铃薯消费方式就是加工成冻干马铃薯，而且仅能在秘鲁中南部和玻利维亚的高海拔山区制作。制作方法是：把马铃薯放在地上，利用夜晚极低的温度将马铃薯冷冻；接下来的几天，把马铃薯水分挤出，放在强烈的阳光下晒干，最后剩下一个干淀粉块，其可以储存多年。从安第斯文化形成之初，当地人就栽培和应用马铃薯，原始品种基本只能在当地集市见到，大概几十年前才有个别品种进入城市的市场。然而，随着城市人口的增长和移民逐渐频繁，促进小农与市场的有效对接势在必行。因此，国际马铃薯中心联合部分合作伙伴共同采取行动，将原始马铃薯品种推广到城市，促进这些品种的鲜食和加工消费。于是，越来越多的原始马铃薯品种进入城市，并成为秘鲁美食中不可或缺的重要原料。随着秘鲁菜系在世界上日渐崭露头角，秘鲁人开始利用原始马铃薯等当地特有的原料烹饪出更多的美味佳肴。加工行业也充分利用原始马铃薯颜色鲜艳多样等特征，推出各种各样的彩色薯片产品。粉色、红色、蓝色和紫色的马铃薯不仅色彩艳丽，吸引消费者的目光，更含有丰富的花青素，具有抗氧化的功能和微量元素（主要是铁和锌），促使秘鲁人均马铃薯消费量在过去的10年中增至85千克。总而言之，马铃薯对保障秘鲁和安第斯地区其他国家的粮食安全发挥了重要作用，并且会在将来把这一积极影响发扬光大。

马铃薯机械化

孟加拉国小型农户使用的双轮马铃薯播种机

M. Israil Hossain[1]，Scott Justice[2]，K. Sayre[3]，B. K. Goshami[4]，M. K. Gathala[5]

[1 Bangladesh Agricultural Research Institute，Rajshahi (mdisrail@gmail. com)；2 CSISA Project，Nepal (sejustice@gmail. com)；3 Former CIMMYT Agronomist，Mexico (ken. sayre@gmail. com)；4 Tuber Crop research Centre，BARI，Gazipur (bkgbari@yahoo. com)；5 CIMMYT Bangladesh，Dhaka (m. gathala@cgiar. org)]

位于拉杰沙希市的孟加拉国农业研究所成功研制出一种低成本的两轮马铃薯播种机，它可以在预先规定间距的犁沟上自动种植马铃薯整薯和薯块。该播种机属于步行式播种机，适合小型零散土地。这种马铃薯播种机能够保持600毫米的行距和200～250毫米（整薯）及150～160毫米（薯块）的株距。这种播种机使用一些等距离间隔的种杯将种薯块隔离，通过垂直方向使每个种杯一次一块的方式传送种薯完成播种。这个播种机同时完成四种机械式功能，即用旋转叶片翻土和开沟，放配种薯切块，铺平土层，并深埋种薯块。2011—2013年对播种机进行田间性能测试，主要是为了测试拖拉机的前进速度及种薯大小对株距一致性和漏播发生率的影响。测试采用了4种不同的拖拉机工作速度和4种不同大小的种薯块，对播种机的性能进行测试。株距的一致性随着播种速度提高而变化。结果发现，考虑到株距一致性和漏播发生率，2.4千米/小时的前进速度和35毫米的种薯块大小是最合适的。现场试验验证在孟加拉国的Puthia，帕巴，拉杰沙希区的实验站和农田进行。马铃薯播种机的平均有效耕植面积和漏播率分别为0.10公顷/小时和3%。与传统的人工播种方法所需的67个工日/公顷相比，播种机仅需要4个工日/公顷。机器播种马铃薯的种植成本为4 804塔卡/公顷（1美元=78塔卡），而使用人工播种整薯和薯块的成本分别为14 740塔卡/公顷和16 940塔卡/公顷。机器播种与人工播种马铃薯在产量上没有显著差异。与传统人工播种方法相比，马铃薯播种机能节省94%的人工成本和67%的种植成本。考虑到劳动力的短缺以及传统人工播种马铃薯的巨额成本，当地本地机械制造商已经开始制造这种双轮播种机。本播种机的操作需要一个主要操控员和一个辅助操控员来协同完成播种工作。这种马铃薯播种机适用于孟加拉国的其他地区，以及一些使用双轮拖拉机为主要农耕工具的亚洲国家。

中国农业机械化发展现状与展望

李伟国

（农业部农业机械化管理司，北京　100026）

中国改革开放特别是2004年《农业机械化促进法》颁布后，我国农机化事业持续快速发展，为保障国家粮食安全、加快农业现代化进程提供了坚实的物质装备技术支撑。

一是农机装备总量快速增长。2014年全国农机总动力达10.76亿千瓦，比2004年增长了67.86%。农机装备结构持续优化，加快朝大马力、多功能、高性能方向发展，大中型拖拉机、联合收获机、水稻插秧机保有量分别超过558万台、152万台、66万台，分别是2004年的5倍、3.7倍、9.8倍。

二是农机作业水平明显提高。2014年全国农作物耕种收综合机械化水平达61%，比2004提高了26.7个百分点。三大粮食作物综合机械化水平均超过75%，小麦生产基本实现全过程机械化。水稻机械化种植、收获水平分别从2004年的6%、27%提高到现在的38%、81%，玉米机收水平从2%提高到55%。我国农业生产方式实现了由人力畜力为主向机械作业为主的历史性跨越。

三是农机社会化服务蓬勃发展。截至2013年底，全国农机化作业服务组织达16.9万个，其中农机专业合作社数量超过4.2万家，比上年增长23.5%。全国农机跨区作业面积达3 400万公顷，作业收入达248.5亿元，分别比上年增长7.1%和10.7%，农机化作业收入成为农民持续增收的重要渠道。

四是农机工业不断发展壮大。2014年全国2 207家规模以上农机企业主营业务收入累计达3 952亿元，比10年前增长了4.1倍，中国成为全球农机制造第一大国，主要农机产品已能满足国内市场90%左右的需要。

中国农机化的快速发展，一是源于工业化、城镇化加速推进，农村劳动力大量转移，农业劳动成本大幅上升，推动机器替代人工的进程不断加快；二是得益于农机购置补贴等强农惠农富农政策的实施，充分调动了农民购机用机的积极性。

展望未来，中国农机化将围绕转变发展方式、提升质量效益这条主线，向全程、全面方向发展提速，向高质、高效方向转型升级。到 2020 年，全国农作物耕种收综合机械化水平将达到 70%左右，小麦、玉米、水稻等主要粮食作物生产基本实现全程机械化，主要经济作物机械化生产和现代设施农业取得重大进展，养殖业、林果业、农产品初加工机械化全面推进。农机化科技创新能力和技术应用水平明显提升，农机与农艺、机械化与信息化高度融合。

中国是世界马铃薯生产第一大国，2015 年中国农业部又启动了马铃薯主粮化战略。2013 年全国马铃薯耕种收综合机械化水平达 37%，比 5 年前提高了 16 个百分点，但相比小麦、水稻、玉米等主要粮食作物，马铃薯生产机械化水平仍明显偏低，是我国农业机械化发展的“短板”。中国政府将进一步采取有力措施，加快发展马铃薯生产机械化。

中国马铃薯机械化收获技术及装备研发

吕金庆　李紫辉　李季成　刘中原

（东北农业大学，黑龙江哈尔滨　150030）

根据中国马铃薯种植模式、规模、土壤条件、不同种植区特点及具体农艺要求，研究设计了系列马铃薯机械化收获装备；按收获工艺连续性分：分段收获和联合收获，中国马铃薯主要以多地块小面积种植为主，目前分段收获仍是中国马铃薯收获应用的主要形式，为此主要研究分段收获的 2 种机型：其一针对北方黏重土壤马铃薯挖掘阻力大、易堵塞壅土、故障率高等问题研究设计升运链式马铃薯挖掘机；其二为解决丘陵山地等小地块种植区马铃薯机械化收获问题，针对小地块、坡度大、多石等影响马铃薯收获的关键因素，研究设计振动式马铃薯挖掘机。此两项研究的新理论、新方法、新技术和新机具，将为中国马铃薯收获机的研究设计提供理论依据和技术参考，促进马铃薯机械化进步和马铃薯产业的总体提升。

升运链式马铃薯挖掘机机架前端挖掘铲两侧设置浮动式圆盘切刀，挖掘铲尾部设置分石栅，且挖掘铲角度可根据作业要求进行调节，机架两侧设置防杂草缠绕滚轮，两级升运分离筛使分离、升运能力更为突出。工作时，拖拉机牵引机组进行挖掘作业，通过拖拉机液压系统和地轮调节挖掘铲入土深度，圆盘切刀切碎待入升运链的土壤及茎叶杂草，土薯混合物进入两级升运分离装置，升运链式土薯分离装置将黏重土壤进行疏松、破碎和分离，最后薯块经第二升运链分离输送条状铺放到地面，人工捡拾完成整个收获作业。振动式马铃薯挖掘机的设计思想是应用连杆机构的结构设计形式，使挖掘铲和分离筛同时获得相反方向的运动，进而抵消部分惯性力，提高机器工作稳定性。通过拖拉机三点悬挂牵引马铃薯挖掘机作业，振动挖掘铲和振动分离筛的振动动力由拖拉机动力输出轴输出，通过万向传动轴经偏心轮一端输入，偏心轮另一端通过铰接臂与振动架的球铰链约束将动力传递给振动架，振动架的摇摆运动通过连接板带动挖掘铲和分离筛产生绕机架的摆动，实现挖掘铲与分离筛的振动，最终完成马铃薯的挖掘和分离工作，通过人工捡拾完成分段收获作业。

2013 年 9 月和 2014 年 9 月末在黑龙江省农业科学院试验基地（黑黏土）、黑龙江省克山（黑黏土）、内蒙牙克石农场（沙壤土）对双行升运链式马铃薯挖掘机进行了田间试验。试验地为旱地垄播，试验区的垄长长度大于 500 米，垄距为 800 毫米，垄高 280 毫米，品种为：荷兰 15、大西洋、克新 19 号，垄播株距约为 200 毫米，结薯深度为 150～300 毫米。双行升运链式马铃薯挖掘机配套动力为雷沃 1204 拖拉机，功率为 88.4 千瓦，总作业面积 40 公顷。2014 年 9 月末在东北农业大学香坊农场试验基地（作业面积 2.5 公顷、黑黏土）、黑龙江省农业科学院试验基地（作业面积 4 公顷、黑黏土）对单行振动式马铃薯挖掘机进行了田间试验。试验地为旱地垄播，试验区的垄长长度大于 200 米，垄距为 800 毫米，垄高 250 毫米，品种为：东农 303、东农 304、克新 9 号，垄播株距约为 200 毫米，结薯深度为 150～200 毫米。马铃薯挖掘机配套动力为约翰迪尔 280 型拖拉机，功率为 20.6 千瓦。按照国家行业标准《马铃薯收获机质量评价技术规范》（NY/T 648—2002）规定的试验方法，对马铃薯收获性能评价指标明薯率、伤薯率、破皮率、纯工作小时生产率等进行了测定。试验结果表明在同等收获条件下双行升运链式马铃薯挖掘机收获性能参数优于未设置防堵系统的传统机型，且比较适应北方黏重土壤条件下的马铃薯收获作业，单行振动式马铃薯挖掘机各收获性能参数优于同类型马铃薯挖掘机，收获质量和效率较高，机器故障率低，能够适应小地块、大坡度、多石等地块的马铃薯挖掘作业。

马铃薯中小型机具的研究与应用——以中国西南地区为例

任丹华[1] 黄钢[2] 刘小谭[3] 胡建军[2] 陈涛[4] 何卫[2]

（1 四川省农机化技术推广总站，四川成都 610041；
2 四川省农业科学院，四川成都 610066；
3 四川省农机院，四川成都 610066；
4 成都农林科学院，四川成都 611000）

研究适宜西南地区丘陵山区以中小型机具配套为主的马铃薯机械化生产技术模式，重点突破丘陵山区马铃薯机械化生产的技术瓶颈，提高马铃薯机械化生产作业水平。课题采用起垄播种技术路线和平播后起垄技术路线，以起垄播种技术路线为主，即机械化耕整地→机械化起垄施肥播种→机械化中耕→机械化喷药→机械化灭秧→机械化挖掘。围绕该技术路线结合农艺栽培要求集成马铃薯机械化生产关键农机技术：一是机械化耕整地技术，机耕要求达到耕深稳定在20～25厘米，地表平整，上松下实，碎土率>80%；二是机械化播种技术，机播要求达到均匀一致，不重播、不漏播、不损伤种薯。播种深度符合要求，深浅一致，覆盖均匀严实，种块覆土深度在10厘米以下为宜，沙性土壤覆土深度应在12～15厘米左右。起垄作业时，可在起垄完成的同时实施药剂喷施除草作业；起垄铺膜联合作业时必须同时实施药剂喷施除草作业。三是机械化中耕培土技术，中耕要求达到中耕作业后无大土块，沟垄整齐，垄形饱满。行间杂草除净，草根切断，深浅一致，其偏差不大于1厘米，地表起伏不超过4厘米，翻起的土不得埋压作物。追肥作业无明显伤根，伤苗，追肥深度6～10厘米，追肥部位在植株行侧10～20厘米，肥带宽度>3厘米，无明显断条，施肥后覆盖严密。四是机械化植保技术，植保作业要求达到药量准确，各喷头喷量均匀一致，药液雾化良好，喷施均匀；五是机械化收获技术，机收要求达到挖出的薯块集中铺放于作业带上，便于人工捡拾，提高工效。挖净率≥98%，明薯率≥97%，伤薯率≤3%。以马铃薯机械化生产关键技术为基础，按照全面、全程、高质、高效和农机农艺相融合的原则确立三组机具配套方案，方案一适用于海拔高度800～1 000米，田块面积0.5～1亩的山区小地块或套间作，选用小型履带式动力机械和单行播种、收获机械；方案二适用于海拔高度800～1 000米，田块面积：≥1亩的丘区马铃薯机械化生产，选用30～70马力的中小型轮式、履带式拖拉机作为动力机械以及大垄双行、双垄双行的播种机和单垄收获机；方案三适用于海拔高度≥2 200米，田块面积≥10 亩的高原规模化马铃薯机械生产，选用 90～120 马力的大中型拖拉机作为动力机械以及双垄单行播种、收获机械。结合以上研究结果，最终形成马铃薯机械化生产技术模式，主要内容包括：播前准备、播前整地、适时播种、田间管理和机械化收获，农艺方面强调选择结薯集中且深浅一致的脱毒种薯并进行种薯处理，做好草害和病虫防控，农机方面要求选用集成的马铃薯机械化生产关键技术，并按照各地的马铃薯品种特性，选定合适的播量，保证亩株数符合农艺要求。

全球马铃薯机械化生产的发展趋势

SebastianTalg

(Grimme Landmaschinenfabrik GmbH & Co. KG，
Hunteburger Str. 32，49401 Damme，Deutschland)

位于德国达默的 Grimme Landmaschinenfabrik 公司是马铃薯生产机械化的领先供应商。我们给世界上 120 多个国家提供机械。本报告比较了欧洲和北美的老牌马铃薯生产国与亚洲、非洲和南美洲的新兴马铃薯生产国的发展情况。老牌马铃薯生产国在从体力劳动向机械化转变的过程中发挥了关键作用，下一步会向自动化和数据管理的方向发展。而在新兴国家大多数农民在机械化仍然处于和领先者之间距离距离遥远的状况。

与老牌马铃薯生产国在过去 70 年里机械化发展历程相比，新兴马铃薯生产国机械化的速度要迅速得多。食物链各个环节的相关方开展协作对于种植者、生产原料产业和食品加工企业来说至关重要。提供正确的咨询和服务能够对新兴马铃薯种植者的发展起到关键作用。

本报告还对“大数据”如何促进马铃薯生产的发展进行了讨论。

马铃薯块茎休眠和发芽相关基因及分子机制研究

司怀军[1,2,3] 刘柏林[1,2] 张宁[3] 文义凯[3] 杨江伟[1,2] 王蒂[1,2]

（1 甘肃省作物遗传改良与种质创新重点实验室，甘肃兰州 730070；2 甘肃省干旱生境作物学省部共建国家重点实验室培育基地，甘肃兰州 730070；3 甘肃农业大学生命科学技术学院，甘肃兰州 730070）

马铃薯块茎生活周期包括块茎形成、发育、休眠和发芽的过程。马铃薯块茎休眠是指在最适宜的发芽条件下，块茎也不发芽生长的生理状态。块茎休眠期的长短依赖于马铃薯的基因型和生长发育过程中的环境条件。块茎休眠的解除和发芽与块茎的结构和代谢变化以及基因表达模式的变化密切相关。本研究应用抑制差减杂交技术（SSH）、转录组测序和同位素标记相对与绝对定量（iTRAQ）蛋白质组测序方法鉴定了块茎休眠和解除过程差异表达基因和蛋白。利用 SSH 技术构建了一个马铃薯块茎休眠与发芽相关基因片段的差减文库并筛选出了 304 个 ESTs，其 EMBL/GenBank/DDBJ 核酸数据库注册号为 JK483901-JK484204。GO 分类注释表明 45%、34%和 3% ESTs 分别与结合、催化活性和信号传导生物学过程相关，并且其中的部分 ESTs 已鉴定与植物打破休眠有关。对休眠块茎（DT）、休眠解除块茎（DRT）和发芽块茎（ST）进行了 Illumina RNA 测序获得了大量的表达基因。在 3 个阶段的样品中共鉴定到26 639个基因，其中5 912个基因在 DT 和 DRT 之间差异表达，包括3 450个上调表达基因和2 462个下调表达基因；另外，3 885个基因在 DRT 和 ST 之间差异表达，包括2 141个上调表达基因和1 744个下调表达基因。对 RNA 测序结果中 20 个差异表达基因进行了 qRT-PCR 验证，结果与 Illumina RNA 测序结果具有较高的一致性。对 DT、DRT 和 ST 进行了 iTRAQ 蛋白质组测序研究，在 3 个阶段中共鉴定到1 752个蛋白质，其中 316 个蛋白质在 DT vs DRT 中差异表达，包括 137 个上调表达的蛋白质和 139 个下调表达的蛋白质；另外，120 个蛋白质在 DRT vs ST 中差异表达，包括 40 个上调和 80 个下调表达的蛋白质。研究发现块茎储存物质的移动在块茎芽出现之前已经激活（DT vs DRT），在块茎芽出现后表现增强。与生长素、赤霉素、细胞分裂素和油菜素内酯相关的上调表达基因在 DT vs DRT 中起主要作用，而与乙烯，茉莉酸酯和水杨酸盐相关的上调表达基因在 DRT vs ST 中起主要作用。各种与组氨酸和细胞周期相关的同源基因主要在 DT vs DRT 中上调表达。另外，植物胁迫响应和氧化还原调控也参与了块茎的休眠解除过程，大量参与生物胁迫，细胞壁代谢相关的基因在 DRT vs ST 中优势表达，这些过量表达的基因能够加速块茎休眠的解除和休眠解除后芽的生长。所有差异表达的蛋白质被分配到了 11 个蛋白质功能组中，在 DRT vs ST 中，上调表达的差异蛋白质主要富集在蛋白质代谢、细胞壁合成、脂质代谢以及信号调控相关的功能类别中，而下调表达的差异蛋白质主要富集在光合作用、激素代谢和蛋白质代谢功能类别中。与休眠解除过程的差异表达基因变化一致，大多数的差异表达蛋白质在 DT vs DRT 中表达，表明随着休眠期分生组织的生长暂停到再次生长的代谢转移，最终导致块茎的休眠被解除。该研究结果可为进一步深入研究马铃薯块茎休眠和发芽的机理及其遗传改良提供分子基础。

将转基因马铃薯引入市场

Joseph Guenthner

（University of Idaho，Moscow，Idaho，USA 83843）

全世界很多地方已经研发出了转基因马铃薯。北美第一个用于商业推广的品种是由孟山都的子公司 NatureMark 研发的。在 20 世纪 90 年代引进后，该公司的 NewLeaf 马铃薯控制了科罗拉多马铃薯甲虫（*Leptinotarsa decemlineata*）的数量。NewLeaf 的种植迅速增长，在 1998 年达到顶峰。对出口市场中的不恰当的转基因身份保持认证（IP）以及转基因激进分子的反对是导致 NewLeaf 马铃薯市场失败的原因之一。

孟山都转基因马铃薯市场化失败后，JR 辛普劳公司开始投资转基因马铃薯的研发。15 年后，即 2015 年，美国农业部（USDA）和美国环境保护局（EPA）批准了辛普劳公司马铃薯 Innate^{TM} 1.0 的商业化种植。同时，在加拿大也得到监管部门的批准。辛普劳公司的科学家通过来自茄科作物的遗传物质在四个品种‘Russet Burbank’，‘Ranger Russet’，‘Atlantic’以及

'Snowden'中研发出低丙烯酰胺和抗碰伤的马铃薯。已申报的马铃薯 Innate™ 2.0 含有晚疫病抗性以及低温贮藏的性状，但是目前还未得到商业化种植的批准。

除了得到政府的批准，辛普劳公司还设法说服种植者、包装者、加工工人、马铃薯产业组织以及非政府组织接受转基因马铃薯。意识到转基因身份保持认证（IP）的必要性后，辛普劳公司为转基因马铃薯种植的商业化建立了一个封闭系统（CLS）管理项目。这个封闭系统规定只有持照种植者和操作人员才能接触到 Innate™ 马铃薯。2015 年，辛普劳公司将与种植者和新鲜马铃薯、鲜切马铃薯和薯片市场的操作人员签署许可协议，但未涉及到冷冻加工制品和脱水制品市场。

在未来几年，马铃薯 Innate™ 3.0 仍在为获得商业化许可做准备。这个产品将含有 1.0 和 2.0 的性状，此外还包含了更持久的晚疫病抗性和马铃薯 Y 病毒（PVY）的抗性。

发展中国家同源和异源抗晚疫病转基因马铃薯所面临的挑战

Marc Ghislain[1]，Eric Magembe[1]，Cristina Rivera[2]，Maria-Lupe Roman[2]，Jan Kreuze[2]，Gregory Forbes[3]，Anne Njoroge[4]，Abel Arinaitwe[5]，Andrew Kiggundu[5]

[1 Biosciences East and Central Africa-ILRI hub，International Potato Center，P. O. Box 25171，Nairobi，00603，Kenya；2 Applied Biotechnology Laboratory，International Potato Center，P. O. Box 1558，Lima 12，Peru；3 International Potato Centre-Beijing Office，12 Zhongguancun South Street，Beijing，China，100081；4 International Potato Center，P. O Box 22274，Kampala，Uganda；5 Kachwekano Zonal Agricultural Research and Development Institute，National Agricultural Research Organization（KaZARDI-NARO），P. O. Box 421，Kabale Uganda]

马铃薯在世界各地均有种植，是第三大重要粮食作物。在发展中国家马铃薯通常作为主食和经济作物，并多在农贸市场出售。种植马铃薯的地块通常很小，如在肯尼亚只有四分之一公顷或更小。由致病疫霉菌引起的晚疫病仍然影响着世界各地种植的大部分马铃薯。由此引起的作物损失各不相同，小农遭受的损失最为严重，可能损失所有产量。大量喷施杀菌剂，是目前在田间使用最多的控制病害的措施。在发展中国家，通常在叶片明显发病后才开始喷施杀菌剂，这种做法阻碍了有效地控制病害。杀菌剂很贵，小农户有时不用起。像其他地方一样，这种做法会导致晚疫病菌小种产生抗药性。尽管有报道过中毒的例子，但农民自己一般没有认识到杀菌剂对其及其家庭健康的负面影响。农民几乎总是把具有晚疫病抗性的品种作为他们的首选之一。在马铃薯晚疫病抗性育种史上，很早的时候是利用野生种中的 *R* 基因，尤其是来自野生种 *Solanum demissum*，但晚疫病菌能够克服由这些单一 *R* 基因提供的抗性。通过开发依赖微效基因的数量性状，而不是单个如 *R* 基因的主效性状，得到了一些中等抗性的品种，减少了杀菌剂的使用量，然而现今大多种植的品种都是感病的。一个有希望的策略是将多个 *R* 基因通过农杆菌介导的方法一起转到现在大量种植的易感晚疫病的马铃薯品种中。一些国际项目已经开发这种利用 *R* 基因抵抗晚疫病的新马铃薯。威斯康星大学已经将从 *S. bulbocastanum* 中克隆的 *RB* 基因转到马铃薯栽培种 Katahdin 中，印度现在也在将 *RB* 基因转到适应当地的品种中使其具有晚疫病抗性。另一个从马铃薯野生种 *S. venturii* 克隆的 *R* 基因 *Rpi-vnt1. 1* 已经被辛普劳公司转到品种 Russet Burbank 中，目前正由美国农业部对其商用性进行评估。在荷兰，三个分别从野生种 *S. stoloniferum*、*S. venturii* 和 *S. bulbocastanum* 中克隆的 *R* 基因的 *Rpi-sto1*、*Rpi-vnt1. 1* 和的 *Rpi-blb3* 也已被转到一个马铃薯品种中。这些来自 DuRPh 项目的新马铃薯已经在比利时和荷兰进行了几次田间测试，证明具有很高的抗性。同样的，在国际马铃薯中心我们将从野生种 *S. bulbocastanum* 和 *S. venturii* 中克隆的 *R* 基因 *RB*、*Rpi-blb2* 和 *Rpi-vnt1. 1* 同时转到四个在东非国家种植的马铃薯品种中。这个新的基于 *R* 基因的战略的成功与否将由提供保护的程度和持久性来衡量。在这些新品种可以被开发和释放前肯定会面临许多问题。生物学的问题有很多，也将继续成为深入研究的重点。哪个 *R* 基因有可能提供长期保护，哪个效应子最有可能是病原菌致病必不可少的，*R* 基因的表达量需要多高，需要一起使用多少个 *R* 基因，*Phytophthora infestans* 是否可以躲避 *R* 基因介导的抗性，都是一些最重要的研究课题。产品开发面临的问题也同样重要，因为这决定了晚疫病抗病品种可能被接受的程度。哪些品种最适合转基因，需要哪些合作伙伴，成本多少，这些问题影响马铃薯晚疫病抗病品种的开发。监管的问题也很重要，因为这些会影响产品释放所需的成本和时间，可能也会影响对产品的认知度。通过同源转基因方法得到的产品几乎等同于传统育种得到的马铃薯，从科学的角度不应该被看作是一般转基因产品而受到监管。众所周知由 *R* 基因编码的蛋白质在植物细胞外极不稳定，所以无法进行任何标准的毒性试验。这些 *R* 基因已被转育到不同品种中，将它们聚合到一起使用对健康和环境不会造成任何不同。最后，为发展中国家规划开发产品时不应忽略利用产品时所面临的问题。这种异源转基因品种的轮作或空间布局是否可行，以什么形式释放以及市场限制因素是决定抗病新品种被接受程度的重要问题。这些问题不能只依靠科学家来解决，权威专家也应参与引导决策制定者，以便这项技术效益最大化。

利用叶绿体和线粒体分子标记分析马铃薯近缘野生种、杂交种和栽培种细胞质类型多样性

Mousa Torabi-Giglou[1*]，Jaber Panahandeh[2]，Seyed Abolghasem Mohammadi[3]，Fariborz Zaree Nahandi[2]，Alireza Motallebi Azar[2]，Jadwiga Sliwka[3]

(1 Moghan College of Agriculture and Natural Resources. University of MohagheghArdabili，Parsabad Moghan，Ardabil province，Iran；2 Faculty of Agriculture，University of Tabriz，51666-14766，Tabriz，A. sharghi，Iran；3 Plant Breeding and Acclimatization Institute-national，research Institute，MIochów research Centre，Platanowa 19，05-831 MIochów，Poland)

马铃薯可能是含有数量最多的近缘野生种数量最多的作物，而且几乎所有的马铃薯野生种同属于一个基因库，所以可以利用多方法将栽培种与野生种杂交进而利用野生种的有性状。然而杂交中会有一些障碍，比如胞质不育。马铃薯的细胞质类型，是由不同的叶绿体和线粒体 DNA 的类型决定的，对设计高效的育种和杂交组合非常重要，而核染色体 DNA 是对于一些特殊性状如各种类型的雄性不育起作用。通过线粒体和细胞质的分子标记分析 45 个马铃薯基因型的细胞质 DNA 多样性和亲缘关系，表明它们含有 3 种不同倍性和 EBN 水平，属于 16 个种（一些近缘野生种，杂交种和栽培种）。为了评价分子标记，采用 CTAB 法提取 DNA（Doyle and Doyle，1987）并调整浓度为 25 纳克/升。

---

* 为通讯作者，E-mail：mtorabi@uma. ac. ir。

在本研究中我们利用 5 个叶绿体 DNA 标记引物（T、S、D、SAC 和 A）鉴定不同的叶绿体 DNA 类型，用 1 个线粒体 DNA 标记引物（ALM _ 4/ALM _ 5）鉴定线粒体类型 α、β 和 γ。将这些引物单独或叠加使用。将 A、T 和 SAC 引物扩增的 PCR 产物用 *BamH* I 酶切，37℃反应 3 小时。然后根据 Hosaka 和 Sanetomo 在 2012 发表的标准，通过叶绿体和线粒体 DNA 基因型判断细胞质的类型。普通马铃薯的细胞质基因组的特征是含有 T 型叶绿体 DNA，而在研究的马铃薯种质资源中观察到细胞质类型的多样性。根据标记带型结果表明有 10 种细胞质类型。在 2EBN 基因型中最常见的细胞质类型为 D/α，而所有的杂种和测试的栽培种为 T/β 型。墨西哥二倍体马铃薯中含有 B 基因组和 *S. commersonii* 含有 A 基因组的基因型的细胞质类型都为 W/γ。在墨西哥马铃薯中，7 个具有 W 型细胞质二倍体基因型的线粒体类型可以被分为 α、γ 和 σ 型。所有的 2EBN 4X 型异源多倍体马铃薯的细胞质类型为 D/α 型，包括 *S. papita*、*S. hjiertingii*、*S. polytrichon* 和 *S. stoloniferum*，除了两个基因型（plt/62 和 fen/37）为 D/γ 型。除了杂种外，St1. K 和 A. K 也为 T/β 型，SB. K 为 W/α 型，两个杂种 stbr-p 和 stbr-w 为 D/α 型，而 *S. andigena* 和商业品种 Agria 和 Satina 为 T/β 型。本研究中的 *S. acaule* 的不同基因型具有不同的细胞质类型。基因型 acl/67、acl/76 和 acl/49 的细胞质类型分别为 W/β、D/β、M/α 和 P/β。只有 phu/op 的细胞质类型为 P/β，研究的其余 *S. phureja* 的基因型都为 D/α。

通过目标基因编辑开发马铃薯新性状

Benjamin M. Clasen[1]，Thomas J. Stoddard[1]，Redeat Tibebu[1]，Shawn Davison[1]，Luc Mathis[1]，Daniel F. Voytas[1,2]，Feng Zhang[1]

（1 Cellectis plant sciences Inc.，600 County Road D West Suite 8，New Brighton，MN，55112；2 Department of Genetics，Cell Biology，and Development and Center for Genome Engineering，University of Minnesota，Minneapolis，Minnesota 55455）

马铃薯（*Solanum tuberosum*）是第三大重要粮食作物，2013 年全世界的产量估计有 3.68 亿吨。然而，由于马铃薯是同源四倍体，遗传复杂及其高度杂合，性状改良工作面临巨大挑战。传统的改良策略需要较长的育种周期以及筛选数量庞大的群体以期积累想要得到的等位基因。最近，由于技术和方法的进步，使目标基因的精确改造成为可能，对于克服这些挑战并加速马铃薯性状改良带来了希望。本研究利用类转录激活因子效应物核酸酶（TALENs）介导的基因编辑技术创造了经低温贮藏后加工特性仍然良好的马铃薯新品种。低温贮藏是减少马铃薯薯块出芽、增加采后贮藏期的常用方法。但是，低温刺激了块茎中还原糖的积累。在高温加工过程中，这些还原糖与自由氨基酸反应产生褐化、苦味物质，提高了丙烯酰胺（一种潜在的致癌物质）的含量。我们的结果显示，TALENs可以有效地敲除商业品种'Ranger Russet'中液泡转化酶基因（*VInv*）。完全敲除*VInv*基因植株所产生的马铃薯几乎检测不到还原糖的含量，加工后的薯条丙烯酰胺的含量降低，色泽较浅。这些结果为在商业化栽培的四倍体马铃薯品系中使用基因编辑技术快速改良性状提供了范例。

利用疫霉菌自然近缘种解析马铃薯晚疫病菌致病机理

董莎萌[1]　黄杰[1]　汪杨[1]　熊琴[1]　许华伟[1]
陈汉[1]　王帅帅[1]　闫亭秀[1]　Sophien Kamoun[2]

（1 南京农业大学植物保护学院，江苏南京　210095；
2 英国 The Sainsbury Laboratory，Norwich，NR4 7UH）

马铃薯晚疫病是马铃薯生产上的世界性难题。其病原马铃薯晚疫病菌（*Phytophthora infestans*）在自然界中存在多个近缘种如*P. mirabilis*和*P. ipomoeae*，这些近缘种侵染完全不同的寄主植物，是研究马铃薯晚疫病菌致病机理的理想材料。全基因测序分析表明近缘种彼此之间的基因组序列相似度非常高，但是一些编码分泌蛋白的基因进化速率显著高于其他基因，提示这些基因可能是病原菌毒力的重要组成部分或者是决定寄主范围的重要因子。进一步生化研究表明马铃薯晚疫病菌及其近缘种携带的蛋白酶抑制子对不同寄主来源的蛋白酶具有差异显著的抑制活性，而且寄主靶标上单氨基酸突变导致病原菌蛋白酶抑制子通过关键氨基酸的突变来进一步适应不同的寄主，初步揭示了病原菌适应寄主的分子和生化机理。通过全基因组扫描分析发现了50多个具有蛋白酶抑制子特征的分泌蛋白，其在晚疫病菌致病过程中的毒性机理以及进化中与寄主蛋白相互适应的机理尚在研究中。

沉默淀粉磷酸酶 L 和淀粉相关 R1 基因对转基因马铃薯淀粉降解的影响

Morteza Kamrani[1*], Bahram Baghban Kohnehrouz[2], Ashraf Gholizadeh[3], Asghar Ebadi[1]

[1 Moghan College of Agriculture and Natural Resource, University of Mohaghegh Ardabili, Ardabil, Iran; 2 Department of Agronomy and Plant Breeding, Faculty of Agriculture, University of Tabriz, Tabriz, Iran; 3 Research Institute for Fundamental Sciences (RIFS), University of Tabriz, Tabriz, Iran]

马铃薯(*Solanum tuberosum* L.)是世界第四大粮食作物。为了抑制低温贮藏过程中淀粉的降解，我们构建了一个多基因沉默载体 pBIPhLSAR1-IR。以马铃薯栽培种品种‘Marfona’的 DNA 为模版，分别以引物对 P1/P2 和 P3/P4 扩增到了淀粉酶相关 R1 基因(*SAR*1) 137～208 的片段(Gene bank 登录号：Y09533)和淀粉磷酸酶 L 基因(PhL)的 1974～2340 片段(Gene bank 登录号：AF143202)；随后，成功地将扩增产物克隆到 pGEMT-easy 中，并通过酶切和测序验证。为了构建多基因沉默载体，首先将包含 *Kpn* Ⅰ和 *BamH* Ⅰ酶切位点的淀粉磷酸酶 L 基因片段克隆到 pUC19 命名为 pUC19PhLSAR1。随后淀粉相关 R1 基因片段克隆到 pUC19PhL 的酶切位点 *Sac*I 和 *Kpn*I 之间，并命名为 pUC19PhLSAR1。以 pUC19PhLSAR1 为模板，用引物对 P5/P6 扩增到了一个 344 bp 的片段，并将该片段克隆到 pUC19PhLSAR1 的酶切位点 *BamH*I 和 *Xba*I 之间，并命名为 pUC19PhLSAR1-IR，两个反向重复的序列间剩余的 75 bp 序列作为间隔区；最后，将 pUC19PhLSAR1-IR 的 *Sac*I-*Xba* Ⅰ酶切片段克隆到 pBI121 的酶切位点 *Sac*I 和 *Xba* Ⅰ之间，并以栽培种品种 Agria 和 Marfona 为受体，进行遗传转化。通过对 NPTⅡ和干涉片段的 PCR 阳性检测以及 DNA 印记等，证明干涉片段成功插入到受体基因组中，并通过 qRT-PCR 分析 4℃贮藏 90 天后转基因株系微型薯和未转基因对照的 *PhL* 表达量，结果表明转基因株系中 *PhL* 的表达量降低到了对照的 1.63%至 7.54%，*SAR*1 的表达量降低到了对照的 9.58%至 16.46%，而在低温贮藏后微型薯中淀粉的累积均显著增加，与未转

* 为通讯作者，E-mail：kamrani@uma.ac.ir，mor.kamrani@gmail.com。

基因的‘Agria’相比，转基因株系淀粉的累积平均增加了 6.01%，淀粉含量从 132.1 mg/g. FW 提高到了 140.04 mg/g. FW；与未转基因的 Marfona 相比，转基因株系淀粉的累积平均增加了 6.07%，淀粉含量从 114.37 毫克/克 .FW 提高到了 121.31 毫克/（克・FW）。

重复变温热激处理对马铃薯试管苗 PVA 脱毒效果的影响

李炎林[1]　何长征[1,2]　胡新喜[1,2]　刘明月[1,2]　周琼[3]　熊兴耀[1,4]

（1 湖南农业大学园艺园林学院，湖南长沙　410128；
2 湖南省马铃薯工程技术研究中心，湖南长沙　410128；
3 湖南省作物种质资源创新与资源利用重点实验室，湖南长沙　410128；
4 中国农业科学院蔬菜花卉研究所，北京　100081）

本研究在探讨变温热激处理对马铃薯试管苗生长和成活率影响的基础上，进一步进行了不同温度热激处理、变温处理持续时间和变温处理周期对马铃薯试管苗马铃薯 A 病毒（PVA）脱毒效果的系统研究，以期为马铃薯脱毒种苗的生产提供可行的参考方案。试验选取广泛栽培于湖南西北部地区的马铃薯地方品种‘中寨黄皮’为供试材料，进行变温热激脱毒处理。以通过酶联免疫法（ELISA）和逆转录聚合酶链反应（RT-PCR）验证为阳性的马铃薯植株为起始材料培养获得试管苗，以 MS 为基本培养基并添加蔗糖 30 克/升，琼脂 7 克/升，pH 5.8，在 25℃、光周期 12 小时的条件下培养 2 周，再将试管苗分别移至白天温度为 44℃，42℃，40℃，36℃，夜间温度均为 20℃，光周期为 12 小时，光照强度为 4 000勒克斯的人工光照培养箱中进行变温热激处理。所有试验处理在变温处理的 1～5 天均出现部分试管苗的死亡。在 44℃/20℃或者 42℃/20℃变温热激处理条件下，其试管苗的成活率分别仅为 17.8%和 20.0%；当变温处理持续到 15 天时，二者的试管苗成活率均为 0%。在 40℃/20℃变温热激处理条件下，马铃薯试管苗的成活率随着处理时间的延长而降低，在处理第 30 天时其成活率仅为 3.0%。而在 36℃/20℃变温热激处理条件下马铃薯试管苗的成活率显著高于其他处理，在试验处理的 1～15 天有少量的试管苗死亡，而在后续的处理过程中一直保持在 80.0%左右；尽管该处理具有较高的存活率，试管苗生长健壮，但马铃薯试管苗经过 4 周处理后，ELISA 和 RT-PCR 结果均显示其并不能有效地去除马铃薯 PVA 病毒。然而，当把在 36℃/20℃变温处理 4 周后的马铃薯试管苗的第一节节段分别接种在36℃/20℃和25℃/20℃条件下继续培养2周（光照条件和培养基同前）后则出现了不同的结果。在25℃/20℃条件下继续培养的马铃薯试管苗通过RT-PCR检测扩增出了270 bp的马铃薯PVA病毒的特异条带，而在36℃/20℃条件下继续培养2周的马铃薯试管苗则没有扩增出马铃薯PVA病毒的特异条带。而且在36℃/20℃条件下培养的马铃薯试管苗能够正常生根，植株生长健壮正常。在36℃/20℃条件下处理6周后，再在25℃/20℃、光照周期为16 h/8小时条件下继代培养2周，试管苗可达3～7厘米，植株生根状况良好。

MicroRNA介导的基因降解参与马铃薯品种抗旱能力差异的研究

杨江伟[1] 张宁[2] 朱熙[1,2] 马瑞[1,2] 姚磊[1,2]
武亮亮[1,2] 司怀军[1,2] 王蒂[1,2]

（1 甘肃省作物遗传改良与种质创新重点实验室、甘肃省干旱生境作物学省部共建国家重点实验室培育基地，甘肃兰州 730070；
2 甘肃农业大学生命科学技术学院，甘肃兰州 730070）

马铃薯是世界范围内最重要的粮食作物之一，干旱胁迫严重影响其生长和产量。植物对干旱胁迫的响应主要是通过调控相关基因的表达，从而产生一系列生化生理反应来适应干旱胁迫。然而，作物对响应干旱胁迫的敏感性随基因型不同而不同，这是由基因库中的遗传变异引起的，并且大量干旱相关基因在转录水平已被鉴定，但是，对这些基因的调控机制特别是转录后调控的研究报道甚少。MicroRNAs（miRNAs）是一类非编码的单链小RNA，通常在转录后水平调节基因的表达。越来越多的miRNAs靶基因被鉴定出在植物对非生物胁迫的响应过程中起着重要作用，但这些研究主要集中在模式植物中，很少有关于马铃薯的干旱相关miRNAs特别是调控不同品种抗旱能力差异的报道。本研究为了在马铃薯全基因组水平鉴定干旱相关的miRNAs，构建了马铃薯耐旱型品种‘紫花白’和干旱敏感型品种‘大西洋’干旱处理和对照4个样品的小RNA文库并测序，通过与miRNAbase比对和候选miRNAs二级结构预测，共鉴定出1 338个miRNAs，其中59个为马铃薯中已知的miRNAs，1 279个为新预测的miRNAs；差异表达分析显示在马铃薯干旱敏感型品种‘大西洋’中有318个miRNAs在干旱处理后差异表达，在马铃薯耐旱型品种‘紫花白’中有89个差异表达，并对差异表达miRNAs的靶基因进行了预测，获得了大量miRNAs可能的靶基因。为了鉴定差异表达miRNAs的功能并阐述其参与干旱调控的分子机理，本研究通过构建马铃薯混合降解组文库并测序，在马铃薯中共检测到84个靶基因的90个位点发生降解。这将为预测的靶基因提供实验依据。对这84个降解组测序验证靶基因的功能注释表明：19个miRNAs的12个靶基因与干旱相关。为了进一步验证降解组测序结果，用RLM-5′-RACE的方法对靶基因的降解位点进行验证，其中7个miRNAs靶基因获得了RLM-5′-RACE验证。这些靶基因包括一些干旱相关的功能蛋白（抗坏血酸过氧化物酶、谷胱甘肽S转移酶和泛素结合酶）、信号传导的激酶（丝氨酸/苏氨酸激酶）和转录因子（HD-Zip类转录因子、SPL类转录因子、NAC类转录因子和锌指结构类转录因子）。高通量测序和荧光定量PCR表达分析显示，这些miRNAs在马铃薯耐旱型品种紫花白和干旱敏感型品种大西洋中的表达存在差异。以上结果表明：miRNAs在马铃薯对干旱胁迫的响应中起着重要的调控作用，并可能是决定马铃薯不同基因型耐旱能力差异的关键因素之一。

中国马铃薯基因组学研究计划与进展

李广存[1] 张忠华[1] 李灿辉[2] 周倩[1]
杨煜[3] 金黎平[1] 黄三文[1] 屈冬玉[1]

（1 中国农业科学院蔬菜花卉研究所，北京 100081；
2 云南师范大学生命科学学院，云南昆明 650500；
3 山东省农业科学院蔬菜花卉研究所，山东济南 250100）

马铃薯基因组是马铃薯生物特性得以表现的基石，马铃薯基因组测序为马铃薯的各项研究奠定了基础。2004年，马铃薯基因组测序首先由荷兰瓦赫宁根大学发起，采用BAC-by-BAC策略对杂合二倍体RH进行基因组测序，但进展缓慢。为此，中国研究团队发起了利用二代测序技术，采用全基因组霰弹法对马铃薯单倍型DM进行测序。经过国际马铃薯测序工作组的共同努力，最终成功绘制了马铃薯基因组精细图谱。测得马铃薯基因组序列为727 Mb，其中90%以上的序列位于大于349 Kb的443个Scaffold片段中，注释获得了39 031个基因，包含408个NBS类抗病基因，探讨了马铃薯自交衰退的分子基础，分析了马铃薯块茎中蛋白酶抑制剂基因数量多且高表达与马铃薯块茎需要抵御地下害虫有关，淀粉积累和薯块变大与淀粉降解酶基因的表达量高低相关，进一步分析发现马铃薯中含有 3 个 FT 基因，其中 SP3D 控制开花，SP5G 控制薯块发芽，SP6A 控制结薯。为进一步挖掘马铃薯基因组信息，本项目团队又对二倍体基因型 DI 和 34 个单倍体材料（M01-M34）进行了重测序，共检测到了 3 199 453 个高质量 SNP，获得了1 513个重组位点，构建了高密度的单倍体遗传图谱。目前，四倍体马铃薯基因组测序计划已经启动，我们以抗病品种“合作 88”为材料，采用“BAC-pool index”策略，通过整合二代和三代测序技术进行基因组测序，现已构建完成了“合作 88”的细菌人工染色体文库（BAC 文库），该文库含有 85 万个 BAC 克隆，平均插入片段大小 90 kb，空载率为 2.08%，且 85%以上的插入片段分布在 85～95 kb，均一性较好。根据 BAC-pool 的预测序和拼接组装与分析结果，评估确定了测序所需最佳 BAC-pool 容量。大量 BAC-pool 的测序工作正在进行，并已经取得了重要进展，预计不久即将完成。

马铃薯消费与市场

中国马铃薯市场分析

罗其友　刘洋　高明杰　张萌

（中国农业科学院农业资源与
农业区划研究所，北京　100081）

马铃薯是保障我国粮食安全的重要作物，也是脱贫增收的重要产业。从中国马铃薯的消费需求、市场价格、生产成本、国际贸易、竞争力等多个方面分析了中国马铃薯市场特征，基本结论如下：①马铃薯消费量以鲜食为主，消费量不断增加。2011 年马铃薯消费量为 8863.9 万吨，比 1991 年增长 188.74%，其中食用约占消费总量的 65%。市场价格、收入水平、饮食习惯、政策导向等因素共同影响马铃薯消费量，其中需求收入弹性高达 0.46。②由于劳动力、农资、土地等生产要素价格上涨，我国马铃薯市场价格呈长期上涨趋势。2013 年，全国露地马铃薯亩生产成本达1 440元，比 2004 年增长了 141%；每千克成本 0.96 元，增长 151%，其中物质服务费、人工费和土地成本分别增长 84.5%、185.6%和 396%。2014 年全国马铃薯批发市场平均价格为 2.54 元/千克，比 2004 年增长 138%。③马铃薯市场价格具有季节性波动特征。一般每年 5 月底、6 月初马铃薯批发市场价格达到年内峰值，随后价格将逐步下滑，8 月底、9 月初降至谷底，11 月中下旬后又逐步回升。④中国马铃薯及其相关制品贸易规模不断扩大。2014 年我国马铃薯产品进口、出口额分别为 2.04 亿美元和 3.24 亿美元，比上年增长 6.67%和 74.82%。从贸易结构来看，出口以鲜薯为主，进口以冷冻马铃薯为主；从进出口流向来看，出口主要流向东南亚，进口主要来自欧美。⑤马铃薯市场前景广阔，即资源优势明显，增产潜力大；比较效益突出，增收潜力大；区位优势显著，出口潜力大；生产成本较低，竞争力强；政府重视，政策扶持力度大。⑥提出了中国马铃薯市场营销策略，即立足内需、开拓外需；优化布局，错时上市；合理储藏，均衡上市；加工转化，增值上市；培育主体，组织上市。

消费者对马铃薯的认知和澳大利亚未来的市场机遇

Jenny Witham, Fiona McKernan

(Colmar Brunton, 1-4 Layfield Street, South Melbourne VIC, 3205, Australia)

本研究分析澳大利亚消费者对马铃薯的认知和购买习惯，以及未来满足消费者需求的市场机遇。本研究由澳大利亚园艺创新组织赞助，经费来源于澳大利亚政府的马铃薯税和相应资金，由市场调查组织 Colmar Brunton 负责实施。澳大利亚园艺创新组织是园艺业一个公益性、由种植者所有的研究发展机构。本研究旨在为马铃薯种植者提供消费者趋势信息，帮助其发现市场缺口，从而推出为消费者量身定做的产品，提高利润率。研究内容共分为两个部分。第一，初级市场调研，包括每月对 300 多名澳大利亚消费者进行网上调查，了解他们与马铃薯相关的认知和行为。第二，每个季度对敏特公司全球新产品数据库进行案头研究，分析过去 3 个月中全球推出了哪些以马铃薯为主要原料的新产品。截至目前，项目已历时 6 个月（初级调研抽样现在包括 $n=1\ 800$名澳大利亚消费者），还有 6 个月结束。调研发现，马铃薯是澳大利亚家庭非常喜欢的一种食品。马铃薯的总体消费频率仍然很高，每个月 14 次；平均每月从主要食品零售商或水果蔬菜零售商处购买 3 次以上；平均每月购买 2.6 千克马铃薯，忆及前一次花费为 4.60 澳元。消费者青睐马铃薯的主要因素是其制作和准备均较容易，且方式多样，味道佳。但是，有些消费者认为马铃薯不如其他蔬菜健康，担心影响体重和健康。更有甚者，将近一半的消费者认为马铃薯碳水化合物和淀粉含量较高。为了纠正消费者的误解，应该在包装和店内标注和展示马铃薯对人体健康的益处和功效，这当然要根据科学研究结果。关键是要吸引关注健康的消费者，有人建议，马铃薯行业应联合探索培育低血糖指数的马铃薯品种。此外，随着全球肥胖率的提高，人们越来越关注健康，食品公司应该抓住这个机遇，开发出替代性产品，满足消费者的健康需求。现在比较流行的健康趋势之一是“无麸质”膳食。尽管乳糜泻症仅会影响 1%的人口，避免摄入麸质的人数剧增。预计一年内会有 1 亿美国人食用无麸质食品，澳大利亚也出现了类似的趋势。从新产品数据库中可以发现，新推出的马铃薯产品也遵循了这个方向。在过去的 3 个月里，全球推出了近 3 000种以马铃薯为原料的新产品，其中接近 1/5 的产品标注“不含麸质”。这种现象在拉丁美洲（46%）、北美洲（34%）更加普遍，但是在亚太地区比较少见（9%）。这对澳大利亚甚至整个亚太地区的马铃薯种植者来说都是一个重要的机遇。以健康意识强的消费者为目标群体，开发低血糖指数品种，加强马铃薯维生素含量等营养成分和健康益处的宣传，可以促进马铃薯的消费。此外，马铃薯行业可以比水稻和玉米行业更好地宣传用马铃薯代替麸质。

印度马铃薯市场面临的未来挑战和机遇

Rajesh K. Rana

（ICAR-Central Potato Research Institute，
Shimla 171 001，HP，India）

印度是世界第二大马铃薯生产国（4 534万吨），2013 年平均单产为 22.76 吨/公顷。印度马铃薯产量比 2003 年（2 316万吨）翻了近一番。2003—2013 年间，印度马铃薯产量增加了2 218万吨，居全球首位，中国大陆位列第二（2 083 万吨）。印度计划到 2050 年马铃薯种植面积达到 362 万公顷（到 2013 年为 199 万公顷），产量 1.25 亿吨，单产 34.51 吨/公顷。虽然这个目标看起来可能过于宏大，但是社会和经济形势的变化不容忽视，如城市化快速推进、核心家庭扩大、可支配收入提高、快餐消费增加和职场女性的增多，预计到 2050 年，人均马铃薯鲜食消费的年复合增长率会达到 2.34%，消费量会从 2010 年的 19.78 千克/年增至 48.47 千克/年。印度马铃薯加工的增长率则更高，预计到 2050 年，年复合增长率达到 5.61%，其中，冷冻马铃薯产品年复合增长率最高（11.6%），其次是马铃薯全粉（7.6%），再次是薯片（4.5%）。种薯需求预计会从 2010 年的 296 万吨增至 2050 年的 610 万吨。印度属于热带亚热带国家，马铃薯损耗预计会从 2010 年的 553 万吨增至 2050 年的1 218万吨。考虑到约 300 万吨马铃薯将用于饲料、新增工业需求和增加出口，到 2050 年实现总产 1.25 亿吨的目标还是有可能的。然而，要想实现这一目标还是面临着众多挑战，应在市场总体框架下的不同领域各个击破。印度已经有 44%的国土发展集约农业，也就意味着一部分耕作是在退化的、生产力相对较低的土地上进行。土壤质量可能进一步恶化，需要全球最好的技术和方法才能保持和管理所需的碳和营养素含量。除旁遮普和北方邦之外，印度大多数农民的土地面积都比较小。近几年农村发展计划的进行和国内总体经济的发展导致农村劳动力不足。到 2050 年，预计会对农村土地进行大规模整合，但是现在最急需的是小农的机械化。最近，由于水果、蔬菜和动物饲料等易变质产品供应不足，出现了食品通胀现象。这是因为，易变质产品不能定期进口，国家要腾出部分农业用地用于此类产品的生产，并从国际市场进口或在国外生产相对不易变质的粮食。要解决这一问题，就要生产物美价廉的种薯，精准灌溉和施肥，为马铃薯加工业提供设备和服务，改善低温贮藏设施，品牌化专用马铃薯品种，用科学的方法装卸和运输，这会为国内外的企业提供大量的商业机遇。

中国马铃薯深加工的发展机遇

史岳臣

[百事食品（中国）有限公司大中华区　201600]

无论从产量还是面积来看，中国是世界上最大的马铃薯种植的国家；马铃薯在食品供应链中是至关重要的原料，但是中国在马铃薯深加工方面远远落后于发达国家。在中国只有不足10%的马铃薯产量用于马铃薯深加工。马铃薯加工发展缓慢由于缺乏高质量的马铃薯以及以马铃薯为主的饮食结构及习惯。虽然近年来薯片生意的增长在中国的休闲食品业名列前茅，高价值的薯片在中国的消费市场有更多的机会，但是开发马铃薯类食品消费市场是对马铃薯加工制造业和食品制造业既是机遇又是重大挑战。开发马铃薯制食品是迎合了中国政府以马铃薯为主要农作物的战略，但消费市场的开发成为关键因素。现阶段中国的马铃薯深加工产能处于过剩的状态；调整和发展中国将马铃薯作为主粮饮食结构和习惯之一是食品加工业和政府至关重要工作。

拯救马铃薯，养活全世界

Angela Santiago

(The Little Potato Company Ltd,
Edmonton, Alberta, T5S 2H6 Canada)

本报告将谈论马铃薯对于养活全世界的重要性，内容包括创造小土豆公司的经历和企业的价值观及产品的特点，促进公司持续发展的创新和趋势和小土豆的发展现状，内容涵盖育种技术、消费趋势、包装设计、人口结构的变化和对世界各地的食品和营养需求的认识。

中国冷冻马铃薯产品生产和市场

欧阳进

[爱味客雪川食品（河北）有限公司，河北　076481]

1. 中国冷冻马铃薯产品的消费现状

——世界冷冻马铃薯产品消费市场每年1 100万吨。

——世界人均每年消费 1.57 千克，欧洲和美国人均每年消费 14 千克。

——中国人均每年消费 0.2 千克，中国人均消费是世界人均消费量的 12.7%，是欧美人均消费量的 0.14%。

2. 制约中国冷冻马铃薯产品加工发展的因素

——传统消费习惯制约。

——适合加工冷冻薯条的马铃薯品种少。

——马铃薯种植成本和销售价格高。

——专业的马铃薯存储库少。

——冷链物流成本高。

3. 中国冷冻马铃薯产品加工产业

——1993 年中国第一家冷冻薯条企业投产。

——2012 年前中国有 3 家冷冻薯制品加工企业，产能约为 12.5 万吨。

——目前共有 6 家冷冻薯制品生产厂家，产能约 28 万吨，其中绝大多数产品为冷冻薯条。

4. 欧美市场和中国市场消费的主要冷冻马铃薯产品对比

——由于西式快餐的流行和普及，中国市场消费的冷冻马铃薯产品绝大多数为冷冻薯条（占 90%以上）。

——欧美国家消费的产品品种繁多。

5. 欧美市场和中国市场消费渠道的对比

——中国薯制品的消费主要是西式快餐。

——欧美主要靠餐饮渠道和商超销售。

6. 中国冷冻马铃薯产品的未来发展方向

——选育更多适合冷冻马铃薯加工的马铃薯品种。

——提高马铃薯种植水平提高，降低原料成本。
——生产更多更丰富的产品系列。
更为广泛和深入地拓展销售渠道。

总结发言

全球马铃薯产业发展面临的机遇和挑战

Peter VanderZaag

(Yunnan Normal University，China；Sunrise Potato，Canada)

前言

在这场引人入胜的大会即将结束之际，我们展望未来，不禁会问，“小土豆的未来会是什么样子?”我们已经聆听了一系列精彩的报告，内容涉及关系马铃薯行业发展的重要问题。不难看出，只有把全球粮食生产提到优先地位，到2050年才能够养活全世界90多亿的人口。马铃薯对于完成这个光荣而艰巨的任务至关重要。国际马铃薯中心、中国作物学会马铃薯专业委员会和世界马铃薯大会等许许多多的业界组织和机构都将为实现这个目标做出不懈的努力。

基于对大会论文的分析和我本人在世界多个马铃薯生产区的工作经历，我想谈一谈影响马铃薯未来发展方向的关键因素以及马铃薯将来在全球的应用情况。

马铃薯加工产品的全球贸易

随着贸易壁垒的消除，货物运输的全球化程度越来越深，世界即将变成一个统一的整体。生产效率高、成本低的地区将逐渐发展壮大，而其他区域则难以在竞争中立足。美国西北部地区马铃薯的单产水平居全球首位，主要得益于该地区气候干燥、太阳辐射强、夜晚温度低、生育期长，且灌溉水源丰富的特点。该地区是全球马铃薯加工产品特别是冷冻薯条的主要生产地，并将继续保持这一强劲的发展势头。

欧洲西北部雨养农业同样具有单产优势。在过去的几年中，比利时大幅增加了马铃薯加工产品的出口。单产高降低了单位面积的生产成本，使比利时的产品出口到世界各地。比利时是全球冷冻薯条出口的领头羊，其次是荷兰，加拿大和美国则分列第三和第四位。

在东部非洲高地，由于对于薯条等西式快餐的需求不高，马铃薯加工产品的进口量较小。不过，加工企业将来必定会建立加工厂，可当地生产的产品能够在质量和成本上与欧洲的产品竞争吗?

鲜食马铃薯的全球贸易

在亚洲，我发现中国西南地区马铃薯对东南亚国家的出口量有所上升。跨国贸易协定的签署使这些国家的薯农忧心忡忡，担心价格低廉的中国马铃薯大量涌入马尼拉、雅加达等地的市场。中国已经向越南、俄罗斯、巴基斯坦和马来西亚大量出口马铃薯。南亚国家每年 2～4 月会出现马铃薯过剩的状况，然而在 9～12 月的非生产季节，南亚和东南亚海拔较低的城市则马铃薯贮藏量不足，且质量低下，此时，中国西南地区的高海拔地区可以为其提供亟须的马铃薯。

中国政府刚刚提出“一带一路”的倡议，将对全球贸易产生深远的影响！通过扩大通往非洲和欧洲的海运通道，修建经过中国西部和巴基斯坦通往卡拉奇海港的新铁路，将使更多的马铃薯从中国西部、北部的生产区运往中东，甚至非洲。中国计划修建穿过尼加拉瓜连通大西洋和太平洋的运河，及从巴西到秘鲁海岸的铁路线，将改变世界贸易的面貌，使鲜薯和加工产品的进出口更加便利。

在印度，冬马铃薯在 1～3 月收获后出口到俄罗斯、中东、毛里求斯和马尔代夫等邻近国家。这会不会是一个增加出口的契机？印度全国已经有6 000个冷库，可以贮藏2 300多万吨马铃薯！当然，这些数字还会继续增长。在印度，由于马铃薯是平原地区冬季的理想作物，管灌平均单产接近 30 吨/公顷，为马铃薯生产的增加打下了良好的基础。

东部非洲的内陆国家或许可以免受国际贸易的压力，可以在马铃薯生产和利用方面实现自给自足。然而，南非已经并继续向莫桑比克、安哥拉、津巴布韦和赞比亚等邻国大量出口马铃薯，并且这一趋势还会继续。在东部非洲的多数地区，马铃薯在当地饮食中的地位仅次于玉米。

马铃薯消费趋势

世界范围内，工作日益繁忙的人群对于方便食品的需求越来越大。可是，鲜薯要去皮、烹饪，食用起来比较麻烦，怎么与其他食品进行竞争？

有发言人讲到了宣传马铃薯对各个年龄段人群的营养价值。如此是否可以扭转发达国家鲜薯消费的下降趋势？宣传营养价值确实能够打动一部分消费者。可是，这样做恐怕不足以扭转颓势。在北美，即食的小马铃薯在市场上占有一席之地，快速地煮或者放到微波炉中加热即可。去皮、预煮、放在微波炉中简单加热即可食用的马铃薯应在全球的城市消费者中进行推广，使这些消费者更青睐马铃薯。而若想提高鲜薯消费量，价格是一个主要因素。

印度是一个令人非常感兴趣的国家，人均马铃薯消费量已经达到 30～35 千克/（人·年）。马铃薯已经融入印度传统菜肴，比如马铃薯咖喱是印度的一个主要菜肴，配上不同的辅料可以做出各种美味佳肴。另外，马铃薯成本较低，是印度饮食中的不可或缺的组成部分。

可持续马铃薯生产

到 2015 年年底，千年发展目标（MDG）将变为可持续发展目标（SDG）。马铃薯在可持续农业发展中将起到怎样的作用？在同等土地和用水量的情况下，马铃薯的热量与蛋白质产出率最高。关于马铃薯生产用水是否可持续的问题，水资源专题研讨给我们带来了好的想法和新的希望，通过地膜、灌水部位、调整灌溉时间的同时降低水量等方法可以提高用水效率，这些都是非常好的开始。二氧化碳浓度的增加不仅可以提高马铃薯单产，还可以降低气孔张开度，从而减少蒸腾和呼吸作用导致的水分损失。亚洲和北美大陆的蓄水层水位已经降低，我们是在消耗子孙后代的水资源吗？长期来看，西北欧降水丰富，还将会在农业生产方面拥有更大的比较优势吗？

实际产量和潜在产量的差距显然是一个有关可持续性的问题。如果能够达到潜力产量，用水和其他投入都能够得到优化利用。通过同源转基因的方式，加深对晚疫病病原菌的了解及其在植株内部的活动方式，研究晚疫病抗性，将大大改进对晚疫病的控制，最终提高热带高地雨量丰沛地区的马铃薯产量，缩小与潜在产量的差距。

在南亚，通过提高种薯质量，可缩小干旱季节马铃薯实际产量与潜在产量的差距。耐热的马铃薯品种可以延迟收获时间到 4～5 月，减少了对低温贮藏的需求，为农民带来了直接的效益。在非生产季节，临近的高海拔地区要向低海拔地区供应马铃薯，保证加工厂和消费者全年都能获得鲜薯。

在东非，青枯病是仅次于晚疫病的第二大马铃薯病害。随着气候变化的出现和马铃薯产量的增加，青枯病会变本加厉，为害更甚。控制措施要可持续，使马铃薯与其他作物合理轮作。脱毒种薯也必不可少。青枯病的防控对于当地为生计奔波的小农是一大挑战，应对起来十分不易。

育种家权益（PBR）

获得改良品种，缩小实际产量与潜力产量，满足消费者需求仍然是当今马铃薯行业面临的一大挑战。在世界上大多数国家，一个注册品种的种植者权利有效期仅为 25～30 年，难以使私人马铃薯育种家获得开发新品种的收益。育种家通常要选育几百个品种，最终只有一个品种获选注册，要使其实现规模化，需要

15 年的时间，所以育种家只有剩下的 15 年来收取专利费，用来补偿开发品种的投资。

保障育种家权益也是一个棘手的问题。现在已经有一些公私部门合作的成功范例，如晚疫病持久抗性（DuRPh）项目就是利用公共资金支持同源转基因研究，私营部门育种家也从中受益。国际马铃薯中心也与多家机构建立了类似的合作关系，将造福发达国家和发展中国家的农民和育种家。

公众对同源转基因和基因编辑技术的接受

若要公众接受同源转基因和基因编辑，宣传非常重要，而且需要有勇气有魄力的领导层，他们不仅要接受这些技术，还要理解这些技术的本质就是有针对性地利用茄属植物（而非其他作物）的基因加快传统育种的进程。通过这些技术实现可持续马铃薯生产在理论上非常合理，一旦有一两个国家同意采用这些技术改良传统品种，其他国家也会很快效仿。通过降低控制晚疫病的成本，大幅提高单产，亚、非、拉三个大洲高海拔热带地区的小农都能够从中受益。

基因编辑可以轻而易举地并且有针对性地改良品种品质，丙烯酰胺及其他内在问题都可以很容易得到改良。辛普劳在接受监管方面已经做出表率。

薯农的适应性和创造力

如果能够从中获益，农民会愿意做出改变，采用新技术。比利时利用“iPot”，通过卫星图像和其他技术调整生产实践，提高实际产量，缩小与潜在产量的差距。薯农降低了单位生产成本，并且成功地将冷冻薯条出口到世界各地。

云南省低海拔山谷地区的农民从 11 月到次年 4 月收获水稻后种植马铃薯，收获后直接销售给东部沿海大城市的买方，装载到卡车上后直接付款。我当时测量过，有的地块单产高达 87 吨/公顷。所以马铃薯是一种高价值的作物。农民说水稻苗可以一直在苗床中，等到马铃薯收获后移栽。所以，农民看到好的机遇，生产出高质量的产品，其结果不言自明。

中国利用雾培技术生产种薯再一次证明了薯农的适应性和创造力。在政府的支持下，私营企业家投资雾培技术，建立了原种生产体系。雾培技术提高了马铃薯种植材料的质量，企业通过销售原种获得收益。而薯农购买种薯，提高单产水平，也获得了好的经济效益。

30 多年来，越南大叻的农民每年利用脱毒苗生产几百万最优品种的带根剪切苗，作为商品薯的生产起始材料。利用带根剪切苗的地区，马铃薯的产量和质量均有所提高。这些精于剪切苗供应的商户已积累了大量财富。商品薯种植者既能获得高产还可以利用其作种薯达7年再更换。

中国马铃薯主粮化战略

为了提高粮食安全水平，中国政府转向马铃薯，将其称为填补粮食供应空白的“完美食品”。现在，中国政府宣传马铃薯为现代社会的理想食品，应该广为人们接受和食用。为什么选择马铃薯？中国是一个水资源短缺的国家，耕地面积在不断缩小，而马铃薯用水效率高，非常适合中国的情况。另外，水稻、小麦和玉米三大主粮的单产基本达到上限，很难继续提高。

为实施主粮化战略，需要政府采取措施，确保有市场需求和有竞争力的价格，才能鼓励马铃薯的生产。在南方省份，可以扩大冬马铃薯的种植，因此有必要建立加工厂和低温贮藏设施。发展马铃薯加工业的潜力巨大，但是现在中国有适合加工优质薯条的品种，可以与美国的产品一争高低吗？

提高鲜薯的消费可以通过出版烹饪书籍、宣传新菜谱，并与其他蔬菜和谷物搭配做出新的菜肴。将马铃薯加入主粮行列，促进马铃薯消费是一种既古老又新颖的方式。通过将马铃薯粉和小麦粉混合，做出面条、面包和饺子等面食，可以增加马铃薯的消费。

公众认知对于增加马铃薯消费非常重要。在城市地区，马铃薯应被视为一种时尚的食品，而不是廉价的食品。在中国西部的偏远地区，仍有5 000万人口饱受贫穷的困扰，马铃薯可以成为他们的主要食粮——“穷人的面包”。因此，增加马铃薯生产可以使贫困地区受益。

结语

本届大会的主题是“面向未来　共同发展”。在过去的几天中，我们开启了共同发展的历程。尽管我们的任务极其艰巨，但我相信，通过贯彻这一主题，我们可以一起迎接更美好的未来。各国不能凭一己之力实现发展，各学科之间不能相互隔绝，马铃薯产业的各个部门也不能独来独往。为实现大会主题目标，需要马铃薯生产和利用的各方通力合作。

让我们携起手来，大力发展马铃薯产业，为人类创造更加灿烂的明天！

Develop Together for a Better Future

——2015 Beijing World Potato Congress

Chief Editor: Dongyu Qu

China Agriculture Press

Editorial Board List

Preface

The Theme: "Develop Together for a Better Future" is so appropriate for this congress. As our world becomes more of a global community this theme needs to be practiced by all involved in the Potato industry. This congress is a giant step towards that goal. The papers/abstracts, prepared by experts from around the world and shared together here in Beijing, contribute to the knowledge base. They also stimulate conversation on topics that are so important in our world today, as we strive to achieve global sustainable development goals. Furthermore producing enough for the ever growing global population remains a challenge. The Potato is seen as one of the best options to produce needed food because of its high efficiency in producing energy and high quality protein/unit of water, sunshine and land.

The abstracts presented provide a great summary of the leading research and development work on the ten technical themes chosen for this Congress:

- Communications for Promoting the Potato
- Potato Storage and Processing
- Water Challenges and Opportunities in Potato Production
- Potato Varietal Development
- Integrated Crop Management
- Major Potato Diseases
- Potato Staple Food Products and Industrial Development
- Potato Mechanization
- Application of Biotechnology in Potato Breeding
- Potato Consumption and Markets

It is so appropriate to hold this congress in China. Not only is China the leading potato producer globally, it also plans to aggressively increase potato production in the short term to help meet its food security needs. Policies and strategies of the Chinese Central Government will require that we work together on these 10 themes; collaborating to meet the needs of China and many other countries that see the potato as a key component of meeting food requirements.

The World Potato Congress has renewed its vision: "To become a premier networking organization which has global reach and creates meaning for our members by facilitating links of communication and information sharing throughout the world potato community."

Our revised WPC mission is: "..... to create the value chain network to lead sustainable growth and development of the potato to meet increased global use and demand."

Through both Vision and Mission we remain committed to help make national food security goals and priorities a reality for all who seek to collaborate for a better future.

Enjoy the Abstracts and the Congress.

World Potato Congress
President and CEO

Contents

Closing Plenary

Keynote speech

Sustainable development of potato industry in China

Dongyu Qu, Kaiyun Xie

(Institute of Vegetables and Flowers, Chinese Academy of Agricultural Sciences, Beijing 100081, China)

Abstract: Potato has been planted almost everywhere in China after it was introduced to China 400 years ago. Now, China is the biggest country in the world in terms of potato planting area and production, accounting for 30% and 25% respectively. In the past century, potato industry had evolved from sporadic planting to comprehensive development. However, the average potato consumption in China is about 42 kg/capita/year and this is much lower than that in the main potato consumption countries in the world. Though potato processing industry had changed from traditional workshop into modern processing pattern, the total raw material used in modern processing is less than 5% of the total production. To promote the sustainable development of potato industry in China, a number of challenges should be addressed by taking a series of actions, such as increasing market capacity, increasing industry capacity, using natural resources smartly, and building strong industry supporting systems.

Key words: potato industry; sustainable development, market capacity, capacity building, natural resource utilization

It is widely believed that potato was first introduced to China during the Ming Dynasty (from 1573 to 1620), likely around 1600. There were two possible routes: 1) through the seas: first introduced to Beijing and Tianjin in North China, or from Taiwan to Fujian and Guangzhou in South China; and 2) through the land: first introduced to Southwest or Northwest China because potato is still called "Yangyu" (Taro from foreign countries) by the local people (Tong and Zhao, 1991). Considering that the policy of Sea Prohibition in Ming Dynasty was not abolished until 1567, it is more likely that potato was introduced from the land route. No matter which of the two routes it really was, potato was introduced either from the belt or from the road (Silk Road Economic Belt and 21st Century Maritime Silk Road) . After 400 years' development, especially in the past decades, potato industry in China plays an important role in the world. In 2013, potato planting area and production were 5.77 million ha and 90 million tons respectively, accounting for 30% and 24% of the total in the world (FAO Data) . Since 2014, the "Belt and Road" Strategy from Central Government and Potato as Staple Food Strategy from Ministry of Agriculture brought new opportunities for potato industry in China. To promote the sustainable development of potato industry in China, we need to take the advantages of geography, natural conditions, and favorable policies, also need to realize the challenges and find the suitable solutions to them. New varieties, new technologies, and new products developed in China will benefit the global potato industry, especially for the countries in the "the Belt and Road" region.

1 Development history and current situation of potato industry in China

1.1 Development history

The historical periods for potato industry development in China could be different with different purposes, standards and opinions. Considering the changes of social economic conditions, planting area, and industry development, four periods can be divided for the history of potato industry development in China, including *Sporadic Development Period*: before the establishment of the People's Republic of China (before 1949); *Slow Development Period*: from establishment of P. R. C. to before the marketization of potato industry (from 1950-1984); *Rapid Development Period*: from the marketization of potato industry to before the establishment of Potato Industry Technology System (1985-2008); and *Comprehensive Development Period*: from the establishment of Potato Industry Technology System to now (2009-) . The earliest statistical data for potato in China could be traced back to 1961 and the total planting area, production, and yield had changed remarkably from 1961 to 2013 and the data showed an increasing trend generally (Figure 1) .

1.1.1 Sporadic Development Period: Before establishment of the People's Republic of China (before 1949)

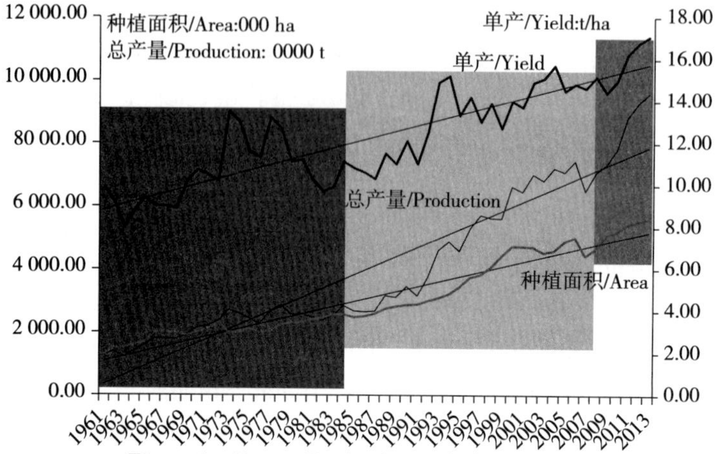

Figure 1 Potato Production and change trend in China from 1961 to 2013

The earliest record about potato in China was first found in "The Hakka dialects in Changan" edited by Jiang Yikui in Ming Dynasty. The potato was described as: it was very similar to the peanut in Suzhou Region and henry steudnera tuber, also looked like taro, but its taste and texture was not as good as them. Though the day of birth and death for Jiang Yikui was not clear, he became a successful candidate in the imperial examinations at the provincial level in 1594 and the books he wrote should be later than that year (around 1600). That meant potato started to be planted in Beijing region and it was a new thing otherwise people wouldn't talk about it at that time. In the Qing Dynasty, potatoes were recorded in many literatures. Besides Taiwan, Fujian and Guangdong, it was widely recorded in many local chronicles in Sichuan, Yunnan, Guizhou, Xinqiang, Shaanxi, and Hubei (Dong and Zhao, 1991). In that period, the ways to introduce potatoes to China were quite different, mainly carried by colonists, aggressors, clergy, overseas Chinese, and overseas students. In 1900s, some people suggested to introduce the excellent varieties from Europe and America, and build the seed potato fields. In 1930s, new varieties and new advanced clones were introduced and potato breeding was started.

During the Anti-Japanese War, the Communist Government in Yan-an had issued the first statement by the Chairman to encourage farmers to plant potatoes. After China won the war in 1945, though the potato research resumed and a few scientists worked on it, they conserved a lot of germplasm for potato production and research after the establishment of P. R. C. Before the Anti-Japanese War (before 1937), the total potato planting area was only 3 3 000 ha and the total production was less than 2 million tons in China. Up to 1949, the total planting area was increased to 133 000 ha and the total production was about 7 million tons. Due to the breakout of Anti-Japanese War, the researches on potatoes were stopped in other regions and related researchers were moved to Guizhou and Sichuan in Southwest China, so the research center was also moved to this region. The potato pioneers in China, such as Guan Jiaji and Yang Hongzu, conducted the research on the varieties selection and breeding and cultivation technologies. These fundamental researches played an important role in the development of potato industry in China in 1950s (Potato Research Institute of Heilongjiang Academy of Agricultural Sciences, 1994) .

1.1.2 Slow Development Period: From establishment of the People's Republic of China to before marketization of potato (1950-1984)

Due to many reasons, the statistical data for this period were different in different channels. However, after analysis of different data sources, we believed that planting area should be between less than 1.33 million ha to over 2 million ha. During the period of the Three Years' Natural Disaster (1959-1961), the planting area should be larger because potato saved people's lives in many regions and many people lived on potato. During the times of "taking grain as the key link" in China, the aim for potato breeding was high yield and disease resistance. The utilization of potatoes was mainly for food and feed, and only some of them were used for starch and noodle processing. Limited by production conditions and investments, the average potato yield was 10.38 ton/ha during the 17 years (from 1961 to 1977) . In that period, Chinese breeders released the famous varieties of 'Kexin 1' and 'Dongnong 303' and up to now (2013), the annual planting area for 'Kexin 1' was still over 670 000 ha. In 1960s, 'Mira', a variety from the former East Germany, was introduced and extended and up to now (2013), its planting area is still over 200 000 ha in Southwest China.

Though the national investment for potato research was increasing after the establishment of P. R. C., the total budget was still very small and the research activities were very limited. During this period, the research and production center was moved to North China and a number of potato research institutes were established in Beijing, Inner Mongolia, Heilongjiang, Hebei and Shanxi, to study on variety collection and evaluation, suitable planting time, and seed multiplication with slow degeneration. In 1970s, in Nanwang Village, Longyang Town,

Tengxian County, Shandog Province, farmers planted potato intercropped with grain crop and cotton and they made a high yield record of 500 kg/mu (15 mu = 1 ha) for grain crop and 5 000 kg/mu for potato. In 1980s, the main potato research institutes in China took the key research tasks on potato breeding and high quality seed potato multiplication during the 6th Five-Year-Plan. During the period from late 1970s to early 1980s, potato research in China gradually joined the international family for potato research, and the cooperation and mutual exchanges were made with International Potato Center (CIP), United Kingdom, United States, Canada, the Netherlands, Japan, Poland, and Federal Germany. During this period, the TPS (true potato seed) technologies were developed and extended very fast and it became one of the major seed sources for potato production in Inner Mongolia, Shanxi, Heilongjiang, Sichuan and Yunnan.

1.1.3 Rapid Development Period: From potato marketization to before establishment of Potato Industry Technology System (from 1985 to 2008)

Potato was freed from control by Central Government and became a freely traded crop in the market as other vegetable crops. After several years' negotiations with the Ministry of Agriculture of China (MOA), CIP Beijing Liaison Office was established in Chinese Academy of Agricultural Sciences (CAAS) in 1985. With the establishment of the liaison office in Beijing, CIP promoted potato research and production by three major activities-introduction of excellent germplasm, cooperation in research projects, and capacity building. CIP's germplasm (including neo-tuberosum) played an important role in potato breeding and production in China. Among them, variety 'CIP-24' is one of the representative varieties. Only 7 years after its introduction to China, this variety was extended to Inner Mongolia, Shaanxi, Hebei, Shanxi, Gansu, Ningxia, Yunnan, Guizhou, Sichuan and Fujian, and it is still planted in some areas in Inner Mongolia, Shanxi, and Ningxia (Lu and Xie, 2014) . During the period with small research budget, especially before 2000, the research budget provided by CIP played an important role in keeping and stabilizing potato research team and stored up the key potato scientists for the next period of potato industry development in China. During the mutual cooperation, a number of potato technologies originated from China were the key research topics and further introduced to other developing countries through the bridge of CIP, including the TPS technology, intercropping technologies, and virus detection technologies. During this period, the western style fast food chains (McDonalds, Kentucky Fried Chicken, Pizza Hut, etc.) were booming in China. A number of production bases and processing factories like Simplot Company, Pepsico Company were established in China and brought new vigor to potato industry in China. The ten years from 1998 to 2008, saw the fastest development for potato industry in China in the history in terms of the planting area, total production, variety release, seed potato system, capacity building, research teams, and processing enterprises (Qu, et al, 2010). Annual potato planting area, production, and yield were increased from 2.56 million ha, 28.4 million tons, and 11.10 t/ha in 1984 to 4.66 million ha, 46.6 million tons, and 15.18 t/ha in 2008, respectively.

1.1.4 Comprehensive Development Period: From establishment of Potato Industry Technology System to now (from 2009 to now)

Potato Industry Technology System, one of the Modern Agriculture Industry Technology Systems in China (50 Industry Technology Systems), was formally launched in 2009 and this meant that potato industry in China entered a new era of comprehensive development. Focusing on potatoes, Potato Industry System will conduct the research, assembly and demonstration on common and key potato technologies, build the industry system including all the sectors from field to table, from production to consumption, and from research to markets, and promote the scientific innovations in China and its competitiveness in the world. Up to now (2015), the system included one Chief Potato Scientist, twenty-five key potato scientists, and thirty-one experimental station heads. All of them will work together on the search, assembly and demonstration on the key technologies in potato breeding, disease and pest control, soil fertility management and cultivation, mechanization, storage, processing, and potato industry economy. So far, the state government provides fixed annual budgets for all of them, 1 million Yuan/year ($167 000/year) for Chief Potato Scientist, 700 000 Yuan/year ($117 000/year) for each key scientist; and 500 000 Yuan/year ($83 000/year) for each experimental station.

1.2 Current situation

1.2.1 Production

According to China Agricultural Yearbook, the total planting area, production, and yield were 5.61 million ha, 95.95 million tons, and 17.09 t/ha, respectively, in 2013 (not including Shandong and Henan) and all these reached a record high level in the history of China. Although potato can be planted in all regions in China, only 24 provinces, municipalities, and autonomous regions were recorded for potato production in statistical books. The top potato producers in China are Sichuan, Gansu, Inner Mongolia, Yunnan, Chongqing, and Heilongjiang and their production varies from 5.4 to 14.05 million tons annually. Due to different production conditions and technologies, the average yield in different regions can vary remarkably, from 8.78 h/ha to 42.2 t/ha (Luo et al, 2015).

After the collapse of the former Soviet Union, China stays as the number one in annual potato planting area and total production in the world and occupies, respectively, about 30% and 25% of the total in the world. Though there were about 160 countries with potato production in the world, only 47 countries (except China) had the annual production area over 50 000 ha. However, there were 21 provinces with annual planting area over 50 000 ha in China. There were 13 largest countries with the annual planting area over 200 000 ha in the world, but in China, the number of provinces with planting area over 200 000 ha is 11 (Table 1). In other words, the 21 provinces with over 50 000 ha of potatoes in China were just like 21 countries in the world. However, the average yield in China was only 17.09 t/ha and this was far behind the average yield (22.32 t/ha) in the top 47 countries in the world.

Table 1 Comparison of potato planting area in different provinces in China with other countries in the world

Planting area (ha)	Country	Average (ha)	Province	Average (ha)	Province name in China
50 000-99 999	15	68 798	7	70 733	Liaoning, Zhejiang, Guangxi, Jilin, Fujian, Qinghai, Henan
100 000-199 999	19	153 515	3	146 167	Hunan, Shanxi, Hebei
200 000-299 999	5	235 231	5	250-550	Shandong, Ningxia, Hubei, Heilongjiang, Shaanxi
>300 000	8	912 634	6	608 900	Chongqing, Yunnan, Inner Mongolia, Guizhou, Gansu, Sichuan
Total	47	11 462 804	21	5 518 500	
% of the world	29.75	59.28		28.54	

Information from FAO statistics, China Agriculture Yearbook (2014), and Experts' estimation.

1.2.2 Consumption

Potato consumption in China varies greatly among different regions and different populations and it is normally much higher in the major producing regions. According FAO statistics, in 2011, the average potato consumption in China was

41.9 kg/capita/yr, whereas this was only 22.6% that of Belarus (185.2 kg/capita/yr), the highest consumption country in the world, and this was only 50% that of Peru (82.4 kg/capita/yr), the center of origin of potato and number 17 in the world. Average potato consumption per capita in China ranked as the number 63 and it was much lower than that in the most major potato planting and consuming countries in the world (Table 2). In China, most of the potatoes were consumed as the different dishes or family style staple foods with different local features. There were hundreds of major potato dishes and family style staple foods in different regions in China and many of them were very healthy and of Chinese characteristics (Qu and Xie, 2008). In early 2015, MOA launched the initiative on potato as a staple food and the main purposes were to fully use the balanced nutrition and healthy function of potato, improve the dietary structure, and reduce the dependence on traditional three major grain crops. The initiative sparked great interest from all quarters of society, and more consumers become to know more about potatoes, thus the initiative will promote the potato consumption in China.

Table 2 Annual potato consumption in the representative countries in the world (2011)

Global rank	Country	Consumption (kg/capita/yr)
1	Belarus	185.2
2	Ukraine	139.8
3	Poland	114.7
11	United Kingdom	100.8
16	Ireland	90.1
17	Peru	82.4
22	Germany	70.7
30	Spain	62.0
51	Mongolia	50.1
63	China	41.9
82	Tunisia	30.3
95	Japan	20.8
127	Malaysia	10.3

With the rapid development of western style fast food chains, it is estimated that there will be about 4 000 Kentucky Fried Chickens, 2 000 McDonalds, and 1 000 Pizza Hutsin China in the end of 2015. Almost all these fast food restaurants were located in over 300 medium-and large-sized cities in China, including 275 prefectural cities, 28 provincial capital cities, and 4 municipalities. The total population in China is about 1.37 billion and 250 million people are living in medium-and large-sized cities (about 750 million are living in cities and 1/3 of them are living in medium-and large-sized cities), that means each western fast food restaurant has to serve about 35 700 people. In comparison, there are more than 30 000 fast food restaurants in the United States (more than 13 000 McDonalds) and each restaurant serves about 10 000 people. The average potato consumption in the United States is about two times of that in China and these restaurants should play an important role in this because most of the potatoes are consumed as French Fries. With the continuous development of western style fast food restaurants in China, they will contribute to the further average consumption of potato per capita in medium- and large-sized cities.

1.2.3 Processing

Up until the 1990s, potato processing industry evolved to modern processing industry from traditional hand-made workshops and the products were changed from traditionalcrude starch and noodles to refined starch, modified starch, French Fries, chips, and flakes. Up to now, there are about 5 000 potato processing enterprises and about 150 of them are medium and large scale ones. However, the raw materials consumption for modern potato processing is less than 5% of the total potato production in China. The traditional potato processing methods are still playing an important role in the processing industry and the consumption of raw materials by these small processing methods are even higher than the modern potato processing. The traditional products, such as crude starch, wide and flat noodles, small and round noodles, and dried chips, are still welcomed by consumers.

1.2.4 Import and export

According to the FAO data for 2011, fresh potato imported to China was 22 723 tons and the export amount was 376 995 tons, with a net export amount being 354 272 tons; frozen potato imported to China was 175 188 t and the exported amount was 28 418 tons, the net imported amount being 146 770 tons. The import value was $205.864 million and the export value was $208.455 million, so the trade surplus was $2.930 million However, according to the data from Chinese customs, potato import value was $191.6036 million and the export value was $185.5764 million, so the trade deficit was $6.0270 million (Luo et al, 2015). These data showed that the international trade for potatoes was quite small and there is a huge potential for the future in China.

2 Challenges in sustainable development of potato industry in China

With the development in the past decades in China, potato industry becomes an industry chain with large capacity encompassing all sectors. Both the potato planting area and production are ranked No. 1 in the world. The whole potato industry chain includes potato breeding, seed multiplication, commercial potato production, supplies of production materials (including chemicals, fertilizers, machineries, and packaging materials), postharvest storage, modern processing, whole sale and retail markets, and import and export trade. Government also issues a number of favorable policies to promote the development of potato industry in China and furthermore, the initiative of using potato as a staple food was launched in early 2015. All these policies will bring opportunities for the sustainable development of potato industry in China. However, we are also facing a number of challenges and we need to find suitable solutions to them.

2.1 Market capacity

How much potato should be planted in the future in China? How much potato should be produced to meet market needs? Can all the potatoes be consumed or processed? It is hard to answer these questions so far. We had the plan to plant 8.33 million hectares and produce 187.5 million tons in the past and also the optimal plan to plant 10 million hectares and produce 300 tons. Though the plans might be different in different periods, it is clear that we need to multiply potato consumption and we also need to find other outlets for potatoes, such as processing and export to other countries. In the eleven national contiguous poor areas, seven of them are the major potato producing regions in China and the average potato production is much higher than in other regions. The average potato production per capita in rural regions in some prefectures, such as Dingxi of Gansu, Wulanchabu of Inner Mongolia, and Bijie of Guizhou, the amount could reach over 1 000 kg/capita/yr (Table 3). Potato is the major staple food source and also the major economic income source for the rural people in these regions. Potato market and potato price directly affect their food security and incomes. Several key points should be improved to increase potato consumption. *Firstly, to improve the public awareness on potatoes*: now most of the common consumers believe that the potato is still a food for poor people and they will only eat potato when rice and wheat are not enough. United Nations announced the 2008 as the International Year of Potato (IYP) and the purpose of IYP was to let more consumers know more about the nutritional value of potatoes and further to increase the potato consumption by a series of publicity campaigns. Compared to other crops, potato has the advantages of low fat, low calorie, low sodium, low soluble sugar, complete nutrients, rich vitamins, and high potassium. Thus, potato is suitable for all the consumers of different ages. *Secondly, to increase the ways to consume potatoes*: though there is a history of more than 400 years of potato consumption in China, most of the potato are still consumed as side dishes on the table. There are hundreds of methods to cook potato as side dishes or staple foods and more than 300 of them were collected in the book of "How the Chinese Eat Potatoes" (Qu and Xie, 2008) . In 2015, the initiative of using potato as a staple food was launched by MOA and this will promote the diversified use of potato in China. Besides adding potato to the list of traditional staple foods (steamed bread, noodles, dumplings, and bread), the roasted potatoes, steamed potatoes, boiled potatoes and mashed potatoes can be used as the staple food. Furthermore, potato can be added to rice (potato boiled with rice in Southwest China) and wheat (potato with oat flour in Bashang region), thus increase the use of potato in traditional staple food. *Thirdly, to develop the healthy products compatible with Chinese dietary customs*: the most popular potato products abroad are French Fries and chips and they are good options for the young people with large calorie demands, but not suitable for the consumers of middle age or old age. There is a long history to make cakes and snacks in China and the healthy and convenient products could be produced by using the traditional processing technologies with potato as the raw material. *Fourthly, to improve international cooperation and to promote Chinese potato status in the world with the strategy of "the Silk Road Economic Belt and the 21st Century Maritime Silk Road"*: China has the advantages in geographic position and natural weather conditions in Asia Pacific region. With the international trades with neighbor countries, fresh potatoes (including seed and commercial potatoes) and potato products are likely to be sold to the markets outside of China, especially for these countries with poor potato production conditions and high production cost in South and Southeast Asia. One of the most important actions is to build the CIP-China Center for Asia Pacific (CCCAP) with large investment from Chinese government to promote potato research and development in the region. To learn the successful experiences from the countries with advanced potato industry will also promote potato industry development in China and in other Asia Pacific countries.

Table 3 Potato production in some typical prefectures in the contiguous poor areas in China (2014)

Contiguous area	Prefecture	Rural population (10^4)	Planting area (ha)	Yield (10^4 t)	Production (kg/capita)
Liupan Mountain	Dingxi	267.55	193 693	520.07	1 944
Qing-ba Mountain	Dazhou	548.00	97 733	183.00	334
Wuling Mountain	En-shi	278.96	126 667	152.00	545
Wumeng Mountain	Bijie	651.00	351 333	764.00	1 174
South Daxinganling	Qiqihaer	365.10	141 333	325.00	890
Yanshan-Taihang Mountain	Wulanchabu	205.58	268 333	340.00	1 654
Luliang Mountain	Yulin	156.13	174 667	254.00	1 627

2.2 Capacity building for potato industry

To promote the sustainable development of potato industry in China, it is very important to build all types of the capacities, including research capacity, production capacity, processing capacity, storage capacity, and management capacity. *Research capacity building* includes the innovation of potato germplasm, new technologies and new methods. Combining the conventional technologies and biotechnologies, the breeding efficiency will be improved. The continuous release of new varieties in potato production will be helpful to reduce the use of agro-chemicals and improve the quality of products. The consumption and utilization will be further widened by using new varieties with different usages and will expand the potato markets. The seed potato cost will be further decreased and the quality will be further improved by using the innovated seed technologies. *Production capacity building* includes the improvement of mechanization level and innovated production methods to ensure the production capacity can meet the requirements when the potato production will be further increased. *Processing capacity building* includes the industrialization of processing technologies, the innovation of new technologies and products, especially the processed products suitable for Chinese and people in other countries in Asia Pacific region. *Storage capacity building* includes the development of high efficiency and low cost storage methods and the innovated technologies. Thus, the postharvest losses will be reduced and the benefits for stakeholders in potato industry chain will be increased. *Management capacity building* includes the managing and operating capacities for before potato production, in potato production, and postharvest. It is very important to improve the capacity for seed potato quality monitor and supervision because this is related to improvement of seed quality and the yield increase in China. High quality makes it possible to sell potato to other countries in South and Southeast Asia. Improving the management capacity can optimize the resource allocation, reduce the production cost, minimize the postharvest losses, and widen the product range.

2.3 Appropriate use of natural resources according to the local conditions

In China, the arable land area per capita is smalland lack of water resources are the basic characteristics of agriculture. Historically, potato has been planted in the land with poor soil conditions in China, such as poor fertility, lack of irrigation, small area, and uneven surface. Other crops can hardly grow in such kinds of soils. Due to the vast territory in China, there are many types of natural resources and their combinations (soil, sunshine, water, and temperature) . According to the potato cultivation system, planting methods, varieties and distribution in the history, combining the biology of potato and referring to the geographical, weather conditions, and meteorological data in different regions, China can be divided into four potato cropping zones, including single cropping zone in North China, double cropping zone in Central China, Double cropping zone (winter cropping zone) in South China, and the single and double mixed cropping zone in Southwest China. This was the huge contribution of the former generation of potato scientists in China and all the potato production types in the "Belt and Road" countries can be compatible to these four cropping zones. Due to the wide adaptability and tolerance of drought and poor fertility, potato can be planted in all provinces in China and its planting area can be easily increased in three conditions. *Firstly, in dry and semi-dry regions*: in these regions, other crops can hardly grow and potato can be easily planted if we can select the suitable varieties (drought tolerant), suitable seed (whole seed tubers), and the comprehensive cultivation technologies (considering the water, fertilizer, and plastic mulch) . *Secondly, in the winter wheat planting region*: especially in North China with water shortages, winter wheat can be partly replaced by potato and potato planting area can be increased. The yield and benefit from potato production can be increased when the rain-fed agricultural technologies is improved. *Thirdly, in the rice growing regions in South China*: there are over 13.3 million hectares of winter fallow rice fields in more than ten rice-growing provinces in South China and some of them can be used for potato production without any effect on rice production (Xie et al, 2010). Due to the favorable water, heat, temperature, and light conditions in winter season, winter potato can get high yield and high quality. Furthermore, winter potato can be sold for high price because the harvesting time is the off-season of potato production in China and it is helpful to ensure the food security and to increase the farmers' incomes. The total potato planting area in China can easily be increased by 2 million hectares if 20% to 25% of the winter fallow rice fields are used for potato production in South China.

In National Planning for Sustainable Development of Agriculture in China (2015-2030) issued on 20 May 2015 by MOA and other 7 ministries, three large development regions were divided, including optimal development region (including Northeast Area, Huang-Huai River Area, middle and lower Area of Yangtze River, and South China Area), moderate development region (including Northwest and along Great Wall Area and Southwest Area), and protective development region (including Qinghai-Tibet Area and Marine Fishery Area). The Planning declared that potatoes should be increased in the moderate development region (Northwest and along Great Wall Area and Southwest Area) and should be moderately developed in protective development region (Qinghai-Tibet Area).

Furthermore, the average potato yield in China was lower than that of the world and the yield potential for potato was not realized. According to the high yield creation movement in China, the potato yield can be increased by 50 percent normally and can be doubled in some regions. For example in Yunnan, according to the results of high yield creation in the province, potato yield can be increased by 37.3% at least (large planting area and high yield region, such as in Qujing City) and can be increased by 237.5% at the highest (small planting area and low yield region, such as Wenshan Prefecture) (Xiao et al, 2015).

2.4 Supporting systems for potato industry

As China is a large agricultural country and the government pays much attention to agriculture, most of the No. 1 Central Documents released were related to three rural issues (agriculture, rural areas, and farmers) in the past decade However, compared to other main grain crops (rice, maize, wheat, cotton, and soybean), few favorable polices were made to potato production and few subsidies were allocated to potato. To promote the sustainable development of potato industry in China, the stakeholders in potato industry chain must build the following supporting systems.

Firstly, the policy supporting system: in the past 10 years, Chinese government had issued a number of policies and measures to promote the potato industry in China. For example, MOA issued "Suggestions on the fast development of potato industry" on 21 September 2006. In the No. 1 Central Document issues in 2009, it declared to promote the advantage regions to develop sugar crop, potato, and natural rubber and to push the production of vegetables, fruits, teas, flowers in facilities. In the No. 1 Central Document issued in 2010, it declared to perfect the agricultural subsidy system and market regulatory mechanism and to increase the subsidy scope for potato production. However, the most important system for potato industry in China is to build the quality control system for seed potato, so that the quantity and quality of virus-free seed potatoes can both be increased in a short period of time to further increase the potato yield and farmers' incomes. It is necessary to get the governmental support from policies and funds for seed potato production and seed quality control. For the seed potato control system, the governmental authorities should organize the related technicians to supervise the whole procedures of seed potato production and to issue the quality certificates to different classes of seeds met the national standards, so that the certified seeds can be distinguished from the un-certified seeds and to ensure the benefits of high quality seed growers and the users. *Secondly, research supporting system*: though potato was listed as one of the fifty industry technology systems in China and investment for potato research had been increased remarkably since 2008, compared with the above main crops, potato research fund was still relatively small. The priorities to build the research supporting system for potato industry in China are to increase the research team and to increase the research projects. *Thirdly, finance supporting system*: it will be hard to run the business for potato industry without the strong financial support because the potato industry chain is much longer than other crops and the equipment/facilities and investments are relatively higher. Huge investments are needed for seed potato multiplication, storage of seed and commercial potatoes, production inputs (including seed, chemicals, fertilizers, and machineries, etc), and establishment of the modern processing factories. Potato industry still belongs to agricultural industry which requires huge investment and long periods of time for recovery of the capital. The fast in and out capital operational models are not suitable for potato industry. *Fourthly, market supporting system*: it is necessary to build a sound market system when potato industry is developed on a high level and huge scale. All types of market systems, such as futures, whole sale, retail, on-line stores, and WeChat-shops, will be helpful to sell all the potatoes and potato products.

3 Conclusions

With development for hundreds years, especially the fast development in the past decades, potato industry in China reached a considerable level as the No. 1 in planting area and productionin the world and the emergence of all types of processing factories. However, there is huge room for potato industry development in China, especially in terms of planting area, yield, processing, and international trade which all have enormous potential.

The major problems and constraints in potato industry in China are weak supervision and control system for seed potatoes, lack of vigor for high quality seeds and advanced technologies due to the small production scale, limited public awareness of potatoes, shortage of fast and convenient staple food products, processed products and half-made products, and the incomplete industry supporting system.

To promote the sustainable development of potato industry in China, we need to further expand potato market capacities and conduct market-oriented research and production, promote capacity building (including research capacity, processing capacity, production capacity, storage capacity, and management capacity), fully utilize natural resources according to the local conditions and increase potato yield while increasing planting areas, and build strong supporting systems and provide all types of policy, scientific, financial, and market services.

References

[1] Potato Research Institute of Heilongjiang Academy of Agricultural Sciences. China potato cultivation. Beijing: China Agriculture Publishing House, 1994

[2] Xiaoping Lu and Kaiyun Xie. CIP in China: 30 years' friendship, cooperation, and achievement. Beijing: China Agricultural Scientific Publishing House, 2014

[3] Qiyou Luo, Yang Liu, Mingjie Gao, Xiaofeng Yi. Status quo and prospect of China's potato industry. Agriculture Outlook, 2015, (3): 35-40

[4] Dongyu Qu, Liping Jin, Kaiyun Xie. Ten years' review of potato industry in China (1998-2008) . Beijing: China Agricultural Scientific Publishing House, 2010

[5] Dongyu Qu, Kaiyun Xie, Liping Jin, et al. Potato industry development and food security in China. Scientia Agricultura Sinica, 2005, 38 (2): 358-362

[6] Dongyu Qu and Kaiyun Xie. How the chinese eat potatoes? Singapore. World Scientific Publishing Co. Pte. Ltd. , 2008

[7] Pingya Dong and Guopan Zhao. Brief history of potato. Beijing: China Agricultural Scientific Publishing House, 1991

[8] Jiping Xiao, Jun Zhou, Huachun Guo, XieKaiyun. Potato yield potential in Yunnan: the results of high yield creation. Chinese Potato Journal, 2015

[9] Kaiyun Xie, Xiaoxue Wang, Fengyi Wang. The potential and problems of potato production in winter fallow rice fields. Chinese Potato Journal, 2010, 24 (6): 373-378

Global food and agriculture

Percy W. Misika

(FAO Representation in China, DPR Korea and Mongolia)

1 Introduction of the right to food and food security concept

The right to adequate food as a human right was first formally recognized by the United Nations in the Universal Declaration of Human Rights (UDHR) from 1948, as a part of the right to a decent standard of living. In the UDHR Article 25 it was stated that: "*Everyone has the right to a standard of living adequate for the health and well-being of himself and of his family, including food, clothing, housing and medical care and necessary social services, and the right to security in the event of unemployment, sickness, disability, widowhood, old age or other lack of livelihood in circumstances beyond his control.*" In 1999, the right to food was interpreted by the Committee on Economic, Social and Cultural Rights (CESCR) in the General Comment 12 establishing that: "*The right to adequate food is realized when every man, woman and child, alone or in community with others, has the physical and economic access at all times to adequate food or means for its procurement.*"

Food security is achieved "*when all people, at all times, have physical, social and economic access to sufficient, safe and nutritious food which meets their dietary needs and food preferences for an active and healthy life*" (World Food Summit, 1996). The multi-dimensional nature of food security includes food availability, access, stability and utilization. Food availability refers to the availability of sufficient quantities of food of appropriate quality, supplied through domestic production or inputs. Food access means the access by individuals to adequate resources (entitlements) for acquiring appropriate foods for a nutritious diet. Entitlements are defined as the set of all commodity bundles over which a person can establish command given the legal, political, economics and social arrangements of the community in which they live (including traditional rights such as access to common resources). Food stability is to be food secure. A population, household or individual must have access to adequate food at all times. They should not risk loosing access to food as a consequence of sudden shocks (e. g. an economic or climatic crisis) or cyclical events (e. g. seasonal food insecurity). The concept of stability can therefore refer to both the availability and access dimensions of food security. Finally, food utilization is defined as utilization of food through adequate diet, clean water, sanitation and health care to reach a state of nutritional well-being where all physiological needs are met. This brings out the importance of non-food inputs to food security.

2 Situation of food insecurity 2015: at global, regional and national levels

Progress continues in the fight against hunger, yet an unacceptably large number of people still lack the food they need for an active and healthy life. The latest available estimates indicate that about 795 million people in the world-just over one in nine-were undernourished in 2014-2016. The share of undernourished people in the population, or the prevalence of undernourishment (PoU), has decreased from 18. 6 percent in 1990-1992 to 10. 9 percent in 2014-2016, reflecting fewer undernourished people in a growing global population. Since 1990-1992, the number of undernourished people has declined by 216 million globally, a reduction of 21. 4 percent, notwithstanding a 1. 9 billion increase in total population over the same period. The vast majority of the hungry live in the developing regions, where an estimated 780 million people were undernourished in 2014-2016 The PoU, standing at 12. 9 percent in 2014-2016, has fallen by 44. 5 percent since 1990-1992.

The year 2015 marks the end of the monitoring period for the Millennium Development Goal targets. For the developing regions as a whole, the two indicators of MDG 1c-the prevalence of undernourishment and the proportion of underweight children under 5 years of age have both declined. The share of undernourished people in the total population has decreased from 23. 3 percent in 1990-1992 to 12. 9 percent. A total of 72 developing countries out of 129, or more than half the countries monitored, have reached the MDG 1c hunger target. Some regions, such as Latin America, the east and southeastern regions of Asia, the Caucasus and Central Asia, and the northern and western regions of Africa have made fast progress. Progress was also recorded in southern Asia, Oceania, the Caribbean and southern and eastern Africa, but at too slow a pace to reach the MDG 1c target of halving the proportion of the chronically undernourished.

The Asia-Pacific region has successfully achieved the Millennium Development Goal (MDG-1c) by reducing the proportion of people suffering from hunger by half by 2015. The region has also achieved the largest reduction in the absolute number of undernourished people (236 million) . However, this was not sufficient to meet the target set by the World Food Summit (WFS) of halving the number of undernourished people by 2015. There are 490 million people still suffering chronic hunger in the region, and Asia and the Pacific is home to almost 62 percent of the world's undernourished. Besides the calorie consumption deficit, the problem of undernutrition is manifested in high rates of stunting in children below five years of age, while various micronutrient deficiencies prevail among people of all ages.

In China, according to FAO's Regional *Overview of Food Insecurity-Asia and the Pacific*, the number of people undernourished in China has dropped from 289 million from 1990-1992 to 133.8 million in 2014-2016. China also drastically brought down the rate of stunting among children from 32 percent in 1990 to 9 percent in 2010. The *Overview* points out that the Asia and the Pacific region's remarkable progress in economic growth and poverty reduction, particularly in Eastern Asia, is largely led by China. China also influenced the change of food consumption pattern in the region, with the rapid decline of share of dietary energy derived from cereals, roots and tuber in Eastern Asia (25 percent) being mainly attributed to the dietary changes in China. In terms of purchasing power, China is the only country among the most populous developing countries in the region where per capita GDP in PPP was higher than the regional average in 2013.

3 Global food and agriculture projection in 2050

By 2050 the world's population will reach 9.1 billion, 34 percent higher than today. Nearly all of this population increase will occur in developing countries. Urbanization will continue at an accelerated pace, and about 70 percent of the world's population will be urban. Income levels will be many multiples of what they are now.

In order to feed this larger, more urban and richer population, food production (net of food used forbiofuels) must increase by 70 percent. Annual cereal production will need to rise to about 3 billion tonnes and annual meat production will need to rise to reach 470 million tonnes.

4 Global food security: prerequisites, risks and challenges

Action is needed now to ensure that the required 70 percent increase in food production is achieved, and that every human being has access to adequate food. First, enhancing investment in sustainable agricultural production capacity and rural development. Investment in developing country agriculture has to increase by at least 60 percent over current levels through a combination of higher public investment and better incentives for farmers and the private sector to invest their own resources. Second, promoting technology change and productivity growth. Greater priority has to be given to agricultural research, development and extension services in order to achieve the yield and productivity gains that are needed to feed the world in 2050. Third, trade, markets and support to farmers. Global markets have to function effectively as food security for an increasing number of countries will depend on international trade and access to a stable supply of imports.

The ability of the global food and agricultural system to meet future demand for food, feed and fibre could be severely limited by a number of risks and challenges. The most important risk is that hunger and malnutrition could persist or even continue to rise in spite of food supplies that are sufficient at aggregate levels for lack of income opportunities for the poor and absence of effective social safety nets and for the very fact that that millions of the most deeply poor and hungry are caught in a vicious circle of hunger and poverty.

Another increasingly worrisome challenge is climate change, affecting developing countries disproportionately. Climate change will affect agriculture and forestry systems through higher temperatures, elevated carbon dioxide (CO_2) concentration, precipitation changes, increased weeds, pests and disease pressure. Global mean surface temperature is projected to rise in a range from 1.8℃ to 4.0℃ by 2100. Such changes will have more or less severe impacts on all components of food security: food production and availability, stability of food supplies, access to food and food utilization.

A third challenge that has been emerging with the rise in energy prices is a rapid increase in the use of agricultural feedstock forbiofuels, causing additional scarcity on markets for food and feed. According to OECD-FAO projections, global biofuel production may increase to 192 billion litres in 2018 depending *inter alia* on the future price of crude oils and on support policies in major countries.

5 The nutrition face of global food and agriculture

Improving nutrition is fundamental to achieving a world without hunger. Notwithstanding improvements in many countries, overall progress in reducing hunger and malnutrition has been unacceptably slow. Problems of malnutrition—of undernutrition, micronutrient deficiencies and obesity—exist in all countries and cut across socio-economic classes. In the poorest countries, undernutrition and micronutrient deficiencies are by far the greatest problem. WHO estimates that close to ten million children die before their fifth birthday every year, and a third of these deaths are associated with undernutrition. One in three developing country children under the age of five (171 million children) are stunted due to chronic undernutrition, while another 148 million children are underweight. Deficiencies in Vitamin A and iodine in adults, caused largely by deficiencies in diets, range from around 30 to 40 percent in Africa and Asia and 10 to 20 percent in Latin America. Iron efficiencies in non-pregnant women are also high in these regions. Disturbingly, these numbers have not changed much in spite of widespread food fortification and distribution of supplements and ready-to-use therapeutic foods.

Malnutrition, in all its forms (under nutrition, micronutrient deficiencies and over nutrition) is an intolerable burden, not only on national health systems, but on the entire cultural, social and economic fabric of nations, and is a major impediment to development and the full realization of human potential. While the cost of dealing with the effects of malnutrition - whether in fiscal, economic or human terms- is high, the cost of prevention is much less. Investing in nutrition, therefore, is not only a moral imperative, but also makes economic sense as it improves productivity and economic growth, reduces health care costs and promotes education, intellectual capacity and social development.

6 Potato—one of the ways towards food and nutrition security

The International Year of the Potato in 2008 has raised awareness of the potato's fundamental importance as a staple food of humanity. It has also raised the aim to promote development of sustainable potato-based systems that enhance the well-being of producers and consumers and help realize the potato's full potential as a "food of the future" .

The potato will be an important part of efforts to meet the challenges confronting by global food and nutrition security as it bears close relationship to multiple dimensions of agriculture, ranging from food security, to nutrition, biodiversity, gender, economy, water, soil conservation, pest/diseases to name a few.

The potato should be a major component in strategies aimed at providing nutritious food for the poor and hungry. It is ideally suited to places where land is limited and labour is abundant, conditions that characterize much of the developing world. The potato produces more nutritious food more quickly, on less land, and in harsher climates than any other major crop—up to 85 percent of the plant is edible human food, compared to around 50% in cereals.

On nutrition terms, potatoes are rich in carbohydrates, making them a good source of energy. They have the highest protein content (around 2. 1 percent on a fresh weight basis) in the family of root and tuber crops, and protein of a fairly high quality, with an amino-acid pattern that is well matched to human requirements. They are also very rich in vitamin C—a single medium—sized potato contains about half the recommended daily intake - and contain a fifth of the recommended daily value of potassium.

World potato production has been on the increase, and exceeded the growth in production of many other major food commodities in developing countries, particularly in Asia. While consumption of potato has declined in Europe, it has increased in the developing world, from less than 10 kg (22 lb) per capita in 1961-1963 to almost 22 kg (48. 5 lb) in 2003. Consumption of potato in developing countries is still less than a quarter of that in Europe, but all evidence suggests it will increase strongly in the future.

References:

FAO. 2015a. The Sate of Food Insecurity in the World. FAO, Rome.

FAO. 2015b. Regional Overview of Food Insecurity Asia and the Pacific. FAO, Bangkok.

FAO. 2009. How to Feed the World in 2050. FAO, Rome.

FAO. 2008. International Year of the Patato, http: //www. fao. org/potato-2008/en/world/index. html.

Agricultural development and food security in China

Bingsheng Ke

(China Agricultural University)

First of all, congratulations to the World Potato Congress! I'm happy and honored to attend this event and present a brief report on China's agricultural development and food security issues. According to Chinese definition in the statistics of annual agricultural production, potato is included in the category of grains, together with rice, wheat, corn and soybean. Therefore, the general background information of China's agriculture and food security in my report can be relevant for the discussions of potato issues.

In the following, I'm going to focus on three issues: How to judge the trend of agricultural development? What's the major challenge facing China now? How to ensure food security in the future?

Firstly, how to judge the trend of China's agricultural development?

Since the reform and opening up policy initiated in 1978, China's agricultural production has been developing very rapidly and the yield of main agricultural products has been increasing dramatically. In the period of 1978-2014, the total production of grains has doubled, rising from 303 million tons to 607 million tons, with a yearly growth rate of 2% on average. As for livestock products such as meat, egg and milk as well as horticultural products such as vegetables and fruits, their production amounts have increased even more sharply. The meat production increased by six times and the milk production by over 30 times. Fruit production has increased by three times just since 2000.

As for recent years, we've also made tremendous achievements. China's grain production has increased for eleven consecutive years, which is by any means unprecedented.

However, in the same period, import of grains in China has also increased for eleven consecutive years. In 2000, China's imported grains were less than 14 million tons, but in 2014, it surpassed 100 million tons. Since 2011, China has become a net importer for all major agricultural products, including rice, wheat, corn, soybean, cotton, sugar, vegetable oil, etc.

There are many reasons for large amount of import. Two of them are the most important. One is the demand has grown much faster than projected and exceeded that of the domestic production. For many years in the past, the annually growth rate of grain demand was estimated at approximately 1%. Actually, it should be about 2%. In 2000, the government predicted that by the year of 2020 the total demand of grain would arrive at about 580 million tons. But that figure was already reached in 2010. The reasons for the rapid increase of demand include the rising of population, the increase of personal incomes and the increased requirements of industrial production. Of all those factors, one often neglected but very important reason is the food consumption by migrant workers. China Statistics Bureau carried out sampling investigation of the consumers' household food consumption every year. This official statistical scheme covers two types of households, i. e. the urban families and rural families. However, these two household investigations do not include migrant workers with a population of 270 million. According to the sampling surveys made by the researchers of China Agricultural University over the past two years, the migrant workers' grain consumption level is apparently higher than that of urban people on average, even much higher than that of rural population.

According to the increasing domestic production and importation of the concrete agricultural products, we may find the source of demands pressure. During the period of 2000-2013, the grain production increased 140 million tons, of which corn production surpassed 110 million tons. In the same period, the imported grains increased 64 million tons; among which 53 million tons were soybeans. As a matter of fact, the increased demand for grains are actually increased demand for livestock products, which in turn caused increased demand for feed grains, mainly corn and soybean. This means that increased domestic corn production and increased soybean import are mainly served the purpose of livestock feed. In 2014 the amount of imported soybeans was 71.40 million tons. If this amount of soybean had been produced in China, it would need a farmland area of 600 million mu (1 mu = 0.066 7 hectare), or one third of the total farmland area in China. It is apparently impossible.

The other main reason for the large amount of import is the low cost of imported products. In the recent years in China, the price of agricultural products has risen very fast making the domestic prices higher than that of the international market. The main drive for the increasing agricultural prices is the rising land and labor cost, especially the latter. It is estimated that the cost of manual picking cotton has already accounted for 40% of the cotton selling price; while the cost of manual harvesting sugar canes has already accounted for about 30% of sugar price. The main reason for the increase of agricultural labor cost is that more and more rural people have been leaving rural areas and become migrant workers in the cities and towns. As a result, the salary level of migrant workers has become the reference cost for agricultural labors.

The increases of demand and labor cost are both rigid and cannot be reversed. Therefore, from now on, in a rather long term in the future, it will still remain as a huge challenge for China to guarantee the balance between demand and supply of agricultural products as well as the national food security.

The second question: what is the major challenge facing China?

The daunting challenge faced by Chinese agriculture can be summarized in one sentence: namely, how to use less farmland, less water resources and less agricultural labors to produce more, better and safer agricultural products.

The area of China's cultivated land is decreasing by about 5 to 6 million mu (1 mu =0.066 7 hectare) each year according to official statistics. The actual figure may be larger. There are strong motivations for local governments and enterprises to take farmland away by various means for non-farm purposes. In the process of urbanization, industrialization and modernization, more and more cultivated land will inevitably be take away from agriculture for non-agricultural use such as building more towns, industrial developing zones, airports, expressways, high speed railway, etc. A stricter implementation of land protection regulations can only slower the speed of declining farmland areas, but not stop neither change the direction of the process.

The lack of water resources is increasingly getting serious. It is a problem almost across the country, particularly in northwest and north China. The natural rainfall in northwest China is sparse and in many places the farming is heavily dependent on irrigation water from melted snow from the high mountains. So the amount of water determines the amount of land that could be farmed.

In north China, people depend heavily on ground water for irrigation. The well depth in many areas has surpassed 300 meters. The over pumping of water has resulted in the continuous dropping of ground water level. In some places, it drops more than 1 meter annually. Such a usage of water resources is unsustainable. In Beijing, Tianjin and Hebei, the annual wheat production is about 14 million tons. The water need for producing wheat in the region is about 14 billion cubic meters, which equals to the total water amount of the South to North Water Diversion Project of China. Water scarcity will not only set the limits for agricultural development in Northern China, but also affect the daily water consumption of the residents of the whole region.

The current area of paddy and wheat fields in China has been on decline over the past three decades. One of the main reasons is also due to the water shortage. In some places, for example, the paddy fields in the suburb of Beijing have completely gone due to water scarcity. For the same reason, there has been very limited newly cultivated land for rice.

Because of the decreasing area of paddy and wheat fields, the production of these two crops has increased only by a small margin in the past 15 years, despite continued yield improvement.

The continued massive rural-urban migration of labors has not only resulted sharp rising labor cost for agriculture, but also have had direct impacts on the cropping index. In south China, people used to have two crops a year, but now in many places, they do only one crop per year to save the labor cost. For example, in some places, the farmers plant rice just once a year instead of twice a year. Similarly, also in South China, farmers no more plant rapeseeds in winter.

To sum up, in a rather long time in the future, the existing farmland area will further decline due to non-farm uses, and the possibility of new farmland reclamation is very limited. Therefore, the total cultivated area will continue to decline rather than increase in China. The only hope for increasing agricultural production is to continuously improve the yields. The yield improvement should meet the two-fold pressure: to offset the negative impacts of farmland area decrease on production and to meet the increasing demand of food.

The pace of improvement in grain yields has been very fast in the first twenty years when the reform and opening up policy started, with an annual growth rate of 3%. However, in the recent 15 years, it has droppedto less than 1.5%. For paddy rice, annual growth rate has been only about 0.5% on average. To further raise the yield improvement rate will become increasingly difficult. As mentioned above, the demand for grain in China has been increased at about 2%

annually. The gap between demand growth and production growth present a very challenging situation for China to keep a good balance between demand and supply.

The third question: how to ensure the food security in future?

In my opinion, efforts in four areas need to be enhanced to guarantee the national food security in China.

Firstly, we need to continuously increase our domestic agricultural production capacity and productivity. This is the key and fundamental measure. we should strictly carry out the measures of protecting cultivated land, ensure the minimum level of 1.8 billion mu (1 mu = 0.066 7 hectare) of cultivated area, and curb illegal occupations of agricultural land for non-agricultural purposes. At the same time, we shall continuously improve the efficiency of non-agricultural land use, and strengthen the construction of agricultural infrastructures including the farmland consolidation, water conservatory system, improving the soil fertility of the existing low-yield fields and so on. We shall continuously make great efforts to carry on agricultural mechanization, and lower the labor costs with more machines replacing manpower. We shall strengthen the innovation of agricultural science and technology, continuously increase yields through application of new seeds and farming practice, such to achieve a yield growth rate of over 1.5% per year on average. We shall encourage the land transfer to large farming households, continuously improving the scale of agricultural operation so as to help raise yields and lower costs. We shall improve farmers' professional skills and help them better organized, and with more prompt adaptation of new technologies and to better meet the requirements of market for abundant and high quality products. The governments at different levels shall offer more public services in the fields of market information, technical publicity, prevention and protection from plant and animal diseases.

Secondly, we shall continuously improve the efficiency of feed use. This is to increase the production efficiency of livestock sector. An increase of 10% in feed-meat efficiency will save more than 20 million tons of grains. It involves better quality of feed, better feeding, better disease control and other measures in the livestock production. The intensive operation system and the associated enlarged operation scale will be an important approach to achieve the goal of a highly productive, efficient and quality-secured livestock sector.

Thirdly, we should guide and change the food consumption habit toward a healthier pattern. The change in dieting habit involves many factors and is usually a gradual process. We shall promote the consumption of corn, potato, vegetable, fruit and aquatic products. I full agree with the move by Chinese Ministry of Agriculture to launch a campaign to promote the consumption of potato as one of the major staple food. As potato is nutrient rich and can be planted in less favorable farmland areas with low quality soil and fewer rainfalls, there are huge potentials to expand its production in China. The key issue is to develop novel potato products or/and traditional products with potato as new ingredient which can fit to the eating habit and dieting taste of the people in China. In this regards, I sincerely believe that the World Potato Congress will for sure give a big push in potato consumptions in China.

Finally, a certain amount of import is necessary to cover the shortage of domestic production. The imported products will be mainly the so-called "land-intensive" ones, including soybean, oilseeds, cotton, wheat and the like. From the long-term perspective, I believe that it will be acceptable for China to have a self-sufficiency of 90% for cereals and a self-sufficiency of 80% for grains (soybean included) .

The role of potato in global food security

Barbara H. Wells

(International Potato Center, Lima, Peru)

Potato′s adaptive range

It is a pleasure to be among a group of people focused on a crop that is near and dear to my heart and my organization—The International Potato Center.

More than a billion people in the world consume potato on a regular basis. In fact, China itself is the largest producer and consumer of potato in the world. The potato′s extraordinary adaptive range, its ease of cultivation and high nutritional value have led to steady increases in its consumption in developing countries. The popularity and vitality of the potato is real and it is having a great impact on food security and nutrition globally.

Even though more people are consuming this nutritiouscrop around the world, the Global Hunger Index indicates that there are 56 countries with serious to extremely alarming levels of hunger. South Asia is the region with the highest rate of hunger and Sub-Saharan Africa is also suffering. Even in countries like Peru where CIP is headquartered and where the potato was first domesticated, hunger is a daily concern for many.

So more than a billion people in the world eat the potato but many go to bed hungry at the end of the day. We have a tool in the potato tofight hunger and lift people out of poverty. It grows everywhere, it is already part of nearly every diet in the world, it is nutritious, and it is a cash crop. But if this is the case why is there so much hunger in Asia, Africa and South America?

This challenge is one that we face as leaders in the potato industry. How do we increase food security now and ensure food security for the estimated 9 billion people that we estimate will be on this planet in 2050? Food security shouldn't be viewed simply as an issue for NGOs, governments or world bodies to address. The private sector and the world economy have an interest in increasing food security. The world loses two to three per cent GDP annually due to hunger while investing one dollar in tackling hunger yields a return of $30. So by investing in the food security of the world's poor we are investing in our collective well-being. A rising tide can lift all boats.

Partnerships

As I said, the food security of the world's vulnerable populations is not simply the job of organizations like mine or international bodies or national governments. Engaging the private sector in cooperation with governmental bodies, research and development organizations, and others is needed. It requires us to look at all elements of the value chain like producers, small entrepreneurs, seed suppliers, markets, consumers, health professionals, and others.

I'll give you an example. The supply of quality seed potato in Sub-Saharan Africa is very vulnerable. Where supplies of seed potato exists disease negatively affects yields. For smallholder farmers, the investment in seed potato is risky and expensive. They also rely on a trader for market intelligence on the varieties preferred by processors only to learn once their crop has been harvested that the trader have given them incorrect information and the processors require a different variety. The market value of their harvest now diminished they have no choice but to sell it trader at a much lower price than they expected. The entire value chain from varietal selection to market preferences is unstable and this causes great issues for poor smallholder farmers.

However, even small interventions can make a difference as long as they are part of a deliberate value chain approach. Let me tell you a story about Guta Gudissa, a now famous potato farmer from Jeldu in the central highlands of Ethiopia. In 2001 Guta was very poor. He had no money to complete his education, no land of his own to cultivate crops or raise animals. On land that he rented he grew a low yielding variety of potato that was highly susceptible to late blight.

Guta saw other farmers having better results with their potatoes and found they were investing a bit more to purchase better seed potato so he decided to give it a try for himself. He purchased eight kilos of a variety of quality declared planting material provided by the Holetta Agricultural Research Center and attended their training and workshops to learn how to grow them properly. His yields increased and he also began to produce clean seed potato to store and sell to his neighbors for the next season using the knowledge he gained from his training.

Today, Guta now rents his land to his neighbors to increase his cultivation surface and hires many daily laborers in his fields. He has become a model farmer. He is prospering and so is his community.

Guta is now food secure.

Food Security

But what does that mean? Food secure. Let's take a minute to discuss what food security really is. The FAO says "food security exists when all people at all times, have physical, social and economic access to sufficient, safe and nutritious food to meet their dietary needs and food preferences for an active and healthy life." Food security has long been regarded as a matter of balancing supply with demand. Polices have been and are still, in some cases, limited to increasing agricultural production or slowing population growth. To achieve true food security we need to have access to food; it needs to be readily available; of good quality; and stably supplied. These four pillars of access, availability, quality, and stability are essential parts of the food security equation.

It is not simply about supply. Potato consumption in developing countries has increased to the point where the developing world's potato production now exceeds that of the developed world. Across Asia, Africa, and Latin America potato production has grown from 30 million tons in the early 1960s to more than 219 million tons in 2012. So clearly potato is accessible and available.

Table 1

Countries	1994	1996	1998	2000	2002	2004	2006	2010	2011	2012
Developed countries	168. 69	193. 59	162. 25	182. 04	163. 58	171. 79	155. 25	143. 88	157. 5	157. 5
Developing countries	102. 38	117. 71	131. 41	146. 51	152. 41	157. 77	159. 12	180. 53	216. 7	216. 7
World	271. 07	311. 31	300. 67	328. 55	315. 95	329. 56	314. 37	324. 42	374. 2	374. 2

Source: FAOSTAT.

Millions of farmers also rely on potatoes for food and cash income. Potato produces more food per unit of cropland in less time than any other major crop and it is thinly traded in global markets and is absent in major international commodity exchanges making it less at risk of speculative activity. This makes it a highly reliable crop for farmers in terms of income. Consequently, potato is a highly reliable food security crop that can ease further turmoil in world food supply and demand.

Since potato is so widespread the issue at hand is not introducing a new crop to a population not familiar with it like CIP experienced when it introduced the Orange Fleshed Sweetpotato to Eastern Africa where people did not readily adopt it until CIP did awareness campaigns. No the potato already is present in most parts of the world where hunger exists.

The opportunity that will have near term impact is targeting countries with improved varieties where potato consumption is stable but where hunger or hidden hunger exists. The potato is a staple crop in many parts of the world. In China, Peru, Bolivia, Rwanda, Tajikistan, and Kazakhstan and other countries, the potato is part of nearly every meal and it is grown in kitchen gardens. In these parts of the world the obstacle of introducing a new crop or encouraging increased consumption of it is not present. Half of the job is done. In these parts of the world there are large areas where hunger, hidden hunger and poverty are rampant. The opportunity to improve these conditions does exist through improved varieties and seed potato systems. In Central Asia, for instance, an early maturing high micronutrient potato could serve the dual purpose of increasing income and decreasing micronutrient deficiency rates.

Similar to Tajikstan and Kazakhstan where potato is a staple crop, China has increased its production and consumption of potato and it too could become a vector for food security and nutrition in this vast country.

Potato as a Staple Crop

The future is bright for potato in China. Earlier this year, China pledged to make potato a staple crop. In China, potato production has experienced rapid growth, with production more than trebling from 27 million tons to 80 million tons between 1985 and 2012. The country is now the world's top producer, accounting for 23% of global production. Potato production, however, faces significant challenges, the most significant of which is late blight disease (*Phytophthora infestans*), which causes an estimated US$10 billion worth of losses each year in developing countries alone. This has a devastating impact on potato producers, who depend on the crop for income generation and food security. In China, late blight is a serious yield constraint in several parts of the country but particularly in the southwestern highlands, where potato is grown by resource-poor farmers. So clearly an opportunity exists to improve food security by focusing on areas where potato already exists with improved varieties and value chain approaches. Geo-spatial science can help us in this effort. CIP has developed a targeting analysis based upon the local importance of potato and cross referenced it with livelihood. This targeting exercise has allowed us to identify priority areas for our research and development efforts. The areas where potato correlates most positively with livelihoods include:

- High altitude areas in Sub-Saharan Africa
- Andean South America
- Indo-Gangetic basin of southern Asia
- China
- Central and Western Asia

In these areas potato-related interventions can provide opportunities to improve livelihoods. Depending upon the local poverty context, potato interventions involvingsmallholders, especially women, can be aimed at improving productivity and support to subsistence farmers, or expansion of markets and linking smallholders to modern food markets and contributing to increasing returns to labor and generating employment for the local populations.

Pro-Poor Varieties

Let me change topics for a moment and talk about varieties. As we all know the diversity that exists in potato is fantastic. As I like to say, tell me an agroecology and I can probably find a potato variety that will grow there. This versatility is a strength of the potato. However, the real value comes in looking at varieties in light of the systems where they exist and the role they play in it.

Over the years, through our focus on breeding and value chain work in vulnerable food insecure areas of the world, CIP has developed the term "Pro-Poor Varieties" to refer to the potato technologies that we produce that are beneficial to the vulnerable populations who are our ultimate beneficiaries. Technologies can be called pro-poor if they increase productivity without the need for additional inputs that are expensive to poor farmers like fungicides or the need for frequent resupplies of new seed potato. They are also pro-poor if they fill nutrition gaps, are resistant to disease and are eco-system friendly.

Pro-poor traits have been part of the international agricultural agenda for some time. An enhanced focus on micro-nutrient availability, virus resistance, post-harvest, and storage should become part of that pro-poor agenda. CIP is not alone in expanding the definition of pro-poor agenda. Other research institutions and development organizations are doing their part. However a transformation is necessary to accelerate this effort to keep pace with population growth.

There is an ever increasing opportunity for public-private partnerships to develop and transform science-based results into adoptable and accessible solutions for resource-poor farmers. The Participatory Market Chain Approach is one notable method of public private partnership. This approach connects farmers to markets by linking small farmers to markets to foster productive partnerships based on trust and knowledge sharing. When done properly this system identifies a market opportunity followed by the development of crop or other innovation to exploit the opportunity. This type of public private partnership can help new products come to market that benefit the entire value chain.

In recognition of the opportunities that exist to enhance food security and nutrition of small shareholders, we at CIP have identified two opportunities that we will focus on over the next eight years. We have committed ourselves to improve systems productivity and farm incomes of at least 7 million households in targeted

Asian countries with an agile early maturing potato. In Sub-Saharan Africa, we have committed to increase potato productivity and improve the livelihoods of at least 600 000 smallholder farmers in potato-growing regions of Africa by the use of high-quality seed of robust, market-preferred and biofortified varieties.

Now when I say "We" I'm referring to "us. " CIP is looking to everybody in this room to help reach these goals and improve the food security and nutrition of a world that will reach 9 billion people by 2050. CIP realizes that we need partners to meet our lofty goals. We will do our part, of course, but we need support of private partners to accelerate innovation, ministries to prioritize potato as priority crops like China has done, national agricultural research services to partner with us on mutually beneficial projects, and many others.

Potato in China

This World Potato Congress is important. It is important for us to gather triennially to share our latest innovations and discuss our futures as tuber efficianados. It is also important that this World Potato Congress is in China.

The China Center for Asia and the Pacific of the International Potato Center (CIP) research facility is also nearing construction completion in Yanqing.

CIP is proud to be in partnership with the Chinese government on this project. And CIP has a 30 year history with China. Over the past three decades China has imported over 8 000 accessions of germplasm from CIP, enriching its domestic germplasm base and broadening the genetic background of its roots and tuber crops. On the basis of such diversity, Chinese scientists have been able to breed approximately 100 popular potato varieties currently in use in China, about 30% are related to CIP germplasm, representing roughly 20% of China's annual cultivation area and production volume.

CIP-24 and Cooperation 88 are the most representative among the new varieties. China received a disease-resistant potato clone known as CIP-24 in 1978, the year CIP's work started in China. The variety was highly successful and continues to be grown today on 70 000 hectares of land per year, principally in the country's drought-prone Northern provinces.

In 1995, a potato variety, known as Cooperation 88, was released by the Root and Tuber Crop Research Institute of Yunnan Normal University in Kunming. Thanks to its strong late blight resistance, high yield and good marketability, in less than seven years after its release, this potato variety covered 20 percent of the cultivated potato area in the province. Its use spilled over to other Southwest provinces, such as Sichuan Province and Chongqing and beyond China's borders into Vietnam and Myanmar (Burma) . Up till now, the variety is still widely planted in the region with annual planting area about 400 000 ha.

CIP has also provided many opportunities of capacity building for young Chinese scholars. In the early 1980s, there were very few personnel dedicated to RTC research and extension. In Yunnan Province potato acreage was above 200 000 ha, but only 3 professional research personnel served this vast area. Essentially one potato researcher was responsible for nearly 70 000 ha of potatoes. With China's fast economic and industrial development, the number of potato research personnel today has surpassed 500, an almost 20-fold increase since the 1980s. In 2008, China's Ministry of Agriculture established the national potato and sweetpotato research systems, bringing together the best potato and sweetpotato scientists in the country. Among the 24 leading scientists appointed to the national potato research system, 6 were sponsored by CIP to study abroad and 11 worked on CIP projects.

In short, over the course of the 30-year cooperation between CIP and China, China's RTC production has undergone tremendous changes. It is safe to say that the bilateral collaboration has made a remarkable difference. Compared with 1978, potato yield in China in 2012 rose by 24. 5%, from 12. 70 t/ha to 15. 81 t/ha.

The success of this relationship has a lot to do with the strong commitment to potato shown by the Chinese government and CIP is thankful for this cooperation. There is no doubt that CIP is a great supporter of potato and appreciates being part of this congress. What is different in 2015 is the playing field for potato has changed. The world is producing and consuming potatoes more than ever before. The opportunities to provide pro-poor varieties and technologies where potato already exists are clear. I would challenge each of you to try to connect the dots between what you do and these opportunities. Whether you are a researcher in search of a new variety or a farm implements manufacturer, there is a place for you at the table when it comes to food security.

It is an honor to be in the presence of so many who dedicate their careers to improving all of the points alongthe potato value chain the way that we do at CIP. I hope this congress is a valuable experience for you. The richness of the agenda tells me that it should be. I thank you for your time and attention.

World potato markets: trends, investments, intercontinental trade and its implications for the future

Cedric Porter, Guy Faulkner

(World Potato Markets)

Trends

Potatoes remain a vital crop for billions of people around the world, but it can be argued that potatoes are not fulfilling their full potential in a world that needs more and more food.

The potato is the world's fifth largest crop by production, but over the last 20 years output has not increased to the same extent as other crops such as corn and rice.

Table 1 World's top crops 1993-2013

Year	2013	2008	2003	1998	1993	(%)change1993-2013
	Production (million tonnes)					
Corn	1018	831	645	616	477	+113.5
Sugar	930	877	879	769	759	+22.5
Rice	741	688	587	579	531	+39.5
Wheat	716	683	560	594	565	+26.8
Potatoes	376	330	315	301	305	+23.3
Cassava	276	233	192	163	163	+69.3
Soyabeans	276	231	191	160	115	+140.0
	Yield (tonnes/hectare)					(%)change 1993-2013
Corn	5.5	5.1	4.5	4.4	3.6	+52.8
Sugar	76.2	73.2	74.8	72	55.2	+38.0
Rice	4.5	4.3	3.9	3.8	3.6	+25.0

(续)

Year	2013	2008	2003	1998	1993	(%)change 1993-2013
	Yield (tonnes/hectare)					
Wheat	3. 3	3. 1	2. 7	2. 7	2. 5	+32. 0
Potatoes	19. 5	18. 2	16. 5	16	16. 5	+18. 2
Cassava	13. 6	12. 2	10. 7	9. 8	9. 8	+38. 8
Soyabeans	2. 5	2. 4	2. 3	2. 3	1. 9	+31. 6
	Area (million hectares)					(%)change 1993-2013
Corn	185. 1	162. 9	143. 3	140. 0	132. 4	+39. 7
Sugar	12. 2	12. 0	11. 8	10. 7	13. 8	−11. 2
Rice	164. 7	160. 0	150. 5	152. 4	147. 5	+11. 6
Wheat	216. 9	220. 4	207. 4	219. 8	225. 8	−3. 9
Potatoes	19. 3	18. 1	19. 1	18. 8	18. 5	+4. 3
Cassava	20. 3	19. 1	17. 9	16. 6	16. 6	+22. 0
Soyabeans	110. 4	96. 3	83. 0	69. 6	60. 5	+82. 4

Note: 2014 figures not yet available.

Source: UN FAOSTAT Database.

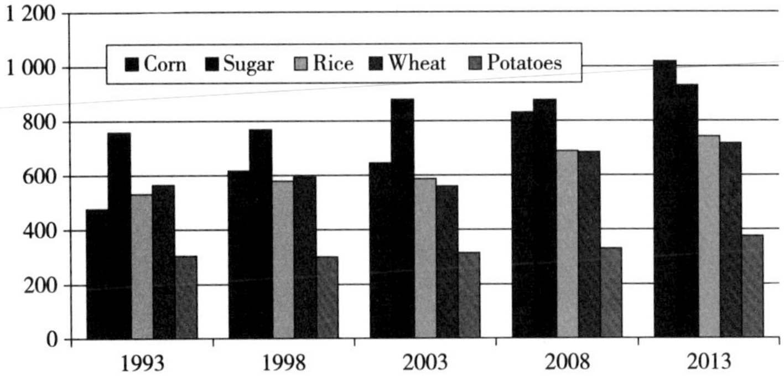

Figure 1 Crop production in million tonnes

In 2013 (the latest year that there are comparable *UN FAO* figures for) world potato output was at 376 million, up 23. 3% on the 1993 figure. That increase in production is largely due to a 18. 2% increase in average yields to 19. 5 tonnes/hectare as the area of potatoes grown has increased by just 4. 3% to 19. 3 million hectares.

The growth in potato output compares to more than a doubling of corn and soyabean production and a 40% increase in rice production over the last 20 years. Sugar and wheat have shown a similar increase in production as potatoes. The gains in potato yields have also been the smallest of any of the main crops at just 18% compared to more than 50% for corn and in excess of 30% for sugar, wheat, cassava and soyabeans.

Rapid production gains in Asia and Africa

The growth in potato output has been focused in Asia and Africa -regions of the world where the population is growing the fastest too. In Asia a 25% increase in yields over the last 20 years and a 70% increase in potato area has resulted in a 114% increase in production.

China has led the way with output estimated to be more than 100 million tonnes in 2014. Chinese yields only rose by 15% over the 20 years, but the area grown was up more than 80% and the Chinese government is aiming at doubling the potato area over time. African potato production has risen by more than 250% in the last 20 years as yields have risen by a third and the potato area has increased by 170%. But at an output of just 30. 5 million tonnes there is still a lot of potential for a continent whose population is expected to double in the next 30 years.

Table 2 World potato production, yields and area 1993-2003

Year	2013	2008	2003	1998	1993	(%)change 1993-2013
	Production (million tonnes)					
World	376	330	315	301	305	+23. 3
China	95. 9	70. 8	68	64. 6	45. 9	+108. 9
Asia	187. 2	144. 5	125. 5	108. 6	87. 6	+113. 7
Europe	114. 3	121. 8	130. 2	137. 9	171. 6	−33. 4
Africa	30. 5	21. 6	15. 5	11. 2	8. 5	+258. 8
North America	24. 5	23. 5	26	25. 9	22. 8	+7. 5
South America	15. 6	14. 1	13. 2	13. 8	11. 2	+39. 3
Oceania	1. 8	1. 9	1. 7	1. 9	1. 5	+20. 0
	Yield (tonnes/hectare)					(%)change 1993-2013
World	19. 5	18. 2	16. 5	16	16. 5	+18. 2
China	17. 1	15. 2	15. 1	15. 9	14. 9	+14. 8
Asia	18. 9	16. 7	16	15. 6	15. 1	+25. 2
Europe	20	19. 4	16	15. 1	16. 8	+19. 0
Africa	14. 9	13. 2	10. 9	12. 2	11. 2	+33. 0

(续)

Year	2013	2008	2003	1998	1993	(%)change 1993-2013
	Yield (tonnes/hectare)					
North America	43. 1	40. 9	38	36	34. 6	+24. 6
South America	16. 3	15. 7	15	13. 7	12. 2	+33. 6
Oceania	40. 4	38. 4	37. 1	32. 8	31. 7	+27. 4
	Area (million hectares)					(%)change 1993-2013
World	19. 28	18. 13	19. 09	18. 81	18. 48	+4. 3
China	5. 61	4. 66	4. 50	4. 06	3. 08	+82. 1
Asia	9. 90	8. 65	7. 84	6. 96	5. 80	+70. 7
Europe	5. 72	6. 28	8. 14	9. 13	10. 21	−44. 0
Africa	2. 05	1. 64	1. 42	0. 92	0. 76	+169. 7
North America	0. 57	0. 57	0. 68	0. 72	0. 66	−13. 7
South America	0. 96	0. 90	0. 88	1. 01	0. 92	+4. 3
Oceania	0. 04	0. 05	0. 05	0. 06	0. 05	−5. 8

Note: 2014 figures not yet available.
Source: UN FAOSTAT Database.

European potato consolidation

What is justas striking as the increase in production in Asia and Africa is the decrease in European and North American potato area. This is particularly stark in Europe where despite a 19% increase in average yields there has been a 44% drop in potato area resulting in output declining by a third to 114. 3 million tonnes

Plantings of all potatoes (including starch potatoes) in the 28 EU countries this year are likely to be close to half the 3. 263 million hectares planted in the millennium year. It can be seen from the chart that most of this decline has taken place in the EU's 13 new member states (NMS), a group which is dominated by Poland.

Plantings in the ten peripheral countries of the former EU-15 have also declined, but only gradually, while the area grown inthe five central countries (Germany, the Netherlands, France, the UK and Belgium) is virtually stable. In 2000 production in the EU-5 was 27% of total production, but *World Potato Markets* expects that proportion to be 48% this year.

The effect of the area decline in the new member countries has been only partly mitigated by an improvement in yield over the period so most of the fall in area

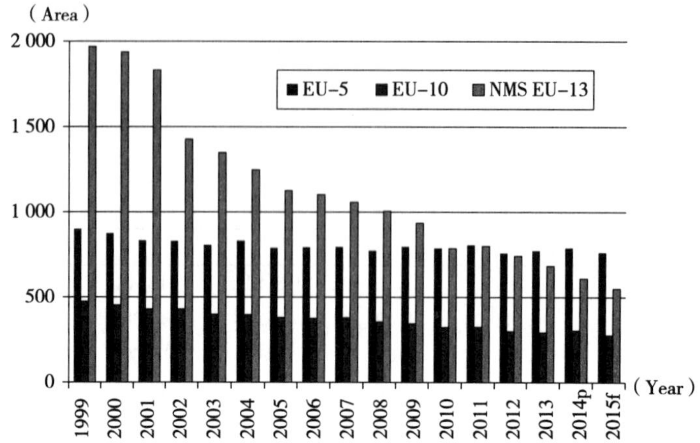

Figure 2 EU area of all potatoes ('000 hectares)

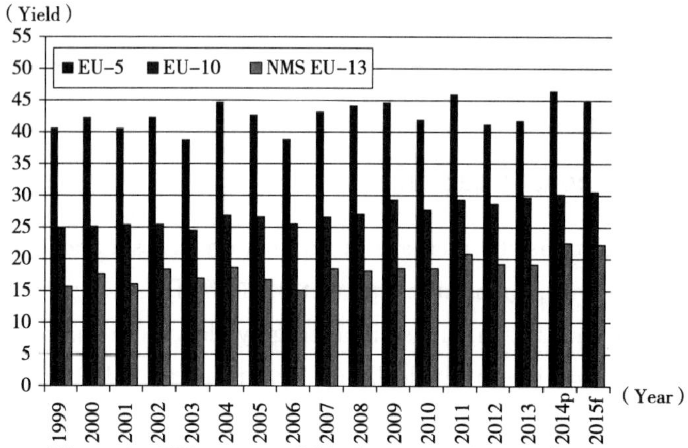

Figure 3 EU average yield of potatoes (tonnes/hectare)

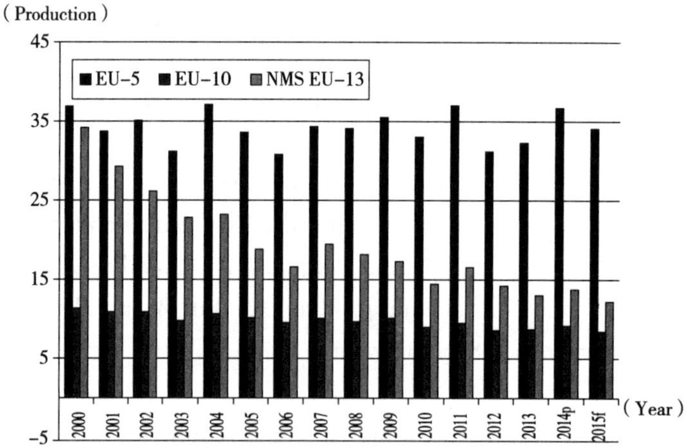

Figure 4 EU production of potatoes (million tonnes)

has been reflected in the harvests in these countries. It has coincided with the decline in the widespread practice of feeding potatoes to pigs and other livestock.

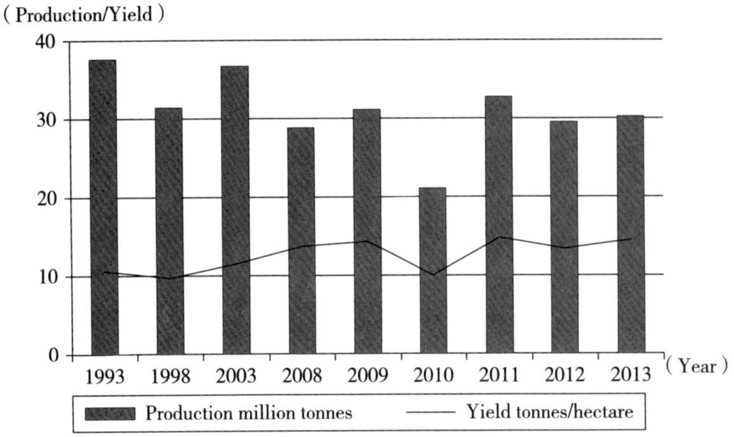

Figure 5　Potato production in the Russian Federation

In the peripheral EU-10 countries, there has also been a gradual yield improvement and the harvest decline has been small over the 15 years charted. Yields in the five central countries are consistently above 40 tonnes/hectare.

In 2012, the EU-5 average yield fell sharply from the 2011 peak because of problems in western EU countries. German and Polish growers benefited from more benign growing conditions. In 2013 the reverse was the case. Growers in Germany and in eastern EU countries, Poland in particular, suffered badly; the Polish crop fell by 18% to a provisional record low figure of 7.385 million tonnes. Growing conditions last year were favourable in all countries and the global harvest of 59.7 million tonnes, although smaller than the 2011 crop of 63.095 million tonnes, proved to be far in excess of demand and prices fell to rock-bottom levels.

This year, however, plantings are likely to be cut across the board and it is very unlikely that yields will match the heavy 2014 levels. On the basis of medium term trend levels of area and yield, the total harvest should be around 54.8 million tonnes.

Russia has one of the highest rates of potato consumption in the world, but as its population has declined, and turned to other foods, so has potato output. In

1993 the country produced 37.6 million tonnes of potatoes on 3.5 million hectares at an average yield of 10.6 tonnes/hectare. By 2013 average yields may have increased by 37%, but the area devoted to potatoes had fallen by 40% resulting in an output of 30.2 million tonnes.

Stability in North America

According to the *UN FAO* figures, potato production in North America rose by 7.5% between 1993 and 2013 with a 24.6% increase in yield outweighing a 13.7% decline in area.

Apart from a very poor crop in 2010, the US harvest of autumn potatoes fluctuates remarkably little from year to year and has generally been close to 18 million tonnes. This year is likely to be no exception.

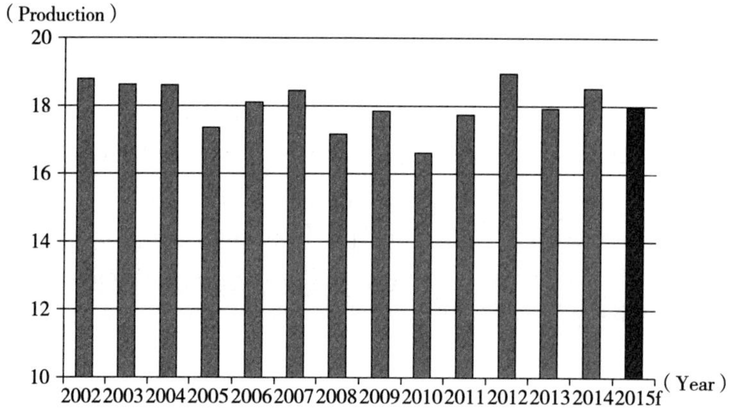

Figure 6 US harvest of autumn potatoes (million tonnes)

On a medium-term trend basis, plantings of autumn potatoes should fall by 3.6% to 362 500 ha, comprised of 125 000 ha in Idaho, 64 500 ha in Washington and 173 000 ha in the other states.

Yields have recently been rising strongly in Washington and Idaho but less strongly in the other states. The respective trend levels for this year are 69.9 tonnes/hectare in Washington, 47.9 tonnes/hectare in Idaho and 43.2 tonnes/hectare in the other states.

This combination would give an autumn harvest of 17.97 million tonnes, 3%

down on last year's crop of 18.521 million tonnes but larger than the 2013 harvest of 17.929 million tonnes.

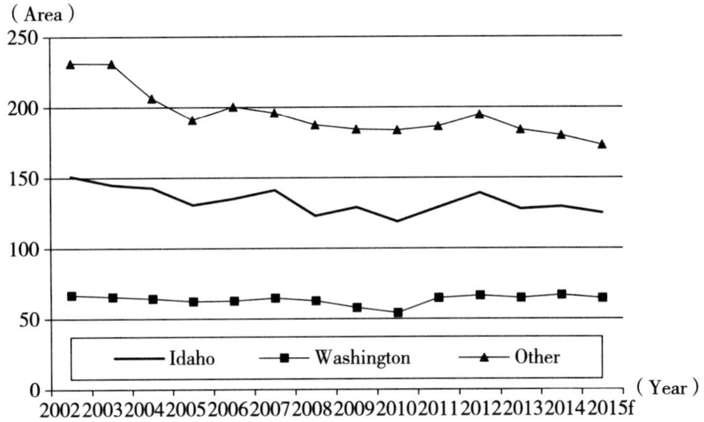

Figure 7 US harvest area of autumn potatoes ('000 hectares)

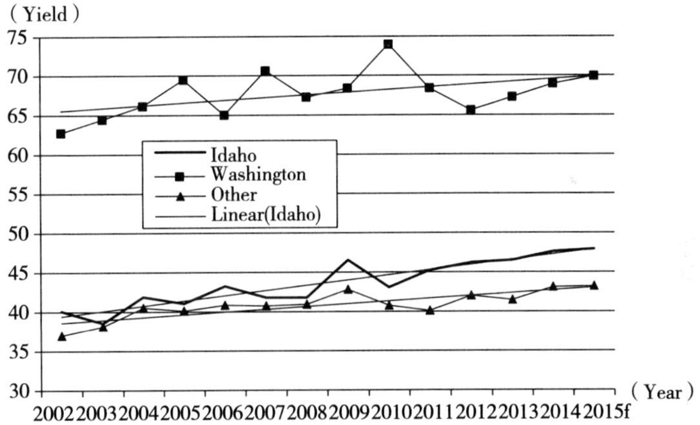

Figure 8 Average yield of autumn potatoes (tonnes/hectare)

Table 3 US autumn potato area, yield and production, 2009 to forecast 2014

	2015f	(%)ch'ge	2014	(%)ch'ge	2013	2012	2011	2010
Area ('000ha)								
Planted	366.2	−3.1	377.9	−0.6	380.1	405.4	387.6	361.9
Harvested	362.5	−3.6	376.2	−0.1	376.6	400.2	380.2	356.7
Yield (tonnes/ha)	49.57	0.7	49.24	3.4	47.61	47.38	46.67	46.61
Harvest (million t)	17.970	−3.0	18.521	3.3	17.929	18.958	17.744	16.624

Note: *WMP* forecasts for 2015 in italics.

Sources: US Department of Agriculture; NAPMN.

In addition to the autumn crop detailed above, the US also produces spring and summer potatoes. A total 48 600 hectares of these potatoes were grown last year, producing 1.740 million tonnes. The average yield was 35.8 tonnes/hectare.

Further Canadian decline likely

In Canada there has been a strong downward trend in plantings from the 2003 peak, interrupted only by a resurgence in 2012. A further 4.3% contraction is likely this year. Harvest losses have been just above 1% in recent years and the harvested area should be 133 500 ha, 4% smaller than last year.

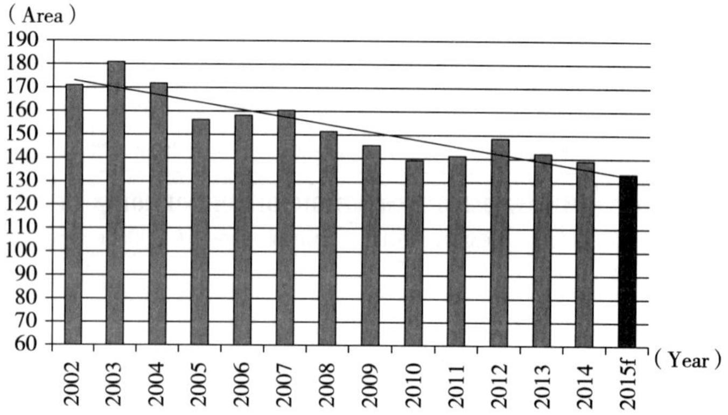

Figure 9 Canadian potato harvest area ('000 hectares)

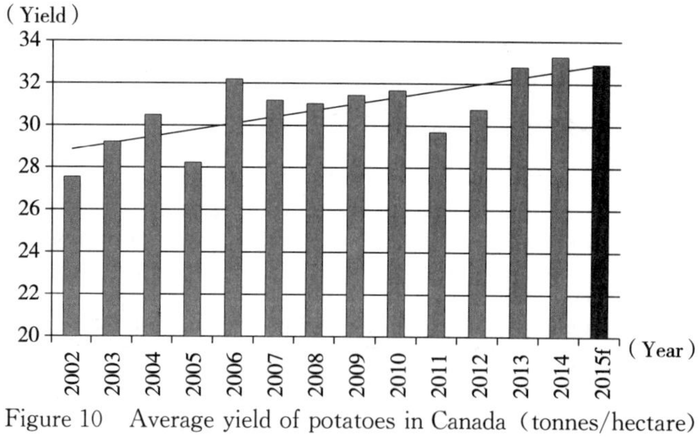

Figure 10 Average yield of potatoes in Canada (tonnes/hectare)

Table 4 Canadian potato area, yield and production, 2008 to forecast 2014

	2015f	(%) ch'ge	2014	(%) ch'ge	2013	2012	2011	2010
Planted area (hectares)	134 600	−4.3	140 644	−2.2	143 800	151 010	145 889	144 473
Harvest area (hectares)	133 500	−4.0	139 075	−2.2	142 184	148 564	141 155	139 212
Av. Yield (t/ha)	32.90	−1.1	33.26	+1.5	32.77	30.76	29.68	31.66
Harvest ('000 tonnes)	4 392.0	−5.1	4 625.9	−0.7	4 660.0	4 569.5	4 189.9	4 406.8

Note: *WMP* forecasts for 2015 in italics.

Data source: CANSIM.

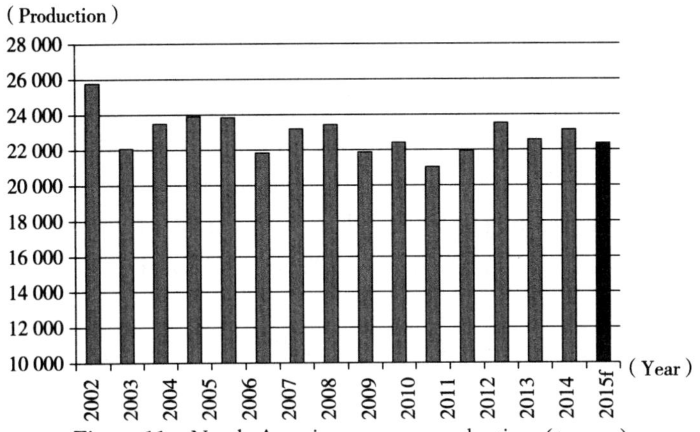

Figure 11 North American potato production (tonnes)

Canadian yields were poor in 2011 and 2012 but resumed their upward trend in the past two years, setting a new record of 33.26 tonnes/hectare in 2014. Some reduction is likely this year but the trend level of 32.9 tonnes/hectare would still be the second largest on record.

The above forecasts would give a harvest of 4.392 million tonnes, 5.1% smaller than last year.

The US autumn harvest and Canadian production would give a combined figure of 22.362 million tonnes compared with 23.147 million tonnes last year and 22.589 million tonnes in 2013.

Investment

Potato companies continue to invest in production and processing across the world with a general trend to consolidation and efficiency in established markets such as North America and Europe and expansion in developing markets such as China and India.

In the US *McCain and Simplot* have closed some plants but invested in expanding others, with *McCain* investing US$100 million in an Idaho plant. Meanwhile, *Simplot* is focusing on developing its Innate breeding technology which will see the introduction of potatoes genetically modified using genes from ancient potato varieties to reduce bruising, lower acrylamide levels and eventually tackle late blight.

In Europe *Lamb Weston Meijer* is investing € 120 million in one of its Dutch plants with the company focusing on using potatoes, water and energy more efficiently. Some of the most significant investment in plants has been in Belgium over the last 20 years with potato usage for processing rising by more than 500% since 1990 to 3.8 million tonnes in 2013. This increase in output has been accompanied by a massive investment programme costing many hundreds of millions of euros with o usage for processing rising by more than 500% since 1990s in 2014 alone.

In the fresh sector it has been story of consolidation and innovation with major mergers of potato companies in France, the UK and North America. Growth areas have included a focus on coloured varieties, chilled potatoes and in the consumption of fingerling potatoes. There has also been an increase in sweet potato trade and consumption.

But over recent years the some of the most significant investments have been outside Europe and North America. Here is a summary of some of the investment in Chinese potato production and processing over the last two years.

- Dutch Government investment in Chinese potato breeding
- Opening of a *Lamb Weston* processing plant in Shangdu, Inner Mongolia following the purchase of *TaiMei Potato Industries*
- Joint venture between *Inner Mongolia Linkage Potato Co.* and Dutch based *Farm Frites* to build a fry factory
- Investment by *PepsiCo* in its Shanghai Research and Development Center to develop more potato snacks
- Acquisition of a majority interest by Dutch-based *Aviko* in *Snow Valley*, a potato processor in the North East of China
- Investment by *Hitachi* in a potato starch facility in Keshan State to produce bioethanol

Meanwhile in the world's fastest growing population by number, India, government money and outside investment, including from the Netherlands, is being used on potato research. *McCain* is expanding its distribution network in the country, while a recent study by *PHD Chamber* (a New Delhi business organisation) and Processing equipment supplier *Technopak* predicts that the Indian food processing industry will grow by 10% a year from 2015. National companies are also prominent investors with *Fryo Foods* opening a new potato chip production facility in Uttar Pradesh last year.

Trade

Fluctuating ware trade impacts on global potato sales

After many years of growth, trade data for last year for almost all the major world players show a setback compared with 2013, particularly in value, but it is clear from the figures that it was the decline in ware trade which was responsible. Trade in products was sustained, although it failed to show the value growth of earlier years, while there was a further rapid expansion of demand for sweet potatoes.

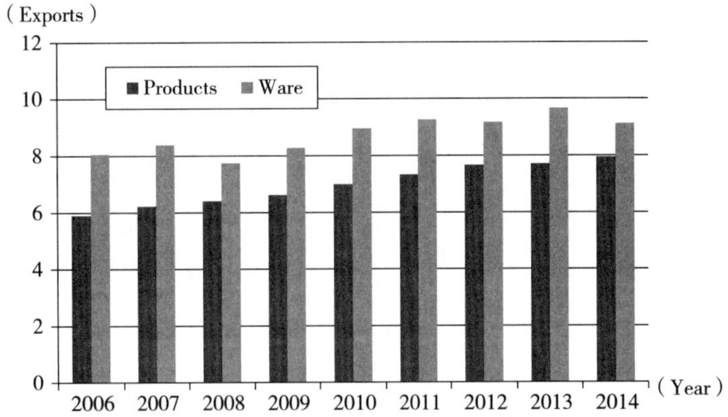

Figure 12 World potato exports (million tonnes)

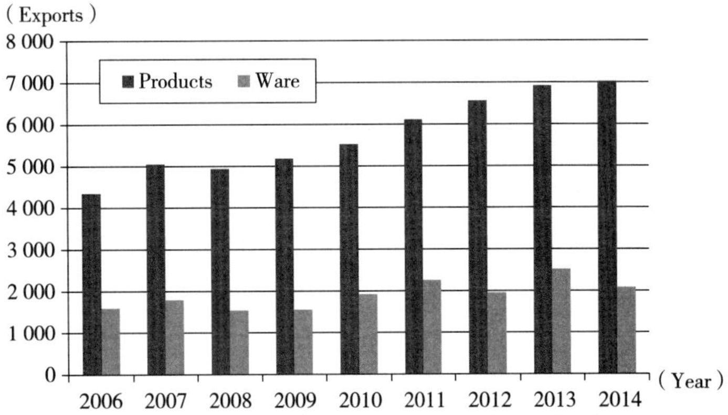

Figure 13 World potato exports (€ million)

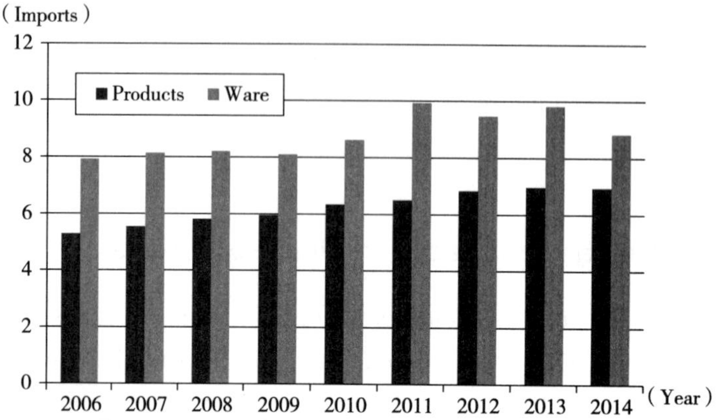

Figure 14 World potato imports (million tonnes)

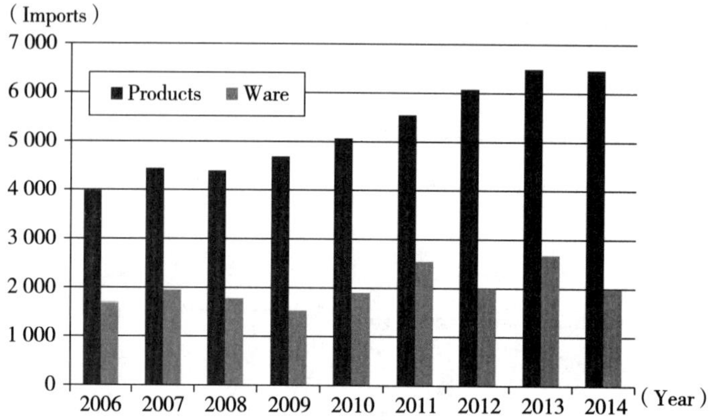

Figure 15 World potato imports (€ million)

World exports and imports of fries showed new volume and value records but the increases compared with 2013 were very small, while there was steady trade in chips and other dehydrated products. Flake trade set new records in 2014.

Table 5 Summary of world potato trade values (€ million)

IMPORTS	2014	(%)ch′ge	2013	(%)ch′ge	2012	2011	2010	2009
Fries	4 332. 062	+1. 3	4 277. 161	+8. 0	3 960. 216	3 616. 328	3 295. 538	2 996. 372
Chips/dehy	1 454. 978	−1. 2	1 472. 003	3. 8	1 417. 712	1 271. 752	1 170. 881	1 131. 841
Other froz.	231. 069	−25. 6	310. 758	13. 8	272. 963	296. 498	269. 197	260. 150
Flakes	374. 532	+7. 6	347. 983	2. 6	339. 022	280. 776	261. 012	247. 699
Flour	80. 567	−8. 1	87. 660	−1. 6	89. 096	85. 209	70. 452	56. 201
Sub-total	6 473. 209	−0. 3	6 495. 564	6. 9	6 079. 009	5 550. 563	5 067. 080	4 692. 263
Ware	1 994. 826	−25. 5	2 679. 141	33. 9	2 001. 089	2 544. 356	1 905. 513	1 531. 154
Total	8 468. 035	−7. 7	9 174. 705	13. 5	8 080. 098	8 094. 919	6 972. 594	6 223. 416
Seed	538. 722	−0. 8	543. 042	5. 8	513. 102	567. 954	456. 420	455. 576

（续）

IMPORTS	2014	(%)ch'ge	2013	(%)ch'ge	2012	2011	2010	2009
Sweet pots.	238. 118	+31. 3	181. 405	17. 2	154. 798	141. 151	120. 604	97. 312
TOTAL	9 244. 875	−6. 6	9 899. 151	13. 2	8 747. 998	8 804. 024	7 549. 618	6 776. 304
EXPORTS								
Fries	4 743. 908	+0. 4	4 726. 517	+8. 3	4 366. 233	4 069. 855	3 695. 234	3 435. 043
Chips/dehy	1 690. 221	+1. 4	1 667. 040	−0. 1	1 668. 971	1 552. 907	1 413. 240	1 348. 975
Flakes	400. 076	+15. 4	346. 585	−3. 4	358. 888	303. 461	283. 244	265. 948
Other froz.	101. 480	−6. 9	108. 952	+12. 6	96. 767	103. 937	68. 787	72. 308
Flour	84. 097	+20. 5	69. 785	−4. 2	72. 830	83. 800	65. 397	62. 467
Sub-total	7 019. 782	+1. 5	6 918. 879	+5. 4	6 563. 690	6 113. 960	5 525. 902	5 184. 740
Ware	2 080. 531	−17. 4	2 518. 040	+28. 9	1 953. 226	2 256. 646	1 929. 998	1 557. 562
Total	9 100. 313	−3. 6	9 436. 919	+10. 8	8 516. 916	8 370. 606	7 455. 900	6 742. 303
Seed	747. 529	+5. 9	705. 649	+11. 2	634. 338	769. 431	587. 957	593. 464
Sweet pots.	185. 074	+24. 2	149. 058	+16. 9	127. 516	122. 099	100. 249	77. 660
TOTAL	10 032. 916	−2. 5	1 0291. 625	+10. 9	9 278. 771	9 262. 137	8 144. 106	7 413. 427

HS codes：Fries 200410；Ware 070190；Chips/dehy 200520；Other frozen 071010；Flakes 110520；Flour 110510；seed 070110；sweet pots. 071420. 2014 data include latest 12-month totals for countries not yet publishing Dec. figures.

Source：GTIS.

Seed import demand (incorporating adjustments for obviously incorrect Egyptian figures) was steady but export data show volume and value growth. Sweet potato import demand rose by 31% to the equivalent of € 238. 1 million (compared with € 97. 3 million in 2009) .

When ware prices fall，as in 2008，2009 and 2012，this factor does not stimulate trade because it means that harvests in the previous year were good everywhere. This was also the case in 2014. More abundant raw material supplies resulted in a levelling out of import prices of products and a decline in export prices after years of rapid growth. There is also a growing divergence between product import and export values.

Unfortunately not all countries provide separate data for trade in chips/crisps included，but this overall category is the most valuable product. Imports last year earned an average € 1 932/tonne and exports € 1 717/tonne，both showing small increases compared with 2013. (See below for export data for the 13 leading countries which separately identify trade in HS 20052020 chips/crisps.) Flake values also rose slightly，to € 1 119/tonne for imports and € 1 002/tonne for exports.

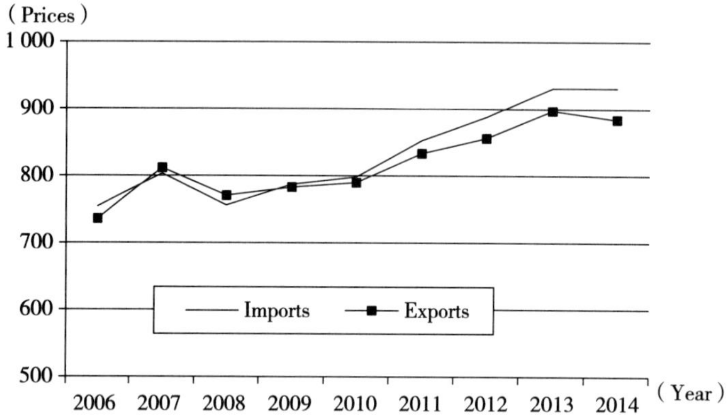

Figure 16 World potato product prices (€/tonne)

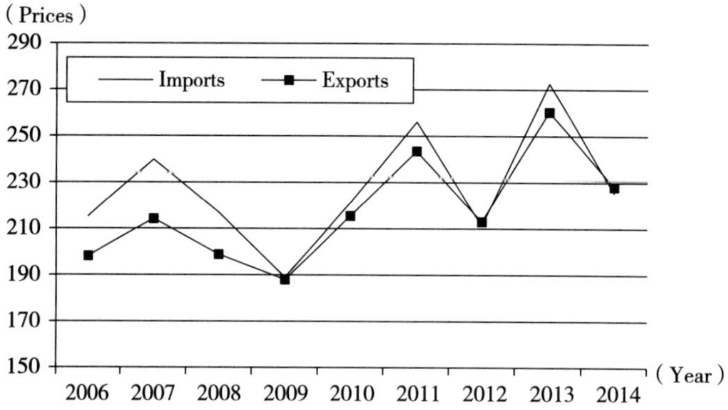

Figure 17 World ware trade prices (€/tonne)

Fry import prices however fell, by 0.6% to € 797/tonne for imports and by 2.3% to € 757/tonne for exports, while ware prices tumbled by 17% for imports, to € 226/tonne, and by 12% for exports, to € 228/tonne.

Of the 6.27 million tonnes of fries exported last year, only 311 521 tonne were traded by countries other than the EU and North America. And within this group, Argentina accounted for 146 244 tonnes. US exports had increased by 2.1% in 2013 while the EU total had risen by only 0.5%, but the position was reversed last year, with EU exports increasing by 4.2%. EU exports could show an even larger increase in 2015.

March of the fry

By far the strongest trend almost across the globe is the relentlessly increasing consumption of potatoes in processed form-and particularly fries. The export statistics really are startling. US exports of fries were less than 200 000 tonnes product weight in the early 1990s but totalled 943 588 tonnes last year. Exports by the EU's five leading exporters (Belgium, Netherlands, France, Germany and Poland) now total 3. 984 million tonnes compared with 1. 511 million tonnes in 1999.

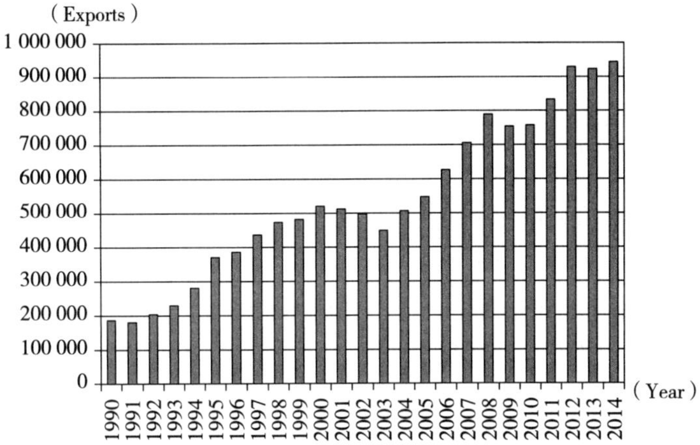

Figure 18 US fry exports (tonnes)

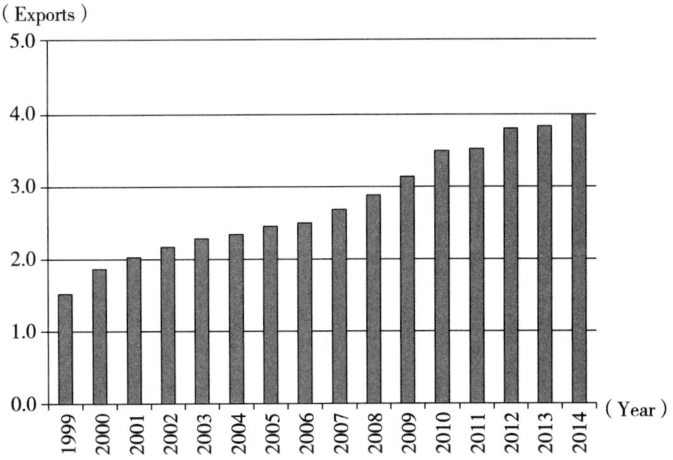

Figure 19 EU-5 annual fry exports (million tonnes)

Table 6 World fry exports by 74 countries (tonnes)

	2014	(%) ch'ge	2013	2012
EU-5*	3 984 224	+4. 3	3 820 620	3 789 529
Other EU	111 035	+2. 2	108 605	118 495
Total EU	4 095 259	+4. 2	3 929 225	3 908 024
North America	1 863 275	+0. 9	1 847 282	1 809 600

(续)

	2014	(%) ch′ge	2013	2012
South America	146 786	−15.6	173 948	130 616
Australasia	73 132	−8.2	79 676	66 153
Asia	29 599	+14.1	25 931	20 707
Africa	54 360	+31.2	41 426	49 644
Russia/Europe	1 828	+69.1	1 081	783
Middle East	5 491	−27.7	7 598	2 383
Central America	325	+56.3	208	253
Total	6 270 055	+2.7	6 106 375	5 988 163

Note: * Netherlands, Belgium, France, Germany and Poland. Products covered by HS code 200410.
Source: GTIS.

Fry export statistics for 74 countries show that the EU and North America have a stranglehold on world trade. Exports from all other regions declined to only 311 521 tonnes in 2014, largely as a result of Argentina′s exports falling by 15.6% to 146 244 tonnes. Argentina′s exports had recovered in 2013 following the resolution of a trade dispute with Brazil. Egypt′s exports recovered to just below 48 000 tonnes last year but Australasian exports fell back after rising in 2013.

Exports by the five leading EU countries rose by 4.3% last year to 3.984 million tonnes and those by the other countries rose by 2.2%. North American exports were only marginally larger, because a 2.2% increase for the US was balanced by a further decline of 0.5% in Canadian exports. Canadian exports to countries other than the USA had peaked at 238 000 tonnes in 2007 but amounted to only 150 354 tonnes last year.

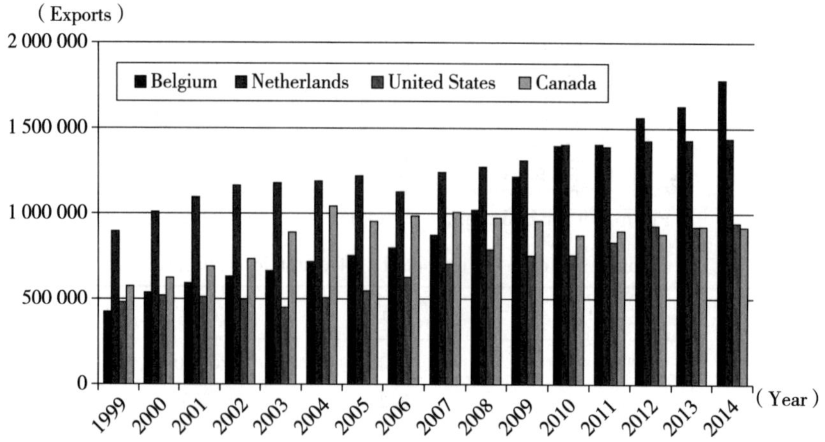

Figure 20 Fry exports by four leading exporters in tonnes

EU processors in particular have been able to build up product stocks in 2014/15 and should be in a good position to increase their exports despite the likelihood of a reduced 2015 harvest.

The EUcessors in particular have been able to build up product stocks in 2014/15 and should be in a good position to increase their exports despits attention on external trade because potato growing in the US and Canada (at least in the western states and provinces) can be regarded as a single market. But circumstances in the EU are different.

Table 7 World fry imports by 82 countries (tonnes)

	2014	(%) ch'ge	2013	2012
EU	2 769 492	+1.0	2 742 772	2 676 106
North America	823 435	−2.7	846 195	807 592
South America	472 936	+6.8	442 939	378 881
Australasia	143 275	+19.3	120 070	137 423
Asia	814 439	−0.1	815 258	846 199
Africa	49 373	+13.0	43 689	58 468
Russia/Europe	140 243	+12.2	124 940	109 327
Middle East	5 628	+50.8	3 733	2 941
Central America	219 210	+10.2	198 962	192 634
EU-5	1 337 538	+4.5	1 280 126	1 339 669
Other EU	1 431 954	−2.1	1 462 646	1 336 437
Total	5 438 031	+1.9	5 338 558	5 209 571

Note: Products covered by HS code 200410.

Source: GTIS.

Here there has been a relentless concentration of potato production into the five central countries (Germany, Netherlands, France, UK and Belgium) over the past thirty or more years with Belgium in particular increasing its exports which rose by 320% between 1999 and 2014.

Fry manufacturers in the EU-5 expanded their production initially in response to growing demand from other EU countries, whose potato industries were in decline. While Germany, the UK and France have strong home markets, huge export surpluses are produced in the Netherlands and particularly Belgium. The five countries soon found that there was a growing world market for fries and other frozen products.

Fry import statistics provide a good indication of the destination of exports but they suffer from the limitation that important importing countries such as Saudi Arabia and other Middle Eastern countries do not publish trade figures.

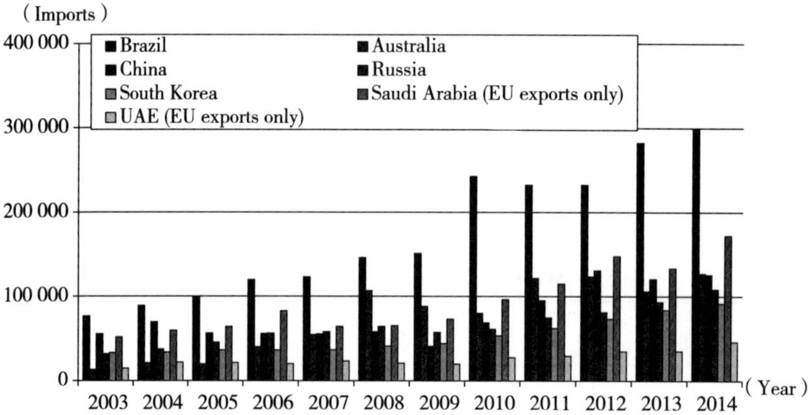

Figure 21 Fast growing fry import markets in tonnes

Nevertheless it can be seen that Asian demand hasstabilised, that there has been a recovery in Australian demand and that demand is growing steadily in Russia/Europe and in Central American countries.

The largest tonnage increase has been in imports by South American countries, led by Brazil. The North American imports largely comprise the 769 335 tonnes of Canadian fries imported by the USA.

Fluctuating ware trade

World exports of and starch potatoes fell by 5.7% in volume last year but this trade generated only € 1.995 billion, 25.5% less than in 2012 but only marginally below the 2012 figure of € 2.001 billion. The EU accounted for two thirds of the export volume and the share of Asian countries, led by China and India, jumped up to 10% with the US and Canada steady at 9.2%.

Table 8 World ware potato exports by 80 countries (tonnes, nvillion)

	2014 (Tonnes)	(%)ch'ge	2013 (Tonnes)	2012 (Tonnes)	2014 (€ million)	(%)ch'ge	2013 (€ million)	2012 (€ million)
EU-4	5 044 016	−11.1	5 673 897	5 513 585	817.141	−38.9	1 338.305	882.862
Other EU	994 039	−8.4	1 085 753	1 074 461	293.139	−32.5	434.469	336.030
EU-28	6 038 055	−10.7	6 759 650	6 588 046	1 110.281	−37.4	1 772.774	1 218.891

(续)

	2014 (Tonnes)	(%)ch'ge	2013 (Tonnes)	2012 (Tonnes)	2014 (€ million)	(%)ch'ge	2013 (€ million)	2012 (€ million)
N. America	836 676	−0.8	843 543	746 617	266.640	−0.4	267.752	248.807
S. America	23 232	−47.0	43 854	16 773	4.954	−33.8	7.485	5.659
Australasia	52 103	−20.1	65 237	65 682	23.018	−18.5	28.240	27.978
Asia	907 835	+75.4	517 686	535 356	303.353	+136.7	128.144	128.448
Africa	756 914	+61.8	467 741	352 831	245.843	+54.4	159.206	109.918
Russia/Europe	133 365	−12.0	151 490	86 663	28.643	+4.2	27.500	12.359
Middle East	303 393	−59.4	748 010	700 810	90.809	−24.0	119.475	192.865
C. America	67 500	−6.7	72 334	76 615	6.990	−6.3	7.463	8.301
Total	9 119 073	−5.7	9 669 545	9 169 393	2 080.531	−17.4	2 518.040	1 953.226

Note: EU-4 France, Germany, Belgium and Netherlands. Ware and starch potatoes covered by HS 070190.

Source: GTIS.

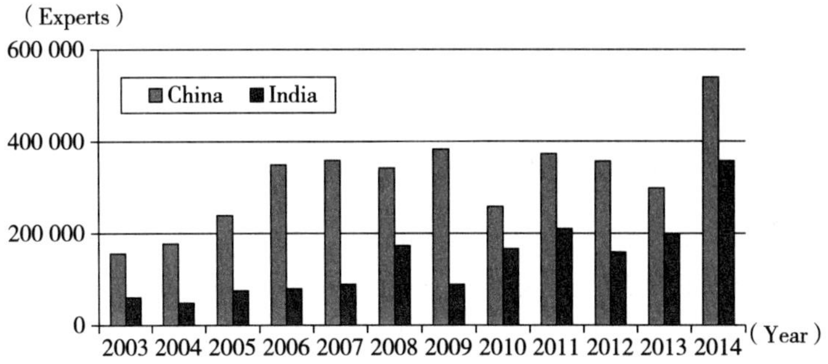

Figure 22 Chinese & Indian ware potato exports in tonnes 2003-2014

The bulk of the EU trade is internal. The 15% decline in home sales meant that exporters had to look further afield and they had to cut prices by 38% to achieve world market sales. The 37.4% fall in the overall export value last year was largely a price effect.

In the case of the USA, 51% of the volume and 53% of the value of its sales were accounted for by markets other than Canada, a significant increase on the respective 43% and 46% shares in 2013. Of these, Mexico was the largest, taking 77 263 tonnes last year, 1.2% less than in 2013, and spending the equivalent of € 27.6 million (+1.3%). Canada's exports to Mexico are minimal and only around 8% of the volume and value of its total exports came from markets other than the USA, a significant decline compared with 2013. The euro equivalent of US prices rose slightly last year while there was a slight decline in Canadian prices.

The last year has seen significant increases in ware potato exports from China and India, adding to longer term growth in international sales. In 2014 China's trade was boosted by strong demand from Russia which banned the import of EU potatoes, but Malaysia, Vietnam and Pakistan were also strong markets during the year. India's trade over the last year has been dominated by Nepal, Dakistan and Sri Lanka with some sales to Russia. The challenge for both China and India is familiar to all established ware exporters and that is to convert sales that fill in for seasonal deficits in importing countries into long term and reliable orders.

Full figures for fry, ware, dehy, seed, flakes, flour, sweet potatoes and frozen potatoes can be found in World Potato Markets 2015 *Potato Market and Trade Review with regular updates in the weekly World Potato Market service.*

Future

African and Asian demand will outpace others

The current trend in increasing consumption in developing markets and static sales in the established North American and European markets looks set to continue as populations grow in Africa and Asia, but grow more slowly in North America and even fall in Europe.

Latest UN estimates suggest that world population will grow by 30.4% between 2015 and 2050 to 9.55 billion people with a 5.4% increase in the next five years to 7.72 billion. Standout continent for growth is Africa whose population is set to double in the next 35 years with Nigeria increasing by nearly 140% to overtake the USA as the world's third largest country by population.

Table 9 World population estimates 2015t world population willgro

	2050	2030	2020	(%) change	2015	(%)change 2015 : 2050
World	9 550.9	8 424.9	7 716.7	5.4	7 324.8	30.4
Asia	5 164.1	4 886.8	4 581.5	4.5	4 384.8	17.8
Africa	2 393.2	1 634.4	1 312.1	12.5	1 166.2	105.2
Europe	709.1	736.4	743.6	0.1	743.1	−4.6
South America	505.1	467.7	434.6	4.7	415.1	21.7

(续)

	2050	2030	2020	(%) change	2015	(%)change 2015 : 2050
North America	446. 2	403. 4	375. 7	4. 0	361. 1	23. 6
Oceania	56. 9	47. 3	42. 1	6. 9	39. 4	44. 5
Estimated populations in key countries 2015-2050						
India	1 640. 1	1 476. 4	1 353. 3	5. 5	1 282. 4	27. 9
China	1 384. 9	1 453. 3	1 432. 9	2. 2	1 401. 6	−1. 2
Nigeria	440. 4	273. 1	210. 2	14. 5	183. 5	139. 9
USA	400. 9	362. 6	338. 0	4. 0	325. 1	23. 3
Indonesia	321. 4	293. 5	269. 4	5. 4	255. 7	25. 7
Brazil	231. 1	222. 7	211. 1	3. 7	203. 7	13. 5
Egypt	121. 8	102. 6	91. 1	7. 5	84. 7	43. 8
Russia	120. 9	133. 6	140. 0	−1. 5	142. 1	−14. 9
Japan	108. 3	120. 6	125. 4	−1. 1	126. 8	−14. 6
UK	73. 1	68. 6	65. 6	2. 8	63. 8	14. 5
Germany	72. 6	79. 6	81. 9	−0. 8	82. 6	−12. 1
Poland	34. 1	37. 4	38. 2	−0. 2	38. 2	−10. 8

Source: Latest UN population estimates (2012) .

The Asian population is projected to fall by 17. 8% over the next 35 years with the Chinese population expected to fall a little (−1. 2%) over that time. In contrast, growth in India is expected to rise by 27. 9% with the country overtaking China by 2030 to be the world's largest population. The population of Japan is expected to fall further to 108. 3 million people by 2050.

South and North American growth is expected to be more muted at 21. 7% and 23. 6% respectively to 446. 2 million and 505. 1 million people. Brazil is expected to grow at a slower rate than other South American countries. Europe is unusual in that its population is expected to fall over the next 35 years with a 4. 6% decline resulting in a population of 709. 1 million people-that includes Russia where the population is expected to drop by nearly 15%. Both the German and Polish populations are expected to be 10% smaller by 2050, while the British and French populations are expected to increase by 14%.

Potato consumption projections until 2050

Using *UN FAO* supply figures (calculated in 2011) and *UN* population projections, human consumption of potatoes in 2015 is expected to be around 253 million tonnes (the difference in that figure and the production figure is down to crop losses and other uses such as seed, animal feed and in industry) . That results in a consumption to production percentage of around 66% based on production of 380 million tonnes and consumption of 253 million.

At current rates of consumption and population increase, 330. 5 million tonnes of potatoes would be consumed by 2050, up 30. 4% on the current figure. If there is a similar consumption to production percentage as now then that would result in the need for production of around 490 million tonnes of potatoes, an increase of 30% on current world output.

Table 10 Projected consumption of potatoes 2015-2050 in million tonnes a year

	2050	2030	2020	(%)change	2015	(%)change 2015 : 2050	2015 consumption to production %*
World	330. 5	291. 5	267	+5. 4	253. 4	30. 4	67. 4
Asia	149. 8	141. 7	132. 9	+4. 5	127. 2	17. 8	67. 9
Europe	59. 7	62	62. 6	+0. 1	62. 6	−4. 6	54. 8
Africa	45	30. 7	24. 7	+12. 5	21. 9	105. 2	71. 8
North America	25. 8	23. 3	21. 7	+4	20. 9	23. 6	85. 3
South America	15	13. 8	12. 9	+4. 7	12. 3	21. 7	78. 8
Oceania	2. 7	2. 3	2	+6. 9	1. 9	44. 5	105. 6
Projected potato consumption in key countries in million tonnes a year							
China	58	60. 9	60	+2. 2	58. 7	−1. 2	61. 2
India	38. 2	34. 4	31. 5	+5. 5	29. 9	27. 9	65. 9
USA	22. 3	20. 2	18. 8	+4. 0	18. 1	23. 3	91. 2
Russia	13. 5	14. 9	15. 6	−1. 5	15. 8	−14. 9	52. 3
UK	7. 4	6. 9	6. 6	+2. 8	6. 4	14. 5	114. 7
Germany	5. 1	5. 6	5. 8	−0. 8	5. 8	−12. 1	60. 0
Brazil	4. 4	4. 3	4. 1	+3. 7	3. 9	13. 5	109. 7
Egypt	4. 2	3. 5	3. 2	+7. 5	2. 9	43. 8	60. 4
Poland	3. 9	4. 3	4. 4	−0. 2	4. 4	−10. 8	69. 5
Japan	2. 3	2. 5	2. 6	0. 0	2. 6	−11. 5	100
Nigeria	1. 9	1. 2	0. 9	+14. 5	0. 8	139. 9	66. 7
Indonesia	1. 3	1. 2	1. 1	+5. 4	1. 1	25. 7	107. 8

Notes: Based on FAO supply figures (2011). * Using 2015 population estimates and 2013 production estimates.

Sources: FAO and UN Population projections.

The estimates above assume that consumption will be at similar levels to today. That is unlikely. There is evidence in North America and Europe that potato consumption on a per head basis is mature and even falling in many cases. It is unlikely that trend will be reversed significantly and market growth in those markets will only come from an increase in population and not in individual consumption.

Table 11 Potato consumption in kg/head/year

	2011	% change	1992
World	34.6	+23.1	28.1
Asia	29	+94.6	14.9
Europe	84.2	−11.5	95.1
Africa	18.8	+77.4	10.6
North America	57.8	−3.5	59.9
South America	29.6	+21.3	24.4
Oceania	47.9	−11.9	54.4
Consumption in key countries in kg/head/year			
Russia	111.4	−5.6	118
Poland	114.7	−20.6	144.4
UK	100.8	−3.6	104.6
Germany	70.7	−10.8	79.3
USA	55.6	−3.3	57.5
China	41.9	+187.0	14.6
Egypt	34.6	+83.1	18.9
India	23.3	+60.7	14.5
Japan	20.8	−18.1	25.4
Brazil	19.2	+51.2	12.7
Nigeria	4.4	+780.0	0.5
Indonesia	4.2	+40.0	3

Source: UN FAOSTAT supply estimates.

That could mean that the decline in overall demand in Europe might be larger than the estimates based on 2011 consumption levels. On that continent only isolated markets such as France and UK where populations are still growing might see anincrease in potato demand, while markets such as Russia and Germany shrink significantly.

Consumption in markets such as China, India and Egypt has increased at a massive rate over the last 25 years with average consumption per head in China soaring by 187% between 1992 and 2011. That rate of growth is not expected to be sustained and it is difficult to see average Chinese consumption exceeding the current rate of US consumption at 55.6kg/head/year. There may also be little scope for an increase in Egyptian consumption, while an increase in Indian consumption to just 30 kg/head/year would have a significant impact on demand as the country's population increases.

The greatest scope for an increase in potato consumption appears to be in African countries such as Nigeria and Asian ones such as Indonesia where use is still under 5 kg/head/year. Doubling consumption in those markets would have a significant impact especially as their populations are growing at a fast rate.

The potato: a crop to feed the worldsustainably

The big challenge for the potato industry is to convince the world that the crop has a major role in feeding an increasing population where there is pressure on resources. Potatoes have a lot going for them both nutritionally and environmentally. Standing between vegetables, pulses and cereals, potatoes deliver more in terms of carbohydrates than vegetables and a greater range of vitamins and minerals than pulses and cereals. There is also more understanding of the role that resistant starch in potatoes has in developing benefical pre-biotic colonic bacteria.

When it comes to environmental impact, potatoes have the smallest impact of any of the staple crops. Research by food company *Barilliaco* Center for Food & Nutrition shows that only fruit and salad vegetables have a lower impact.

Table 12 Environmental impact of potatoes and other crops

	l of water used per kg produced	g CO_2 emitted per kg produced	mk of land used per kg produced	Environmental score	Environmental impact compared to potatoes(%)
Fruit	600	70	3	673	45.1
Salad vegetables	100	722	9	831	55.7
Potatoes	900	584	7	1 491	100
Bread	1 300	989	7	2 296	154
Legumes	1 800	1 550	21	3 371	226
Pasta	1 390	1 984	17	3 391	227
Rice	3 400	3 170	14	6 584	442

Source: Barilla Center for Food & Nutrition.

In contrast, the impact of bread is 54% more than that of potatoes, legumes 126% more, pasta 227% more and rice a colossal 342% greater impact. It takes three times as much land to grow a kilogram of legumes than potatoes and twice as much land togrow rice. Only fruit has a lower rate of land use. Potatoes use half the water that legumes do and just a quarter of the water rice does. Carbon dioxide emissions from potato production are 30% of pasta and just 18% of rice.

If potatoes yields can be increased at the same rate as other crops have been improved in the last 20 years then the environmental impact of the crop would be even lower. As concern over a rising population and the resources needed to feed it increase then the profile of potatoes should rise. The challenge for the potato industry is to highlight the role of a crop that has a key role in feeding the world.

To learn more about World Potato Markets and its unique weekly potato information service see www. worldpotatomarkets. com or email: info@worldpotatomarkets. com

Appendix

World's largest individual producers of potatoes, 2011 to provisional 2013

Country	Million tonnes				'onnesn tonne			
	2013p	(%)ch'ge	2012	2011	2013p	(%)ch'ge	2012	2011
World	376. 453	+1. 6	370. 595	375. 077	19 337. 1	−0. 2	19 375. 5	19 256. 8
China	95. 988	+3. 4	92. 808	88. 354	5 616. 5	+1. 5	5 533. 8	5 426. 4
India	45. 344	+9. 3	41. 483	42. 339	1 992. 2	+4. 5	1 907. 0	1 863. 2
Russian Fed.	30. 199	+2. 3	29. 533	32. 681	2 087. 8	−5. 0	2 197. 2	2 202. 6
Ukraine	22. 259	−4. 3	23. 250	24. 248	1 391. 6	−3. 6	1 444. 1	1 443. 0
USA	19. 844	−5. 5	20. 991	19. 488	425. 7	−7. 1	458. 1	435. 8
Germany	9. 670	−9. 3	10. 666	11. 837	242. 8	+1. 9	238. 3	258. 7
Bangladesh	8. 603	+4. 9	8. 205	8. 326	443. 9	+3. 1	430. 4	460. 2
France	6. 975	+10. 0	6. 341	7. 440	160. 7	+4. 2	154. 2	158. 6
Netherlands	6. 801	+0. 5	6. 766	7. 333	155. 8	+4. 0	149. 8	159. 2
Poland	6. 334	−30. 3	9. 092	8. 197	337. 2	−9. 6	373. 0	400. 5
Belarus	5. 914	−14. 4	6. 911	7. 148	305. 4	−8. 0	332. 0	341. 1
UK	5. 580	+22. 6	4. 553	6. 310	139. 0	−6. 7	149. 0	146. 0
Iran	5. 560	+3. 0	5. 400	5. 578	190. 0	+5. 6	180. 0	185. 7
Algeria	4. 928	+16. 8	4. 219	3. 862	162. 7	+17. 3	138. 7	131. 9
Egypt	4. 800	+0. 9	4. 758	4. 338	178. 0	+0. 5	177. 2	164. 1
Canada	4. 620	+0. 7	4. 590	4. 168	142. 1	−4. 0	148. 0	140. 9
Peru	4. 571	+2. 1	4. 475	4. 072	317. 1	+1. 5	312. 4	296. 4
Turkey	3. 948	−17. 7	4. 795	4. 613	125. 0	−27. 3	172. 1	143. 0
Pakistan	3. 802	+12. 1	3. 393	3. 492	174. 4	−5. 7	185. 0	159. 3
Brazil	3. 554	−4. 8	3. 732	3. 917	128. 1	−5. 8	136. 0	149. 2
Belgium	3. 480	+18. 8	2. 930	4. 129	75. 4	+16. 9	64. 5	82. 3
Kazakhstan	3. 344	+6. 9	3. 126	3. 076	184. 2	−2. 3	188. 5	184. 0
Romania	3. 290	+33. 4	2. 465	4. 077	207. 6	−9. 4	229. 1	248. 3

Note: Figures in italics are FAO estimates.

Source: FAO.

Yields achieved by world's largest growers (tonnes/hectare)

Country	2013p	% ch'ge	2012	2011	2010	2009	2008
World	19.47	+1.8	19.13	19.48	17.85	17.91	18.15
USA	46.61	+1.7	45.82	44.72	45.28	46.44	44.43
Belgium	46.15	+1.6	45.42	50.14	42.27	44.71	46.07
Netherlands	43.65	−3.4	45.17	46.06	43.59	46.33	45.58
France	43.40	+5.5	41.12	46.91	42.15	45.53	41.72
UK	40.14	+31.4	30.56	43.22	43.88	44.42	41.66
Germany	39.83	−11.0	44.76	45.76	39.98	44.06	43.76
Algeria	34.68	+21.7	28.51	27.41	23.59	18.02	14.34
Canada	32.51	+4.8	31.01	29.58	31.61	31.31	31.20
Turkey	31.58	+13.3	27.86	32.26	32.33	30.82	28.39
Iran	29.26	−2.5	30.00	30.04	29.21	26.68	26.52
Brazil	27.75	+1.1	27.45	26.25	25.89	24.83	25.37
Egypt	*26.97*	+0.4	26.85	26.44	33.02	26.30	25.94
India	22.76	+4.6	21.75	22.72	19.93	18.81	19.30
Pakistan	21.80	+18.9	18.34	21.92	22.68	20.28	16.45
Bangladesh	19.38	+1.7	19.06	18.09	18.23	13.34	16.54
Belarus	19.36	−7.0	20.82	20.96	21.35	18.60	22.08
Poland	18.78	−22.9	24.38	20.47	17.86	19.10	19.06
Kazakhstan	18.15	+9.4	16.59	16.72	14.30	16.18	14.44
China	17.09	+1.9	16.77	16.28	15.67	14.40	15.18
Ukraine	16.00	−0.7	16.10	16.80	13.25	13.93	13.87
Romania	15.85	+47.2	10.76	16.42	13.30	15.38	14.05
Russian Federation	14.46	+7.6	13.44	14.84	10.02	14.27	13.76
Peru	14.41	+0.6	14.32	13.74	13.16	13.33	12.92

Note: Figures in italics are FAO estimates.
Source: FAO.

Opportunities and challenges of China's"potato as a staple food" strategy-from the perspective of the whole industry chain

Dongyu Qu, Guangcun Li, Kaiyun Xie

(Institute of Vegetables and Flowers, Chinese Academy of Agricultural Sciences, Beijing 100081, China)

Abstract: In 2015, China government officially launched the development strategy of "potato as a staple food" . Increasing potato consumption as a staple food is the final goal. In order to further promote the development of the potato as a staple food, better understand this national strategy, widen the range of potato food products, increase consumption, so as to make the potato an important food that can diversify the dietary structure and improve people's health, this paper analyzes the staple food strategy, its implementation conditions, opportunities and challenges from the perspective of the whole industry chain, and puts forward suggestions on tackling the challenges.

Preface

As China is a country with a big population, food security is a very important issue linked to social stability, national economy and people's livelihood. With the advancement of industrialization and urbanization, cultivated land has shrinked year by year, water and other food production resources are dwindling, with insufficient ability to resist natural disasters, while the population continues to increase. Therefore, China's food security is facing serious challenges. At present, China's three major staple foods all partially rely on imports. According to the National Bureau of Statistics, in 2014 total grain output in China reached 600 million tons, marking the 11th consecutive years of growth since the founding of the P. R. C. In spite of this, grain imports exceeded 100 million tons (about 70 million tons of soybean and 20 million tons of cereals) in 2014, and in the coming years, imports will keep growing. Limited by cultivated areas, planting benefits and yield potential, it is very difficult to achieve big increases in the yields of wheat, corn and rice in the country. Potato is the fourth biggest food crop according to the planted area, with wide adaptability, high and stable yield, big yield potential, comprehensive nutrition, resource use efficiency, long processing industry chain, good ecological benefits, and its planting area and yield both have huge development potential. Therefore, the potato is important to ensure national food security, meet the nutritional needs of people, ease the pressure on resources and the environment, playing an irreplaceable role compared with other crops. To this end, the Ministry of Agriculture held a seminar for the strategic development of potato staple food on January 6, 2015, and proposed consuming the potato as a staple food, a strategic choice that fits China's realities.

1 China's "potato as a staple food" strategy

The Chinese government officially launched the potato staple food strategy this year. It is of great significance to protect our food security, diversify our dietary choices, adjust the dietary structure, improve nutrition, and demonstrate the potato's versatility. The key of the strategy is to increase the consumption of potato as a staple food. Consuming the potato as a staple food means processing potato into staple foods that are suitable to Chinese consumers and occupy an important place in people's daily diet, making the potato an important supplement to China's three major staple foods-rice, wheat and corn.

Potato is a very suitable food crop for staple food development. First, it has comprehensive and balanced nutrition, containing rich vitamins, dietary fiber, potassium and polyphenols. It is also a cash crop with high economic benefit, and is accepted as a staple food by more and more Chinese people. Second, potato is drought tolerant and can grow in barren or marginal environment, with high water utilization rate. In regions with severe drought, it is not easy to grow other staple food crops, while potato can still achieve high yield. In the Chinese food production system, potato does not compete with other staple crop for land. In the north and northwest arid and semi arid regions, potato has become an important pillar for the local farmers long-term survival and income generation. In Weiyuan County, Gansu Province, farmers get 1 354 yuan RMB per capita of income from potato in 2011, accounting for 50% of the per capita net income of farmers. In Huize County, Yunnan Province, farmers received 957.65 yuan RMB per capita net income from the potato industry in 2012. In the mountainous area of Southern Ningxia, potato is known as 'the savior egg' and 'the golden egg'. Third, potato is suitable for large-scale cultivation. In 2013, potato planting area in China reached 87.8 million mu, with a total output of 103.68 million tons. The potato has played an important role to ensure national food security. Fourth, potato has enormous development potential. Currently, potato yield is only 17.7 tons per hectare in China, much lower than the developed countries in the world, even compared with domestic high yield of 75 tons per hectare in special field, so there is still big growth space. Meanwhile, Southern China has about 16 million hectares of winter fallow paddy fields, more than 4 million hectares could be used for potato growth. Fifth, the potato could be stored for a long time. Once processed in to flakes, it can be stored for more than 15 years. Sixth, potato industry has a long industry chain, includes breeding, production, circulation, processing, food product development and consumption, and it has high efficiency and creates a lot of jobs. Therefore, developing the potato as a staple food crop is an important strategic choice to protect national food security. In reality, potato has been the staple food in the northeast, northwest and southwest mountainous regions of China, as well as in western developed countries.

2 Development opportunity under the backdrop of potato staple food strategy

Potato staple food development strategy is an important strategic planning, which was put forward at the right time after years of deliberation. The staple food strategy relates to many aspects of the potato industry. It is not only about staple food processing, potato product research and development, but also includes breeding special varieties for staple food products, efficient and environmentally friendly cultivation method, processing technology R&D, convenient and fast market circulation, advanced market supervision, consumption concept guidance and habit formation, etc. which is of great significance for the comprehensive innovation and upgrading of the whole potato industry.

Potato staple food strategy provides an opportunity for the development of potato industry. In the background of this strategy, the state will increase funding support and policy guidance to the potato industry. Based on the industry chain, scientists and research personnel can carry out research on breeding, cultivation, disease control, pest control, processing, marketing and other basic applications, basic and applied research, to provide a full range of scientific and technological support for the smooth implementation of the strategy. Based on the support of potato science and technology chain, the processing enterprises can make full use of the huge consumer market of 1.3 billion people in China to carry out processing technology research, research & development of products, and market exploitation, which adapt to Chinese realities, and enrich potato staple product types, promote consumption concept, innovative consumption patterns, guide consumption, occupy the market as soon as possible, and finally obtain huge economic benefits. For consumers, there will be many standardized staple potato products with various forms, and through the convenient and quick market circulation and the developed Internet of things, the consumers can choose products from all over the country according to their needs and enjoy them at home, and potato consumption will see a substantial increase. In the process of potato staple food development, the potato industry chain will be fully extended with many new jobs created, requiring more managers for market-oriented guidance, and the supervision of the key positions of the potato industry chain, to ensure standardized potato production, management, circulation, staple food products processing and regulate industry competition. Finally, the potato industry will become one of the important pillars and promote economic and social development.

3 Strategic challenges for developing the potato as a staple food

Besides the above opportunities for the potato industry, the staple food strategy also faces enormous challenges. The first one is the lack of varieties. Among the potato varieties planted in China, only a few potato varieties could be used for staple food processing suited to Chinese dietary habits. The special varieties for fried food processing and flake processing still come from abroad, i. e. 'Shepody' and 'Atlantic'. But these two varieties need big inputs of water and fertilizer, with the poor adaptability and disease resistance. Also, different types of staple food require different varieties. The varieties used for steamed buns and flour noodles, for instance, must have high ductility in its flake, while the varieties used for rice noodles have no such requirement. So cultivating varieties with suitable for different ecological conditions and different staple food processing methods is the key to the potato stable food strategy. The second challenge is unstable economic returns. The potato prices fluctuated severely in recent years, from 2011 to 2013, potato price had gone from low though middle to high level, and then gone down to the low level again in 2014. Now potato price has gone up in all production regions though by different margins. Such unstable prices led to income shocks among the farmers. Therefore, it is very important to ensure stable production and meet the needs of staple food through stabilizing income and improving farmers′ motivation. The third challenge has to do with people′s dietary habits. For a long time, wheat, rice and corn are considered as the main food crops in China, this eating habit was formed through thousands of years, and also has different local features with the people in the south preferring rice while northerners, noodles and steamed buns. In order to promote the potato as staple food, we should not only to improve the potato products quality, types and etc., but also to adapt and change the Chinese people′ consumption concept and eating habit, which is more important and will be a long process. The fourth challenge is high cost. Take the potato powder as an example, a multi-step process is required for turning fresh potato into flakes, which includes cleaning, peeling, slicing, picking, washing, pre-boiling, cooling, cooking, mash, dehydrating, etc. which increases the production cost of potato products. Now the price of potato powder price is about ¥10 000 per ton, 3-4 times as expensive as wheat flour. The high cost of potato flake-derived staple food products is a major constraint for promoting the potato as a staple food.

Though big challenges exist in potato staple food development, important progress has still been achieved in potato staple food products and the potato industry. Firstly, in the field of potato breeding, the Chinese scientists screened 22 varieties withbig planting area in China, and got 4 varieties suitable for making steamed buns. Secondly, in the field of staple food development, the experiments of making potato pasta and Hu Latang (a Chinese soup) staple products were performed and also the study on the influence of potato flakes on the rheological properties of potato dough was completed, which evaluated the nutrient scenario of potato steamed buns added 40% potato powder, succeeded in making instant ground rice powder containing 55% potato flakes, and also declared more than 20 patents. Thirdly, in the field of equipment development, the proposal on machinery selection and improvement for potato noodle processing has been made, and the prototype of an integrated bionic dough rolling machine has been created. The prototype has been releases in the Chinese market. Fourthly, on policy guidance, China Agriculture Ministry is now organizing experts to prepare "national potato staple food products and industry development plan", and has held several forums to speed up finishing the plan.

4 Suggestions on the implementation of the strategy

At the central rural work conference, Premier Li Keqiang stressed that agricultural production should be driven by consumption. Considering the opportunities and challenges of the potato staple food strategy, potato staple food development in China should start from the consumer side. Production is the foundation while processing is the key. Production must be market-oriented and focus on standardized, scale and industrial production and branding. Based on the traditional Chinese dietary culture, different local features of northwest, southwest, northeast China, and Western food, we should guide the potato company to develop a diversified range of standardized potato products. Finally, the goal of potato staple food will be realized through the development of the whole industry chain. Therefore, the related parties must integrate the related policies, take the enterprise as the core and market development as the starting point, do the pilot demonstration, promotion, and science and research development, etc. promote potato staple food development from different phase of before-, during-, and after-production.

Firstly, create new breeding methods, enhance the research and development of highly-efficient breeding technology, accelerate the breeding of special-purpose varieties for different staple food products, and cultivate more staple food-oriented varieties adapted to different ecological conditions. Secondly, study the integrated high-yielding and efficient cultivation techniques and planting patterns, improve production efficiency, and reduce production costs. Thirdly, strengthen the research and development of staple food product technologies. Based on the preferences of various consumer groups, accelerate processing procedure research and development, reduce energy consumption and cost, enrich the diversity of staple food products, increase consumption, and realize the industrialization of staple food products. As to how to bring this into reality, first of all, we need to is to focus on the orientation of sustainable value chain and the connections among scientific research, production, processing, circulation and consumption, and to ensure the year-round production and supply. Second of all, strengthen policy and funding support, optimize the funding structure, and prioritize the innovation-driven areas in the industry and supply chains and key technologies. The third point is to strengthen publicity and consumer guidance, using various ways to promote public awareness of consuming the potato as a staple food and guide consumption. Through the implementation of the measures above, a staple food product development system will be formed, integrating the potato industry chain, value chain and supply chain with the enterprises as the main players. This system will transform the potato into a truly important food with a diversified range of derivative products and the potential to improve people′s health.

5 Prospects

With the launch of the potato staple food strategy, some provinces and regions like Ningxia autonomous region have started the promotion of public awareness about the strategy. The office of agriculture and animal husbandry in Ningxia autonomous region has begun to hold some public activities and exhibit potato staple food for one month (April 28 to May 28) . But we should also be aware of that the road to making the potato a "staple food" will not be smooth and a lot of difficulties will need to be overcome, and innovation from industry insiders, vigorous support from government and international cooperation are also necessary. As long as all related parties make concerted efforts to cooperate with each other and promote the implementation of the potato staple strategy from a strategic perspective, I believe the potato staple food strategy will be successful.

Technical session (Abstracts)

Chinese potato culture and brand building

Hongzhi Yan[1], Xiuyan Zhao[1], Yuanyuan Hao[2], Weijun Zhang[2]

(1 Inner Mongolia Linkage Potato Co., Ltd., Chifeng, Inner Mongolia, 024500, China; 2 Zhengguan Brand Consultation, Hohhot, Inner Mongolia, 010010, China)

The seminar about the developing strategy of regarding potato as a staple food has been held by Chinese Academy of Agricultural Sciences, National Food and Nutrition Consultant Committee and China National Seed Association on January 6th, 2015. In this seminar, potato has formally been positioned as the fourth largest food crop in China, after wheat, rice and corn. Potato is known as "Tudou" in China. Even before positioning potato as the fourth largest food crop, the Chinese are already very familiar with the crop. Geographically, potato is a necessity on people's table from south to north and from east to west. Because of the Chinese people's dedication to and pursuit of gourmet food, potato can be made into dishes of various forms and tastes. The Chinese's attitude to delicious food embodies the Chinese culture, a symbol of Chinese experience and wisdom. The internal correlations between people, people and society, people and nature, people and substance were found in the food. But for "Potato culture", there is no specific research in China. It's a new topic.

Due to a lack of written records for potato in early times or the fact that the name "potato" was confused with that of other crops in the records, there are a lot of controversies about when potato was introduced to China. Some think it was introduced to China in the Ming Dynasty (1543-1619); others hold that it was introduced to China in the 18th century at the earliest. As to how it was introduced to China, there are three versions. One is the Dutch brought the potato to Taiwan to plant, and then it was introduced to mainland. That's why we also call potato"Dutch potato" . Another is that potato was introduced to China by Shanxi merchants from Russia or Kazakhstan. It was mainly planted in Shanxi. At present, there is also a saying in the province - "Fear not when there is crop failure with the five major cereals. We still have our potatoes" . The third version is that it was introduced to Guangdong and Guangxi from Southeast Asia, Indonesia (Dutch Java) . So in these places, it is also called as Java potato.

From the point of view of basic characteristics, potato has some special traits other crops do not possess, such as cold resistance, drought tolerance, tolerance of marginal conditions and rich nutrition. The authors have been focusing on potato production for thirty years, with a deep attachment to potato, and what is more important, they found many commendable spiritual value and quality from potato during its production and management. After many years' research, the authors proposed a complete system about "Potato Culture", which is also called "Tudou Culture" . At the same time, the authors have been devoted to the popularization of "Potato Culture" for many years. They hoped that people have a good understanding of potato and also hopes to promote the strategy development of regarding potato as staple food in both the material and cultural levels.

"Potato culture" indicates the potato as a cultural totem, the core of which lies in "being tough and down to earth, respecting land and loving people". "Down to earth" means substance without pretensions. Potato has abundant nutrition which is regarded as underground apple in France and the second bread in Europe. Its vitamin content is the highest among all food crops. And even Adam Smith, the godfather of economics, had mentioned the value of potato in *The Wealth of Nations*. But even with such popularity, potato stays down to earth. Tough means that we should grow like potato, taking root firmly in the land and facing the sun. Except in saline-alkali soil, potato can be grown in all types of soil. And it can adapt to daily average temperatures ranging from 8℃ to 30℃. It can also grow under marginal conditions. Respecting land means that whatever we do, we should respect nature's laws. Potato adapting to the environment embodies the respect of nature's laws. It takes root in spring, grows in summer, fruits in autumn and recuperates in winter. Loving people means caring deeply about the world and loving all humanity. Although potato has many nutrients, it is not expensive. It contributes itself unconditionally to everybody regardless of their race, wealth, or social status. And it played a role of Savior many times during famines. At the same time, the authors have developed the standard of behavior-follow the potato in what you say and do. Integrating the good characteristics of potato into all aspect of thinking, talking and behaving of human beings, the authors established a complete "potato culture" value system. The authors firmly believed that the spread and popularization of potato culture would have a positive effect on the society, culture and environment.

However, potato culture can't be spread without the brand building. Enterprises of modern new agriculture do not only mean the modernization of machinery and managment mode, but also the modernization of thinking with branding mind. Only with such mindset, can the agricultural enterprises ensure product quality, reduce risk for customers, improve the brand credibility and resolve food safety fundamentally. Thus, the customers would find the balance between deliciousness and safety.

Inspire, inform, educate—potatoes, at the heart of every South African meal

Immaculate Zinde

(Potatoes South Africa, Private Bag X135, Pretoria-South Africa, 0001)

The purpose of this presentation is to demonstrate strides made by Potatoes South Africa (PSA) to create awareness about the biological attributes of potatoes in order to influence attitudes, shift perceptions, as well as inspire a love for South African potatoes as the preferred starch and vegetable. This is in line with two of the Food Based Dietary Guidelines of South Africa as prescribed by the Department of Health which state that:

- "Make starchy foods part of most meals": a food-based dietary guideline for South Africa
- "Eat plenty of vegetables and fruit every day": a food-based dietary guideline

for South Africa

In South Africa where potatoes pale in comparison as far as per capita consumption is concerned within the staple food market, public awareness efforts are at the heart of all market development and product promotion efforts. One of the key attributes of potatoes is its versatile nature. Seemingly, it is this very attribute that may have contributed to the formation of negative perceptions and myths about potatoes. In a recent study of 600 respondents carried out by PSA across all nine provinces of the country it was found that 62% of the respondents said potatoes are fattening. A further study carried out in the informal sector, a sector that takes up close to 60% of all potatoes sales traded through fresh produce markets, reveals that the top three ways in which potatoes are consumed are in a stew, salad, and mashed. It is against these revelations that education around the biological and nutritional attributes of potatoes forms a strong part of all marketing efforts in South Africa.

PSA follows an integrated consumer awareness campaign that employs public awareness tools such as advertorials, public relations, events, website and social media platforms to inform, educate and remind the public about the true nature of potatoes and how potatoes fit perfectly into a balanced nutrient dense diet. To ensure that all communicated messages are accurate and backed by scientific evidence, food experts and professionals are used to verify, refine and correct nutritional messages earmarked for the general consumer.

For over eight years prior to 2005 marketing efforts were relaxed and negligible and it is during this period that per capita consumption dropped in the country. In 2005 at the inception of a revitalised marketing drive, per capita consumption of potatoes was reported to be at 32 kg per annum. Fast-track to 2015 consumption has increased to close to 40 kg per person per annum.

Through top of mind Public Relations interventions, the organisation has, over the last decade been able to secure free media exposure worthwell over 50 million rands (ZAR) . PSA's ever increasing followingon social media platforms has enhanced its sense of community as an organisation, and created a platform to share information, recipes, and build social currency.

Inspire, inform and educate are the fundamental public awareness pillars we rely on in forging ahead and unlocking the golden door to a growing, thriving and sustainable potato industry.

Protein content and amino acids composition analysis in tuber of major potato varieties in China

Zhongping Wang, Huachun Guo

(Root and Tuber Crop Research Institute, Yunnan Agricultural University, Kunming, Yunnan 650201, China)

The aim of this research was to promote the implement of China Potato Staple Strategy and development of modern potato industrial system, by identifying the protein content and amino acids component in tuber of the major China potato varieties, and further screening out the potato varieties with contain high protein content and good nutrition quality. Totally, 62 major potato varieties were collected from various regions of China and were planted in the farm of Yunnan Agricultural University. All the field management was carried out identically. The dry matter content of various varieties was tested by weighing, and the crude protein content of all potato varieties was determined by Kjeldahl method. The content of each kind of amino acids (except treptophan) was measured by amino acid analyzer. Finally, the nutritional value of protein in tuber of the 62 major potato varieties was evaluated by fuzzy mathematics and ratio coefficient of essential amino acids based on WHO/FAO reference model of essential amino acids.

The results showed that the dry matter content in the tubers of these varieties ranged from 13.51% to 28.59%, with an average of 17.74% and coefficient of variation of 14.93%. The crude protein content in fresh tuber ranged from 1.06% to 4.11%, with an average content of 2.15%, and coefficient of variation of 20.34%. The crude protein content in dry tuber ranged from 6.88%-18.07%, with an average content of 12.26% and coefficient of variation of 20.15%. The average and range of various amino acids content per 100 g fresh tuber among the 62 varieties showed as follows: threonine, 54.68 mg (34.73-

81. 80 mg); valine, 92. 98 mg (52. 23-198. 01 mg); leucine, 90. 04 mg (53. 98-133. 88 mg); isoleucine, 61. 61 mg (34. 09-119. 39 mg); lysine, 94. 87 mg (48. 90-225. 51 mg); cysine, 24. 87 mg (18. 28-43. 59 mg); methionine, 22. 35 mg (10. 53-34. 84 mg); phenylalanine, 73. 61 mg (40. 15-154. 28 mg); tyrosine, 48. 09 mg (24. 39-100. 52 mg); histidine, 26. 73 mg (14. 86-62. 44 mg); aspartic acid, 334. 34 mg (157. 08-903. 23 mg); glutamic acid, 334. 45 mg (162. 62-702. 14 mg); serine, 52. 43 mg (33. 90-80. 82 mg); proline, 55. 46 mg (25. 60-166. 71 mg); glycine, 52. 88 mg (32. 63-80. 43 mg); alanine, 70. 92 mg (39. 24-112. 37 mg); and arginine, 63. 79 mg (32. 93-162. 90 mg) . The coefficients of variation of various amino acids content ranged from 16. 27%-43. 18%; the total content of all essential amino acids except tryptophan ranged from 326. 05 mg to 1 091. 64 mg, the average was 563. 09 mg, and the coefficient of variation was 20. 35%; the range of the total amino acids content was 834. 85-3 350. 51 mg, the average was 1 554. 10 mg, coefficient of variation was 23. 56%; the ratio of total essential amino acids content in total amino acids content varied from 31. 63% to 42. 67%. The average was 36. 49%, and the coefficient of variation was 6. 96%. The protein degree range of all the varieties with WHO/FAO reference model of essential amino acids was 0. 84-0. 96, the average close degree was 0. 90, and the coefficient of variation of close degree was 3. 23%; the range of score of ratio coefficient among these major varieties was 89. 60-66. 53, the average score was 80. 27, the coefficient of variation was 6. 44%. In conclusions, the dry matter content in the tubers of 62 major varieties was much lower than cereal crops, and there were 8 varieties with higher dry matter content than other ones such as 'Qingshu 168', 'Diantongshu 1', 'Tongshu 20', 'Zhongshu 7' and so forth; various major varieties had much lower crude protein content in fresh tuber than cereal crops, and there were only 7 varieties with high protein content more than 2. 50% that were 'Qingshu 168', 'Weiyu 3', 'Ningshu 4' etc. , while the average crude protein content in dry tuber of these potato varieties was almost higher than any other protein of cereal crops in the dry matter; the content of various essential amino acids from protein in tubers of the 62 major varieties was very close to WHO/FAO reference model of essential amino acids such as 'Zhongshu 18', 'Lishu 7', 'Tianshu 11', 'Shepody' and so on, and the vast majority of these varieties had protein of high nutritional value in tuber such as 'Dingshu 1', 'Hezuo 88', 'Zhongshu 18', 'Zhongdianhong' and so on; content of aspartic acid and glutamic acid in all varieties was far more than other

amino acids which maybe be related to delicious taste of tuber when they were released from proteins; the tubers of these varieties varied considerably in dry matter content, protein content (in the fresh or dry tuber), various amino acids content, total content of the various essential amino acids and total content of the various amino acids, but the rate of the total essential amino acids content in the total amino acids content kept stabilized among these varieties .

"Re-booting" awareness of the nutritional value of the white potato

Maureen L. Storey

(Alliance for Potato Research and Education, 2000 Corporate Ridge, Suite 1000, McLean, VA 22101, USA)

Some epidemiological research suggests an association between potato consumption and increased risk of obesity and obesity-related diseases. As a result of well-promoted diet books and highly publicized research, the white potato has come under fire over the last decade, often vilified for its carbohydrate (starch) content and high glycemic index. Misperceptions about the micronutrient value of the potato abound and this vegetable's contribution to nutrient intake has been largely ignored. Hence, in 2011, galvanized by declining potato consumption and inspired by visionary leadership, the U. S. and Canadian potato industry formed the Alliance for Potato Research and Education (APRE) .

APRE is a not-for-profit organization that supports nutrition research and translates the results of research into educational and policy initiatives on the role of the white potato in all forms as a nutritious vegetable for all ages. The potato manufacturers and potato growers from the United States and Canada fund APRE as an independent entity, yet the organization collaborates with its member companies, the marketing board (U. S. Potato Board), state and provincial potato commissions, and the lobbying organization (National Potato Council). Although APRE is located in the Washington, D. C. metropolitan area, the organization does not lobby.

As its name implies, APRE has a dual mission steeped in research and education/communications. The primary audiences for APRE communications include influencers of consumers such as academic, government and other public health scientists and health professionals, especially registered dietitians who reach out to traditional and social media. There is no direct-to-consumer programming.

Over the last decade, the lack of published research and consistent education and communications targeting the scientific and health professional communities led to federal policies that eliminated or significantly reduced the inclusion of white potatoes in the multi-billion dollar food assistance programs—administered by the U. S. Department of Agriculture (USDA) —that help feed millions of low-income individuals every day. Such policies often begin with government-sponsored projects coordinated by the Institute of Medicine (IOM) of The National Academies and translate into the *Dietary Guidelines for Americans*. For example, based on a 2005 IOM report, the USDA Special Supplemental Nutrition Assistance Program for Women, Infants and Children (WIC) excluded the white potato as a vegetable choice for WIC participants receiving a cash value voucher (CVV) to buy fruits and vegetables at the grocery store. A recent scientific review by the IOM reversed its earlier recommendation. In a 2015 letter report to USDA, IOM urged the inclusion of white potatoes in the WIC program as an important source of potassium and dietary fiber-key nutrients of concern for this nutritionally at-risk population. The IOM committee based its decision on the science compiled and presented by well-respected scientists from academia, government and APRE. As a result, fresh, frozen, canned or other processed potatoes without added fat, salt or sugar are now allowed for purchase by WIC participants using the CVV.

The WIC example above demonstrates that reversing federal policies and influencing public opinion must begin, but not end, with scientific research. Education and communications are equally important and trusted, credible science leaders must deliver truthful and trustworthy messages.

One of the first investments made by APRE was an invitational roundtable,

White Vegetables: A Forgotten Source of Nutrients. Convened by Purdue University in 2012, the roundtable featured scientists who presented and authored papers on various topics related to potatoes and other white vegetables. In this presentation, the multi-faceted strategy of the white vegetables concept will be discussed from its inception as an invitational roundtable to publication in the peer-reviewed scientific literature to science-based communications by APRE nutrition communicators through traditional and social media channels to revised IOM recommendations that reversed federal policy.

The healthiest food: nutrition and function of potatoes

Yang Bi, Yan Zhu, Yi Wang, Yongcai Li, Huali Xue

(College of Food Science and Engineering, Gansu Agricultural University, Lanzhou 730070, China)

Potatoes are rich in nutrition, containing over 80 nutrients. The tubers are a very good source of vitamin B_6, vitamin C and niacin, and a good source of potassium, manganese, phosphorus, iron and zinc. The vitamin C content of potatoes is 10 times that of apples, the potassium content twice that of bananas. One medium-sized potato (173 g) supplies 32% Daily Value (DV) of vitamin B_6, 26% DV of potassium, and 22% DV of vitamin C. Potatoes belong to the low energy and high fiber food category, with little fat, cholesterol and sodium. Potato has balanced nutrition. The amino acid composition of its protein is close to what is required by human beings, and is an excellent source of "fine protein" . Potatoes contain a variety of phytonutrients that have antioxidant quality. Among these important health-promoting compounds are carotenoids, flavonoids, and caffeic acid, as well as unique tuber storage proteins, which exhibit activity against free radicals. Potatoes have also been identified blood pressure-lowering compounds called kukoamines. Although tubers are rich in starch, part of it is resistance starch, which can not be easily digested. Therefore, reasonable consumption potatoes could delay aging, reduce cardiovascular and cerebrovascular diseases, improve nervous system, control cancers, and maintain the normal operation of the digestive system.

Cooking methods significantly affect nutrition and function of potatoes. The potato skin is a concentrated source of dietary fiber. So, to get the most nutritional value from this vegetable, don't peel it and consume both the flesh and the skin. Just scrub the potato under cold running water right before cooking and then remove any deep eyes or greening parts. If you must peel it, do so carefully with a vegetable peeler, only removing a thin layer of the skin and therefore retaining the nutrients that lie just below the skin. If you cannot cook potatoes immediately after peeling or cutting, you should place them in a bowl of cold water to which you have added a little bit of vinegar in order to avoid the discoloration that occurs with exposure to air. As potatoes are also sensitive to certain metals that may cause them to discolor, avoid cooking them in iron or aluminum pots. Potatoes can be served as staple food, as well as vegetables. It is recommended that potatoes be baked or roasted, steamed and used as fillings, without being fried as staple food. When cooked as a vegetable, potatoes can be stir-fried or stewed when sliced, shreded and mashed, with less oil. They are also delicious when cooked with meat.

Xisen potato food product development

Xisen Liang

(Xisen Potato Industry Group, Yanqing, Beijing 102100, China)

China is a big country of agriculture. It is hard to imagine that it has managed to feed nearly one fifth the population with less than one tenth of arable land in the world. The most important is food. Our ancestors said, "food is of paramount importance for the people", "No need to panic when there are grains at home". Deng Xiaoping said, "Without farmers, there would be instability. Without food, there would be turmoil" . Now President Xi said "We must put in the bowl food produced by ourselves, as money is of no use in times of famine" .

I know the importance of food for people because I grew up in poverty and I knew what it felt like to be hungry and beg for food. The short supply of food leads to social chaos no matter how developed the country is and how advanced science and technology it possesses. Therefore, 15 years ago, I chose to devote myself to the potato breeding industry even though it featured huge investment, long cycles, and slow returns, and almost no one′s favorite. I am a farmer, pure and simple. Farmers can′t build aircraft, artillery or "Shenzhou" spacecraft. Our duty as farmers is to till the land and grow more food.

At present, China has promoted the potato as the fourth largest staple crop, which has great significance for guaranteeing food security in the future. Potato is land- and water-efficient, tolerant of marginal conditions and has balanced nutrition. As staple food strategy advances, it will gradually change people′s eating habits and consumption concept. It is not only a vegetable but also more appears on people' table as starch and flakes products.

For decades, we have always dedicated to making the small potato a big industry in China. With the impetus from the staple food strategy, we will intensify efforts in indigenous innovation, and develop new potato varieties adapted to the market trends and potato-derived staple products catering to the Chinese palate.

The National Engineering Research Center for Potato is supported by Xisen Potato Industry Group Co., Ltd. After over a decade of hard work with more than 3 billion Yuan in investment, we has developed 18 new potato clones with excellent traits and suitable for different purposes. They are currently tested in regional trials. There are two clones with particularly high dry matter content and strong adaptability, and they are the most suitable for processing flakes. Potato flakes are national staple foods in the true sense of the word because they can be safely stored in national food reserves for 15 years. The colorful potato series, represented by the variety ′purple rose′, contain rich anthocyanin and polyphenols with strong antioxidant properties, which can increase the elasticity of blood vessel, reduce the frequency of disease of cardiovascular diseases, delay aging, prevent cancer, and improve skin. It has the very high economic value and market prospect.

For a long time, we have been committed to promoting the "potato as a staple food" process in China and made a lot of efforts. A series of successful products have been launched. In view of the eating habits of the Chinese people, the potatoes "staple" promotion in China can not copy the experience of western countries, and must adapt to Chinese tastes. Over the last four or five years, Xisen invested a lot of money and energy in exploring a potato-derived staple food product with "Chinese flavor" . After hundreds of times of trial and error, we managed to turn out a wide range of processed products with varying ratios of potato flakes in the ingredients-steamed bread, steamed rolls, dumplings, noodles, pancakes and other staple food with Chinese characteristics, and also baked foods such as cakes, bread, and pastry, winning wide popularity and praise among the public. Leaders from the Ministry of Agriculture, Chinese Academy of Agricultural Sciences, State Administration of Grain and experts visited Xisen and tasted the potato staple food, which was an eye-opening and inspiring experience for them. At the same time, we rolled out "potato feast" in multiple restaurants in places such as Beijing, Dezhou and Jinan, serving hundreds of potato dishes and staple foods, generating favorable response from the public.

We also develop the potato food and downstream products through cooperation. We are trying to produce "full-nutrition flour" by mixing potato flakes with wheat flour. We hope to achieve quick acceptance among the consumers of potato flakes and related products, and accelerate implementation of the national "potato as a staple food" strategy.

Advances in potato processing in Bangladesh

M. H. Rashid[1], S. Akhter[2], M. J. Hossain[3]

[1 BARI, Gazipur; 2 Tuber Crop Research Centre (TCRC), BARI, Gazipur; 3 TCRC, Bangladeh Agricultural Research Institute, Gazipur, Bangladesh]

Potato is the third largest food crop of Bangladesh. Its production in the country is increasing day-by-day. In 1990-1991, national potato production was about 1. 24 million tons from 0. 124 million hectare of land. In 2012-2013, the production raised up to 8. 60 million tons from 0. 440 million hectares. The yield increased from 10. 0 to 19. 5 tons per hectare. This production can be better used through several alternatives like increase of local consumption, either fresh or processed, export of fresh potatoes to neighboring countries and export of processed products. Earlier, lot of efforts have been given to use potato as a substitute of rice, but it did not work much because of social problems and higher cost of potatoes compared to rice (boiled) . Exporting of fresh potatoes is not expanding fast because of the geographical location of Bangladesh. So, at present, everybody's attention is towards the exporting of processed products. As the climatic conditions of Bangladesh are not completely congenial for production of good quality potatoes required for processing, all techniques related to potato processing (production of raw materials, quality of the products and marketing of the end products) have to be standardized. Selection of varieties for alternative uses, improvement of production techniques for specific quality of tubers, development of low cost storages for short time use, and quality of the processed products are some of the important issues on which TCRC of BARI is working on at this moment. Ideally processing varieties should have dry matter above 20%. It is also possible to process with lower dry matter, but this requires chemical blanching and higher quantities of raw materials resulting higher cost of production. TCRC of BARI has recently selected a few varieties which have somewhat better qualities for processing.

Up to 2013 TCRChas released ten varieties for processing purposes, namely 'BARI Alu-18 (Baraka)','BARI Alu-19 (Bintje)','BARI Alu-20 (Jaerla)', 'BARI Alu-23 (Ultra)','BARI Alu-24 (Dura)','BARI Alu-25 (Asterix)','BARI Alu-26 (Felsina)','BARI Alu-27 (Espirit)','BARI Alu-28 (Lady Rosetta)' and 'BARI Alu-29 (Courage)'. Out of those, only 'Lady Rosetta' and 'Courage' fit for processing into chips, others are being used for crisps. Some factories have been using whatever varieties are available in the market, but their market. Among the lately tested 40 varieties,'Asterix','Atlas','Kufri Pokhraj', 'Necter','Simpli Red' and clones 8.73 and 8.37 were found partially suitable for French Fries, while varieties 'Alaska','Asterix','Atlas','Dido','Metro', 'Necter', 'Safrana','Vivaldi', and clones 8.73 and 8.102 found good for chips. In another study, varieties 'Sassy','Dolly','Atlantic','Safrana','Defender' and 'Elger' were good in DM and starch content. Reducing sugar was unacceptable only in 'Alaska'.

CIPC {Iso propyl (3-chlorophenyl) Carbamate}, a sprout suppressant, has been in practice in recent years for storing processing potatoes. Potato tubers are stored in the cold storages at comparatively higher temperatures (10-12℃ instead of 2-3℃) with no sprouting and no sugar formation, and the storage period can be prolonged up to November (8 months) in Bangladesh. At present, 10 to 15 cold stores out of about 400 in the country have started to use CIPC techniques.

Application of induced resistance for the control of potato tuber dry rot

Yongcai Li, Yang Bi, Yi Wang, Yan Yin,
Gaihong Bao, Xiaojuan Sun

(College of Food Science and Engineer, Gansu Agricultural University,
Lanzhou, Gansu 730070, China)

Potato dry rot caused by *Fusarium* spp. is one of the most important post-harvest diseases. Its incidence rate is up to 30% during storage, which restricts severely the production of potato in China. Fungicides, such as thiabendazole (TBZ), were widely used to prevent potato dry rot. However, the resistance of *Fusarium* spp. to fungicides increased year by year. The prevention and control measures of post-harvest diseases, being safe to human body and less harmful to environments, are becoming urgent as consumers are paying more attention to food safety. Increasing disease resistance in harvested horticultural crops using physical, biological and/or chemical elicitors has become research hotspot in these years and was considered as a preferred strategy for disease management. This study aimed to reveal the effects and mechanism of chemical elicitors on potato dry rot. The results showed that chemical elicitors' treatment, including 0.25% chitosan, 100 mmol/L sodium silicate, 100 mmol/L β-aminonbutyric acid, 45 mmol/L citric acid and 70 mmol/L K_2HPO_4, significantly reduced the lesion diameter on potato tuber after inoculated with *F. sulphureum*. The induced resistance by these elicitors involved in improving the activity of defense-related enzymes such as peroxidase (POD), polyphenoloxidase (PPO) and phenylalanine ammonialyase (PAL) and increasing resistant components in potato tissues, such as lignin, flavonoids and phenolics. Moreover, treatment by 0.25% chitosan and 100 mM sodium silicate showed higher antifungal activities. These findings suggested that resistance induced by chemical elicitors, as a natural fungicide, could be a promising prospect in controlling potato diseases.

Application of near infrared spectroscopy to determine the quality of potato and potato products: A review

Fengmin Zhao, Li Xing, Youfu Cao,
Xiaoyan Zhang, Bingnan Yang*

(Chinese Academy of Agricultural Mechanization
Sciences, Beijing 100083, China)

Potato (*Solanum tuberosum* L.) is widely grown in approximately 80% countries as the fourth food crops after rice, wheat and maize in the world. Potato contains a variety of nutritional components including starch, carbohydrate, protein, calcium and potassium, which are valuable to people's health. The physicochemical property, security feature and quality characteristic of potato tubers are both market and technology concerned. Therefore, different analysis methods and techniques including chemical method, instrumental methods, and sensory analysis are used in potato quality test. Although traditional methods provide high accuracy data in the laboratory, they are always time-consuming, laborious, costly and unsuitable for on-line application.

Compared to traditional methods, near infrared spectroscopy (NIR) is a rapid, nondestructive and precise technology which can be used inmeasuring raw potato tubers and potato products. This review summarized recent advances in near-infrared reflectance spectroscopy (NIRS) in predicting chemical composition, texture characteristics and sprouting capability of potato. Most of the chemical constituents were predicted accurately, indicting the high potential of NIRS as an efficient tool for potato quality test, whereas reducing sugar and total sugar required further research to improve their related prediction precision. Although

* Corresponding author.

these studies demonstrated the potential of NIRS for the analysis of the chemical composition of potato, the applications of NIRS needed further research. The major challenge was that most of the previous studies were performed in the laboratory with stationary NIR instruments that provide discontinuous spectral information for potato samples, but the quality test were continuous and real-time procedures in practice. There is a need to develop on-line NIRS systems for the analysis of potato quality. Therefore, more studies should be conducted to close the gap between the stationary-state NIR technique at the laboratory level and the on-line dynamic-state NIR technique at the industrial level. The factors including sample inhomogeneity, sample instability, and other parameters were complicating the on-line NIR techniques. Potato could be mixed thoroughly to ensure homogeneity and stability in laboratory NIR analyses, whereas the homogeneity and stable were difficult to achieve in on-line NIR analysis due to rapid and dynamic-state processes.

The application of advanced chemometrics methods to further improve the prediction precision was another area for future research. The NIR spectral information was encoded as an electrical signal from the spectrometer. In addition to desirable information, they usually contained undesirable component termed noise that can interfere with the accurate extraction and interpretation of the analytical data. The noise was one of key factors significantly influencing the prediction of NIRS analysis. Chemometrics, which involved spectra preprocessing and multivariate calibration methods, was an efficient tool to reduce spectra noise and improve NIRS prediction. In most previous studies, standard normal variate (SNV), multiplicative scatter correction (MSC), derivative, and smoothing, were usually employed preprocessing methods. Nevertheless, several advanced preprocessing methods may have a greater ability to address the noise effects.

ASM promoted wound healing on potato tubers and its partial mechanism

Yi Wang, Yang Bi, Yongcai Li, Juetian Wu, Chanjian Li, Hong Jiang

(College of Food Science and Engineering, Gansu Agricultural University, Lanzhou, Gansu 730070, China)

Wound healing is one of the most effective strategies on reducing postharvest disease of potato tubers. However, wound curing of tubers requires about 3 weeks. Due to the longer duration, tubers are sensitive to injury at low field temperature, increasing the cost of caring. Therefore, it is urgent to find strategies to improve potato tuber wound healing rates. Acibenzolar-S-methyl (ASM) is also known as benzo- (1, 2, 3) -thiadiazole-7-carbothioic acid S-methyl ester (BTH), supposedly a structural and functional analogue of salicylic acid. ASM is the first synthetic and commercialized elicitors. It has no directly impact on pathogen, but act as an effective activator of systemic acquired resistance to enhance disease resistance. ASM can not only effectively reduce many field diseases of crops, but also obviously control postharvest diseases of fruits and vegetables. Potato tubers of cv. Longshu 3 were used in this study. After slicing and washing off the starch on the surface, tubers were dipped in 100 mg/L ASM and sterile water (control) for 10 minutes respectively, then potato were stored at dark condition at 20°C and 95% RH. During wound healing, depositions of suberin poly phenolic (SPP) domain and suberin poly aliphatic (SPA) domain were observed by fluorescence microscopy. Tuber weight loss and disease occurrence index of tubers inoculated with *Fusarium sulphureum* were also investigated as indicators of wound-healing efficiency. In order to understanding the mechanism of wound healing in tubers promoted by ASM, the production of $O_2^{\cdot -}$ and H_2O_2, andactivity of key enzymes of the phenylpropanoid pathway were also analyzed, covering chemicals such as phenylalanine ammonialyase (PAL), cinnamate-4-hydroxylase (C4H), 4-coumarate/coenzyme A ligase (4CL), cinnamyl alcohol dehydrogenase (CAD), peroxidase (POD), and the content of final substances, such as total phenolic, flavone and lignin. The results showed that weight losses, disease incidence and index in wounded tubes treated with ASM were lower than those of untreated control. The wounded tubers treated with ASM promoted the accumulation of SPP and SPA. Furthermore, the treatment obviously enhanced the $O_2^{\cdot -}$ and H_2O_2 production. The accumulation peak was earlier than control obviously, and the first peak appeared at 8 hours and 12 hours after treatments, respectively. The activity of PAL, 4CL and CAD were obviously induced by ASM, and the peaks were activated earlier, but there were no difference in C_4H activity between ASM treatment and control. POD activity in ASM treated tubers was lower than that of control. In addition, ASM treatment obviously enhanced the content of total phenolic, flavone and lignin, and the maximum content reached earlier. Our data suggests that ASM activates wound tissue by producing a large number of $O_2^{\cdot -}$ and H_2O_2, and then H_2O_2 acts as signal molecule to enhance phenylpropanoid pathway.

Bottleneck in agriculture and Potato storage technology in India

Shreekant Zamindar

(26, Bada Rawala Juni Indore Indore M. P. India)

India is largely an agricultural country. Eighty percent of hervast populations live, directly or indirectly, on income derived from agriculture. But to say that India lives by agriculture does not mean that India is agriculturally advanced. Her annual yield of crops per acre is below what it ought to be. Indian agriculture includes a mix of traditional to modern farming techniques. In some parts of India, traditional use of cattle to plough farms remains in use. Traditional farms have some of the lowest per capita productivities and farmer incomes.

But now, the Indian agricultural sector is witnessing a major shift from traditional farming to horticulture. The demand for fresh and processed fruits and vegetables is increasing as urban populations rise and consumption habits change. These changes along with the emergence of an organized retail food sector are creating opportunities in the domestic food industry, which includes the cold chain sector.

It is possible only when the basic bottlenecks in agriculture will be solved.

Land Development: Sub-division and fragmentation of the holdings is one of the main causes of our low agricultural productivity and backward state of our agriculture. The tilling process is manual and we do not have well equipped machines for digging, stirring, and overturning.

Seed Sowing: Distribution of assured quality seed is as critical as the production of such seeds. Unfortunately, good quality seeds are out of reach of the majority of farmers, especially small and marginal farmers mainly because of exorbitant prices of better seeds. The sowing process is done by human labour which gives uneven yielding of crop. It results in huge wastage of human labour and in low yields per capita labour force. It is required to keep a keen eye on quality and right quantity of fertilizer, manure and biocides used for soil to maintain the quality of seeds. Excess use may cause diseases in seeds or less use will reduce soil fertility after rotation of 2-3 crops on same land.

Irrigation: Although India is the second largest irrigated country of the world after China, only one-third of the cropped area is under irrigation. Here rainfall is uncertain, unreliable and erratic, and due to global warming the weather conditions are changing and threat of flood and drought are increasing. To overcome from these problems the irrigation should be proper but it requires electricity. The majority of farming is done in villages where electricity problem is severe. Only few capable farmers have sprinklers in their farm. Also, there is no proper channel of rivers, canals and dams to irrigate agriculture land. Many times the water can not reach up to the land when required or many times over flooded water enters into the farm when it is not required which hampers the crop.

Harvesting: Long-established technique for harvesting agriculture produce is drying the crop. Sun drying in the open, on mud-plastered or concrete floors, is the conventional method of drying grain and also to cash crops, plantation and horticultural crops. The drying time required in the open sun for these crops ranges from 5 to 45 days depending upon the crop to be dried. Unfavorable weather conditions are likely to occur during the drying period and degradation in quality of the final produce therefore becomes unavoidable. It is well-known that deterioration in quality caused by improper drying can not be eliminated until improved drying systems based on mechanical dryers have been adopted. However, these systems have not been adopted due to their high initial costs. Most of the commercially available dryers are designed to suit the needs of the processing industry and their output capacity is therefore far above the needs of individuals, or even of farmer groups.

Storage: Storage facilities in the rural areas are either totally absent or grossly inadequate. Under such conditions the farmers are compelled to sell their produce immediately after the harvest at the prevailing market prices which are bound to be low. In India, 85 percent of potato is produced in winter and stored during long hot summer. This requires storage of potatoes in cold stores at 2-4 ℃, which involves substantial cost.

Transportation: India has very poor rural roads affecting timely supply of inputs and timely transfer of outputs from Indian farms. The roads of Indian villages are not well connected with market, so farmers are unable to sell their product on adequate price because meanwhile some of the crops or grains get spoiled. Also, to the storage material like potato needs refer vans or refrigerated transportation to maintain it on same temperature before reaching it in the market. But due to heavy cost these are not used which hampers the quality of product. If the market is far away from agriculture land the cost of transportation increases which makes rise in overall price of the material.

Supply Chain: The increase in potato production in India has also resulted in ′problemsof plenty′. Due to lack of proper storage and supply chain there is a heavy wastage of material.

Illiteracy: The farmers are not well versed with technology and new machines due to which they are practicing those old agriculture techniques. They are unaware of storing their material and used to sell it on low price.

Potato processing is very important in making India self-reliant in sustaining food supply. Value-added processed products are opening up new avenues in the national and international markets and as a result Indian farmers are finding it highly remunerative to grow potatoes even in non- traditional areas.
Growing urbanization, changing food habits and preference for ready-cooked snacks have made significant changes in marketing of potatoes and potato products. Both national and multinational potato processing companies in India now prefer indigenous processing varieties of potato over imported ones. There is a big market for inexpensive dehydrated potato chips, cubes and other products which can be easily prepared at the cottage industry level and can provide additional rural employment. India is all set to have a "crunchy revolution" due to rapid progress in potato processing sector.

Conserving Potato Quality in Storage

Nora Olsenlsen, Mary Jo Frazierrazier, Lynn Woodell, Tina Brandt

(University of Idaho, Kimberly Research & Extension Center,
3806 N 3600 E, Kimberly, Idaho 83341, USA)

Storing the harvested potato crop to ensure marketability at the desired quality is a complex system involving managing disease and sprout suppression, minimizing weight loss and detrimental processing quality changes, and maintaining consumer acceptability. Overall potato quality cannot be increased in storage, but rather conserved or losses minimized with proper management. Losses due to disease can be disastrous if it is not detected or managed in a timely manner. Rapid deterioration of the stored crop can often be associated with Pythium leak (Pythium sp.), late blight (Phytothora infestans) and pink rot (Phytothora erythroseptica) and can be followed by pectobacterium soft rot. Management in the field and during harvest and handling can minimize these diseases in storage, but storage conditions and post-harvest applications can aid in reducing crop losses. Temperature, humidity and ventilation regimes are primary tools to combat disease in storage. A post-harvest spray application of phosphorous acid (phosphite) can be effective at protecting healthy tubers from late blight and pink rot infection during harvest and in storage. Fusarium dry rot is another disease that deteriorates quality in storage. Cultivar susceptibility, bruise management, and early storage and curing conditions can impact development of this disease. A novel post-harvest product that contains difenoconazole can provide additional suppression of Fusarium dry rot in storage. For process and fresh market potatoes, additional detrimental quality concerns develop once sprouting begins. Changes in carbohydrate status, increases in respiration rate, water and weight losses, and rise in storage management issues such as impeded airflow and increased disease development are factors that may deteriorate quality. Cultivar selection, temperature and storage duration will impact sprouting behavior in storage. Dormancy length can vary up to 100 days between typically grown United States (US) potato cultivars. Dormancy length and sprouting behavior will dictate the necessary sprout control program to achieve the desired sprout suppression. Common options for sprout suppression in US storages include chlorpropham (CIPC), field applied maleic hydrazide, naphthalene products (DIPN, DMN), clove oil, and 3-decen-2-one. Additional chemistries are used globally. CIPC is the most commonly used sprout control product, but can be used in combination with other modes of action for specific sprout suppression needs. Additional sprout control agents or product mixtures may be applied on fresh market potatoes prior to distribution in the US. Long-distance transport to reach customers mandates strong sprout control. Proper curing of tubers after harvest allows suberization of wounds which minimizes pathogen invasion and weight loss. Losses due to disease can be visually obvious, but weight loss due to respirational and transpirational losses can also be significant. Early storage conditions and decisions can impact weight loss and processing quality changes in storage. Conservation of quality in storage can be managed by integrating inherent cultivar storability characteristics, utilizing disease and sprout suppression options, and operating the storage system for proper temperature, humidity and ventilation regimes.

Development and functional test of automatic control system for temperature and humidity in large and medium-sized potato ventilated storage facility

Yan Zhu, Yang Bi, Yongcai Li, Yi Wang

(College of Food Science and Engineering, Gansu Agricultural University, Lanzhou, Gansu, 730070)

The aim of this study is to test the application of the automatic control system for temperature and humidity in large and medium-sized potato ventilated storage facility. The system is composed of sensors for temperature and humidity based on TP401TH, TP3 control computer and monitor. TP401TH is used to detect the environmental parameters of the ventilated storage facility, which can release the WiFi signal. The signal is received by TP3 and display on screen indicator of monitor. According to GPS, signals of TP3 can be sent to the end-user via internet. TP401TH and TP3 together fulfill the remote monitoring, real-time data and historical data delivery. The system can precisely manage the temperature and humidity of ventilated storage facility. At Yuzhong site, TP401TH sensors are installed at different locations in ventilated storage facility, TP3 and monitor is installed in control room. The system is debugged in the effect of real-time monitoring for both temperature and humidity. The results indicate that the control system is stable, easy operation, reliable, and suitable for remote monitoring. During the storage, the temperature of ventilated system keeps at 3-5 ℃, RH maintains at 85%-90%, and the parameters thus very close to the optimum storage conditions for potato tubers. After 6 months of storing, the decay rate and the germination rate of tubers ('Longshu 7' and 'Longshu 10') are 7% and 9%, respectively. It suggested that the system can be effectively used for monitoring and controlling the temperature and humidity in large and medium-sized potato ventilated storage facility, and the system can significantly reduce the postharvest losses and retain the quality of tubers.

Effect of pre-high hydrostatic pressure on structural and physicochemical properties of α-amylase degraded potato starch

Taihua Mu, Leyla Raad, Miao Zhang,
Hongnan Sun, Jingwang Chen

(Institute of Agro-Products Processing Science and Technology, Chinese Academy of Agricultural Sciences; Key Laboratory of Agro-Products Processing, Ministry of Agriculture, No. 2 Yuan Ming Yuan West Road, Haidian District, P. O. Box 5109, Beijing 100193, China)

The potato starch-water suspension (25%) was pre exposed with high hydrostatic pressure (HHP, 200, 400 and 600 MPa) for 40 minutes at 25 ℃, then treated with bacterial α amylase (0.02%, 0.04% and 0.06% w/v), and the characteristics of treated starch was investigated. Significant differences in the structural, morphological and physicochemical properties were observed ($p<0.05$). HHP treated (600 MPa) starch subjected to 0.06% α-amylase showed significant degree of hydrolysis (29.64 mg · ml^{-1}) and the amount of reducing sugar (49.36%), compared to those treated with α-amylase concentration of 0.04% (w/v) and 0.02% (w/v). Native potato starch (NPS) had round and elliptical shape with smooth granule surface, whereas the hydrolyzed native potato starch (hNPS) and hydrolyzed HHP treated potato starch (600 MPa) showed irregular and rupture shape with several cracks and holes on the granule surface. The α-amylase hydrolysis on HHP treated potato starch could significantly decrease the average granule size from 29.43 ± 0.10 μm for 600 MPa treated potato starch to 20.03 ± 0.16 μm for hydrolyzed HHP treated PS (600 MPa) with 0.06% α-amylase. Swelling power decreased and solubility increased with increased enzyme concentration and pressure from 200 to 600 MPa, with exception for solubility of 600 MPa treated PS. Compared to NPS, the native hydrolyzed and hydrolyzed HHP treated potato starches with 0.02% and 0.04% (w/v) α-amylase showed no significant change as point of peak position and intensity but exhibited significant changes in fingerprint area. With the increase in enzyme concentration the peaks became sharper and some bands were either absent or not pronounced in the spectrum of NPS, suggesting that the extensive degradation of the starch in ordered and amorphous structure, especially in hydrolyzed HHP treated at 600 MPa. X-ray diffraction (XRD) showed that NPS was typical B-type X-ray diffraction pattern with strong peak at 2θ about 5°and 17°and 22°. B-type of hydrolyzed HHP treated PS at 600 MPa with 0.06% α-amylase concentration changed to B+V type with an additional peak at (2θ=19.36). Differential scanning calorimetry (DSC) showed that the onset temperature (T_o) ranged from 52.42℃ (hydrolyzed HHP treated potato starch at 600 MPa with 0.06% (w/v) α-amylase solution) to 58.37℃ (hNPS with 0.06% (w/v) α-amylase solution). The peak temperature (T_p) ranged between 57.59 ℃ (400 MPa treated potato starch) to 63.19℃ (hydrolyzed HHP treated potato starch at 600MPa with 0.06% (w/v) α-amylase). Gelatinization enthalpies (ΔH_{gel}) ranged from 4.41 J/g (hydrolyzed HHP treated potato starch at 600 MPa with 0.06% (w/v) α-amylase) to 10.92 (J/g) (hNPS with 0.06% (w/v) α-amylase solution). It is obviously that the starch treated at 600 MPa and 0.06% (w/v) α-amylase displayed the lowest value of T_o (onset temperature), T_c (conclusion temperature) & ΔH_{gel} (enthalpies of gelatinization). These results indicate that the pre-HHP treatment of native potato starch leads to an increased susceptibility of the granules to the α-amylase degradation and eventually change the amorphous and crystalline structures. The information obtained from this study demonstrated the possibility of modifying the physicochemical, functional and morphological properties of potato starch without heat treatment. The results also demonstrated that the possibility of combining the HHP with α-amylase on modifying the physicochemical, functional and morphological properties of potato starch. This modification process could be practical in the food and interrelated industries.

Effects of protein additions on edible quality of potato noodles

Fen Xu, Honghai Hu, Xiaofeng Dai, Feng Huang,
Chunjiang Zhang, Qiannan Liu, Xue Zhang, Hong Zhang*

(Institute of Agro-products Processing Science and Technology,
CAAS / Comprehensive Key Laboratory of Agro-products Processing,
Ministry of Agriculture, Beijing, 100193, China)

Potato contains important nutritional components such as proteins, minerals, and dietary fiber. It is also the good source of vitamin C and antioxidants. Noodle is a traditional staple food in China and has been served in many Asian countries since ancient time. Because potatoes have high nutritional components, it is expected that the nutrient value of traditional noodles could be enhanced by addition of a certain proportion of potato granules in wheat flour. However, addition of potato granules would result in quality decrease of noodles because the absence of gluten proteins in potato granules. Previous researches have shown that adding proteins from cereal, beans, nuts or other plants, can increase protein content and improve edible quality of wheat noodle, while the improvement effect was closely correlated to the types of proteins. In this study, noodles were processed with blended powders containing three different kinds of plant protein (from cereal, nuts or beans) in addition of potato granule and wheat flour, and the effects of those proteins on the edible quality of potato noodles were investigated. The results indicated that all three kinds of protein could decrease the brightness of noodles but increase the redness and yellowness value with the increased protein content. Compared to cereal or nuts protein, the effect of beans protein on brightness of potato noodles was weaker. Meanwhile, all three kinds of protein could significantly improve the edible quality of potato noodles, such as reducing the cooking loss, increasing the tensile resistance, hardness, cohesive-

* Corresponding author.

ness and chewiness. The effect of cereal protein on noodle quality was most significant followed by beans or nuts protein. The scanning electron microscopy (SEM) was used to investigate the effects of protein addition on the microstructure of noodles. The results showed that the cereal protein could increase the gluten network compact with the less porosity. The samples added with nuts or beans protein have more porosity and the gluten networks were relatively loose compared to the sample with the cereal protein. The results from the electronic nose analysis indicated that, beans protein would increase the beany flavor as a result of increasing of nitrogen oxygen compounds, while the effects of cereal or nuts protein on the flavor of potato noodles were not significant. In conclusion, the cereal protein was the most suitable addition to improve the edible quality of potato noodles among three tested plant proteins.

Effects of nitrogen rate, potato variety and storage time on tuber sugar and acrylamide concentration in French fries and chips

N. Sun[1], C. Rosen[1], J. Crants[1], A. Thompson[2], M. Glynn[3]

(1 Department of Soil, Water and Climate, University of Minnesota, Saint Paul, MN, USA, 55108; 2 Department of Plant Sciences, North Dakota State University, Fargo, ND, USA, 58102; 3 USDA-ARS Potato Research Worksite, East Grand Forks, MN, USA, 56721)

Acrylamide is known as a neurotoxin and potential carcinogen. Since its discovery in fried potato products in 2002, decreasing the concentration of this compound in fires and chips has become a high priority for the potato industry. Acrylamide is formed in the Maillard Reaction during the high temperature frying process from two precursors, asparagine and reducing sugars. Lowering precursor concentration in potatoes is one way of reducing the potential for acrylamide formation. The overall objective of this study was to evaluate practices that could be used to lower acrylamide in fried potato products. A two-year experiment was conducted in three locations (Becker, MN and Inkster, ND in 2011; Becker, MN and Park Rapids, MN in 2012) to determine the effect of nitrogen (N) rate, variety and storage time on whole tuber sucrose and glucose concentrations, and the acrylamide concentration in fries and chips. Three French frying varieties ('Russet Burbank','Alpine Russet' and 'Dakota Trailblazer') and two chipping varieties ('Snowden' and 'Ivory Crisp') were grown under five N fertilization rates (34 kg N/ha for all treatments at planting plus 0, 100, 170, 235 or 300 kg N/ha as sidedress applications) . Whole-tuber concentrations of the sucrose and glucose and the concentration of acrylamide after processing into French fries or chips were determined at harvest and at 3, 6, and 9 months storage at 7.2℃. In general, glucose and acrylamide concentrations were affected by site, year, variety, N rate, and storage time. Sucrose concentration was also affected by all the above factors except for N rate. Although affected by N rate and storage time, the dynamic trend of glucose and acrylamide concentrations varied by site and year. Frying varieties had higher acrylamide concentration in 2012 in both Becker and Park Rapids, while chipping varieties had higher acrylamide in Becker in both 2011 and 2012. All varieties had lower glucose concentration in Inkster in 2011. Variety selection had a greater and more consistent effect than N rate on acrylamide and glucose concentration, with lower concentrations in Dakota Trailblazer among the frying varieties and 'Ivory Crisp' between the chipping varieties. The interaction of variety by storage time was highly significant for sugars and acrylamide concentration, reflecting the variation among varieties in how their sugar and acrylamide concentrations responded to storage time. Glucose concentration in chipping varieties greatly increased after 9 months storage, indicating that potatoes should be used within their optimal storage window. Based on this study, we conclude that while N rate and storage time can affect acrylamide levels in fried potato products, specific responses will depend on year and location. Variety selection is clearly the best approach to minimize acrylamide concentration.

Effects of potato granules on the nutritional characteristics of noodles

Honghai Hu, Fen Xu, Xiaofeng Dai, Chunjiang Zhang, Fenghuang, Xue Zhang, Qiannan Liu, Hong Zhang*

(Institute of Agro-products Processing Science and Technology, CAAS / Comprehensive Key Laboratory of Agro-products Processing, Ministry of Agriculture, Beijing, China, 100193)

Potato is rich in necessary nutrients for human body. Addition of a certain proportion of potato granules to wheat flour during potato noodles processing is expected to enhance the nutritional quality of noodles and would largely meet the nutritional requirement of people, In this study, three kinds of noodles were processed with a certain amount of different kinds of potato granules (Named as wheat noodles, 'Shepody' potato noodles and 'Atlantic' potato noodles) . In order to study the effects of potato granule on the nutritional characteristics of noodles, the nutrient composition of noodles under four different conditions (wet noodles, dried noodles, wet noodles after boiling, dried noodles after boiling) was analyzed, including general nutrients, vitamins, mineral elements, dietary fiber and amino acids. The results showed that the content of protein, crude fiber, total ash, reducing sugar, vitamin B_1, vitamin B_2, vitamin B_3, vitamin C in potato noodles were higher than those in regular wheat noodles. The contents of 13 mineral elements including Ca, P, K, Na, Mg, S, Fe, Zn, Cu, Cr, Mn, Mo and Se were determined by ICP-AES. The results showed that the majority of mineral elements in potato noodles were higher than those in the regular wheat noodles. Meanwhile, the drying and boiling could result in a decrease in the contents of vitamin B_1, vitamin B_3 and mineral elements in noodles, but the nutrient contents in potato noodles were still higher than those in the regular wheat noodles. The contents of total dietary fiber and the insoluble dietary fiber were

* Corresponding author.

higher than those in the regular wheat noodles, but the content of soluble dietary fiber was lower than that in the regular wheat noodles. Essential amino acids and the total amino acids in potato noodles were higher than those in the regular wheat noodles. The nutritional values of three noodles were evaluated through the index of the nutritional quality (INQ), and the results indicated that the nutritional value of potato noodles was higher than that of the regular wheat flour noodles, and the nutritional value of 'Shepody' potato noodles is better than that of the 'Atlantic' potato noodles.

Effects of potato granules on rheological properties of wheat flour dough systems

Hong Zhang, Fen Xu, Honghai Hu, Chunjiang Zhang, Feng Huang, Xue Zhang, Qiannan Liu, Xiaofeng Dai*

(Institute of Agro-products Processing Science and Technology, CAAS / Comprehensive Key Laboratory of Agro-products Processing, Ministry of Agriculture, Beijing, China, 100193)

Rheological property is a comprehensive evaluation standard for viscoelasticity and mixing tolerance of dough, and also an important indicator of the processing properties of raw material powder. Rheological properties of dough not only determine the processing properties of dough, but also have important influences on qualities of final products. The present study is aimed to investigate the effects of potato granules on the rheological properties and the microstructure of wheat flour dough samples. Rheological properties including the steady shear viscosity, the viscoelastic parameters (G' and G'') and the creep-recovery response of the dough samples with various proportion of potato granules (0, 20, 25, 30, 35 and 40 wt. %) were measured by a rheometer. All the steady shear viscosity measurement, frequency sweep test and creep recovery test were carried out at 25℃ using a stainless steel plate with a diameter of 20 mm. The steady shear vis-

* Corresponding author.

cosity measurement was conducted to determine the viscosity change of dough by changing the shear rate from 0.01 to 10 s^{-1} with 10 points per decade. The typical steady flow curves of dough samples exhibited shear-thinning behavior and pseudoplastic properties. Addition of potato granules increased the apparent viscosity of the dough when compared to control sample. Frequency sweep tests were carried out within the range of 0.1 to 100 Hz with 10 points per decade at 25℃. The result showed that the addition of potato granules increased the storage and loss moduli (G' and G'') but decreased the tanδ (G'/G''). Both storage and loss moduli values of all samples depended on the oscillation frequency. For the temperature sweep tests, samples were heated in the arheometer cell from 30℃ to 110℃ at a heating rate of 5℃ per minute. The result revealed that the potato granules blended samples showed a delay in the dough gelatinization temperature compared with the control sample. Creep-recovery test was carried out by applying a constant stress (50 Pa) for 5 min on the sample and allowed strain recovery for 5 min after stress. The strain values were collected as a function of time. The creep-recovery curves showed that both the maximum strain values and the deformation of dough samples decreased obviously with the increase in the proportion of potato granules. The rheological behavior of the dough samples was correlated with the results obtained by the scanning electron microscopy (SEM). It was easy to observe structural deterioration of the dough samples with the addition of potato granules.

Fresh mashed potato as the partial substitution to wheat flour in bread, chiffon cake and cookies

Fankui Zeng, Tianhong Zhou, Gang Liu*

(Research & Development Center for Eco-material and Eco-chemistry, Lanzhou Institute of Chemical Physics, Chinese Academy of Sciences, Lanhou 730000, China)

The potato will soon be the latest staple diet in China after rice, wheat and corn. It' s been predicted that about 50% of annual production of potatoes will be consumed as the staple food by 2020 to feed the most populous nation. The aim of this study was to develop bread, chiffon cake and cookies with fresh mashed potatoes. Preparation of mashed potatoes: washed, peeled and then simply cut potato into cubes. Placed the prepared potatoes in a large saucepan and filled with cold water, boiled for 10 to 20 min. Mash the potatoes with a potato ricer, and the moisture content of the mashed potatoes was 70%. Recipe for potato bread: 300 g mashed potatoes, 275 g high gluten flour, 55 g castor sugar, 5 g salt, 6 g active dry yeast, 100 g water, 50 g egg, 125 g milk, 30 g butter, 20 g milk powder. Recipe for potato chiffon cake: 150 g mashed potatoes, 113 g castor sugar (for yolk), 6 g baking powder, 100 g low gluten flour, 4 g salt, 70 g vegetable oil, 71 g yolk, 106 g water, 71 g castor sugar (for egg white), 142 g egg white. Recipe for potato cookies: 400 g mashed potatoes, 100 g castor sugar, 6 g baking powder, 240 g low gluten flour, 2 g salt, 125 g butter, 90 g vegetable oil, 50 g water. Preparation of potato bread: dissolve the active dry yeast in warm water. Mix the flour, castor sugar, milk powder, and salt. Make a well in the centre, add the oil, mashed potato and water, and mix well. Tip the dough onto a lightly floured work surface and knead it until the dough became satin-

* Corresponding author.

smooth, place it in a lightly oiled bowl to ferment, after 1 hour ferment or until doubled in size, knock back the dough, then gently shape it into a ball. Place it on a baking tray lined with parchment to ferment for a further hour until doubled in size. Preheat the oven to 220℃ and bake for 25-30 min, bake until golden brown and the loaf sounds hollow when tap underneath. Cool on a wire rack. Preparation of potato chiffon cake: preheat the oven to 180℃, separate the egg whites from the yolks, and mix well with the dry ingredients (flour, sugar, baking powder, and salt) . Make a well in the center of this mixture, add the mashed potatoes, oil, egg yolks, and other liquid to the well and mix well. In a separate plastic basin, beat the egg whites and sugar on medium to medium-high speed until stiff peaks form. Pour the egg-yolk batter in a thin stream over the beaten egg white, gently fold the batter into the egg whites, until the ingredients were combined. Pour the batter into an ungreased 10-inch tube pan and bake for 10 min. The cake was done when the top of it springs back when lightly touched. Preparation of potato cookies: preheat the oven to 170 °C, cream the butter in a large bowl until soft and creamy. Add the sugar and beat until the mixture is pale and fluffy. Sift in the flour and add the other ingredients, bring the mixture together to form the firm dough. Roll the dough into walnut-sized balls and place them slightly apart on a baking tray. Flatten them slightly with the back of a damp fork and bake in the oven for 13-15 min, until they were light golden brown and slightly firm on top. Transfer the cookies carefully to a wire rack to cool. Bread, chiffon cake and cookies made with fresh mashed potatoes possess and retain amazing potato flavor compared with those made with the dehydrated mashed potato. Ordinary people can make these baked potato products in their kitchen at home, and the costs are lower. Turn the potato to bread should consider the processing properties of the dough, hydrogen bonding among amide and hydroxyl groups, hydrophobic interactions, and sulfhydryl-disulfide interchange reactions all contribute to the development of the unique viscoelastic properties of the dough. To make bread must use high gluten flour, and the potato has played an important role in regulating the content of gluten. The content of fresh mashed potatoes cannot be too high, or else the rheological characteristics, microstructure and mechanical properties of the dough will be adversely affected. When potato cake and cookie were made, However, the effects of the gluten content is not so obvious.

Identification of pathogens from rotten potato in ventilated storage in Huade County, Inner Mongolia during storage period

Xizhuo Wang, Jie Sun, Kai Zhang, Xu Zhu, Haiting Sun

(Chinese Academy of Agricultural Engineering, Beijing 100125, China)

Rotten potatoes were sampled during the storage period from October 2013 to April 2014 from a ventilated storage in Huade County, Wulanchabu City, Inner Mongolia. Using organizational separation method, pathogens were separated and cultured, and several diseases causing potato rot were identified through the morphology and molecular identification, including dry rot disease (*Fusarium* spp.), late blight disease (*Phytophthora infestans*), early blight disease (*Althernaria solani*), ring rot disease (*Clavibacter michiganense* subsp. *sepedonicus*), soft rot disease (*Erwnia* spp.), and among them the dry rot disease is the main disease. There had four pathogens causing dry rot disease of potato according to the identification: Elderberry *Fusarium* (*Fusarium sambucinum*), Oats *Fusarium* (*F. avenaceum*), Rui top *Fusarium* (*F. acuminatum*), and Equisetum *Fusarium* (*F. equiseti*). During the late period of storage, potatoes were mixed infected, such as infections caused by *Phytophthora infestans* combined with *Alternaria solani* and infections by *Clavibacter michiganense* subsp. *sepedonicus* together with *Erwinia carotovora* subsp. *carotovora*. Due to increases in respiration and temperature of rotten tubers, the decay process was accelerated, making them more susceptible to pathogens invasions. So, the mixed infection occurred mostly in rotten tubers, causing fatal damages to the tuber. The mixed infection makes the tubers lose the commercial value and failure as seed potatoes. The debris is extremely easy to become the primary infection sources of diseases during the storage in next year.

Potato industry in Inner Mongolia: features, problems and solutions

Xizhuo Wang, Jie Sun, Haiting Sun, Xu Zhu, Kai Zhang

(Chinese Academy of Agricultural Engineering, Beijing 100125, China)

Potato is one of the most important crops in guaranteeing Chinese food security, and the potato industry plays a role in poverty alleviation and income increase. Located in an area with high latitude and high altitude, Inner Mongolia embraces adequate light, large difference in temperature between day and night, and cool dry air at night, which is conducive to the growth and development of potato. The relatively flat terrain is quite suitable for concentrated planting, which is convenient for mechanized, large-scale and standardized potato production. An integrated system has been formed for virus-free potato propagation, ranging from shoot tip culture, micropropagation, greenhouse cuttage cultivation, greenhouse cultivation to one or two grade seed potato production. Quick spread of production and technical facilities, rapid development of large and medium sized storage facilities, and excellent potato processing capability among other features for potato planting make Inner Mongolia one of the main potato producing areas in China. However, problems still exist in average yield, seed production system, storage facilities, storage facility construction standards, processing industry structure optimization and wastewater treatment for processing enterprises in Inner Mongolia potato industry. After analyzing these problems, we put forward corresponding solutions, such as further increasing government subsidies, achieving serialization standardization and integration of potato storage facilities, and optimizing the potato processing structure, and making some suggestions on potato processing wastewater treatment. Which will provide a theoretical basis and practical reference for sustainable development of the potato industry in Inner Mongolia.

Progresses and trend analysis of potato processing technology in China

Shujun Li, Bingnan Yang*, Yanchen Yang,
Fengmin Zhao, Xiaoyan Zhang, Xueqing Yin

(Chinese Academy of Agricultural Mechanization
Sciences, Beijing, 100083, China)

China is ranked as top countries worldwide in potato production and consumption. Cultivating area and output of potato in China accounted for a quarter and one fifth of the world, respectively, which both ranked as the first. In the last year, the Chinese government put forward a potato staple food development strategy based on Chinese food consumption reality, agricultural environments and grain situation. This is a critical and landmark policy aimed to change the Chinese traditional diet habit of vegetable-potato, to promote potato's roles in food security, to optimize plantation configuration, and to advance the potato-planting development and potato-processing. Since the 1980s, the average annual growth rate of potato products' quantity was consistent at 10%-20% and the processing ratio of the total output was more than 10%, especially in the 1990s. In 2013, the potato refined starch was 500 000-600 000 tons, potato flakes 50 000-60 000 tons, frozen French fries 90 000-100 000 tons, potato chips 200 000-300 000 tons, and semi-finished potato products was growing rapidly.

There are several significant achievements in Chinese potato processing. 1) Innovational evaluation methods for potato products processing. Near infrared multi-component analysis and DNA fingerprinting technology were used to establish 4 models to predict potato's quality (moisture, starch, protein and reducing sugar), and 3 models to predict indicators of French fries, potato chips and potato flakes distinctively. And also, a database including 225 potato cultivars and their

* Corresponding author.

processing properties was established. Suitability of these cultivars for different processing purposes was preliminarily grouped into 3 types. Proper potato materials can be founded for optimal products' processing, and the result has been a useful guiding for potato processing industry. 2) Core technologies of commercializing post-harvested potato for processing, including a complete set of commercialized technologies and semi-finished potato processing technologies (e. g. potato grading, cleaning, packaging and marketing) . These technologies were integrated for removing soil and other sundries, cleaning surface, detecting and eliminating defect, classification and grading, packaging as well as sales. The new set of service that is capable of centralizing the processing, cold-chain distribution, supermarkets sales was developed. 3) Complete sets of potato starch processing technologies. A ten-thousand-ton potato starch production line was developed, which streamlined cutting, centrifugation separation system, counter-current washing cyclone separation station, vacuum dewatering system, air drying system and all kinds of modified starch processing technology and equipment. The production line was used to improve starch quality and could increase the starch dissociation rate to more than 93%. 4) Complete sets of potato flakes processing technologies. Steam peeling, low shear cooking system, roll film drying technology and equipment were developed to improve peeling efficiency and ensure potato cells' integrity. 5) Complete sets of quick-frozen potato products processing technologies, especially the methods for quick-frozen French fries. Combination of hydraulic cutting system and steam peeling was developed to increase the output ratio to more than 70%. And comprehensive utilization technology (e. g. hash browns or mashed potatoes processing) using unqualified fries was tested to form a complete set of French fries production line. 6) Other processing technologies of staple food (e. g. hash browns, potato balls, bread or steamed bread, and noodles) and snack food (e. g. potato chips, instant drinks, puffed food, and ice cream) .

Problems of potato processing industry in China were analyzed and highlighted in the following ways. 1) Less industrial processing ratio, lower comprehensive utilization rate and few potato products. 2) Insufficient operation and high production cost. 3) Insufficient supply of high quality raw materials because of damage during the storage and transportation. 4) Resource utilization and environmental protection facilities need to be improved. 5) Shortage of advanced processing technologies and the system of entire potato industry need to be further improved.

Solutions and suggestions for potato processing development in China were proposed. Nowadays, food security problems are increasingly highlighted, and the importance of potatoes is exposed gradually. Ministry of Agriculture achieved a noteworthy strategic policy that considered potatoes as "the fourth staple food" for the first time in the history of China. In the next five years, the planting areas of potato will expanded from 5.3 million hectare to 10 million hectare. The extra output should be enough for processing staple potato food. It's predictable that the potato processing in China has reached a favorable stage with the obviously developmental potentials. It is urgent to establish the strategy and solve the problems in potato processing industry by optimizing the system of potato processing, diversifying potato products, improving potato processing technologies, and promoting the optimum development of potato as the staple food.

Potato sprout inhibitor options in the United States

Mary Jo Frazier, Nora Olsen

(University of Idaho, Kimberly Research & Extension Center, 3806 N 3600 E, Kimberly, Idaho 83341, USA)

Sprouting in potato must be managed for quality control in storage, transit, and retail stores. Chemical sprout inhibitors are most commonly used for sprout suppression in the United States (US) when warmer storage temperatures (5-12℃) are used to ensure lighter fry-color for processed products and highest quality for fresh market potatoes. Cultivar selection and cold storage temperatures are integrated as well into an overall sprout control program suited by market use. Chlorpropham (CIPC) is the dominate sprout control agent used in the US but other chemistries include maleic hydrazide (MH), naphthalene products (DIPN, DMN), clove oil, 3-decen-2-one, and other potential novel chemistries. Objectives of the research are to identify products, product mixtures, or inclusive programs for the most effective sprout control for the market use. Results from the sprout control research have shown MH, applied at the proper time (mid to late bulking) as a foliar spray in the field will increase dormancy length by 30 days and retard sprout development in storage. Naphthalene products, applied by thermal and cold aerosol in storage, are mild sprout suppressants often used in concert with other sprout control products. Clove oil is applied by thermal aerosol in storage or aqueous spray at packaging. Clove oil, and other essential oils, physically damage newly developing sprouts causing blackening of sprout tissue and providing sprout suppression of 2 to 6 weeks depending upon cultivar and storage temperature. Clove oil can also be used on organic potatoes. Thermally applied 3-decen-2-one physically damages developing sprout tissue, blackening the sprouts, and is augmented with hormonal control for additional sprout suppression. Extended control of sprouting can be achieved (up to 10 months) with 3-decen-2-one and requires 1 to 3 applications throughout the storage season depending upon cultivar and storage temperature. Thermally applied CIPC consistently provides extremely effective high-quality sprout control over long term storage with a single application and a repeated application is allowed dependent on length and temperature of storage. Long term residual control with CIPC is cost effective, but must be applied before sprout initiation due to the mode of action of CIPC as a mitotic inhibitor. Water based spray applications of CIPC are also used in packing of fresh potatoes after washing. The additional sprout inhibitor application is necessary after washing to replace the CIPC residue removed in the washing step. With this spray application of CIPC fresh potatoes may store up to a month at room temperature (15-17℃) with little or no sprouting. Seed potato exposure to CIPC is detrimental and can substantially reduce plant emergence and significantly reduce productivity with exposure. Contact with CIPC may occur from temporary storage of seed in CIPC treated facilities or purposely for export considerations. For extended sprout control in potatoes to be commercially processed or potatoes packaged for fresh consumption combinations or sequences of these chemistries may be used. Using multiple modes of action for sprout suppression ensures excellent sprout control at lower CIPC rates or if sprout control refinement is necessary. Implementation of an overall sprout control program may include combinations of one or more chemistries to adapt sprout suppression expectations for market use, cultivar, and storage conditions.

Prediction of biometric parameters in potato (*Solanum tuberosum* L.) using different meta-analytical methodologies-a screening

Anders Kjær[1], Glenn Nielsen[2], Morten Rahr Clausen[1], Søren Stærke[3], Bjarke Jørgensen[3], Merete Edelenbos[1]

(1 Department of Food, University of Aarhus, Kirstinebjergvej 10, 5792 Aarslev, Denmark; 2 Memphys, University of Southern, Campusvej 55, 5230 Odense M, Denmark; 3 Newtec Engineering A/S, Staeremosegaardsvej 18, 5230 Odense M, Denmark)

Potatoes are the world's fourth most important crop used for carbohydrates, and can be cultivated in most of the climate zones inhabited by humans. However, as opposed to the other important carbohydrate crops such as wheat, rice and corn, potatoes are harvested and stored with fully hydrated cells. This means that the potatoes are much more susceptible to harvest damages, disease attacks and other detrimental factors. Furthermore the potatoes undergo a natural cycle of dormancy and sprout initiation, which dramatically changes the carbohydrate composition and thereby marketability and potential use of stored potatoes. The potatoes additionally have a relatively large natural variation in the biochemical composition, both among clonally propagated individuals of the same cultivar and among the individual tubers of individual plants.

The potentially large heterogeneity in the raw material creates the need to sort and quality assess the potatoes. Traditionally potatoes have been sorted and quality assessed by labour intensive manual processes, brine separation and relatively simple spot sample methods. However, increasingly larger storehouses, distribution centrals and processing facilities and increasingly higher demands posed by the consumers and regulations to the predictability, uniformity and intactness of eating potatoes and industrially processed potatoes, calls for improved methods of estimating various quality parameters of individual potatoes. This has created an interest and a market for implementing increasingly complex technological quality detectors.

Modern handling and processing of potatoes is performed in increasingly larger and more automated facilities, and in step with this, the industry calls for more automated machinery for quality assessment and sorting. Categorization of potatoes by their size is no longer enough and the industry calls for machinery which can categorize potatoes by inner qualities such as content of starch, sugars, protein, amino acids, etc.

The present study was designed to screen the performance of five different assessment methods (meta-analyses), of which two were based on hyperspectral analyses, two were based on di-electric/bio-impedance analyses, and one on low field nuclear magnetic resonance. A set of 60 potatoes of 10 different varieties were partitioned and simultaneously sampled, analyzed by the five different meta-analyses and sumitted to biometric analyses. Results of multivariate analyses of dataset provided the opportunity to estimate the prediction ability of each of the meta-analyses on individual biometric variables. The biometric variables included dry-matter related parameters, selected simple sugars, selected amino acids, conductivity of press water, and cell sizes. Results showed interesting association patterns among the measured variables, enabling us to further explain some of the observed prediction patterns from the data analyses.

In conclusion, it was found that all the types of meta-analyses had relatively high potential for predicting the content of dry matter related parameters and medium potential for predicting the content of the reducing sugars fructose and glucose, whereas only the hyperspectral methods showed medium prediction potential for sucrose content. Several of the amino acids, including asparagine, showed medium potential for prediction in most methods, and asparagine particularly showed promising potential in the hyperspectral analyses of intact potatoes. Further improvement of the instruments is currently optimizing the potentials of the methods.

Progresses and prospective analysis of potato storage technology in China

Shilong Tian[1,2], Jiachun Tian[1,2], Xia Ge[1,2]

(1 Potato Research & Development Center, CARS, Beijing 100000, China; 2 Institute of Agricultural Products Storage and Processing, Gansu Academy of Agricultural Sciences, Lanzhou, Gansu 730070, China)

Potato is a main crop in China and it can be consumed as food and vegetables, and the planting area in China is ranked as top one among other potato production countries. The propriety storage is playing an important role in the development of potato industry. This paper reviewed the current storage technology status of potatoes in China, postharvest processing, disease control and the sprout inhibition. In recent years, the potato industry began to appear an integration business pattern including production, storage, transportation, processing and sales. Its intensive degree, scale and standard storage facilities have been developed greatly. Under the advocating of government, the potato storage facilities and the preservation technology develop rapidly, and the storage facilities was diversified, such as natural ventilation/half underground cellaring, natural ventilation storehouse, forced ventilation storehouse, mechanical constant temperature + ventilated storehouse, and forced ventilation + cooling + heating + online monitoring. The storage capacity ranged from dozens to thousands of tons. Disease control and decay reduction during the potato postharvest storage are mainly depending on application of preservatives and implementing the necessary ventilation cooling. Potato classification technology and equipment, and clean potato packaging technology and equipment also showed different degree of development, as well as the application of potato bud inhibitors, preservatives and intelligent management technology. The potato storage facilities in China are underdeveloped, lacking of scientific design and standardization. Majority transportation facilities are small, outdated technology and methods, and lacking of scientific and effective management system. Current potato storage related standards have a very limited coverage and application. Potato storage quality and the post-harvest processing do not reach the designated position. Insufficient disease prevention technology is the main cause of loss during storage. The current quality evaluation only focused on the seed potato, and a complete potato quality evaluation system for the regular tuber is lacking. The systematic understanding of the characteristics of storage and processing is insufficient, and application of bud suppression technology needs further promoted. Development of clean potatoes and fresh cut packing industry is slow. In view of the current problems existing in the potato storage, combined with increased demand in the potato industry in China, new storage strategies were proposed as following: application of potato safe preservation and convenient processing technology, organic shoots suppression and portable operating technology, storage environment improvement, application of automatic control and information technology, and working out of the systematic quality standard. In addition, coordination and integration of storage facilities and preservation technology to form a complete set will be the future development of potato storage technology in China.

Study on processing conditions for potato hash browns

Yang Yang, Bingnan Yang*, Yanchen Yang, Fengmin Zhao, Wei Liu, Xiaoyan Zhang, Fengjun Liu, Jiangtao He

(Chinese Academy of Agricultural Mechanization Sciences, Beijing 100083, China)

Both the harvest area and yield of potatoes of China are the highest in the world. This study was aimed to determine an optimal processing formula for the hash brown. Solidity of after-forming hash browns, brittleness of initial frying, oil content of initial frying, pressure, initial frying temperature and time, were determined by single factor experiment. Design Expert 9.0, (RSA) method was

* Corresponding author.

used to optimize the processing conditions for potato hash browns, such as solidity after forming, brittleness of initial frying, oil content of initial frying, brittleness of frying again and oil content of frying again. The results showed that the forming pressure was ranged from 43-64 kPa. During the test, the optimal time of pressure application was invariant as 10s. It was concluded that the initial frying temperature ranged from 160-180℃ (120-180 s). While RSA test showed that the factors impacting brittleness of potato hash browns of frying again could be ranked as frying temperature>frying time>forming pressure, the factors impacting the oil content of frying again was ranked as frying time>frying temperature>forming pressure. The optimization conditions were selected on the basis of comprehensive evaluation. The results showed that the optimal condition for hash brown process as following: forming pressure was 64 kPa, initial frying temperature was 180°C and the frying time was 132 s. The potato hash browns produced was oval-shaped, golden, no spots, with a distinctive flavor of potato, and tasted crispy outside, and soft inside.

The potato, the storage and the manager... improving quality through active communication

Todd Forbush

(Techmark, Inc.)

The storage of potatoes is a partnership involving the potato, the potato storage facility and the potato storage management team. The purpose of this presentation is to explore the interaction between these partners. Each partner plays a critical role in the successful potato storage. These roles are defined and examined, and interactions studied to reveal ways to optimize the potato storage outcome in terms of potato quality. The potato storage ventilation system is an integral part of the communication within these partners. Case studies of the ventilation system interaction as it relates to potato quality are reviewed and key performance indicators are developed to assist the potato storage management team meet the changing needs of the potato tuber during storage. The key performance indicators studied fall into two categories: 1) Pathogen activity in the storage and mitigation strategies to reduce the spread of pathogens in the storage and 2) Potato sugar concentrations and how the ventilation system can be utilized to maximize potato processing quality while minimizing the energy required to adequately meet the needs of the potato crop in storage.

Using the numerical calculation method to analyze the factors influencing the starch gel formation in potato rice noodle

Qiannan Liu, Honghai Hu, Xiaofeng Dai, Fen Xu, Feng Huang, Chunjiang Zhang, Xue Zhang, Hong Zhang*

(Institute of Agro-products Processing Science and Technology, CAAS / Comprehensive Key Laboratory of Agro-products Processing, Ministry of Agriculture, Beijing 100193)

This study was conducted to investigate the factors influencing the formation of starch gel for the potato rice noodles, and the relationship between the factors. Diced fresh potatoes and rice were mixed to get the potato rice noodles by one step forming extruder. In one step forming extruder, diced fresh potatoes and rice were milled as mixed materials by grinding discs, and then the milled mixture formed the starch gel by the friction heat generated in the extrusion process. After starch gel through the gaps of the head of the extruder, potato rice noodles were obtained. Factors that could influence the quality of starch gel were studied in this paper. The quality of starch gel was closely related to the heat that the materials exposed to. In this extruder, heat was generated by viscous dissipation that could be measured by dissipation power and residence time of materials. The distribution of flow field in the extruder could be simulated through a method of finite element numerical calculation. First, the meshes of

* Corresponding author.

screw element and flow field were obtained by Gambit software. Then the viscosity of starch gel was determined by rheometer, and the boundary conditions of flow field were set in the Polyflow software. Dissipation power could be calculated by using finite element numerical calculation of viscous fluid, and residence time distribution curves of materials could be obtained through the method of particle tracing. The integral of dissipation power and residence time could measure the viscous dissipation. Viscous dissipation had associated with the shear stress in the flow field. From the distribution of shear stress and viscous heating in the flow field, it could be found that the distribution of viscous heating was the same as the distribution of shear stress. And both were relatively large at the clearance between screw and barrel. The level of shear stress in the flow field was related to the speed of the screw. The higher of the screw speed, the higher of the shear stress and the viscous heating level would be. Another factor that affected the quality of starch gel was the residence time of the materials. The velocity in the screw groove became smaller gradually from the screw root to the barrel. The higher the screw speed, the shorter the residence time of materials. During the extruding of potato rice noodles, the residence time of materials could be obtained by measuring the changes of tracer concentration of the potato rice noodles with the help of digital image processing (DIP) method. Based on the results from this study, a new analysis method would be established for improving the quality of extruded potato rice noodles.

Water Challenges and Opportunities in Potato Production

Efficient irrigation techniques for potato

Yaohu Kang[1], Shuqin Wan[1],
Fengxin Wang[2], Zhiwen Feng[1]

(1 Key Laboratory of Water Cycle and Related Land Surface Processes, Institute of Geographic Sciences and Natural Resource Research, Chinese Academy of Sciences, Beijing 100101, China; 2 Center for Agricultural Water Research in China, China Agricultural University, Beijing 100083, China)

Potato growth and the water usage were studied in long-term field experiments at different regimes of irrigation frequency and soil matric potential under drip, and center pivot sprinkler system (LEPA) irrigation conditions, and coupling mechanism of water and fertilizer under fertigation system for potato. The results indicated that there were good relationships between soil matric potential (SMP, F) at the depth of 20 cm immediately under drip emitter for drip irrigation or at the depth of 20 cm at the center of row for LEPA irrigation and potato growth and water usage. Irrigation frequency (N) greatly affected the potato growth and the water usage. In Luancheng area, Shijiazhuang City, and Tongzhou area, Beijing City, the average evapotranspiration (ET) of potato is 3. 5 mm per day, and the peak ET rates can reach 11 mm per day on days after drip irrigation. Total tuber yield and water use efficiency (WUE) were in the order of N1 (one irrigation per day) > N2 (one irrigation per two days) > N3 (one irrigation per three days) > N4 (one irrigation per four days) > N6 (one irrigation per six days) > N8 (one irrigation per eight days) when the total irrigation amount was the same. Plant height under different SMP treatments were subsequently F2 (−25 kPa) > F1 (−15 kPa) > F3 (−35 kPa) > F4 (−45 kPa) > F5 (−55 kPa), while total tuber yield and WUE were subsequently F2 > F3 > F1 > F4 > F5. Under LEPA irrigation in sandy soil in Dalate County, Inner Mongolia Autonomous Region, total tuber yield of potato ('Favorita' and 'Shepody') under different SMP treatments were subsequently −10 kPa (F1) >−20 kPa (F2) ≈−30 kPa (F3) ≈−40 kPa (F4) ≈−50 kPa (F5), while irrigation water use efficiencies (IWUE) showed similar pattern. In arid and semi-arid regions, water and salt adjustment must be considered to prevent soil salinization. In Wulan County, Qinghai Province, 60 t/ha tuber yield of potato ('Shepody') was obtained when the SMP at 0. 2 m depth immediately under emitter was maintained above −20 kPa under drip irrigation, and no tendency towards increased soil salinity was observed. In Yuanzhou District, Guyuan City, Ningxia Hui Autonomous Region, the salinity hazard in potatoes appeared well after the SMP at 0. 2 m depth was maintained above −20 kPa under LEPA irrigation, and about 45t/ha potato tuber yield was achieved. So to get a high potato yield and WUE (IWUE), the SMP threshold should be maintained above −25 kPa, or the irrigation frequency should be once every day under drip irrigation. For LEPA irrigation, a SMP threshold of −20 kPa is recommended but −10 kPa for sandy soils. In arid and semi-arid regions, a SMP threshold of −20 kPa is recommended for both drip irrigation and LEPA for both irrigation and salt leaching purposes. Thus, an efficient water management approach by controlling soil matric potential was developed.

Overcoming the challenges and promoting the sustainable farming through the food chain partnership: example of water-related issues

Huvier S. Boutin

(Bayer CropScience AG, Alfred Nobelstrasse 50, 40789 Monheim, Germany)

Food Chain Partnership is an innovative business model developed by Bayer CropScience where growers, traders, processors and retailers work together to implement integrated crop solutions based on the principles of sustainable agriculture to benefit all the partners involved. Their common goal is to increase the sustainable production of high-quality and affordable food, while lowering the environmental footprint and improving the wellbeing of employees and consumers. Partnering along the global and local value chain is key to successfully implement sustainable production concepts. The connection of farmers, processors and traders ensures that potato production and management practices respond to customer demands. The Food Chain Partnership projects deliver high quality potatoes ensuring the high international standards on food safety, safe working conditions for employees and operators of machinery and improving the role for all partners along the value chain. The impact of the farm operations on the environment is minimized through a comprehensive analysis of the status quo. Joint action programs are defined, implemented and monitored to track progress on sustainable farming practices. The implementation of the Food Chain Partnership project is organized by multidisciplinary teams with local and global participants that providing training, documentation, certification, monitoring and advice. The protection of surface water (e. g. canals and lakes) is a key pillar of the sustainable agriculture. Farm associations and industry partners recognize the value of pristine well-protected surface water resources. Together they developed tools and services to protect and enhance the quality of surface water. Governmental bodies act as regulator and auditor to enforce the implementation of the sustainability practices. Residues of plant protection products (PPPs) in spray equipment have been identified as a potential source of contamination of the surface water in case they are not contained and processed in a closed system. On farm wastewater can enter surface water bodies via the sewage system if not collected and handled properly. Bayer CropScience collaborates with farmers and major potato processors to improve application technologies through calibration, training and the use of drift reducing nozzles. An innovative solution to improve the processing of wastewater has been implemented with Phytobac™. Phytobac™ uses the metabolic activity of natural occurring soil microbes to degrade chemical residues into the natural occurring compounds. The on the farm construction of aPhytobac™ unit ensures a simple, robust and closed system to protect surface water bodies from chemical residues. Best practices from around the world APAC (India), EUMEA (Egypt, Turkey, South Africa, France) and LATAM (Columbia) will be discussed and used to highlight the contribution of the Food Chain Partnerships to tackle the global challenge of protecting the surface water resources. More information: www. foodchainpartnership. com.

Potato water productivity: current status and future prospects

Martin Steyn[1], Anton Haverkort[2], Linus Franke[3]

(1 Department of Plant Production and Soil Science, University of Pretoria, Private Bag X20, Hatfield, 0028, South Africa; 2 Plant Research International, Wageningen University and Research Center, P. O. Box 616, 6700 AP, Wageningen, the Netherlands; 3 Department of Soil, Crop and Climate Sciences, University of the Free State, P. O. Box 339, Bloemfontein 9300, South Africa)

Water is the world's most precious natural resource and forecasts suggest that already by 2 030 parts of the world may experience water deficits of up to 40%. Africa and Asia are especially prone to such forecasted water shortages. Globally between 60% and 70% of all fresh water resources are currently being used for the irrigation of crops. However, irrigated agriculture can in future expect fiercer competition for water from other sectors, such as industries and domestic users. Farmers will therefore come under more pressure to use less water, while they will be expected to produce more food to supply in the demand of the growing world population. The potato crop is highly dependent on the availability of irrigation water, as rainfed production is not feasible in many parts of the world due to low and unreliable rainfall distribution. Also in South Africa the use of fresh water for irrigation is coming under immense pressure. Potato is produced in 16 geographical regions of the country, differing in climate, soil and production practices. About 80% of all potato plantings are under irrigation due to the high economic risk of rainfed production. A study was recently conducted with the objective to assess and benchmark production areas regarding their use of input resources such as water to produce potatoes. The study revealed that actual irrigation amounts ranged vastly between production regions, but also between growers within the same region. Actual irrigation amounts often exceeded the calculated irrigation requirements by far and irrigation amounts were also not proportional to the yields achieved. This resulted in a huge variation in water use efficiencies between growers and regions (range of 62-118 kg $ha^{-1}mm^{-1}$) . This suggests that there is considerable room for water savings through better irrigation management. However, average water use efficiencies achieved for most regions still fell within an acceptable range of 70-80 kg $ha^{-1}mm^{-1}$. Compared with other crops, the potato therefore remains one of the most efficient food crops to convert water into harvestable dry matter. Many studies have proven that climate change is a reality, with increasingly clear signs of strong changes in the global climate, especially over the last 50 years. Climate change is expected to affect future temperature and precipitation patterns, with an increase in the frequency, duration, and intensity of extreme weather events, such as floods, droughts, heat waves, and tornados. These will obviously impact negatively on the production of agricultural crops, such as potato. The potato is a temperate crop and is highly sensitive to water and high temperature stresses. A study was recently conducted to assess the risks of future potato production in Southern Africa. The study comprised primarily of modelling, using climate change and crop growth models to investigate different scenarios. The study revealed that by 2050 the beneficial effect of CO_2-enrichment on potato yields will be substantial. Furthermore, the expected higher CO_2 levels will result in smaller stomatal opening, and therefore lower transpiration rates. As a result, the possible negative effects of raising temperatures and reduced availability of water will be more than compensated for by the positive effect of increased atmospheric CO_2 levels on potential crop productivity and water use efficiency. Potato growers in Southern Africa can adapt to the expected changes in climate by shifting planting dates in order to optimise potato growth, land and water use efficiencies. The importance of potato as a climate-change-robust crop for global food security is, therefore, likely to increase in the decades to come.

Production and high water use efficiency of potato with the plastic mulch in rainfed farming area of northwest China

Junlian Zhang[1], Shuhao Qin[1,2], Di Wang[1,3], Guo Xing[4], Deming Li[5]

(1 Gansu Key Laboratory of Crop Improvement & Germplasm Enhancement, Gansu Lanzhou 730070, China; 2 College of Horticulture, Gansu Agricultural University, Lanzhou, Gansu 730070, China; 3 Faculty of Agronomy, Gansu Agricultural University, Lanzhou, Gansu 730070, China; 4 Agricultural Technology Promotion Center of Anding District, Dingxi, Gansu 743000, China; 5 Dingxi Rainfed Agricultural Research Institute, Dingxi, Gansu 743000, China)

The effects of ridge-furrow and plastic-mulching planting on yield and water movement of a potato crop were studied in a semi-arid area. The mechanisms of the high yield and the good quality potato production were analyzed and the best planting pattern for rainfed potato were proposed in the study. The field experiment was conducted at the Experimental Station of the Rain-fed Agricultural Research Institute, at Dingxi, Northwest China. Six treatments were applied: (1) a flat plot without mulch (CK), (2) alternating plastic film mulched and bare plots without ridges, (3) completely mulched alternating wide and narrow ridges with furrow planting, (4) completely mulched alternating wide and narrow ridges with ridge planting, (5) alternating mulched ridges and bare plots with no ridges and with furrow planting, and (6) alternating mulched ridges and bare plots without ridges and with ridge planting. The results indicated that the evaporation was inhibited, and the soil water content and storage were increased under completely mulched treatments (CMT). Consequently the growth characteristics were improved significantly due to satisfaction of the water demand of potato plant during the whole growing period. Especially, dry matter accumulation in CMT mulching was higher by 65%-232% compared with other treatments at maturity. Moreover, the tuber yields in film and ridge-furrow treatments were higher by 36%-87% than the control, and the yields of treatments using CMT were higher than those of the half mulched treatments. Soil temperatures at 20-25 cm were higher in in CMT at the early growth stage (May), when the soil condition can promote seed tuber germination and potato growth. During the middle and later stage (June to August), soil temperatures at deeper soil levels were lower than in the upper soil in the CMT treatment. Soil water content, seedling ratio, growth potential and tuber rate were greatly improved in the CMT treatment. In addition, available nitrogen and available potassium content in CMT were higher than in other treatments, and the change of available phosphorus mainly occurred in 20-40cm. During the potato growth period, soil nutrient movement in root zone was mainly affected by the rainfall, air temperature, soil evaporation and crop transpiration. Compared to control, the percentage of large and middle sized tubers under film and ridge-furrow treatments was increased by 21%-44% and 42%-69%, respectively, and was highest in the completely mulched treatment with ridge planting. The control has the highest of the percentage of small tubers. Protein content was increased by 1.8%-35.1% in film and ridge-furrow compared to control, and it was the highest (15.9 mg/g) in CMT. Moreover, there was a higher tuber starch content by 1.4%-3.5% for film and ridge-furrow than that of control, but the starch content was highest (16.2%) in the CMT treatment. Therefore, Potato in CMT had the highest tuber yield and water use efficiency (WUE), with more commercially acceptable tuber sizes, low percentages of green and blemished tubers, and high protein content. It could be concluded that the completely plastic mulched wide (70 cm) ridges alternated with narrow (40 cm) ridges with ridge planting is the best planting pattern for rain-fed potato production in semi-arid areas.

Production and high water use efficiency of potato with the limited supplemental irrigation in semi-arid rainfed farming areas of the northwest China

Junlian Zhang[1], Shuhao Qin[1,2], Di Wang[1,3], Deming Li[4]

(1 Gansu Key Laboratory of Crop Improvement & Germplasm Enhancement, Gansu Lanzhou 730070, China; 2 College of Horticulture, Gansu Agricultural University, Gansu Lanzhou 730070, China; 3 Faculty of Agronomy, Gansu Agricultural University, Gansu Lanzhou 730070, China; 4 Dingxi Rainfed Agricultural Research Institute, Dingxi, Gansu 743000, China)

The effects of limited supplemental irrigation on the soil water movement, tuber yield and quality for potato were studied in semi-arid rainfed farming areas in the northwest China. Field experiments were carried out in Dingxi, a typical potato-growing region, for the purpose of determining effective utilization of the limited water resource for the potato production. The experiment was conducted with 2×2 factorial design, two factors are irrigation amount (45 mm and 90 mm) and irrigation period (vegetative growth stage and tuber bulking stage). The effect of less water (15-60 mm) was also tested to determine the optimal amount of water needed for the supplemental irrigation. The results indicated that tuber yield increased when irrigation applied during the vegetative growth stage, and effects of irrigation during the vegetative growth stage on the growth were greater than those during the tuber bulking stage. Tuber yield increased greatly with the 45 mm supplemental irrigation during the dry year (362 mm rainfall), nevertheless, yield reduced if the amount of irrigation was lower than 45 mm. The irrigation amount could be increased to 90 mm to obtain a considerable high yield during the drier year (total rainfall less than 327. 7 mm) . The quality and dry matter accumulation of tuber also improved when irrigated during the vegetative growth stage. Supplemental irrigation can increase the soil water content: the soil water content of the upper layer (0-20 cm) increased during the early growth period when 90 mm supplemental irrigation applied, and it increased at a deeper soil layer (50-70 cm) during the later growth period with the same amount of irrigation. Supplemental irrigation of 45 mm water was mainly distributed over the upper and middle soil layers (20-50 cm), whereas the irrigation of 22. 5 mm water was mainly distributed over the upper soil layer. In addition, the soil water storage and evapotranspiration (ET) during the harvest were higher than those of control (CK), and they both increased with the increased quantities of irrigation water. The water use efficiency (WUE) of 45 mm irrigation was favourable for the drought-resistant varieties, and the WUE of 90 mm irrigation during the vegetative growth stage was favourable for the non-drought resistant varieties. The supplemental irrigation during the vegetative growth stage causes the favourable IWUE for all tested potato varieties. Supplemental irrigation also improves the transpiration and the soil evaporation. There was a high correlation between the soil evaporation and the soil water content, and the soil evaporation with the 90 mm irrigation treatment during the vegetative growth stage were higher than that with the 45 mm irrigation.

Therefore, in semi-arid rainfed farming areas on the Loess Plateau of the northwest China, the supplemental irrigation with 45 mm water during the vegetative growth stage is not only a reasonable irrigation amount for the effective utilization of water, but also a practical water management method for producing potato tubers with the acceptable commodity, nutrition and processing qualities. Potato under such irrigation regime showed the highest tuber yield, the highest WUE as well as the highest IWUE; in addition, the tubers showed the good shape, low percentages of green and blemish, and the high protein contents. In conclusion, the supplemental irrigation with 45 mm water during the potato vegetative growth stage is so far the optimal water amount for the limited supplemental irrigation for rain-fed potatoes in semi-arid rainfed farming areas of the northwest China.

Solutions for water secure agriculture

Peter G. McCornick

(International Water Management Institute, Colombo, Sri Lanka)

The world is projected to have around 9.6 billion inhabitants by 2050, and, as economies also continue to grow, the demand for more food is expected to increase, especially water intensive products. It is projected that if we continue with business as usual in how we manage water in agriculture, whether it be rainfed or irrigated, we will double the use of water resources by 2050. However, with a concerted focus on improving agricultural water productivity, we can meet the projected food needs with as little as 10% more than we presently use.

Most of the expected increases in population and food demands will be in developing countries where land and water are already under considerable pressure, and food production is already contributing to the stresses on the ecosystems. Increasing demand for clean and reliable water sources for domestic, urban and energy requirements will create increased pressure on the agriculture sector. Unsustainable water use currently threatens 39% of the world's grain production, the food security of 2.4 billion people, and 22% of the global economy. There remains great uncertainty as to how climate change will affect given localities but it is likely that it will exacerbate the effects of other drivers, such as urbanization and the need for more food.

In many of the rapidly developing world, including China and India, where the demand for increased agricultural production is greatest (they are already two of the top three potato producing countries), the countries are already experiencing water scarcity, especially in major agricultural areas. Even in the developed world, major agricultural areas are experiencing major challenges in securing water, most notably this year in California.

Farmers have always lived with climate variability, and managing the variations between seasons, rains coming earlier or later than usual, and lasting for shorter or longer periods. Following several years of low rainfall, farmers in the Upper Bhima River Basin in South-West India, are already shifting from thirsty sugarcane to less thirsty soybean, an adaptation to water scarcity that also gives them a better return. In diversifying their cropping system by planting vegetables as well as rice to adapt to urbanization and developing markets, rice farmers on the outskirts of towns and cities in South Asia are producing more food per unit of water and at the same time are becoming more resilient to changing conditions. Drawing on other such examples from different locales, this presentation presents solutions to increase water productivity and ensure water security for agriculture.

Potato Varietal Development

A rapid determination for reducing sugars in potato tubers

Yaohong Ma [1], Qingjun Meng [1], Yan Yany[1], Junhui Yang[1], Jianguo Shi [1], Lan Zheng[1], Yiwei Li [1,2]

(1 Biology Institute, Shandong Academy of Sciences, Shandong Provincial Key Laboratory of Biosensor, Jinan, Shandong 250014, China; 2 University of Jinan, Jinan, Shandong 250022, China)

Reducing sugar content is one of the important quality indexes of potatoes. The colour of fried products made from potatoes has a close correlation to the reducing sugar content in potato tubers with a coefficient up to 90%. The Maillard reaction takes place between reducing sugars and α-amino acids in frying processes, which has proven to be the main factor affecting the colour of potato chips and French fries. Besides, the acrylamide contents of potato chips and French fries also positively correlated to reducing sugar content. The reducing sugar concentrations in potato tubers are affected by varieties, climate conditions in cultivation areas, and storage conditions, etc. Therefore, it has great significance on the breeding, fried and other products of potatoes to have a rapid determination for reducing sugars. There are many techniques for quantification of reducing sugar content in potatoes, such as Fehling′s method, 3, 5-dinitrosalicylic acid (DNS) colorimetry, iodometry, permanganate titration, and molybdic acid colorimetry, etc. Conventional titration methods often produce unacceptable errors due to the low reducing sugar contents in potato tubers. DNS colorimetry is susceptible to the reference of colour. Iodometry requires too many operations and is uneasy to make clear judge on the ending point. Manual methods as stated above fail in meeting the demand of rapid and precise determination in reducing sugars. Based on our previous design, the study focused on alleviating larger measuring errors taking place at low reducing sugar levels and realizing automatic determination of low concentration of reducing sugars on the bases of basic principle of photoelectric technology and complementary colour technology, e. g. , changes of colour of the analyte with Fehling's reagent in thermal titration processes, taking reference to the colour at the ending state of titration, selecting adaptive light sources for complimentary colour and improving anti-interference capability of the system. Through improvement, the device features a testing time of 3 minute with linear range between 0 to 1.0 Wt% ($r = 0.9998$), RSD is 0.74% ($n = 10$) and recovery rate is 99.1%. Pulp 100 g potato sample obtained in local fields with an electric masher after cleaning and peeling, then strain through a piece of gauze and conduct 10 times of reducing sugar determination with DNS colorimetric method and the analyzer, respectively. The result of DNS colorimetric method: average was 0.45%, coefficient of variation was 0.03 and recovery rate was 102.1%. For the analyzer, average was 0.43%, coefficient of variation was 0.01 and recovery rate was 99.2%. The results showed that the testing results of these two methods matched well and had no significant difference. In comparison, the standard error and coefficient of variation for the analyzer were small, and the recovery rate was also higher than that of DNS colorimetric method. So the analyzer is adequate to perform the reducing sugar test for potato samples with more precise and reliable results compared with the DNS colorimetric method.

Development and current status of potato breeding technology in China

Qijun Sui, Chunguang Yao

[Industrial Crop Research Institute (ICRI), Yunnan Academy of Agricultural Science (YAAS), Kunming, Yunnan 650205, China]

Potato breeding technology of China was summarized according to large number of literature. The summary include changes of potato breeding target in China, the improvement of conventional breeding techniques, the use of neo-*tuberosum*, ploidy breeding, utilization of somatic variation, mutation breeding, somatic hybridization, and the application of new techniques in potato breeding such as genetic engineering, character identification technology, the usage of TPS and tissue culture in seed potato production. In addition, the contribution of International Potato Center (CIP) in China potato breeding was introduced. The current status of potato breeding techniques in China were summarized, including conventional potato breeding technology and the germplasm innovation, molecular marker assisted breeding, genetic engineering, and the genome sequencing.

Development of heat tolerant potato variety in the late planting low land areas of Bangladesh

Mohammad Hossain[1*], A. A. Mahmud[1], M. M. Hasan[1], E. H. M. S. Rahaman[1], B. C. Kundu[4], M. M. A. Patwary[4], M. M. R. Talukdar[4], M. B. Anowar[4], M. S. Kadian[2], and B. Merideth[3]

[1 International Potato Center (CIP), USAID Horticulture Project, Banani, Dhaka-1213, Bangladesh; 2 International Potato Center (CIP), SWCA, New Delhi -110021, India; 3 International Potato Center (CIP), Apartado-1558, Lima 12, Peru; 4 Bangladesh Agriculture Research Institute (BARI), Joydebpur, Gazipur- 1701, Bangladesh]

Potato is the most important food crop next to rice and wheat in Bangladesh where it is grown only in the short winter season from November to the next March. Due to some unfavorable environmental conditions such as delayed rainfall and late harvesting of rice, the potato sowing may be delayed. The high temperature during the later winter season causes the early senescence of the potato plant. In the Southern part of Bangladesh like Chittagong, Jessore, Patuakhali, Barisal and Khulna districts winter season comes late and temperature rises earlier than Northern part of the country. Under these circumstances, International Potato Center (CIP) and the Tuber Crops Research Centre (TCRC) of Bangladesh Agricultural Research Institute (BARI) have taken initiative to develop

* Corresponding Author, Email: mohammad.hossain@cgiar.org.

suitable varieties for cultivation under high temperature, especially in the late planting areas of the country. Ten elite CIP potato clones were evaluated and out of them five were selected in 2012-2013 for advance trials at 3 locations of Bangladesh. Five selected CIP clones namely, '395192.1', '395193.6', '392820.1', '393536.13' and '396311.1' with 2 local popular varieties 'Diamant' and 'Asterix' were planted in the last week of December at 3 locations, Chittagong, Patuakhali and Jessore during 2013-2014 cropping season to evaluate their suitability for heat tolerance. The tuber was planted almost one month late of the optimum season to expose the crop to higher temperature during bulking stage in the late season. Average maximum and minimum temperature 60 days after planting varied from 2-7℃ at Chittagong and Patuakhali between optimum and late planting of potato crop and from 0.5-12℃ at Jessore. More than 90% of emergence of all clones was observed at all locations. The morphological characters like, plant vigor, plant height, canopy coverage and stem per plant were varied significantly among the tested clones at all locations. At Chittagong all the clones went under senescence 7 days earlier than other two locations due to high temperature. At 74 days after planting except CIP 396311.1 and CIP 395192.1, all the rest of the clones showed the highest senescence score 1 (80%-100%). It was observed that for mean yield of all 3 locations, CIP 396311.1 produced the highest tuber yield (25.37t/ha), followed by CIP 395193.6 (24.77 t/ha) and CIP 392820.1 (23.95 t/ha). Check varieties 'Diamant' and 'Asterix' produced comparatively lower tuber yield of 18.36 and 16.13 t/ha, respectively. The crops were also evaluated through participation of 30 male and female farmers, researchers and extension staffs during the vegetative and harvesting stage. Finally, among 5 CIP clones, 2 clones viz. '392820.1' and '396311.1' were found promising for the high yield, good tuber shape and size, colour of skin, texture and organoleptic test under high temperature during the late planting season. The selected 2 CIP clones were included in the participatory evaluation trial in 2014-2015 cropping season for release as heat tolerant varieties for cultivation by the farmers in targeted areas.

Effect of different potato minituber size on the growth status in greenhouse

Hang Gao[1], Yuliang Gao[2], Kuihua Li [1*]

(1 Agricultural College of Yanbian University, Yanji, Jilin 133002, China;
2 Yanbian Academy of Agricultural Sciences, Longjing, Jilin 133400, China)

Potato (*Solanum tuberosum* L.) is the world fourth largest food crop after rice, maize and wheat. For its strong adaptability, high yield, rich nutrition, multiple use of processing and long industrial chain, it became efficient cash crop. In order to ensure the basic self-sufficient and absolute safety of main crops, and achieve the goal of national food security strategy under the new situation, the Ministry of Agriculture was promoting the potato "staple" decision. Although seed potato production system had been established in China for a long time, there were still some problems, such as the low using rate of healthy tuber seed and low quality of seed potato. The main reason was low propagation coefficient of potato tuber and poor management. So, improving the propagation coefficient of potato tuber was the key point to address these problems. The northeast China had four distinct seasons and cold winter. The potato was planted only one time each year, so the propagation coefficient of potato was very low. With the development of economy, many greenhouses had been built to produce off-season products and these greenhouses could be used to propagate healthy seed potato during multiple seasons. The minituber size directly affected plant growth status and the number of daughter tubers. This study used potato the cultivar 'Norland' minituber as experimental material, we divided minitubers into six different levels

* Corresponding author, E-mail address: khli@ybu. edu. cn.

according to their weight, the minimum (MIN) was less than 0.3 g, super small (SS) was 0.3-0.5 g, small (S) was 0.5-1.0 g, medium (M) was 1.0-3.0 g, large (L) was 3.0-5.0 g, super large (SL) was more than 20.0 g, respectively. 30 uniform minitubers were selected in each level. When the length of sprouting buds was 0.5-1.0 cm, we planted them into pit-pots (20 cm, diameter). For the SL, the planting depth was 7 cm, and others were 3 cm. 3 minitubers were planted in each pot, and then managed as conventional cultivation. We investigated sprouting time and sprouting rate. 60 days after planting, plant height and stem diameter were measured. 70 days after planting, the number of daughter tuber per plant, average tuber weight and tuber size were recorded. The results showed that the sprouting times of MIN, SS, and S were 14 d, 13 d and 10 d, respectively. The minitubers could be sprouted at 9 d with weight more than 1 g, the sprouting rate was 100 % with minituber weight more than 0.5 g and sprouting rate reached 95% with minituber weight less than 0.3 g. Statistical analysis showed that the larger the tubers were, the plant became higher and stems were thicker; there was no significant difference between M and L on average tuber weight. There was no significant difference between S and SL or M and L on the number of daughter tubers per plant. In addition, the daughter tubers were classified into 6 different groups based on their weight, less than 0.5 g (Ⅰ), 0.5-1.0 g (Ⅱ), 1.0-3.0 g (Ⅲ), 3.0-5.0 g (Ⅳ), 5.0-10.0 g (Ⅴ) and more than 10.0 g (Ⅵ). The results showed that there was no significant effect between minituber sizes on daughter tuber sizes. The daughter tuber sizes of MIN were Ⅰ, Ⅱ, Ⅳ and Ⅴ. The daughter tuber sizes of SS were Ⅲ, Ⅳ and Ⅴ, and the distribution of daughter tuber sizes of S and M covered 6 groups. The daughter tuber sizes of L were Ⅱ, Ⅲ, Ⅴ, and Ⅵ, and the daughter tuber sizes of SL were Ⅳ and Ⅴ. Based on this study, we conclude that it was suitable to select more than 1.0 g minitubers as seed potato planted at greenhouse, and large tubers could be cut into small pieces to reduce production cost, improve the propagation efficiency, and increase application efficiency of healthy seed potato. These results will provide useful information for seed potato production in the field.

Fast introduction of double stack *Phytophthora* resistance genes by hybrid potato breeding

Lindhout Pim, Van Heusden Sjaak

(Solynta, Dreijenlaan 2, 6703 HA Wageningen, The Netherlands)

Traditionally, potato breeding is based on the crossing of two tetraploid genotypes, usually cultivars, and selecting the clonally propagated progenies for three to eight years. After selection of a new cultivar, tubers are vegetatively propagated for five to eight years to be used as seed potato tubers. Per definition, such tubers are contaminated with pathogens, which causes extra costs for certification and yield losses.

Potato shows a strong inbreeding depression, hampering backcross and inbreeding methods that are commonly used in many other crops. As a result, potato breeding is not efficient and some obsolete varieties like Russet Burbank, introduced in 1876, still dominate the US potato market.
Alternatively, the F_1 hybrid breeding technology may be applied in potato, which has shown to be very effective to rapidly introduce new traits into hybrid varieties in other crops. In addition, the F_1 hybrid products are seeds that are easier propagated, shipped, stored etc. and are free from pathogens.

This F_1 technology was believed not to be feasible in potato due to the self-incompatibility and strong inbreeding depression of diploid potato. Solynta develops the F_1 breeding technology in diploid potato by introducing the self-compatibility gene (*Sli*) from *Solanum chacoense* and by a large scale breeding programme to eliminate the alleles with deleterious effects on plant growth and development.

Starting with the first cross in 2008, Solynta generated good performing self-compatible inbred plants that contained more than 95% homozygous loci. These plants were not good enough yet to serve as parent for a hybrid cultivar. Therefore, we continued the process of crossings and selfings to generate better performing and homozygous inbred lines that are used as parents for a hybrid cultivar. In 2014 Solynta generated some 300 experimental hybrids that are tested in the field in the summer 2015 growing season.

One of the advantages of the hybrid breeding method is the fast introduction of genes via a marker assisted backcross system. Solynta will apply a marker assisted backcross strategy to rapidly introgress two different *Phytophthora* resistance *R*-genes in the two parent lines of an F_1 hybrid potato variety. This will deliver an essentially genetically identical F_1 hybrid with two resistance genes in a time period of only two years. Similarly, extra *R*-genes can be added. These may be specific *R*-genes as well as susceptibility derived *R*-genes. In this way the pathogen must overcome different defence barriers, which is expected to provide even more sustainable resistance.

Genetic dissection of cold-induced sweetening related traits in potato

Guilin Xiao, Botao Song, Hongju Cao, Xiaojun Peng, Wei Tu, Conghua Xie*

(Key Laboratory of Horticultural Plant Biology, Ministry of Education; Huazhong Agricultural University, Wuhan, Hubei 430070, China)

Potato (*Solanum tuberrosum* L.) is the fourth important food crop in the world. The majority of potatoes are used by processors especially for potato chips, and French fries. However, cold-induced sweetening (CIS) is a big problem for the industry. CIS means when harvested tubers are stored in low tempera-

* Corresponding author, E-mail: xiech@mail.hzau.edu.cn

ture to reduce sprouting, weight loss and pathogenesis, it will result in the accumulation of reducing sugars fructose and glucose. Then a nonenzymatic Maillard reaction between reducing sugars and α-amino acids of nitrogenous compounds during high temperature frying leads to a dark-colored and bitter products. More severely, acrylamide carcinogenic to human will be formed during the Millard reaction based on reducing sugars and asparagine in potato tubers. The efficient solution to the two problems caused by the Millard reaction is to understand the mechanism of CIS and find tightly linked markers for CIS. Thus, we performed linkage mapping to underline mechanism of cold sweetening.

Cold storage of potato tubers is commonly used to reduce sprouting, losses due to shrinkage and the spread of disease. One undesirable consequence of cold storage is cold-induced sweetening (CIS), in which reducing sugars accumulate in the tubers. When processed at high temperatures, reducing sugars form dark-pigmented products that are bitter and unacceptable to consumers. In addition to producing bitter-tasting products, heat processing causes reducing sugars (e. g. glucose and fructose) in potato tubers to react with free amino acids (e. g. asparagine) to form the potential cancer-causing agent, acrylamide, via the nonenzymatic Maillard reaction.

A diploid F_1 population consisting of 178 genotypes was obtained from the cross between ED25 (E) sensitive to CIS and wild species *Solanum berthaultii* (B) tolerant to CIS. ED25 is a hybrid descending from the cross between 77. 2102. 37and USW7589. 2. With AFLP, SSR and candidate gene markers two maps of two parents E and B each consisted of 12 linkage groups were constructed on the basis of 245 and 129 marker fragments, respectively. The total length of E map was 1 043. 5 cM as 1 037. 9 cM of B map. On the other hand, the average distance was 4. 3 cM of E map which was much smaller than B map with 8. 0 cM. This may be due to that the level of heterozygosity was higher of parent E than parent B. All 5 cold induced sweetening related traits including tuber sugar content after harvest (0 d), cold storage for 30 d (4℃30 d) and reconditioning (Rec) as well as sugar content changes before and after cold storage (4℃30 d) and reconditoning (Rec—4℃30 d) were analyzed for QTL mapping separately with both of two maps. 31 QTLs were detected of which CISSb05-1 explained the most phenotypic variation, 16. 8% while CISSb10-1explained the least phenotypic variation, 5. 4%. 22

QTLs of 31 were overlapped between different traits, CISSb05-1and CISSb11-3 were observed for 0 d, 4℃30 d and rec at more than one environments indicating that they function stably from harvested, during cold storage to recondition. At the same time, CIS QTLs specifically for one trait were also found, which had effects only at a specific procedure. Epistatic effects between QTLs and additive effects were found. On the maternal maps, only one pairs epistatic QTLs were detected while 6 pairs referred to 8 QTLs were observed on 6 maternal chromosomes. 1, 4 and 5 additive QTLs were detected for 0d, 4℃30 d and Rec respectively. Compared to progenies with no QTL, the reduced sugar content of progenies with 1 QTL reduced by 21% after harvest, with 4 QTLs reduced by 15% after cold storage and with 5 QTLs reduced by 12.7% after recondition. Therefore these additive QTLs will have good prospects for marker assisted selection. Our results not only underline mechanism of cold-induced sweetening in diploid potato but also lay a good foundation of MAS for tuber quality.

Growth parameters, yield and yield attributes of potato genotypes under drought and irrigated conditions

Binod Prasad Luitel, Bhim Bahadur Khatri,
Duryodhan Choudhary, Bishnu Prasad Paudel

[National Potato Research Program, Nepal Agricultural Research Council (NARC), 246, Lalitpur, Nepal]

In lower valleys of mid-hills, summer grown potato is increasingly affected by soil moisture deficit due to inadequate irrigation. Many famers cannot apply irrigation schedules that respond to the water demand because of reduced water availability, caused by global warming. This experiment was conducted to assess the genotypic variation for the growth, yield and yield components of potato grown under drought and irrigated conditions at Hattiban Research Farm, Khumaltar during the summer cropping season (Feb.-May) of two consecutive years (2013 and 2014) . Five CIP clones ('391598. 75','392242. 25','391011. 47', '378711. 7', and 'LBr-40'), one German variety 'NPI-106' and a released variety 'Desiree', as a standard check were used in the experiment. The experiment was laid-out in split plot design where water status was placed in main plot treatment and genotypes were placed in sub-plot treatment and it was replicated three times. We investigated the canopy cover, stem height, number of leaves, stem number, leaf and internode length, tuber number and weight, and marketable tuber yield. Among the morphological parameters assessed, canopy cover, stem height and number of leavers were more sensitive to drought and the effect was more pronounced in check variety Desiree. The drought reduced the canopy cover consistently in the tested genotypes which varied from 34% to 45%. Mean canopy cover decreased by 39% under drought than irrigated treatment. The drought stress had less effect on stem height in clone 'LBr-40', a medium-late maturing variety. The stem height reduced by 25. 9% in drought than irrigated treatment. The number of leaves decreased by 27. 9% in drought than irrigated condition. Drought stress reduced the total stem number by 5% than irrigated treatment. Stem height and leaf number per plant were more reduced in Desiree (36% and 45%, respectively) than medium to late maturing genotypes. Drought reduced the leaf and internode length by 15. 5% and 14. 6%, respectively than irrigated treatment. Genotype by treatment interaction for total tuber number was highly significant. Mean tuber number decreased by 55% under drought condition. Desiree was highly influenced by drought stress with regard to total tuber number and the clone LBr-40 was less affected by drought stress. Drought stress reduced marketable tuber number by 79% as compared to irrigated treatment. The reduction by drought on marketable tuber number was 63. 6% in CIP '392242. 25', 66. 6% in ' LBr-40', 80% in CIP ' 378711. 7', 82% in CIP '391598. 75' and CIP '391011. 47', and 83% in 'Desiree' in comparison with their respective irrigated treatment. The clone CIP '392242. 25' had the highest marketable tuber weight in drought treatment. The marketable tuber weight reduced by drought treatment was 78. 4% as compared to irrigated treatment. Drought stress reduced the mean tuber yield by 78. 4% than irrigated treatment. The yield loss caused by drought was 70% for CIP '392242. 25', 77% for 'LBr-40', 79% for CIP '391011. 47' and 'NPI-106', 80% for CIP '391598. 75', 81% for CIP '378711. 7', and 87% for 'Desiree' in comparison with their respective irrigated treatment. The clone CIP '392242. 25' had the lowest (0. 52) drought susceptibility index followed by the clone CIP 'LBr-40' (0.60). The clones CIP '392242.25' and 'LBr-40' had relatively lower yield loss, and less drought susceptibility index under drought condition indicating their tolerance to drought in field condition. The sensitive morphological characters could be used to discriminate between drought sensitive and tolerant potato genotypes. The identification of relatively drought tolerance genotypes could help us to up-scale them in water limiting region.

Influence of cultivar and storage on the content of anthocyanins in colour-fleshed potatoes

Jaroslav Cepl

(Potato Research Institute, Havlickuv Brod, Czech Republic)

Eight potato varieties with coloured-flesh were evaluated: 'Blue St. Galler', purple partially coloured (1), 'Blue Congo', purple partially coloured (2), 'Highland Burgundy', red with white borders (3), 'Salad Blue', purple partially coloured (4), 'Shetland Black', yellowish, purple vascular ring (5), 'Valfi', purple partially coloured (6), 'Violette', dark purple (7) and 'Vitelotte', dark purple with bright spots (8). Differences in total anthocyanin content (TAC) between cultivars were statistically significant. TAC ranged from 248.5 to 2257.8 mg kg^{-1} dry matter. The highest differences were recorded for the group with red (3) or dark purple flesh (7, 8) with the TAC five-times higher compared to other varieties.

Correlation between antioxidant activity (AOA) and TAC ($r^2 = 0.659$) has been found. Cultivars 3, 7 and 8 with the highest TAC showed high AOA and cultivars 2, 4 and 5 with the marbled texture showed the lowest TAC and AOA. In five purple-fleshed cultivars (1, 2, 3, 6 and 7) TAC was measured after the harvest and 180 days of storage at temperature of 4℃. While in cultivars 3 and 7 the TAC after storage increased by 20.3 % and 16.8 % in comparison with the freshly harvested tubers, in contrast, there was a TAC decline in the cultivar 6 by 35.9 % and in the cultivars 1 and 2 the TAC content during storage did not change distinctly (the difference does not exceed the level of significance) .

Optimization of nutrient solution combination of soilless substrate for producing potato minituber

Yan Zhang[1], Yuliang Gao[2], Kuihua Li[1*]

(1 Agricultural College, Yanbian University, Yanji, Jilin 133000, China; 2 Yanbian Academy of Agricultural Sciences, Longjing, Jilin133400, China)

Potato (*Solanum tuberosum* L.) is a dicotyledonous plant and belongs to Solanaceae. It is the fourth crop after rice, maize and wheat. Asexual reproduction is the main method adopted in the production of potato, thus once the healthy tuber seeds were infected with pathogens such as viruses, fungi, bacteria, it will cause variety degeneration and quality and yield will be reduced, having an adverse impact on the industry development. Although the production system of seed potato has been established, problems such as low coverage and poor quality tuber seeds exist because of the low coefficient of propagation, poor management and so on. To achieve the goal to improve the quality and reduce the cost of seed potato production, the propagation coefficient of healthy tuber seeds, especially pre-basic seeds, must be improved. Owing to the cold winter in northern China, only one season could be harvested one year; however, the healthy tuber seeds can be year-round produced in the greenhouse and the propagation coefficient can be enhanced notably. In addition, the healthy tuber seeds could also be produced with soilless substrate. In the process of soilless substrate cultivation, nutrient solution could be changed along with different developmental stages to meet the requirement of plant growth, thus the huge number and small size of minitubers obtained could satisfy the requirements for production of potato

* Corresponding author, E-mail: khli@ybu. edu. cn.

pre-basic seeds. Perlite substrates culture is one method of the soilless substrate cultivations. Without the influence of environments, it could be simply managed and got high yield. At present, the technique of healthy tuber seed production with soilless substrate gets mature and steps forward to large-scale development. The nutrient solution combinations developed by Korea and Japan are widely used. In this study, the cutting seedlings of the variety 'Norland' which had 7-8 compound leaves and the virus-free tissue culture seedlings which were about 10 cm high were taken as the experimental materials, and perlite as soilless substrate. We developed a nutrient solution combination to satisfy the mass production in greenhouse based on Korean nutrient solution combination. Different reagents combinations with KNO_3, $NH_4H_2PO_4$, $Ca(NO_3)_2$, $MgSO_4$ are compared with the Korean nutrient solution combination. The results were as follows: During the potato plant vegetative growth period, when the concentration of KNO_3 reduced to 0.28 g/L, plant excessive growth caused by the high temperature in the greenhouse could be avoided. At 45 days after transplantation, the plant height, number of branches and stem diameter for cutting seedlings and virus-free tissue culture seedlings were 45.4 cm, 3.2, 0.38 cm and 50.2 cm, 2.8, 0.18 cm, respectively. In the reproductive growth stage, when the $Ca(NO_3)_2$ concentration increased to 0.49 g/L, minitubers were highly yielding and consistent both in cutting seedlings and virus-free tissue culture seedlings. At 70 day after transplantation, the average tuber number of cutting seedlings were 4.3 per plant, and 85.6% of the tubers were more than 1.0 g, while the tuber number per plant were 3.6% and 45.2% of the tubers produced were more than 1 g for the virus-free tissue culture seedlings. When the concentration of KNO_3 was enhanced to 0.56 g/L, minitubers of cutting seedlings got the maximum tuber weight, 2.5 g, however, the tuber number per plant was just 0.8. Therefore, the cutting seedlings of the terminal buds of mature adult plants are more suitable for the minituber production in greenhouse and the best nutrient solution combination was KNO_3 0.28 g/L, $NH_4H_2PO_4$ 0.08 g/L, $Ca(NO_3)_2$ 0.32 g/L, $MgSO_4$ 0.22 g/L for the plant vegetative growth, and KNO_3 0.34 g/L, $NH_4H_2PO_4$ 0.07 g/L, $Ca(NO_3)_2$ 0.49 g/L, $MgSO_4$ 0.18 g/L for the reproductive growth. Combining the nutrient solution combination for plant vegetative growth with the micro elements of MS and EDTA ferric sodium salt, the tuber number per plant and uniformity was superior to the pre-basic seeds yield by the Korean nutrient solution combination. To ensure the number of basic seedlings for the production of pre-basic seeds, the nutrient solution combination for vegetative growth can also be used to propagate in greenhouse with *in vitro* seedlings under sterile conditions. To conclude, the study will help establish a theoretical foundation for selecting suitable nutrient solution combination for soilless cultivation with different cultivars at different growing stages.

Potato breeding and variety innovation as health foods for dry or semiarid land agriculture

Qin Chen*, Dongdong Wang, Yue Chen, Hua Zhao, Zheqing Li, Qiong Zhang

(Northwest A&F University, Yangling, Shaanxi 712100, China)

The potato is the fourth most important vegetable and food crop worldwide after wheat, rice and maize. Potato tuber is also a good source of antioxidants. Enhancing antioxidant capacity in potato is a good strategy for increasing the consumption of antioxidants to protect human health. To date, China has become the biggest potato producer in the world. Potatoes are planted in almost all provinces and autonomous regions, and most of the provinces have regions that are arid or semiarid. Since potatoes are more drought tolerant, there is a greater economic benefit from planting potatoes compared to other food crops. Therefore, it is likely that potato planting will increase in future years in these dry land regions of China. Development of new eco-potatoes with improved tolerance to drought, disease and increased nutritional contents are very important for efficient and sustainable agricultural production. In this study, traditional breeding method has been applied successfully to develop new potato varieties with multiple disease resistance and drought tolerance, and increased nutritional quality. It has been documented that there are many genes in potato that are activated in response to drought, disease resistance and high antioxidant contents. It was revealed that pigmented pota-

---

* Corresponding author, E-mail: chenpeter2289@nwsuaf.edu.cn.

toes were found to have higher antioxidant activity than white-fleshed tubers based on their higher phenols and anthocyanin content. Further analysis for the relationship between flesh color and antioxidants revealed that the solidly pigmented progeny had higher antioxidants than other progeny, indicating the feasibility of direct selection of solidly pigmented progeny without chemical determination for high antioxidants breeding. However, some white-fleshed progeny were found to have high antioxidants, suggesting that it was possible to get white-fleshed breeding lines with high antioxidants through pigmented genotypes crossing. The glycoalkaloid content also showed a wide variation in the crosses but did not correspond directly to the flesh color. Most of the crosses had biochemical activities intermediate to the parental lines but a few lines contained higher phenols and antioxidants and lower glycoalkaloid activity than either of the parents. Some crosses also showed desirable commercial traits such as higher yield and more dry matter content than their parents. It is thus possible to select marketable genotypes with superior quality traits in potato by observing their biochemical profiles. The knowledge gained from this study holds great promise for potato germplasm enhancement and variety innovation for sustainable crop production in the dry land farming of tomorrow. Taken together with the increased knowledge of genes responsible for the drought, disease and high antioxidants, the variety innovation, the potato research is promising for our ability to meet the challenge of improving potato end use quality and yield in stress-prone environments for sustainable crop production.

Potato germplasm enhancement in China

Xingkui Cai[1,3], Lin Chen[1,3], Ting Liu[1,3], Jiaojiao Jin[1,3], Ying Zou[1,3], Botao Song[1,3], Jun Liu[2,3], Conghua Xie[1,3]

[1 College of Horticulture and Forestry Sciences, Huazhong Agricultural University, Hubei, Wuhan 430070, China; 2 College of Life Science and Technology, Huazhong Agricultural University, Hubei, Wuhan 430070, China; 3 Key Laboratory of Horticultural Plant Biology (HAU), Ministry of Education, Wuhan, 430070, China]

Potato (*Solanum tuberosum* L.) ranks the fourth food crop in China behind rice, maize, and wheat. China has been the leading potato producer in the world with an output of 90 million tons harvested from about 6 million hectares. The Chinese Ministry of Agriculture predicts that there is a need of 50 million tons more food production in next 20 years to meet the demand of food supply as well as the social and economic development of the country, and the potato is expected to contribute more than half of the gap.

Breeding for new varieties with high and stable yield and high quality is the foundation for potato industry. However, current potato varieties are derived mainly from *S. tuberosum* with quite narrow genetic basis. Many wild potato species exhibit comprehensive merits that are highly attractive to breeders. Introgression of desirable genes from wild to cultivated species is confined, however, because of difference in ploidy level or endosperm balance numbers that causes sexual incompatibility or low fertility of the progenies. It has been proved that combining biotechnology with conventional methods could provide a new approach to make use of these wild species in modern potato breeding programs.

Seven cultivated and 228 wild potato species have been recognized. The Chinese national potato germplasm bank collects and preserves more than 2 000 potato accessions. Some wild species are identified to exhibit resistance or tolerance to bacterial wilt, virus, frost, drought, and cold sweetening. For example, 27 PVY resistant clones were identified from more than 2 000 accessions of 39 wild species. Analysis of the correlation between resistance and taxonomic associations showed that the most resistant series is *Etuberosum*, which belongs to the outgroup. The 1 EBN (Endosperm Balance Number) species are more resistant than 2 EBN and 4 EBN species, while there is no significant correlation between resistance and ploidy level. Considering biogeographical associations, there is no correlation between resistance and either longitude or absolute latitude. However, the correlation between resistance and elevation was negative and significant ($r=-0.39$, $P<0.001$) . A χ^2 analysis revealed that the proportion of resistant materials in accessions collected at elevations below 2 100 m was higher than the overall proportion of resistant plants.

An efficient and stable mesophyll protoplast culture system has been developed in five steps, with each phase characterized by morphological feature. This provides a base for establishing the high efficient protoplast fusion and somatic hybrids screening system of potato. Interspecific symmetric protoplast fusion was conducted to transfer bacterial wilt resistance from S. *chacoense* into cultivated potato. Thirty-two of 100 somatic hybrids exhibited stronger resistance or tolerance to *Ralstonia solanacearum*, which have been used as parents for bacterial wilt resistance breeding. Analysis of the genome components of the somatic hybrids demonstrated that the somatic hybrids contain integrated nuclear and mitochondrial DNAs of both fusion parents but only one set of chloroplast DNA of either of the parents. Correlation analysis of molecular markers and resistance showed that the bacterial wilt resistance might be controlled by at least two nuclear SSR alleles. Furthermore, bacterial wilt resistance of eggplant, frost hardness of S. *commersonii*, PVY, PVA and PLRV resistance of S. *etuberosum* were introgressed to potato via protoplast fusion. Combination of the foreground selection for target traits and the background selection for the genetic diversity is an efficient strategy in the recurrent selection of potato to improve horizontal resistance against late blight. The frequency of resistant genotypes increased by 5 percent points and the genetic diversity maintained by more than 86%.

The functional genomics combined with bioinformatics, provides a new approach to explore important genes or molecular markers related to potato breeding objectives. It could offer target genes and selection markers to accelerate the potato breeding. Nowadays, 30 functional genes associated with horizontal resistance to late blight and cold-induced sweetening resistance have been cloned and tested in Huazhong Agricultural University, and more than 10 molecular markers have been clarified to link with the resistances of bacterial wilt, late blight, PVY and in vitro tuberization.

Potato variety development and application in China

Liping Jin, Wanfu Pang, Shanguang Duan, Jie Liu, Jianfei Xu, Yanfeng Duan, Chunsong Bian

(Institute of Vegetables and Flowers, Chinese Academy of Agricultural Sciences, Key Laboratory of Biology and Genetic Improvement of Tuber and Root Crops, Ministry of Agriculture, Beijing 100081, China)

China′s potato breeding has gone through the process of variety introduction, germplasm collection, cultivars crossing and inter-species crossing, integrated technology of combining conventional breeding and molecular breeding since late 1930s′. New varieties were not released until 1960s′. In general, the breeding objectives are to breed varieties with good quality, multi-resistance and high yield for table, starch/fried/flour processing and any specific variety in need in diverse agro-ecological regions of China. At present, there are about 30 potato breeding programs with 150 researchers in China. Approximately more than 5 000 accessions of potato germplasm are conserved, of which almost half have been evaluated and characterized. The germplasm study also focus on mapping and isolating important genes, establishing selection technology for tuber quality, disease resistance and stress tolerance, etc. 446 improved varieties have been released from potato breeding programs by 2014. Most of the released varieties are fresh potatoes. 20.6% of total varieties were released before 1983, 16.1% between 1984 and 1993, 17.7% between 1994 and 2003, and 45.5% released after 2004. 68.8% of released varieties were descended from 6 common parents before 1983, and the ratio dropped to 45% before 2005. It shows that genetic background of released varieties has been widened as breeding parents, exotic cultivars contributed greatly to gene pool in China potato breeding. 13.7% of 379 varieties released before 2012 were derived from North America stocks, 35.9% from Europe, and 17.9% from CIP. Among 77 varieties applied for plant variety protection, 17 of those were authorized from 1999 to 2013. DNA fingerprints of 217 Chinese potato varieties were constructed with SSR primers. In 2013, one variety reached over 700 000 ha planting area, 16 varieties over 70 000 ha, 29 varieties over 35 000 ha, and 75 over 3 500 ha. Early-maturing varieties are distributed in the central double cropping zone, the south winter cropping zone and southwest lowland. Late-maturing varieties are planted in the north single cropping zone and southwest highland. Varieties specific for fried or flake are mainly grown in central and western Inner Mongolia, Zhangjiakou of Hebei and part of Yunnan and Gansu. Seed potatoes are produced in high north latitudes area and southwest highland. With the development of China's potato industry and changes of market demands, new breeding objectives and requests are presented for potato variety development. However, there are still problems and challenges, such as poorness in germplasm enhancement, small seedlings population, lack of marketable varieties, few private breeding programs, as well as disconnection between breeding and application. Therefore, in view of the situation that most potatoes are grown by small farmers in poverty area, we suggest that non-profit potato breeding programs and development of breeding technology should be strengthened. Breeding objectives should be adjusted in accordance to diverse market demands, potato industry situation, and sustainable utilization of agro-ecological resources. In the meantime, we should encourage cooperation between non-profit breeding programs and enterprises, and build network to accelerate potato variety development and extension.

Potato variety development strategies in Bangladesh

M. H. Rashid, B. C. Kundu, M. J. Hossain

In the recent years potato has become a vital crop in Bangladesh because of its high yield, food quality, export market, agro-processing, employment opportunity, gender involvement and agribusiness development. Total potato production has increased to 8.60 million tons in 2012-2013 from 1.24 million tons in 1990-1991; acreage increased to 0.440 from 0.124 million hectares; yield increased to 19.5 from 10.0 tons per hectare. Still it is possible to double the annual production if necessary steps are taken for its marketing and utilization.

Systematic research on variety development has been in practice in Bangladesh since 1960, but was only limited to variety introduction due to climatic barriers. Potato plants do not flower under natural condition due to short day length during the crop period.

Due to long time intensive efforts, TCRC scientists were able to induce flowers in HYVs by the year 2000, and first Bangladeshi varieties were released in 2012. Since then, two to three varieties are released every year. These varieties are high yielders as well as widely adapted to local conditions, resulting low rate of degeneration. The first varieties are 'BARI Alu-35', 'BARI Alu-36' and 'BARI Alu-37'. Their mean yields were 38. 46, 33. 8 and 34. 9 t/ha in AYT, and 44. 0, 41. 8 and 40. 6 t/ha in RYT, and 38. 9, 38. 5 and 37. 5 t/ha in on-farm trials, respectively. Introduced check varieties 'BARI Alu 8' (Cardinal) and 'BARI Alu 7' (Diamant) were 34. 8 and 33. 9t/ha, 24. 3 and 23. 1t/ha, and 33. 1 and 34. 3t/ha, respectively.

While, the alternative TPS (true potato seed) technology, introduced by CIP, is now getting less importance, because TPS is losing popularity due to the availability of tissue cultured seed and ununiformity of TPS originated potato tubers.

Efforts have been done to improve the so called local/indigenous varieties through tissue culture and crossing, but little improvement has been done. These materials are highly degenerated and low yielders, but are very much liked by people due to taste, stickiness and long time home storability.

The other method is the development of transgenic potato (US AID assisted) . Late blight resistant RB gene was genetically engineered to US variety Katahdin from *Solanum bulbocastanum* in the University of Wisconsin, USA. Two best Bangladesh varieties were obtained by crossing 'Cardinal' and 'Diamant' with two 'Katahdin' clones 'SP 904' and 'SP 951' in 2006. Seeds were grown and under the facilities Biotechnology Division of BARI at Gazipur. F_1C_5 and F_1C_6 clones were evaluated in replicated field trials (at Joydebpur and Debigonj) . Performances are encouraging. Varieties are awaiting Govt. approval and other formalities before release.

Preservation of potato diversity for centuries: cryopreservation of potato accessions at the International Potato Center

R. Vollmer, A. Panta, V. Egusquiza, R. Villagaray, N. Barkley, D. Ellis

(International Potato Center, Lima, Peru)

Cryopreservation is an effective and efficient strategy for the long-term (100+ years) conservation of clonally propagated crops. When entering thecryobank, plant material is manipulated and labeled only once and therefore potential risks of mixing cultures, mislabeling, somaclonal variations and genetic drift are very low compared to other conservation strategies. The International Potato Center (CIP) implemented a strict, transparent, simple and clear quality management system and standards for viability assessment, decision making, operation, health and safety and quality control in its potato cryobank in 2013. This revised standard resulted in a purging of almost 75% of the existing CIP potato cryobank as accessions stored 10-20 years ago no longer met the current standards. Regeneration is defined by formation of a morphologically normal in vitro plantlet with a developed apex, stem, leaves and roots, without any intermediate callus formation. Standards for cryopreservation include the preservation of 150 shoot tips (10 shoot tips per vial), of which 30 are thawed for baseline viability determination after 24 hours in liquid nitrogen. Present cryopreservation viability standards in the CIP genebank accept cryopreserved accessions regenerating at a rate of 30% or higher. If the first run has a viability of 20%-30% then an additional 150 shoot tips are stored in the CIP cryobank and assessed for viability. Accessions with less than 20% viability are not included in the cryobank and are noted in the database as needing further cryoprotocol improvements. Currently the CIP potato cryobank contains 969 accessions, from which 567 were successfully cryopreserved in 2013/14 under the above described standards, while the rest of the cryobank corresponds to accessions cryopreserved from 2010-2012. The potato accessions successfully cryopreserved in 2013/2014 showed an average survival and recovery rate of 67.8% and 52.3%, respectively. Our throughput of accessions entering the cryobank is 450 accessions annually meeting the above stringent criteria translates roughly to 60 accessions/technician/year. Utilizing cryopreservation in the genebank will help maintain the genetic identity of the accessions and secure the material for future generations.

Problems and solutions in the breeding and utilization of potato varieties for processing in China

Dengshe Wang, Hailong Li, Lijuan Niu

(Center of Technology, SnowValley Agricultural Development Co., Ltd., Chabei, Hebei 076481, China)

Chinese potato processing industry began to developin 1980s. Apart from late start, small business scale, low level duplication, no enough governmental support, and lack of talents and technology, a key factor restricting development of potato processing industry is serious lack of processing varieties. Now, processing varieties in use and breeding in China have the following problems: (1) There are few native processing varieties of potato in China, and even fewer are chosen by processing enterprises. (2) The market of raw materials for processing almost occupied by imported varieties and to upgrade processing varieties is extremely urgent. (3) Varieties for flake processing were lack and can't meet the demands of flake processing enterprises. (4) Imported abroad varieties need to be planted in high irrigated and fertile fields while their resource consumption is huge and their application scope is narrow. (5) Because of shortage of processing varieties resources and the simple breeding approach, the proceeding of breeding for processing varieties is very slow. (6) Due to Chinese varieties registration law, variety registration can not meet the demand of processing market and has affected market order. (7) Seed potato enterprises, limited by many factors. It is difficult to carry out breeding of processing varieties. Our proposals include: (1) We should combine importing processing varieties with breeding of our own processing varieties, increase our ability and accelerating our speed of breeding processing varieties. (2) We should establish cooperation between research institutes and processing enterprises to breed processing varieties which highly aligned with the processing request and finally develop the processing varieties to meet the demand of processing enterprises. (3) According to national strategy of promotion potato as staple food, we should work out the plan about breeding processing varieties by combining Chinese life style and dietary habits. (4) We should work out special procedures and regulations for processing varieties breeding, and breed more popular varieties for Chinese consumers to improve potato consumption as staple food. (5) We should change old conceptions and reform the current system of breeding of potato, and the government should strengthen support from funding and policies to improve China's breeding ability. The nation should provide technology and investment for seed potato enterprises which have their own potato breeding plans to promote effective implementation of these breeding plans. Finally, it is notable that Chinese potato breeding ability is weak, especially for processing varieties. The government and the public should pay more attention to these problems, and take effective action to change the situation fundamentally, to improve the ability of breeding processing varieties, to breed processing varieties which contain disease resistance ability and adapt to environments with high yield, low consumption and good quality. At the end, Chinese processing enterprises will use Chinese own processing varieties and push forward Chinese potato as staple food based on the research and application of Chinese processing varieties.

Progress on Iron and Zincbiofortification of potato at CIP

Merideth Bonierbale*, Gabriela Burgos, Walter Amoros, Elisa Mihovilovich, Thomas Zum Felde

(International Potato Center, Lima, 12, Peru)

Diversity: Initial screening of genetic resources found ranges of 11-30 ppm iron

* Corresponding author, E-mail: M. Bonierbale@cgiar. org.

and 8-25 ppm zinc in potato tubers. Levels of vitamin C and phenolic compounds were also assessed, as these affect iron absorption. Studies for iron and zinc found significant effects of G×E interaction, but these did not result in drastic changes in the relative ranking of genotypes. Heritability of iron and zinc concentrations in potato tubers is moderately high, and no negative correlation was found between micronutrient concentration and important resistance traits.

Retention and Bioaccessibility: Mineral retention during cooking has been examined; cooking resulted in no significant differences in mineral levels between raw and cooked potatoes, so mineral determinations on raw potatoes may be used directly. Cooking degrades vitamin C and therefore could potentially affect iron absorption. Evaluation of iron bioaccessibility showed that depending on the genotype, 63.7 % to 79.0 % of the iron from the tuber is released from the potato tuber matrix during in vitro gastro-intestinal digestion and is therefore available at the intestinal level.

Breeding: Breeding to increase iron and zinc concentrations was initiated at CIP in 2004 from a base population of 18 accessions of *Phureja* and *Stenotomum/Goniocalyx* germplasm selected for outstanding culinary attributes and mineral concentrations above the mean values reported for diploid Andean landrace potatoes. After three cycles of recurrent selection the concentrations of iron and zinc exceeded twice that of the base population (28-40 mg/kg DW and 27-35 mg/kg DW for iron and zinc, respectively) . CIP is now transferring the iron and zinc gains obtained at diploid level to a more widely-adapted tetraploid population. The first tetraploid generation of biofortified potatoes from 4x-2x crosses showed iron concentrations ranging from 8 to 41 mg/kg and zinc concentrations ranging from 6 to 43 mg/kg with more than 50 genotypes having concentrations of iron higher than 30 mg/kg and over 35 mg/kg zinc. This implies ability to supply 30%-50% of the EAR of iron and zinc for women targeted by CIP' s biofortification program.

Genome-estimated breeding values: Genotyping by sequencing (GBS) was performed on the panel of 150 *Phureja* and *Stenotomum/Goniocalyx* landraces also phenotyped for mineral and vitamin C concentrations. A set of 14 453 SNPs were retained after quality control. Feasibility of applying Genomic Selection in potato was tested with the combined data set. Prediction accuracies for accumulation of minerals, and vitamin C in diploid landrace germplasm were sufficiently high to merit implementation of GS for selection of superior parents in this gene pool.

Delivery: CIP generates high iron and zinc sources and provides clones and seed populations to the Rwanda Agricultural Board and the Ethiopian Institute for Agriculture Research for local adaptive breeding. Samples of the base population with high levels of iron and zinc and improved cycles have been introduced to Ethiopia, Rwanda, Bolivia, Bhutan and Nepal for participatory variety development.

Public Private Partnerships (PPP) in potato research in the Netherlands: sharing profits

Anton J. Haverkort

(Wageningen University and Research Centre, Plant Research International, P. O. Box 16, 6700 AA Wageningen, The Netherlands)

Agricultureis a most important economic activity in the Netherlands. After the USA it is the second exporter of agricultural products. Main products are dairy and meat and processed food but propagation material of plants is most important with high added value. Seeds of flowers and vegetables are well known as well as bulbs of tulips and other ornamentals. The Netherlands exports more seed potatoes than all other seed potato exporting countries together. The added value of such propagation material is considerable. For instance one hybrid tomato seed of a desired variety may cost € 0. 20, and its tomato fruit value is after sowing the seed and growing a plant from it is calculated at € 16. One kilogram of tomato seed may cost 50 000 yielding farm gate tomato with a value of €3 500 000 or a retail shop value of €7 500 000. For potato a similar calculation is made. A minituber costs € 0. 50, it yields 300 g of G1 and after five multiplications 30 000 kg of G6 from which 15 000 kg of French fries are produced with a quick service restaurant value of well over €150 000. In the Netherlands 3. 5 million tons of potato raw material are processed into potato products such as crisps and chips, about 2 million tons into starch and the country produces over 1 million tons of seed potatoes. Of all these products over 80 % is exported so there is much interest in staying competitive. A most adequate approach is through public private partnerships (PPP), two examples follow, that assure that publicly funded research is carried out to serve the interest of the industry.

In 2003 the Netherlands government took the initiative to establish a Centre for Biosystems Genomics (CBSG) a _ 10 million per annum research and development project involving five universities, two research institutes, five potato breeding and seed production companies, six vegetable breeding companies, the national potato starch industry and two organizations: one representing tomato and potato growers and one representing the potato processing industry. The main aim was to arrive at synergy of all public and private fundamental genetic and breeding research efforts (transcriptomics, proteomics, bioinformatics) and to seek additional international cooperation and funding. The Wageningen coordinated Global Potato Genome Sequencing was one of its initiatives. In 2005 the government funded a ten year 1 million euros per year project to arrive at durable resistance against *Phytophthora infestans* (DuRPh) through cisgenic marker free transformation of resistance genes into existing potato varieties. No direct investment by the industry is required due to their reticence deploying genetic modification in view of the public opinion in Europe but the industry is involved through a representation in the steering committee and by taking part in a consortium aimed at future exploitation of resistance genes. There are two rules that restrict a straightforward capitalizing on the public-private investment: 1) all results from public funding (tax payers' money) must be published and 2) no state aid to companies or a sector is allowed as it would lead to an unleveled playing field of the industries in the European Union where state aid is not allowed. Public institutions such as universities and research institutes, however, can secure intellectual property through e. g. patents and exploit it through companies that ultimately may obtain revenues through e. g. breeding rights. The public institutions exploit intellectual property not for profit but for reinvestment in public research furthering the aim of the PPP that allow a more rapid variety development, market acceptance and enhance the competitiveness of the breeding industry.

Quality management system for the global potato collection: unique accession identifiers for future generations

D. Ellis[1], N. Barkley[1], R. Gomez[1], Soto[1], A. Salas[1], A. Panta[1], F. Vargas[1], D. Douches[2], J. Coombs[2], N. Warthmann[3]

(1 International Potato Center, Lima Peru; 2 Michigan State University, E. Lansing, MI, USA; 3 Australian National University, Canberra, ACT, Australia)

The genebank at the International Potato Center (CIP), in Lima, Peru is entrusted with the safe and secure conservation of the global potato collection held intrust for the Food and Agriculture Organization of the United Nations (FAO) distributed world-wide for research, breeding and training under the International Treaty for Plant Genetic Resources for Food and Agriculture (ITPGRFA). The cultivated potato collection consists of over 4 350 in vitro accessions representing landraces collected over the past half century throughout the Andean region.

As part of a new quality management system (QMS) for the genebank, we are confirming the identity of every accession by comparing in vitro cultivated potato collection with the original material maintained in the field to ensure there have been no within accession mixes or mislabeling of accessions over the past 25 years since the initiation of the in vitro collection. To this end we are developing a unique genetic fingerprint for each accession, as well as a herbarium sheet to enable future QMS to assess stability in the maintenance of the collection.

To accomplish the identity verification, the curator examined all vials for each accession and selected a single in-vitro-plantlet per accession for maintenance in vitro. During the re-multiplication process from this single plantlet for every accession, one vial was set aside for DNA extraction and identity is being confirmed by morphological characterization and by comparing DNA fingerprints with voucher specimen for each accessions. The analysis of choice for the genetic fingerprinting of the collection is currently the SOLCap Illumina Infinium Potato V2 12 000 SNP Array.

Currently 100% of the collection has been regenerated from a single in vitro plantlet and 25% of the collection has undergone DNA fingerprinting. Data to date has shown 92% identity between the in vitro accession and the confirmed specimen for each accession. Morphological comparisons between the confirmed plant material and the corresponding in vitro material are ongoing and will confirm any discrepancies in the in vitro collection. Herbarium sheets are prepared for future confirmation of accession identity and stability. To further increase the resolution of the DNA fingerprinting we are currently exploring 2nd generation, low pass whole genome shotgun sequencing. Our goal is that by early 2016, we will have unique DNA fingerprints of over 90% of the cultivated potato collection and voucher herbarium sheets for future generations to use to ensure the material in the genebank is authentic and true-to-type.

Screening the potato resources with freezing tolerance and identifying the related cold tolerance mechanisms

Lin Chen, Wei Tu, Shuang Kou, Wenxiang Mei, Li Kang, Xingkui Cai, Botao Song*, Conghua Xie

(Key Laboratory of Horticultural Plant Biology, Ministry of Education, Huazhong Agricultural University, Wuhan, Hubei 430070)

Low temperature is one of the major limited factors to potato production. Since

* Corresponding author, E-mail: songbotao@mail. hzua. edu. cn.

current potato varieties have neither non-acclimated cold tolerance nor acclimated cold tolerance, little is known about mechanisms of potato cold tolerance, which severely hamper the potato cold tolerance breeding and potato industry development. In order to overcome the aforementioned problems, the evaluation of LT_{50} and direct cold tolerance evaluation system for potato seedling have been carried out to evaluate more than 400 wild species, interspecies hybrids and varieties by our lab, to select the suitable ones for the further research. Results showed that 54 clones, from 13 kinds of wild species e. g. *S. acaule*, *S. commosonii*, etc. , were cold tolerant. And in the resistant clones, 6 only have the acclimated cold tolerance, 22 only have non-acclimated cold tolerance, and the rest had both of the non-acclimated and acclimated cold tolerance. For the 162 tested varieties, none of them showed non-acclimated cold tolerance. However, 11 of them from CIP (International Potato Center) showed acclimated cold tolerance obviously. Besides, 114 out of 192 hybrids derived from interspecies hybrizations between *S. acaule*, *S. commosonii*, *S. demmisum* and *S. tuberosum* showed non-acclimated cold tolerance. Five cold tolerance segregation populations, including FT008 (*S. acaule* × *S. tuberosum*), FT009 (*S. acaule* × *S. chacoence*), FT014 (*S. demmisum* × *S. chacoence*) were constructed based on the above cold-tolerant materials. Genetic linkage mapping of these population were constructing by SNP and other markers. And the mapping of the cold tolerance-related gene is undergoing.

Moreover, each two represent clones from the four kinds of materials, which consisted of those which have both of non-acclimated and acclimated cold tolerance, those who have only non-acclimated cold tolerance, those who have acclimated cold tolerance, and those who are cold-sensitive, have been used for systemic analysis of the molecular and metabolic mechanisms underlying potato cold tolerance by an integrated strategy of transcriptomics and metabolomics. Results indicated that the related pathways and genes of non-acclimated and acclimated cold treatment were not all the same, maybe the non-acclimated and acclimated cold tolerance are controlled by different pathways and genes. Ten pathways have been identified to be related to non-acclimated cold tolerance, including lipid metabolism FA desaturation, secondary metabolism. phenylpropanoids, signaling receptor kinases, signaling calcium, etc. In addition, 19 transcription factors were related to non-acclimated cold tolerance, two of which, *StWRKY1* and *StWRKY8* have been transformed to potato. The overexpression transgenic plants showed a certain improvement of cold tolerance. In summary, the cold tolerant materials obtained by the cold evaluation screening, and the genetics, molecular analysis on the cold tolerance could be used for potato cold tolerance breeding theoretically and practically in the future.

The contribution of CIP germplasm to the potato varieties in China: what the experts say

Junhong Qin*, Willy Pradel,
Kaiyun Xie, Guy Hareau, Wenjuan Li

[International Potato Center (CIP) /CIP-China
Center for Asia Pacific, Beijing, China]

Potato (*Solanum tuberosum* L.) is one of the most important crops in the world because its contribution to the human diet. It originated in the Andean highlands of Latin America, and was introduced in China in the 17 century. In China, there has been a rapid expansion in the areas for planting potato in order to feed a growing population, not only for direct human consumption but also for the food industry. The International Potato Center, together with agricultural research institutions in the different Provinces and other partners, has contributed with germplasm and collaborated with breeding programs to develop varieties adapted to specific agro-ecosystems. New varieties with higher yields, resistance to different biotic and abiotic stresses and higher industrial and consumption qualities were targeted and new varieties with these characters have been released as a result of collaboration.

Between December 2014 and March 2015 we collected data to develop two distinct

* Corresponding author, E-mail: J. Qin@cgiar. org.

databases in six different Provinces: Yunnan, Gansu, Sichuan, Guizhou, Chongqing and Guangxi. One database contains information of the official registry of released potato varieties and another database contains information about the extension and production of the most relevant varieties. Data of the second database were collected from participated experts through workshop following a detailed five-step methodology in order to achieve consensus information. In total, 68 experts participated in the workshops, with expertise covering the entire potato production chain including breeding, agronomy, extension, seed production, and processing. The data were analyzed and interpreted using descriptive statistics, percentages and graphs and results were presented in table form. Results showed that a total of 190 potato varieties have been released in six Provinces, and 84 of them contain the genetic background of the CIP germplasm. Potato varieties, which contain the CIP genetic background, were planted in the six Provinces. The area is around one million hectares which is about 30% of the potato planting area. Those varieties planted in larger areas are: Cooperation 88 (165 000 ha. -mainly in Yunnan), 'E-potato No. 5' (140 000 has-mainly in Chongqing), 'Xuanshu No. 2' (138 000 ha. -mainly in Yunnan and in Guizhou) and 'Longshu No. 3' (133 000 ha. -mainly in Gansu) . The research will continue in 2015, which will cover six Provinces including Hebei, Heilongjiang, Inner Mongolia, Ningxia, Shaanxi and Shanxi and other 8 countries including India, Nepal, Bangladesh, the Philippines, Vietnam, Indonesia, Papua New Guinea and Pakistan.

The global potato collection: held in-trust for humanity at the International Potato Center

D. Ellis, N. Barkley, R. Gomez, A. Salas, G. Rossel, I. Manrique, N. Franco, A. Panta, R. Silvestre, F. Vargas, R. Vollmer, B. Zea, R. Falcon, V. Quispe, O. Chavez, G. Carpio.

(International Potato Center, Lima, Peru)

The genebank at the International Potato Center (CIP), in Lima, Peru, safeguards the global collections of potato (9 707 accessions comprising 7 647 *in vitro* accessions, and 2 060 seed accessions from non-cultivated wild relatives), sweetpotato (7 066 accessions comprising 5 974 *in vitro* accessions, and 1 092 seed accessions from non-cultivated wild relatives) and nine different Andean Root and Tubers (oca, ulluco, mashua, mauka, ahipa, maca, yacon, arracacha, achira) (1 291 accessions comprising 1 073 *in vitro* accessions and 57 seed accessions from non-cultivated wild relatives) . These collections are all held in-trust for the Food and Agriculture Organization of the United Nations (FAO) and are distributed for research, breeding and training world-wide under the International Treaty for Plant Genetic Resources for Food and Agriculture (ITPGRFA) . With over 13 000 *in vitro* accessions, the CIP genebank is the largest *in vitro* genebank in the world. The *in vitro* potato collection consists mostly of cultivated landraces from the Andean region and is maintained following high quality standards. International distribution of this collection is limited at present due to the prerequisite of confirming the phytosanitary status of the *in vitro* material prior to global distribution as well as an ongoing effort to verify the identity of all the accessions in the collection. To ensure the collection is safeguarded for future generations, a copy of the *in vitro* potato collection is backed up in Huancayo, a geographically distinct region in Peru, as well as with Embrapa in Brasilia, Brazil. Seed accessions are securely backed-up in Huancayo and in the Global Seed Vault in Svalbard. Over 20 000 herbarium sheets exist from past and present accessions to further help future generations ensure long-term identity of conserved accessions. Additionally, CIP has an active cryopreservation program which is cryopreserving the *in vitro* collection at a rate of 450 accessions per year. In the Andean region, the CIP genebank has partnered with over 70 indigenous communities, such as the Parque de la Papa in the Cusco area, repatriating landraces once grown and lost in the high Andean valleys, to the descendants of the farmers who originally protected, nurtured and grew them so that part of their history can be restored. CIP is actively engaged with these communities in the exchange of knowledge, germplasm and research.

The International Potato Center's strategic program for potato in Asia

Gregory A. Forbes[1], Julian Parr[2], Mohindar, S. Kadian[2]

[1 International Potato Center (CCCAP), ICRAF-Kunming Institute of Botany (KIB), Kunming, 650204, China; 2 CIP-SWCA Regional office, NASC Complex, IARI Campus, Pusa-110012, New Delhi, India]

Most of the world's potato crop is now grown in developing countries and most of that in Asia. Nonetheless, potato production is very irregular in Asia and dominated by China, India and Bangladesh. Per capita consumption is also highly variable; it has rapidly increased over past decades in some countries such as China, India and Bangladesh and has always had some of the highest consumption per capita globally in Central Asia, but it remains very low in most countries of SE Asia. Asia is also where two thirds of the world's poor live and this highlights the role that potato can play in poverty reduction and food security. CIP's Asia potato program 'Agile Potato for Asia' targets a number of countries, including China, India, Bangladesh, Nepal, Bhutan, Myanmar, Indonesia, Vietnam, and in Central Asia, Uzbekistan, Kyrgyzstan and Tajikistan. The Agile Potato for Asia program tries to respond to the highly complex growing patterns of this crop in the target region. In the tropical zone, potato is grown in the highlands virtually year round, depending mainly on the monsoon. In the subtropical areas, the planting calendar is complex. Depending on latitude and altitude, potato may be grown in the highlands in the summer months, or at lower elevations in fall, winter or spring. CIP's program has a particular focus on potato in fall, winter or spring rotated with rice, wheat and/or vegetable crops. Potato is an important food and cash crop in the subtropical lowlands cultivated in the winter in irrigated lands under short day conditions. It is a key rotation crop in cereal systems. However, these cropping systems require multipurpose potato varieties (table and processing) of different maturation times and with resistance to a number of stresses, including heat, drought, salination and some diseases. Low-land 'off-season' potato has been the fastest growing sector for potato production in Asia and therefore this is where CIP feels it can have the greatest impact by offering new alternatives to potato growers, both in terms of new potato germplasm and new cropping systems and methods. Potato is an ideal crop to address some of the long term food security challenges of Asia, exacerbated by population growth, climate change, intensification of agriculture and dwindling natural resources. CIP's Agile Potato for Asia program is built on six linked sub-programs, three related to breeding and selection of new varieties, one on intensified sustainable production, one on demand creation and finally one on going to scale. Success in this program will require strong partnerships and the contribution of many stakeholders at all levels.

The value of breeding for the entire world

Gerard Backx

(HZPC-Seed Potato Company. P. O. Box 88, 8500 AB Joure, The Netherlands)

Breeding is a major contributor to the increase of world food production for many crops. In some crops breeders succeed to realize a genetic gain in yield of 2% per annum or more. In potato breeding the genetic gain is very limited. Compared to the size of the crop, the investment in breeding is very limited. This counts for the private sector as well as for the public sector. In general those two are going together. If the private sector is not willing to invest, the public sector is not investing either and the other way around. A slow genetic gain makes the crop less competitive towards the future.

The reason that breeders are not investing more in breeding and research is the absence of possibilities to create a real return on those investments. Creating a new variety will cost at least 3 million euro or more. Not all varieties are commercially successful. The introduction of a potato variety does take long. The scaling up of a variety does take time as well. A successful variety needs certainly 15 years to get to the market volumes belonging with a successful variety. In many important potato countries, it is not possible to protect a variety based on Plant Variety Patents or Plant Breeders Rights. In most of the countries the protection of a variety is limited. The variance goes from 15 to 30 years. Only in a few countries like the European Union, the protection is 30 years. A breeder is not able to regain the investments within 15 years.

Limited investment in breeding, means also limited investment in the development of new breeding tools or techniques to support the breeders. A clear example is the moment potato breeders started to invest in marker assistant breeding. Other breeders were using those techniques already for more than a decade before the first potato breeders started to use those techniques. Only when the technique was very common and cheaper, potato breeders started to use it. Still the intensity of usage is much lower than it is in many other crops.

Small company budgets also means a limited contribution into public research from the private sector. Most of the public projects are supported or even initiated by the companies or should be initiated by the companies. Only a few major projects are really started by the research institutes, but needed the support of breeders as well. The Genomics project (Centre for Biosystems Genomics-CGSG) likely was one of the very positive exceptions in which the contribution of the breeding companies was required, but the initiative came from the public sector and most of the money was publicly funded. Though, this project has had an enormous contribution to the knowledge on the genetics of potatoes and other Solanaceae. With the project, potato breeders were able to start with marker assistant breeding.

The potato world needs breeders to invest in genetic gain for the longer term. Therefore breeders need a decent return on their investment. A decent return will stimulate private as well as public investments in research. Research for the benefit of the entire potato chain includes growers, processors, and retailers, up till the consumer.

Use of participatory variety selection (PVS) methods in the evaluation of nutrient-enriched potato varieties in the high-hills of Nepal

Bhim Bahadur Khatri[1], Binod Prasad Luitel[1], Buddhi Prakash Sharma[1], Mohinder Singh Kadian[2]

[1 National Potato Research Program, Nepal Agricultural Research Council (NARC), 246, Lalitpur, Nepal; 2 International Potato Center (CIP), South, West & Central Asia (SWCA), New Delhi-110012, India]

Potato is an important crop used as staple food crop in the high hills and mountains of Nepal. The varieties cultivated so far in high-hills are low yielding and highly degenerated with low nutritional qualities from unknown source. To fulfill the country's demand of new varieties, National Potato Research Programme has developed a varietal development scheme which takes 10 to 12 years to release a variety. To overcome this lengthy process, PVS has been widely institutionalized these days by public sector research and extension agencies in the crops like rice, maize and wheat, but it is completely a new approach for potato in Nepal. Therefore, with the objectives of shortening the time of variety development and providing the seed of improved varieties to farmers quickly, a PVS study was undertaken on potato crop at Dolakha/Sindhupalchok districts (2 550 m asl) during the years 2012/13 and 2013/14 using Mother and Baby (M and B) Trial Design. In 2012/13, fifteen nutrition-enriched potato genotypes introduced from International Potato Center (CIP) were tested in Mother Trial along with Rosita as a check variety, and the same sets of potato genotypes in six test sets of Baby trials. Based on the preferences of PVS participants and performance of the tested clones, 8 out of 15 were selected and assessed in the year 2013/14 in same design. Potato varieties, Rosita and Janakdev, were used as checks with increased number of Baby trials. In both years, PVS participants were potato farmers, researchers from Nepal Agricultural Research Council (NARC) and extension workers from

Department of Agriculture and they were ranked gender-wise at planting, vegetative (flowering) and harvesting stage, respectively. Altogether, 41 female and 69 male participants participated in 2012/13, whereas 36 female and 80 male farmers participated in 2013/14. The participants were different between first and second years. At the vegetative stage of variety selection, preferences to late blight disease resistance got the highest vote in both years followed by potato varieties with more number of main stems per plant. The choices of variety selection by female participants were found different from those by male participants at each of the stages except yield criteria in both years. In Mother trials, majority of the PVS participants preferred "Rosita", one of the check varieties grown for decades in the locality followed by CIP 394613. 139 during evaluation at the vegetative stage in 2012/13, whereas in 2013/14 clone CIP 393617. 1 at the highest rank followed by "Rosita" . But in Baby trials, CIP 394613. 139 in 2012/13 and CIP 393617. 1 in 2013/14 were highly preferred by PVS participants. Participants' overall highest preferences were high yielding traits of genotypes followed by disease resistance in both years. Based on two years' PVS results, clones CIP 395112. 32 and CIP 393073. 179 are recommended to commercialize as the varieties for the hills of Nepal.

'Zhongshu 18': Ahigh-yield fresh-market potato cultivar

Shaoguang Duan, Liping Jin, Wanfu Pang,
Chunsong Bian, Jianfei Xu, Jie Liu

(Institute of Vegetables and Flowers, Chinese Academy of Agricultural Sciences, Beijing 100081, China)

'Zhongshu 18' was first grown and selected in the field in Nankou, Beijing in 2002. The true potato seeds were introduced from International Potato Center, Lima, Peru. It originated from a hybridization between breeding clone C91. 628 and C93. 154. 'Zhongshu 18' was evaluated as a 4-hill selection in 2003, and from 2004 to 2006 in unreplicated trials in potato breeding station of the Institute of Vegetables and Flowers, Chinese Academy of Agricultural Sciences, Zhanbei, Hebei. The average yield was 32340 kg/ha in replicated trials in 2007, which was

135% significantly higher than that of the control 'Kexin 1'. 'Zhongshu 18' was entered in Inner-Mongolia trials in 2008, and subsequently advanced to the Northern Regional Potato Variety Trials in 2011 to 2012, and then Production Trial in 2013. On the basis of its agronomic performance in trials, the decision was made by National Potato Variety Development Program Committee to release 02162-875 as 'Zhushu 18'. 'Zhongshu 18' was entered in the Northern Regional Potato Variety Trials in 2011 to 2012, where it was evaluated at sites in Zhangjiakou Academy of Agricultural Sciences, High Latitude Crops Institute of Shanxi Academy of Agriculture Sciences, Weichang Potato Research Institute, Wuzai Station of Shanxi Academy of Agriculture Sciences, Wulanchabu Agricultural Institute, Inner Mongolia Zhengfeng Seed Potato Company Limited and Shanxi Yulin Academy of Agricultural Sciences. Average total yield of 'Zhongshu 18' was 33152 kg/ha, which was 16.4% higher than the control 'Kexin 1'. Average growth period from emergence to harvest was 99 days, which was 8 days longer than the control cultivar. Inner Mongolia Xilinguole Seed Management Station was added into the trials in 2013. Average yield of 'Zhongshu 18' was 30719 kg/ha, which was 6.8% higher than the control 'Kexin 1'. Average growth period from emergence to harvest was 99 days, which was 7 days longer than the control cultivar. Tuber of 'Zhongshu 18' was analyzed to assess nutritional components under the supervision of the Ministry of Agriculture Vegetable Quality and Testing Center. The results were as follows: The Vitamin C content was 17.3 mg/100 g tuber fresh weight. The dry matter content was 23.70% tuber fresh weight. The starch content was 15.50% tuber fresh weight. The protein content was 2.34% tuber fresh weight. The reducing sugar was 0.43% tuber fresh weight. PVX and PVY resistance tests were conducted at Keshan Branch of Heilongjiang Academy of Agricultural Sciences using virus inoculation method. 'Zhongshu 18' is susceptible to late blight infection in foliage, but it is less susceptible than the control cultivar 'Kexin 1' in the field. The evaluations for late blight resistance were conducted at Agricultural University of Hebei College of Plant Protection and Enshi Southern Potato Research Center. 'Zhongshu 18' is vigorous, erect and middle-late maturing. Stem and leaves are green with anthocyanin pigmentation and flower is violet. Fruit is light spontaneous production in the field. Tuber shape is oblong and uniform, and tuber skin is light yellow with shallow eyes and smooth texture. Flesh is light yellow. Dormancy period is medium.

Integrated Crop Management

Bayer Forward Farming: Demonstrating sustainable agriculture in practice—case from Belgium

(Author's e-mail: Birgitt. Walz-Tylla@bayer. com.
Bayer CropScience, Monheim, Germany)

Potato Farmers nowadays are facing complex challenges - the need to increase agricultural productivity in a sustainable manner, adopt farming to weather fluctuations, optimally manage soil and water, maintain biodiversity on their farmland, and fulfil increasing food chain and consumers' demands. At Bayer, we believe that a holistic approach towards more sustainable agriculture and the opportunity for an on-going exchange of know-how between all stakeholders in the agricultural value chain is the best way to overcome these challenges.

Therefore, Bayer Forward Farming is a knowledge platform that enables selected farms to share their expertise and achievements with all stakeholders in the agricultural value chain - farmers, agronomists, food chain, academics, politicians, government officials, consumers, etc.

By communicating about the sustainable production of potato in practice, the consumer gains directly and indirectly more confidence in the quality of the produce itself.

Example Belgium

In Belgium, Bayer partnered with the potato growers Jan andJosse Peeters to optimize the production of potatoes and showcase the results to all stakeholder groups, including media, politics and consumers. The response by the public demonstrated that the production process is considered as a vital part to evaluate and trust the quality of the final potato.

More information: www. forwardfarming. com.

Crop management in potatoes: use of oxathiapiprolin in an integrated pest management (IPM) control strategy to reduce potato production risks associated with late blight

C. P. Shepherd

(DuPont Crop Protection, Stine-Haskell Research Center, 1090 Elkton Road, Newark, Delaware, 19711-0030, USA)

Late blight caused by *Phytophthora infestans* remains one of the most important limiting factors in potato production in China, resulting in low yields and poor tuber quality. Applications of effective fungicides are an important part of an overall integrated pest management (IPM) control strategy for potato late blight. Characterizing and comparing the attributes and features of fungicides is critical to understanding best use in an effective late blight disease management program. DuPont™Zorvec™ is the global trade name for oxathiapiprolin (approved ISO common name), a novel fungicide recently discovered by DuPont and the first member of a new class of piperidinyl- thiazole-isoxazoline fungicides. It acts at a unique site of action in Oomycete pathogens with no known cross-resistance to other fungicides. *In vitro* studies, scanning electron microscopy (SEM) and whole plant studies were conducted to characterize performance of oxathiapiprolin compared with current commercial fungicides used to control late blight. Studies have demonstrated: 1) high intrinsic activity against *P. infestans*, 2) an effect on multiple stages of pathogen development, and 3) systemic movement within the host plant. This combination of attributes allows oxathiapiprolin to provide consistent and reliable disease control, even under the most severe conditions. At use rates 5 to 100 times lower than current commercial fungicides, oxathiapiprolin is highly effective for the control of *P. infestans* and other economically important Oomycete pathogens. Its new mode of action makes oxathiapiprolin a valuable option for fungicide resistance management strategies, and its minimal impact on key beneficial organisms provides a strong fit within integrated pest management programs. A favorable toxicological and environmental profile, combined with low use rates, provides a new effective tool to potato growers.

Current situation and developmental trends of potato production in the double cropping region in central China

Wanfu Pang[1], Chunsong Bian[1], Shaoguang Duan[1], Jianfei Xu[1], Jie Liu[1], Liping Jin[1], Dongyu Qu [1,2]

(1 Institute of Vegetables and Flowers, Chinese Academy of Agricultural Sciences, Beijing 100081, China; 2 The People′s Government of Ningxia Hui Nationality Autonomous Region, Yinchuan, Ningxia 750000, China)

The Double cropping region for potato production is one of the important potato production producers in China. It includes Henan, Shandong, Jiangshu, Zhejian, Anhui, Jiangxi, Tianjin and Beijing, the southern part of Liaoning, Hebei, Shanxi and Shaanxi, and the Eastern part of Hubei and Hunan, where about 553.3 thousand hectare potatoes are grown in spring and fall annually, except summer when the temperature is too high and the rainfall is too heavy. The price of harvest potatoes is a little bit higher from this region than potato from north part of the country as the gross production is relatively small at that time. In spring th season, from the south to the north, potato planting time starts traditionally from mid February to early March, whereas harvesting time starts from late May to early June. Facility such as the plastic film mulch, small tunnel and greenhouse are commonly used in cultivation for early market. By plastic mulching, the sowing time is in early March and harvest starts at late May or mid-June. If double covered by plastic mulch with small tunnel, sowing time could be pushed to late January and harvesting in late April or early May. Three coverings could realize sowing in December and harvest in mid-April. With higher input, the facility cultivation can provide better conditions for potato growth and the average yield is over 30 ton/ha, with some high yielders reaching 45 ton/ha. The sale price is higher as potatoes are harvested earlier. Potato becomes an important economic crop in the region.

Delaying forage plowing from fall to spring enhances water quality and economic resiliency of potato production in Eastern Canada

Yefang Jiang[1], Judith Nyiraneza[1], Bernie Zebarth[2], Mohammad Khakbazan[3], Christine Noronha[1], Keith Fuller[4]

(1 Agriculture and Agri-Food Canada, 440 University Ave., Charlottetown, PE C1A 4N6, Canada; 2 850 Lincoln Road, Fredericton, NB E3B 4Z7, Canada; 3 2701 Grand Valley Road, Brandon, MB, R7A 5Y3, Canada; 4 32 Main Street, Kentvillie, NS, B4N, 1J5, Canada)

Canada is ranked as 14th in terms of potato producing countries in the world. Over 50% of potato production is concentrated in Eastern Canada on coarse-textured soils. The potato crop usually receives high fertilizer N inputsin order to meet industry tuber yield and size requirements, whereas apparent recovery of applied fertilizer N in the potato crop commonly ranges as low as 40%-60%. This soil-crop configuration in combined with a humid climate in Eastern Canada creates a favorable condition for nitrate leaching. In many cases, high levels of nitrate leaching losses from potato rotation systems have caused concerns for both drinking water quality and aquatic ecosystem protection. Prince Edward Island (PEI) represents a typical example of this agro-environmental issue. Located in the east coast of Canada, PEI is the smallest province in the country, yet it is the largest producer of potatoes in the country, accounting for about 25% of the Canadian potato crop. Intensive potato production is conducted on sandy soils underlain by a semi-confined or unconfined sandstone aquifer, which provides all the drinking water in PEI. High levels of nitrate leaching from the production systems have been linked to the contamination of groundwater and estuarine eutrophication as indicated by reoccurring anoxic events in many estuaries. In PEI, potatoes are commonly grown in rotation with grain underseeded with forages, with the latter being plowed down in the fall of the third season as green manure. Previous work has shown that a high proportion of nitrate leached from these systems occurs upon potato harvest and fall forage plow down. The rotation forages usually include N-rich leguminous crops with low C/N ratio intended for maintaining soil organic matter for optimal production. When being plowed down in the fall, a portion of these forages releases nitrate via mineralization, which leaches from the soil profile with the excessive moisture during the wet offseason. The effects of postponing forage plowing from fall to spring on the reduction of nitrate leaching were evaluated in commercial fields in Souris, PEI, during 2010-2012. Three fields planted with a mix of red clover and timothy were paired up (Site Ⅰ) or split (Site Ⅱ) for spring and conventional fall plowing treatments. Nitrate concentrations from tile drain and well water samples were measured to indicate how spring plowing reduces nitrate leaching compared to fall plowing. Monitoring showed that fall plowing resulted in elevated tile-drain nitrate concentrations compared to spring plowing, probably mainly due to preplow herbicidal treatment at Site 1. A similar trend was also observed regarding nitrate concentrations of shallow groundwater at Site 2 during the forage phase. The practice of delaying the plowing of forages and/or associated herbicidal treatment until spring was showed to reduce forage-phase nitrate leaching losses by 20%-61% without compromising potato yields and quality. The study also demonstrated that only a small fraction (9.6%-2%) of the fall plow-down forages decayed during the forage phase and a large portion was retained in the soil into the next season. Thus, the practices of delaying the plowing of forages and/or associated herbicidal treatment and accounting soil N supplies regardless implementing fall or spring plowing should be encouraged for potato production and nitrate mitigation.

During 2013-2014, we asked the growers to implement similar delayed forage plowing in the former sites with sampling facilities we instrumented. We continued on monitoring the tile-drain and well water quality, sampling the soil and crop tissues and conducting biophysical and modeling analysis. We found that spring plowing forages reduces nitrate leaching but to a lesser extent compared to the previous data possibly because the forages did not grow well due to the cold spring weather in 2013. This new dataset provides a validation on the effects of spring plowing forages on nitrate leaching reduction and additional confidence by industry in the value of implementing spring plowing.

Effects of different color plastic film mulching on growth and development of winter potato in Guangdong

Xiaobo Li[1,2,3], Kang An [1,2], Qin He [1,2], Xiaolan Zhang[1,2], Zhiwei Fang[1,2*]

(1 Research Institute of Crops, Guangdong Academy of Agricultural Sciences, Guangzhou, Guangdong 510640, China; 2 Guangdong Provincial Key Laboratory of Crops Genetics and Improvement, Guangzhou, Guangdong 510640, China; 3 College of Life Sciences, South China Agricultural University, Guangzhou, Guangdong 510642, China)

For the purpose of understanding the effects of plastic films mulching of different colors on growth and development of winter potato, and screening optimal plastic films for winter potato in Guangdong, potato variety Yueyin85-38 (Favorita) was taken as the test material, and a field experiment with randomized block design of single factor was employed to analyze and compare the effect differences

* Corresponding author.

of plastic film mulching of different colors (black, black-white in each side, silver-black, dark-green, transparent, light-green, and yellow) and rice straw mulching (control) . Compared with rice straw mulching, plastic film mulching made the date of emergence and maturation earlier, and reduced days to harvest after planting (DHAP) by about 4-8 days, in which transparent plastic film mulching shortened DHAP by 8 days; black, black-white in each side and yellow plastic film mulching shortened DHAP only by 4 days. Plastic film mulching increased the number of tuber set per plant by more than 1, but there were no significant difference among plastic film mulching of different colors. Plastic film mulching improved the yield of potato by over 23.4%. The yield of potato under light-green film mulching was 31.36 t/ha, 95.8% higher than that of the control (16.02 t/ha), and the yield for black film mulching was 29.84 t/ha, 86.3% higher than that of control, both treatments were significantly higher than that of the control. The yield for yellow film mulching was 19.77 t/ha, 23.4% higher than that of the control, but no significant difference was found. Besides, plastic film mulching changed marketable potato percentage. For black plastic film mulching, the marketable potato percentage was as high as 76.8%, and when compared with the control (58.4%), the increase reached significant level. Transparent plastic film mulching, due to the more light penetration, had the risk of green potato, and led to a marketable potato percentage as low as 52.4%, but no significant difference was detected when compared with the control. Meanwhile, plastic film mulching increased the content of starch and dry matter, in which the dry matter and starch contents for black plastic film mulching were highest, 17.931% and 12.164%, respectively; the dry matter and starch contents for the yellow plastic film mulching and the control were the lowest, 15.75% and 9.98%, respectively. Plastic films mulching also improved resistance to late blight of the winter potato. The incidence and disease index for the control were 35.0% and 19.0, respectively, while the incidence and disease index for the black plastic film mulching were 14.0% and 1.6, respectively, reaching highly significant level when compared with the control. In view of the fact that the black plastic film mulching could increase the yield of marketable potato, increase the content of potato tuber dry matter and starch, and improve the plant resistance to late blight, we draw the preliminary conclusion that the effect of black film mulching was the best on winter potato in Guangdong.

Effect of paclobutrazol on growth and yield of several potato varieties grown at mid elevation areas in Indonesia

Kumala Dewi[1], Fransiscus Xaverius Wagiman[2], Didik Indradewa[2], Erlin Kurniati[3]

(1 Biology Faculty, Gadjah Mada University, J1. Teknika Selatan, Yogyakarta 55281, Indonesia; 2 Faculty of Agriculture, Gadjah Mada University, Bulaksumur, Yogyakarta 55281, Indonesia; 3 UPTD Balai Pengembangan Perbenihan Tanaman Pangan dan Hortikultura, Ngipiksari, Kaliurang, Sleman, Yogyakarta, Indonesia)

Cultivation of potato in mid elevation areas is challenging to fulfill the demand of seed potato which has increased in tropical countries. An experiment was conducted with the aims to (1) evaluate the physiological mechanism in breaking dormancy of potato tubers and (2), to evaluate the effect of paclobutrazol on growth and yield of several potato varieties grown in mid elevation areas. Four potato varieties were used namely Granola-Pengalengan, Granola-Kopeng, Atlantik and Nadia. For dormancy breakage, potato seeds of 40-50 g were placed under cold (10℃) or mild temperature (25℃) and moist condition for 4 weeks. Number of sprout and shoot length was measured, α-amylase activity was determined by the Ceralpha amylase method, and hormones content were determined using HPLC. To analyze the effect of paclobutrazol on growth and yield of potato, all potato seed varieties were planted in the mid level field of 700-800 m above sea level, with day / night temperature range of 28℃ to 31℃/22℃ to 25℃. The soil was enriched with organic fertilizer (2, 5 t/ha), SP36 (150 kg/ha), urea (100 kg/ha) and KCl (110 kg/ha). Potato seeds were planted in a row with the distance of 30 cm between each tuber. Four weeks after planting paclobutrazol at concentrations of 0 ppm (control), 12. 5

ppm, or 25 ppm was applied by spraying it to the plant and also as a soil drench. On week 8th plants were sampled and chlorophyll content was determined spectrophotometrically. Plant height, nitrate reductase activity, reducing sugar content, starch content, Vitamin C and potassium content in the tubers were also evaluated. The results showed that all four varieties of potato can grow relatively good on mid elevation areas having altitude of about 700 m above sea level and produced tubers that can be used either for seeds or for consumption. Tuber sprouting occurred 3 to 4 weeks after storage at 22-25℃. Potato tubers that were subjected to low temperature (10℃) had greater α-amylase activity compared to those seed potatoes stored at room temperature, but sprouting in low temperature was delayed for about 5 to 6 weeks compared to mild temperature (22-25℃). In germinating tubers, cytokinin was detected in all tuber varieties used in this experiment. The content of cytokinin in sprouting tuber of Granola-Pengalengan, Nadia and Atlantik was relatively similar, but for Granola-Kopeng the content of cytokinin was only one fourth of the content in other varieties. Auxin was only detected in tuber of Granola-pengalengan. The occurence of cytokinin in the tubers indicated that this hormone play a role in tuber development as well as tuber sprouting. Paclobutrazol treatment reduced the average of plant height; however, it tends to increase the total protein content. The number of new tubers, starch content, nitrate reductase activity and potassium content increased by paclobutrazol at 12.5 ppm or 25 ppm especially on Granola-Pengalengan variety. On the other hand, the content of vitamine C remained relatively similar in all varieties of either the control or paclobutrazol treatments. The Atlantic variety produced greater size of new tuber but the number of new tuber was less compared to other varieties examined in this research. It is probably due to the flower formation which occured at the same time of tuber induction, thus compiting for photo assimilates which then limited the formation of more tubers.

Effects of light intensity on yield of four early potato varieties

Chunsong Bian, Wanfu Pang, Shaoguang Duan,
Jianfei Xu, Jie Liu, Liping Jin

(Institute of Vegetables and Flowers, Chinese Academy
of Agricultural Sciences, Beijing 100081, China)

Potato is commonly grown in tunnel in spring in the double cropping region in China. In order to early harvest, more than 2 layers of covers were used to improve temperature, but inside the tunnel light intensity was reduced significantly. Different varieties have different adaptability to light intensity. The aim of this study was to investigate the effects of three levels of light intensity on yield with four potato varieties, Zhongshu 3, Zhongshu 5, Zhongshu 7 and Favorita, which were the main early varieties in the double cropping region in China. Potato was grown in Beijing under 3 light intensity: (1) without coverage, (2) with one layer coverage of nylon and (3) with 2 layer coverage of nylon + shade net; light intensity measured on the same day at 9 am is 55 000 lx, 40 000 lx and 13 600 lx or 100%, 70%, and 24%, respectively.

In our experiment, the yield of Zhongshu 3, Zhongshu 5, Favorita and Zhongshu 7 under natural light intensity was 36.22 t/ha, 35.66 t/ha, 32.93 t/ha and 26.62 t/ha. The yield of these 4 varieties under one layer coverage of nylon was 34.4 t/ha, 34.4 t/ha, 33.42 t/ha and 26.2 t/ha, and the yield of these 4 varieties under two layer coverage of nylon + shade net was 20.87 t/ha, 18.67 t/ha, 15.44 t/ha and 11.51 t/ha. According to our datait is strong enough for the normal growth and good yield of Zhongshu 3, Zhongshu 5, Zhongshu 7 and Favorita under 70% of natural light intensity. The yield decrease for each variety under one layer coverage of nylon compared with non coverage was less than 6%. Yield loses of each variety under 2 layer coverage of nylon + shade net compared with non coverage was more than 40%. Compared with Zhongshu 7, the varieties Zhongshu 3, Zhongshu 5, and Favorita were more suitable for Beijing.

Effects of seed piece size and plant density on yield and relationships of plant traits to yield of Favorita potato

Wenhe Lu[1], Yong Li [2], Xueping Lei[1], Yamei Bai[3]

(1 College of Agronomy, Northeast Agricultural University, Harbin, Heilongjiang, 150030, China; 2 Virus-free Seedling Research Institute, Heilongjiang Academy of Agricultural Sciences, Harbin, Heilongjiang 150086, China; 3 College of Resources and Environment, Northeast Agricultural University, Harbin, Heilongjiang, 150030, China)

Heilongjiang is one of the important potato producers in China. Traditionally, small farmers use ridge of 70 cm or even 65 cm, seed piece of 30 g or even less, and in-row spacing of 15-20 cm depending on various varieties for potato production because they lack large agricultural machinery. It is common practice to use ridge of 70 cm or 65 cm as it is convenient for rotation with other crops, such as maize and soybean, which are usually planted at 70 cm or 65 cm between rows. In recent years, potato production develops rapidly in the farms of northern Heilongjiang, where land is flat, easy for mechanized operation. Most of farmers use a ridge of 90 cm for potato production. The variety Favorita is favored by both growers and consumers because of its early maturity, high yield, high marketable tuber percentage and high edible quality. The purpose of this research was to study the effects of seed piece size and in-row spacing under conditions of the large ridge of 90 cm on yield and relationships of plant traits to yield of Favorita potatoes. The experimental plots were set up in a farm (N: 48.26°, E: 125.60°) in Keshan, Heilongjiang with a soil type of chernozem. The seed used was Elite I of Favorita. The experiment was laid out in a split plot design of three replications, with seed piece size (30, 50 and 70 g) being arranged into main plots and in-row spacing (10, 15, 20, 25, 30, 35 and 40 cm) into split plots. Three of the treatment combinations (30 g seed pieces planted at 15 cm, 50 g seed pieces planted at 25 cm, and 70 g seed pieces planted at 35 cm) resulted in equal weights of total seed tuber planted (2. 22 t/ha) . The results indicated that as seed piece became larger the total yield increased; however, total yield of plants grown from 50 g and 70 g seed pieces was not significantly different. Marketable tuber (tuber ≥ 75 g) yield showed the same trend as total yield. Increased density from in-row spacing 40 to 10 cm resulted in higher total yield. When planted at 10 cm apart in the row, the total yield was highest, significantly higher than other spacing treatments, followed by 15, 20 and 25 cm. No significant difference was found for marketable tuber yield among various in-row spacing treatments. For various treatment combinations, 50 g seed pieces planted at 10 cm produced highest total yield (30. 67 t/ha), while 50 g seed pieces planted at 20 cm gave highest marketable tuber yield (23. 06 t/ha) . When planted using the same amount of seeds (2. 22 t/ha), 70 g seed pieces produced highest total yield, followed by 50 g seed pieces, and then 30 g seed pieces, however no significant difference was detected; for marketable tubers, 50 g seed pieces produced highest marketable tuber yield, followed by 70 g seed pieces, and then 30 g seed pieces, but no significant difference was found either. Total yield was significantly positively correlated to plant height, main stem number per unit area, and leaf area index, while significantly negatively correlated to stem diameter and branch number per unit area. Marketable tuber yield was only significantly positively correlated to plant height. Relation of main stem number per unit area to total and marketable yields could be better described using quadratic polynomial instead of linear equation, R^2 value being increased from 0. 617 8 and 0. 148 0 to 0. 760 4 and 0. 419 7, respectively, for total and marketable yields. When main stem number was 35 /m^2, total yield has the highest value (30. 10 t/ha); when main stem number is 27/m^2, marketable tuber yield has the highest value (21. 43 t/ha) . No economic analysis was made due to the fact that price for seed potatoes and potatoes produced fluctuated largely in recent years.

Effects of Serenade biofungicide on potato soil diseases and yield

Sarah Hovinga [1], Sarah Reiter [1], Dilara Ally[1], Denise Manker[1], Albert Schirring [2]

(1 Bayer CropScience, West Sacramento, CA 95605, USA;
2 Bayer CropScience, Monheim am Rhein, 40789, Germany)

Biological products hold the potential to effectively control soil borne diseases such as Rhizoctonia solani, Helminthosporium and Streptomyces scabies. Serenade is a biological fungicide based on the novel strain QST 713 of Bacillus subtilis. The product controls soil diseases and enhances crop tolerance to abiotic stress. Serenade is being used in the US, Canada, LATAM and Europe to improve yield and quality of potatoes. Disease control provided by treatments of Serenade is influenced by growing conditions and production practices. Growing conditions and production practices additionally influence the effects of Serenade biofungicide on potato quality parameters and yield. Statistical analysis demonstrates the impact of agronomic factors such as soil temperature at planting, plant phenotype, seed treatment practice, and sand content in soil on the soil disease control and yield gain delivered by Serenade biofungicide. Integrated Crop Solutions with Serenade will be presented.

EMESTO-an innovative solution for the control of tuber and soil-borne potato diseases

A. Witzenberger, K. Kemper

(Bayer CropScience AG, 40789 Monheim, Germany)

Rhizoctonia solani and other tuber and soil-borne diseases are a serious yield and quality problem for the potato industry. Severe attacks can reduce fresh tuber yields of potatoes easily by 20%. If infested, marketable yield and hence profitability of potato production is even more affected because quality standards of potato processors, food retailers and consumers which prefer evenly shaped potato tubers with a skin free of black patches or other quality impairments cannot be fully met. EMESTO™, common name penflufen, is a novel fungicide from the chemical class of pyrazolecarboxamides which inhibits the succinate dehydrogenase enzyme complex within fungal cells. Very low dose rates compared to currently available solutions provide an excellent control of all anastomosis groups of *Rhizoctonia solani* as well as of other important tuber and soil-borne potato diseases such as *Helminthosporium solani*. When applied on the tuber as a seed dressing or in-furrow at planting penflufen evenly distributes all over the tubers or in the soil around the tubers. Different to other active substances it is distributed only locally and remains precisely where it is needed to protect young sprouts and the growing potato tubers until harvest. Multiple field trials with EMESTO™ in many countries and over many years have confirmed the high performance level on tuber and soil-borne potato diseases and an excellent plant safety under various growing conditions. Moreover, growth promotional effects have been observed regularly - particularly during the early development stages of the potato. The presentation will include results from countries where EMESTO™ is already in the market (e. g. Canada and USA) and from Asian countries where the product is currently under development. A particular focus will be given on how EMESTO™ applications can increase marketable potato yields (e. g. improved skin setting and potato grading) and hence the profitability of potato production.

Evaluation of drought tolerance in true potato seed (TPS) from eight potato (*Solanum tuberosum* L.) cultivars at germination and adult plant stages

Ebadi Asghar*, Kamrani Morteza, Torabi GiglouMousa

(Moghan College of Agriculture and Natural Resources. University of Mohaghegh Ardabili, Aneshgah Street, 56199-11367, Ardabil, Iran)

Potato (*Solanum tuberosum* L.) is one of the major vegetable crops that are grown world wide and it is considered as the most important dicotyledonous and tuber crop. Drought is often a major environmental constraint for potato production in areas where it is grown under rain fed conditions. Different cultivars may respond differently to limited quantities of soil water. In this study, eight progenies of TPS originated from eight potato cultivars (*Solanum tuberosum* L.) were screened for drought tolerance during germination and adult plant stages. True potato seed has large genetic diversity which can be used for selection of ideal cultivars.

At germination stage, true potato seeds of these cultivars were assessed under 3 levels of drought stress including 0, −0.3, and −0.6 MPa using polyethylene glycol 8 000 with a factorial experiment by using completely randomized design with three replicates.

Genotypic variability was found among the TPS of different cultivars for all the

* Corresponding author, E-mail: asghar _ ebadi@uma. ac. ir.

parameters analyzed in germination tests. There were significant interactions between drought stress treatments and TPS obtained from cultivars for all characters suggesting that the general responses of the cultivars to the drought stress were not statistically similar. Picaso true seeds had the lowest young stem length of TPS under not-stress condition. It showed also the smallest reduction in the young stem length compared to other cultivars under PEG stress condition. Mean germination time (MGT) was increased due to increase drought stress levels. At −0. 6 MPa, the lowest and the highest values of MGT were shown by 'Picaso' and 'Banba' respectively with 15. 7 and 18. 9 days. In the controls, progenies from Satina TPS produced the greatest final germination percentage (FGP), whereas progenies from 'Picaso' TPS produced the highest FGP in the drought stressed treatments. Under control and -3bar conditions, progenies from 'Banba' TPS and −6bar condition progenies from 'Kizer' TPS on the other hand, produced the lowest FGP. A pot experiment to evaluate drought tolerance of eight cultivars of potato at adult plant state was conducted in greenhouse. A factorial experiment with a completely randomized design in greenhouse consisted of water regimes including irrigation once at every 3, 6, 9 and 12 days for eight true seed (combinations) . Statistical analysis of measured characters showed a highly significant effect of drought for most of the characters observed except minor stem number and tuber total number in adult plant stage. There were no significant interactions between water treatments and cultivars for almost all of the characters, suggesting that the general responses of the cultivar to the water treatments were similar. All progenies from TPS significantly responded to drought by a reduction in green growing organs. To assess superior potato for drought tolerance, Stress Tolerance Index (STI) was calculated on the basis of yield per plant. According to STI index at adult plant stage, progenies from 'Kara' and 'Picaso' TPS exhibited the most and progenies from 'Delikat' TPS the least relative tolerance, respectively. Also, progenies from 'Picaso' TPS indicated the highest amount of STI (on the basis of final germination percentage) at germination stage. At −0. 3MPa, progenies from TPS showed a decrease ranging between 30% and 53%, whereas 'Picaso' showed values less than 15%. At −0. 6 MPa, significant differences were also recorded. progenies from 'Picaso' TPS showed germination percentage values about 50%.

Evolution of potato seed systems and seed technologies in China

Kaiyun Xie[1], Wenjuan Li[1], Junhong Qin[1], Yanju Bai[2], Jun Liu[3]; Wei He[4]

[1 CIP-China Center for Asia Pacific (CCCAP), Beijing, 100081; 2 Supervision and Testing Center for Virus-free Seed Potatoes Quality, MOA, Harbin, 150086; 3 Huazhong Agricultural University, Wuhan, 430070; 4 Crop Research Institute, Sichuan Academy of Agricultural Sciences, Chengdu, 610066]

The informal potato seed systems have dominated the planting areas of North China and mountainous regions in Southwest China since potato was introduced into China 400 years ago. In the past, farmers tried to improve the self-kept seed quality by using "positive selection" either unmediated or guided by experts. Nowadays, the self-kept potato seeds yet still play an important role in the areas where the traditional production still predominates. The Double Cropping Region around Central China and the Winter Cropping Region in South China has attempted to establish their own seed multiplication and supply systems for many years. Nevertheless, the progress was very slow and the most of the potato seed used in these regions is mainly transferred from other regions. With the wide application of the virus-free seed potato technologies and the establishment of many seed companies in the past 30 years, the formal seed system has been developed. To standardize the operation of a formal seed potato system, the national standard of "Seed Potatoes" (GB 4406—1984) was first issued in 1984 and it was revised twice in 2000 (GB 18133—2000) and in 2012 (GB 18133—2012), respectively. Guidelines to select the suitable locations for seed potato production were established in the national standard of "Plant quarantine rules for potato seed tubers producing areas" (GB 7331—1987, revised in 2003). With the establishment and improvement of the formal seed systems in China, the supplement of virus-free seed potatoes was promoted and widely extended, gradually evolving from traditional clonal selection to virus-free seed technologies. From the 1970s to the 1990s, the technology of using true potato seed (TPS) played an important role in solving degeneration of seed potatoes in remote mountainous regions. Furthermore, TPS technology was promoted and transferred to other developing countries by the International Potato Center benefiting millions of farmers around the world. Up to now, seed technologies, such as virus removing, tissue culture, micro-tuber production, mini-tuber production (in substrate and in aeroponics), and disease detection, are common practices in China as well as in some advanced countries. China currently is a leading player in the field of micro-tuber production and aeroponics. Consequently, the production capacity of the different classes of seed potatoes has increased remarkably in China. According to the incomplete statistics and surveys, the total production capacity is about 2-3 billion *in vitro* plantlets, about 4 billion pre-basic seed production (G1 seeds), about 50 000 ha basic seed production (G2 seeds), and about 500, 000 ha certified 1 seed potato production (G3 seeds) . Due to the large production area, diversified production regions and growers, it is very difficult to precisely control the quality of seed potatoes. Thus, a well established supervision and certification system for seed potatoes is needed in China.

Genotypic variability in phosphorus use efficiency of potatoes (*Solanum tuberosum* L.) cultivated in volcanic soils

Patricio Sandana, Julio Kalazich

(INIA-Chile)

The aim of the present study was to comparatively evaluate the contribution of phosphorus uptake efficiency (PUPE) and phosphorus utilization efficiency (PUTE) to phosphorus use efficiency (PUE) in different genotypes of potatoes under fieldconditions in volcanic soils with high P fixing capacities. Three field experiments were carried out in southern Chile. In each experiment treatments were the factorial combination of (i) twenty-two genotypes of potatoes and (ii) two P fertilization rates (0 and 130 kg P ha^{-1}, -P and +P, respectively) . Five native potatoes, nine cultivars and eight advanced lines (from the potato breeding program of INIA-Chile) were among the set of potato genotypes tested. Factors were arranged in a split-Plot design, where P rates were assigned to main plots and genotypes to sub-Plots randomized into three blocks. Across experiments tuber dry matter yield ranged between 1.9 and 16.5 Mg ha^{-1} and significant relationship ($P < 0.01$; $R^2 = 0.69$) was observed between tuber yield under -P and +P. On average, -P decreased ($P < 0.01$) tuber yield in 20%, 41% and 32% in experiments 1, 2 and 3, respectively. However, depending of the genotype, yield reductions in -P ranged between 0 - 66 %. Yield reductions were well related ($P < 0.01$; $R^2 = 0.85$) to total biomass reductions. Across experiments, tuber yield was positively related to total P in biomass in both $-P$ ($P < 0.01$; $R^2 = 0.84$) and +P ($P < 0.01$; $R^2 = 0.64$) P levels. PUTE varied across experiments (252-763 kg dry yield kg^{-1} P uptake) in response to P level, genotype and its interaction. Regarding PUPE, broad ranges on this variable were observed across experiments (0.09 - 2.68 kg P uptake kg^{-1} P available) in response to P level, genotype and its interaction. PUE (the product between PUTE and PUPE) fluctuated between 40 to 1411 kg dry yield kg^{-1} P available. The PUE was reduced on averaged 87% by +P. On average PUE under +P was 84, 62 and 72 kg dry yield kg^{-1} P available in experiments 1, 2 and 3, respectively, while under −P these values were 926 443 and 468 kg dry yield kg^{-1} P available, respectively. Interestingly, PUE under −P, ranged by the effect of genotype between 560-1411, 165-781 and 268-471 kg dry yield kg^{-1} P available in experiment 1, 2 and 3, respectively. Averaging across experiments, the genotypes Native 1, Native 4 and R89063 showed the highest PUE (738-882 kg dry yield kg^{-1} P available) under −P, whilst Rodeo, Asterix and Rk 24 - 26 had the lowest PUE (377-434 kg dry yield kg^{-1} P available) . Across experiments, PUE responses were well related ($P < 0.01$; $R^2 = 0.60\text{-}0.87$) to PUPE and not to PUTE. The present study demonstrated in a broader range of genotypes the importance of the PUPE over PUTE in determining potato PUE. According to genotypic variability in yield and PUPE, there is potential for improving PUE in potato production systems through breeding programs.

Growth and minituber yield of potato cultivars grown at hydroponic and conventional cultivation systems

Shambhu Prasad Dhital[1], Haktae Lim[2]

(1 National Potato Research Program, Nepal Agricultural Research Council, Khumaltar, Lalitpur, Nepal; 2 Bio-Health Technology Dept. College of Biomedical Sciences, Kangwon National University, Chunchon Gangwon-Do, Republic of Korea)

This study was conducted to evaluatethe plant characters and minituber production of five potato cultivars ('Khumal Seto-1', 'Janak Dev', 'Khumal Ujwal', 'Desiree' and 'IPY-8') in hydroponic and conventional (soil media) cultivation system under glasshouse condition at Khumaltar, Nepal in 2012 and 2013. Four-week old virus-free *in vitro* plantlets were used as planting materials for both cultivation systems. Plantlets were planted on rows with 20 cm distance between row and 10 cm between plantlet in both cultivation systems and the experiment was laid out at completely randomized design with three replications. During the growth period, the plant growth traits such as plant height and root length were recorded. Single harvesting was done in both cultivation systems according to the maturity period of the particular cultivars. After harvesting, minitubers were graded as previously done in both system (≥5 g, 1-5 g, 0.5-1 g and 0.25-0.5 g). The analysis of growth characters between cultivation systems and among cultivars showed highly ($P < 0.01$) significant. All evaluated potato cultivars produced healthy and dark green foliage with height and root length found taller and longer in hydroponic system than conventional system. The highest plant height (74 cm) was recorded in hydroponically grown potatoes and the lowest (54 cm) was in potato grown in conventional system. The cultivars effect on plant height was highly significant. However, the interaction effect of growing system and cultivars on plant height was non-significant. The result indicated that plants had utilized maximum nutrient and attended good plant height with good ground coverage in hydroponic system. Similar to plant height, all evaluated cultivars produced longer root and stolon length in hydroponic than conventional system. The interaction effect of cultivar and growing system was highly significant. In the case of minituber yield, the maximum tuber number per square meter (1 773) was recorded in 'Janak Dev' and the minimum (751) was in 'Khumal Seto-1' in hydroponic system whereas the highest number (327) was counted in 'Janak Dev' and the lowest (165) was in 'Khumal Seto-1' which is 444.2% and 355.1% higher in 'Janak Dev' and 'Khumal Seto-1', respectively. All evaluated cultivars produced significantly higher number of minituber in hydroponic cultivation in comparison with conventional cultivation system. Cultivation systems and potato cultivars interaction results showed that'Janak Devd' had higher minituber number per square meter in hydroponic cultivation system compared with conventional cultivation system. Minituber weight per square meter was relatively very high 4 260 g/m^2 in 'IPY-8' in hydroponic system, whereas only 989.4 g/m^2 in conventional system. The highest average minituber size was produced by IPY-8 under both cultivation systems. Results also indicated that potato cultivars may also play different response for their tuber size, which may be the varietal traits of individual potato cultivars. The economical analysis showed that the hydroponic system (NRs. 1.46 each minituber) is highly economical than the conventional system (NRs 3.13 each minituber). In the initial phase, hydroponic system is slightly higher in cost than the conventional system, however, the production of minituber is higher in both in number as well as weight than the conventional system that may easily cover the installation cost within a year. This study suggested that the hydroponic system would be the highly efficient for minituber production in potato.

iPot: an industrial potato monitoring for the Belgian potato sector using remote sensing and crop growth modeling

Joost Wellens[1], Bernard Tychon[1], Isabelle Piccard[2], Anne Gobin[2], Jean-Pierre Goffart[3], Viviane Planchon[3], Yannick Curnel[3], Nele Cattoor[4] and Romain Cools[4]

[1 Department of Sciences and Environmental Management, Université de Liège (ULg), 6700 Arlon, Belgium; 2 Environmental Modelling, Flemish Institute for Technological Research (VITO), 2400 Mol, Belgium; 3 Walloon Agricultural Research Center (CRA-W), 5030 Gembloux, Belgium; 4 Belgapom, 9290 Berlare, Belgium]

The Belgian potato processing industry has known a spectacular growth during the last decades. The companies active in this sector (most of them family owned enterprises) have succeeded-together with primary producers and traders-to grow from 500 000 tons of processed potatoes in 1990 till 3 650 000 tons of raw material in 2012. When considering the production (in tons) per habitant, Belgium is ranked on the 4th place with a production of 395 tons per 1 000 inhabitants. Nowhere in the world are higher yields obtained than in Belgium. To keep up its position on the forefront of innovation, the potato processing industries are continuously looking at promising novel technologies that could improve business processes at any stage of growth. The close follow up of parcels on the land as form above is becoming an important tool to improve the quantity and the quality of the potato crop, and reduce the risks in order to plan the storage, packaging or processing and as such to strengthen the competiveness of the Belgian potato in a global market.

The iPot project, financed by the Belgian Science Policy Office (BELSPO), aims to provide the Belgian potato sector, represented by Belgapom, with near real time information on field condition (weather-soil) and crop development, and with early yield estimates, derived from a combination of satellite images and crop growth models.

Satellite images are used since long for crop monitoring at regional level by the public sector. Traditionally, low to medium resolution images, with pixel sizes from 250 m to 1 km are used for providing information on crop growth and development, and on yield at regional scale. However, the recent launch of constellations of high resolution optical sensors (DMC, Sentinel-2) offering spatially detailed information (20 m pixel size) at high frequency (every 2 to 3 days) and at low cost, is creating a (r) evolution in the world of crop monitoring. Automatic processing chains have been developed to derive vegetation indices (NDVI) and biophysical parameters (fAPAR, LAI, fCover) . Maps are being derived on a regular basis with for each pixel the actual development stage of the potato crop. This on-line scanning of the growth (phenology) is expected to result in an increased performance of crop growth models and better yield predictions. Once the data for crop phenology are incorporated into the model (B-CGMS), the yield data collected at the parcel level will be assimilated into the model using optimization algorithms to minimize the discrepancies between observed and simulated yield time series in order to improve further yield estimations.

The combination of these new earth observation and modeling techniques arose the interest of a new type of users, mainly from the private sector (agro-industry, agricultural insurers, etc.) . The iPot project aims to bridge the gap between the latest research efforts regarding crop growth monitoring and the industry. An intuitive web based geo-information platform is being developed to allow both the Belgian potato industry and research centers to access, analyze and combine the data with their own field observations in closed collaboration with the farmers, for improved decision-making.

Nanotechnology microfertilizer for early potatoes

Andrianov Andrey Denisovich[1], Andrianov Denis Andrianovich[1], Egorov Denis Nikolaevich[2]. Kuznetsov Nikolay Valentinovich[3]

(1 Faculty of Agricultural Technology and Forestry, Bashkir State Agrarian University, Ufa 450001, Russia; 2 Green Lift LLC, Nizhny Novgorod 603104, Russia; 3 New Agrotechnologies LLC, Nizhny Novgorod 603104, Russia)

A new product, Green Lift fertilizer for pre-sowing seed treatment and foliar application for crops, was used to conduct field experiments on its effect on the early-ripe Red Scarlett and middle-late Melody varieties of potatoes. Application of Green Lift increased laboratory and field germination (up to 96%-99.8%) and number of sprouts in comparison to the control. There was also an increase in chlorophyll content in leaves at all times of determinations. The greatest values of leaf mass, assimilation surface area and the number of stems, both per one bush and unit of planted area, and the number and weight of tubers per plant (especially during flowering +20 days) were observed with three-time applications of the preparation. In the experiment, the early ripening grade Red Scarlet under irrigation was not inferior to mid-late Melody under these treatments. The highest yield of potatoes was achieved over the two years of studies with the application of Green Lift during planting as well as the budding and flowering stages. Increase over the control was up to to 9.1 and 11.6 t/ha of the two varieties, respectively. Application of Green Lift increased the content of dry matter by 0.5%-0.6% and starch by 0.4%-0.6% over the control of 20.6 and 20.8% and 13.9 and 14.1%, respectively. Green Lift increased vitamin C content (mg) by 1.1%-1.2%, over the control of 14.1% and 15.2%. Nitrates content (up to 66 mg/kg) was significantly below TAC. The high marketability of the crop of tubers was observed (90.0% and 96.6%), which was an increase of 2.6%-2.8%

compared to the control. A consistent trend of the acquired immunity of potato plants was recorded during the two-year study after processing with Green Lift throughout the growing season. Biological effectiveness of the application with Green Lift at planting was very high for both varieties against the late and early blight and potato scab over the weather conditions of both years of study (even fantastic, especially for Red Scarlet) . It is significant that in all cases of processing with Green Lift, no external signs of viral diseases of foliage were present. Application of the Green Lift trace fertilizer had a positive impact on all aspects of plant growth and development of both potato varieties. Processing of the potatoes with new fertilizer contributed to a significant increase of assimilation surface area of the leaves, especially in the two-and three-time application of Green Lift (Red Scarlet, during the period of flowering +20 days was up to 77. 6 thousand m^2/ha) . A noticeable protective effect on potato plants from major diseases of the culture, by using integrated micronutrient fertilizers was revealed. The highest yields of tubers on average over two years were achieved by two- and three-time application of Green Lift (at Red Scarlet, 53. 7 and 55. 3 t/ha respectively) . Application of Green Lift significantly improved the quality of the tubers crop at complex tuberization process of tubers and in the phase of budding and flowering of plants. At Red Scarlet the quality of harvest reached 96%, while starch content reached 14. 35%.

Nitrogen management for potato variety of KX 13

Lei Sun, Shiting Bi, Jingxuan Tian

(Department of Resources and Environment, Northeast Agriculture University, Harbin, Heilongjiang 150030, China)

This experiment was conducted in Harbin, Heilongjiang Province of China to assess the effects of N fertilizer dressing time and dressing proportion on tuber set and yield of potato variety Kexin 13 and elucidate the suitable nitrogen (N) management for Kexin 13. There are six treatments in this experiment and 150 kg N/

ha, 75 kg P_2O_5/ha and 180 kg K_2O/ha were used in each treatment. 1/3 of all N fertilizer was dressed at the beginning of tuber bulking stage in '2 : 1' treatment, 1/2 of all N fertilizer was dressed at one week before tuber bulking stage in '1 : 1A' treatment; 1/2 of all N fertilizer was dressed at the beginning of tuber bulking stage in '1 : 1B' treatment; 2/3 of all N fertilizer was dressed at one week before tuber bulking stage in '1 : 2A' treatment, 2/3 of all N fertilizer was dressed at the beginning of tuber bulking stage in '1 : 2B' treatment, 1/3 of all N fertilizer was dressed at the beginning of tuber bulking stage and 1/3 of all N fertilizer was dressed at the tuber bulking stage in '1 : 1 : 1' treatment. The rest of N fertilizer was applied at planting with all phosphorus and potassium fertilizer. The yields of the six treatments followed the sequence of 1 : 1B (35.0 t/ha) >1 : 2B (34.3 t/ha) >1 : 1A (33.5 t/ha) >1 : 2A (33.1 t/ha) >2 : 1 (31.7 t/ha) >1 : 1 : 1 (30.6 t/ha) . The marketable tuber percentage followed the sequence of 1 : 2A (84.2%) >1 : 1B (83.4%) >1 : 1A (83.3%) >1 : 2B (83.3%) >1 : 1 : 1 (81.5%) >2 : 1 (79.8%) . It was found that N dressing time is much more important than dressing amount for tuber yield and the beginning of tuber bulking stage is the suitable period for N dressing. Besides that, the ratio of 1 : 1 for basal N to dressing N is better than the ratio of 1 : 2 for boosting the tuber yield and marketable tuber percentage. Higher basal N (2 : 1 treatment) is not good for higher tuber yield and big tuber formation. Dressing N too late (1 : 1 : 1 treatment) has the lowest tuber yield and lowest marketable tuber percentage in the experiment. So it could be concluded from the experiment that in order to get a relative higher tuber yield and a higher marketable tuber percentage, half of all N fertilizer should be applied at planting and the other half should be dressed at the beginning of tuber bulking stage for potato cultivar Kexin 13.

Potato production, present and future in northern single cropping zone of China

Ying Shi[1,2], Liping Jin [1*], Yili Chen[2], Xingyao Xiong[1]

(1 Institute of Vegetables and Flowers, Chinese Academy of Agricultural Sciences, Beijing 100081, China; 2 College of Agronomy, Northeast Agricultural University, Harbin, Heilongjiang 150030, China)

Northern single cropping zone is the largest potato production region in China. It includes Heilongjiang province, Jilin province, most of the region of Liaoning Province (except Liaodong Peninsula), the north of Hebei and Shanxi province, Inner Mongolia, north of Shaanxi province, Ningxia, Gansu province, the east of Qinghai province, and the region north of the Tianshan of Xinjiang. In this region, climate and illumination conditions are suitable for potato growth. Potato is grown and harvested once a year, usually sowing in spring and harvesting in autumn. Potato planting area accounts for about 50% of the national total. The region is an important potato production base for the production of high quality seed potato, table potato and processing potato. In 2012, potato planting area was 2.672 million ha, accounting for 48.3% of the national total. Total output was 44.555 million t, accounting for 48.0% of the total. The average yield was 1308.7 kg/667 m^2, higher than the national average by 17.1%. In recent years, based on the specific situation of potato production the research work is focused on the following areas: use of fertilizer and growth regulating substance and study on potato growth and physiological characteristics under water supply and light control; use of mulching, irrigation and soil replacement for high quality and yield; nutrition management for high yield, high fertilizer use efficiency and high resistance to stress conditions; integrated application of potato cultivation techniques for mechanization planting and covering film and control of water and fertilizer. Compared with

* Corresponding author.

other potato production regions, there is big gap between the potato production level and economic benefits in the Northern single cropping zone: in this region, there are some differences in ecological environments and climate conditions, and potato yield is low in the arid and semi-arid region of north and northwest China due to water shortage; most of cultivation management mode are extensive, and the overall condition of potato production is in a low level, however, in recent years, development of big farmer cultivation of potato planting type speeds up, and potato planting area is relatively stable. Due to potato harvests are concentrated in the autumn and transportation distance from growing area to the market is long, this easily leads to structural and seasonal unsalable cases, economic instability and the differences between years. For winter potato, autumn potato, and earlier spring potato their harvest times are different with spring potato, they are mainly consumed as vegetables into the city market, thus conferring higher output and good economic benefit. There are main problems of potato production in this region: potato production dependent on weather, and slow use of new technology. Because potato cultivation area is large and growers are relatively dispersed, new technology promotion and application are limited, and technology extension efficiency is poor. This situation restricts the development of potato production in the region. The way for sustainable development of potato production is to improve the production conditions locally and promote the application of water-saving irrigation technology in dry areas. It is also recommended to gradually change the mode of production by dispersed farmers, increase in proportion of potato scale and intensive cultivation. It is necessary to standardize management for potato production, strengthen application of new technology. In some part of the region, irrigation and the excessive use of chemical fertilizers and pesticides should be controlled; the ecological environment change caused by overuse of water and chemicals must be reduced. In the future, relevant research field should focus on basic theory on biology, physiology and molecular biology of potato cultivation for high yield and excellent quantity, virus-free small potato standardized production and matching techniques; potato production technology of table potato and processing potato for excellent quantity, high yield, low cost and high efficiency; thus to provide theoretical basis and technological support for the sustainable development of potato production in this region.

Potato research and development in Nepal: enhancing productivity and food security

Shambhu P. Dhital, Bhim B. Khatri,
Binod P. Luitel, Buddhi P. Sharma

(National Potato Research Program, Nepal
Agricultural Research Council, Nepal)

Potato (*Solanum tuberosum* L.) is one of the most important cash and food crops in Nepal. It is utilized as a major vegetable in terai and mid hills and staple food in high hills. The first official attempt to improve potato production was initiated in 1962 under a joint program between Nepal and India. With the increased importance of potato crop in national food production, National Potato Development Program (NPDP) was incepted in 1972. In 1977, a five-year bilateral agreement (1978-1983) was signed between Government of Nepal and the Government of Switzerland to further strengthen R & D activities on potato. During the early phase, major focus was on seed potato production through contract system. Later in 1989, a tissue culture laboratory was established and the contract growers were encouraged to form a cohesive group for informal production of high quality seed. In 1991, NPDP was separated into two programs, National Potato Research Program (NPRP) and Potato Development Section (PDS) with specific mandates on research and development respectively. As a national commodity research program, NPRP is responsible for launching appropriate research projects on potato crop throughout the country to improve the livelihoods of Nepalese farmers. Source seed as pre-basic seed (PBS) is continuously being supplied by the NPRP's tissue culture laboratory. In Nepal, potatoes are grown in two main seasons: during winter under short day conditions in terai (lower belt) and during summer under long day conditions in the hills and mountains. In 2012, area under potato was estimated 190 250 ha and total production 2 584 301 tons with an average productivity of 13.6 t/ha. It occupies the fifth position in area coverage, second in total production and first in productivity among the five major food crops (rice, maize, wheat and millets) grown in Nepal. In addition, potato plays a vital role in food security and one of the major sources of income for the farmers. Potato is grown under diversified climatic conditions, altitude ranging from 70 to 4 400 meter above sea level and potato is harvested almost through the year. Per capita availability of potato remains 65 kg/year in the country. Contribution of potato in national agriculture gross domestic product (AGDP) is 9.4 percent.

The main objectives of the National Potato Research Program are: develop varieties for high yielding, disease resistance and good processing quality, appropriate technologies for increasing productivity, disease and pest management, and value added processed products, as well as provide leadership and coordinate research network for generating location specific technologies, responsibility in PBS (Breeder's seed) production and develop linkages between national and international potato R & D related organizations. To date, ten varieties i. e. 'Kufri Jyoti', 'Kufri Sindhuri', 'Janakdev', 'Khumal seto-1', 'Khumal rato-2', 'Desiree', 'IPY-8', 'Khumal Laxmi', 'Khumal Upahar' and 'Khumal Ujwol' have been officially released for cultivation in Nepal. Potato late blight, bacterial wilt, black wart, common scab, powdery scab, black scurf and potato viruses are major potato diseases, and potato tuber moth, leaf miner fly and white grub major insect pests. Regarding the production of source seed, annually 200 000 pre-basic seed (minituber) of different varieties have been produced through tissue culture using advance technologies. Minitubers are distributed to the Farmers Groups/Cooperatives through District Agriculture Development Office. Major strategies to achieve the objectives are: develop nutrient dense varieties for short duration processing, heat, drought, frost and biotic stress tolerance, environment friendly management technologies for late blight, bacterial wilt, wart and scab diseases and for potato tuber moth, red ants, leaf miner flies, aphids and white grubs, and development of low cost efficient production of minitubers and forecasting systems for managing late blight. Major constraints of potato production in Nepal are: lack of high yielding varieties, inadequate availability of quality planting materials, inadequate seed storage facilities, informal seed certification system, production and poor distribution system and poor crop management.

Predecessors and fertilizer of an early potatoes

Andrianov Andrey Denisovich, Andrianov Denis Andrianovich

(Faculty of Agricultural Technology and Forestry, Bashkir State Agrarian University, Ufa 450001, Russia)

Clean fallow is one of the main measures of control of drought and weeds, and enrichment of soil with microorganisms and mobile forms of nutrients in the Ural foothill steppe zone of Bashkortostan, Russia. It is recommended to apply 30-60 t/ha of manure, and incorporate straw and other local organic fertilizers in fallow to prevent loss of soil fertility at multiple soil cultivations. It is emphasized that green manures have the strongest effect on early potato.

Field and model experiments were carried out in 2001-2002 in agricultural co-operative "Ashkadar" in the republic of Bashkortostan. The soil types on experimental plots are typical medium deep, medium humus, clay loamy chernozem formed on diluvium limestone clay. Concentration of labile phosphorus is low, concentration of potassium is medium, ph of salt extract is 6.0-6.4. Planting stock of Nevskii variety primary seed. Two-factor experiment included the following variants: Factor A. Predecessors. 1. Winter rye. 2. Sweet clover-green-manure fallow. 3. Clean fallow. Factor B. Fertilization system for conventional yield of tubers 30 t/ha. 1. Farmyard manure in the dose of 64 t/ha under winter rye. 2. The same + ploughing of rye straw in the dose of 4 t/ha. 3. Ploughing of sweet clover under winter rye + rotted manure in the dose of 32 t/ha. 4. Ploughing of sweet clover + mineral fertilizers leached with harvest. 5. Rotted manure in the dose of 64 t/ha. 6. Farmyard manure in the dose of 32 t/ha under winter rye + mineral fertilizers leached with harvest. Field experiments were conducted three times. The total area of the plot is 168 square metres, the size of record plot is 105 square metres.

Experiment plan is given in Table 1. Planting date: May, 9 in 2001 and

May, 10 in 2002.
Final harvesting date: August 15 in 2001 and August 13 in 2002. Data are tabulated on yield and chemical composition (nitrate, starch and vitamin C contents) of tubers depending on the predecessor and fertilizers, early potato response to soil fertility level change and crop variation with improvement of bush habitus indices, and increase in total biomass, yielding capacity and tuber quality. Maximum leaf area was achieved in 5th (Clean fallow; Rotted manure in the dose of 64 t/ha) and 6th (Winter rye; Farmyard manure in the dose of 32 t/ha under winter rye + mineral fertilizers leached with harvest) treatments in field experiments. Maximum tuber yield (30. 9 t/ha and) and marketability value (92. 8%) were obtained in the 5th treatment . The best tuber quality was achieved in 4th treatment (Clover-green manure fallow; Ploughing of sweet clover + mineral fertilizers leached with harvest) -starchiness 17. 5 % and vitamin C 21. 4 mg %.

Studied treatment factors have different effects on plant growth and development, tuber quality and yield formation of early potato. The effectiveness of their action depends on both meteorological conditions of vegetative periods and crop variety features.

The use of sweet clover and straw as biologicalameliorants has positive influence on formation dynamics of early potato yield. The application of green-manure crop of sweet clover under early potato increases yield and tuber quality. Its application is suitable from agronomical and economical point of view for typical chernozem of the Ural foothill steppe zone of Bashkortostan.

Potato cultivation model and high water use efficiency study in southwest China

Huachun Guo, Jiping Xiao, Wanlin Li, Qiong Wang

(Root & Tuber Crops Research Institute, Yunnan Agricultural University, Kunming, Yunnan 650201, China)

The southwest multi-season potato production regions include Yunnan, Sichuan, Guizhou Province, Chongqing City, Tibet autonomous region and the west of Hunan and Hubei Province. The production areas and yield were both account for 40% of the China potato production. The huge differences in altitudes formed climate ecological diversity, resulting in a very diversified potato cultivation pattern. The potato planting seasons and patterns in Yunnan Province included almost all available patterns in China, covering regions from Hainan Province up to Heilongjiang Province. In the high altitude areas of more than 2 400 m, spring cropping with monoculture system is the main cropping pattern and provides seed potatoes to low altitude areas. In the middle altitude areas from 1 400 to 2 400 m, various planting seasons coexist, including spring, autumn, and early spring planting, and various planting patterns are included, monoculture, intercropping and interplanting. Intercropping and interplanting could greatly improve the utilization efficiency of soil, temperature, light, water and fertilizer, and also increase resistance of plants against disaster. Therefore, potato intercropping with other crops is the main cultivation mode in these areas. Our research showed that the composite yield of potato intercropping with corn could achieve more than 15 t / ha (potato converted by 5 : 1) . In the areas where altitude is lower than 1 400 m, the winter cropping for one season is the dominating cropping pattern. It includes rice-winter potato rotation system and sugarcane potato intercropping. Rice grown in summer could provide food for farmers, while potato grown in winter could increase the income. Thus, winter potato became the main economic resource of farmers in these areas, and the income of winter potato could achieve as high as 150 000 RMB/ha. Some Southeast Asia countries have a lot of winter fallowing fields, so rice-winter potato rotation pattern might have significant promotional values. Due to the multi -seasonal cultivation coexistence, the source of seed potatoes also diversified. Seed reservation includes seed potatoes exchanging from mountain and from 'early spring - autumn -spring potato' seed rotation. Because of the longer period of frost-free in Southwest, seedlings of true potato seed were transplanted into field for seed potato production, and such cultivation pattern covered above 10 000 ha/year.

Water deficit is the main factor limitingthe potato production in Southwest China; most of the southwest regions are plateau monsoon climate and have obvious drought and wet season. Although spring potato sows from February to March, the spring soil moisture tends to be low, and as a result potato won't emerge until rains come in May. However, the rainfall tends to favor the outbreak of late blight. The potato tuber often has not initiated while the plant was killed by disease, resulting in a low yield. In order to break through the bottleneck, rain water from previous year was collected, and drip irrigation was applied for water supplementation, making the potato emerge in time and grow early, to avoid the occurrence peak of late blight and attain the high yield. Finally the cultivation techniques of "collect rainwater and use drip irrigation for supplemental irrigation, achieve early harvest to avoid disease " was formed. This technique can make emergence and budding 20 and 30 days earlier, respectively, than that of the conventional cultivation. Potato can reach maturity in middle July by using this techniques, while the potato under the conventional cultivation is still in blooming stage. This technique can significantly increase the yield and commodity rate by 43. 5% and 53%, respectively, than that of the conventional cultivation, in the low altitude areas with winter potato planting with film mulching, drip irrigation, water integration technology can greatly improve the water use efficiency and increase the potato production.

Potato + Millet cropping patterns in ground water funnel area of Hebei Province

Mingzhe Li, Zhaojin Pang, Anqiang Guo,
Ailing Zhang, Hongbo Hao*

(Dry Land Farming Institute, Hebei Academy of Agricultural and Forestry Science/Crops Drought-Resistant Research Laboratory of Hebei Province, Hengshui, Hebei 053000, China)

Hebei province is one of the largest groundwater funnel areas in China, and the overexploitation and exploitation area is about a third of the country. There are seven deep underground drawdown funnel areas in 17 counties (cities), and the largest impact is Hengshui-Dezhou funnel area, including Hengshui City, Jing County, Wuqiao, Jizhou, Zaoqiang, etc., which is reaching 7 933.5 km^2. In fact, the North China Plain landed deep groundwater has been connected into a funnel to form a large funnel north area. The region's largest crop acreage is wheat, maize and cotton, where winter wheat - summer corn is the main model of farming. But the irrigation of winter wheat accounted for 70% of total agricultural irrigation water. Studies have shown that human exploitation of groundwater was the dominant factor of falling water table. The winter wheat crop consumed most of the agricultural irrigation water in the area and caused the agricultural water supply and demand imbalance. From the perspective of food safety, it is not feasible to completely abandon the cultivation of winter wheat. If the wheat cultivation is moderately reduced in groundwater severely overdraft area, it can alleviate to a certain extent the negative impact by groundwater funnel or restore

* Corresponding author.

the ecology and geology, but it will caused a lot of idle land in the spring and also waste a lot of light and heat resources. What crops we will plant after wheat area is reduced is the problem needed to be resolved urgently. Thereful the top priority is to adjust planting structure to explore a new model of water-saving planting both to ensure national food security and protect the water safe and suitable for the crop locally grown. Hengshui City, located in the southeast of Hebei Province, is the largest groundwater funnel area in the province. To study newly water-saving model and explore new ways of sustainable development of agriculture based on Hengshui, it will have practical significance to guide the agricultural production and have a significant impact on agriculture. Potato has a short growth cycle, drought tolerance, less fertile soil tolerance, high yield and wide adaptability. It is feasible to cultivate potato in the region from the point of view of history and wide adaptability of potato. The cultivated area of potato is 667 hectares of Hengshui City in 2013. Compared with wheat, potato can save more than 60 m^3/mu (1 mu ≈ 667 m^2) with an average production of about 2 500 kg/mu. It can reach 500 kg/mu even when converting potato to grain based on 5 : 1 ratio. On potato yield potential, it is feasible to ensure food security level. At the same time, by certain technical support, it will increase food production in the region. Millet is a typical environment-friendly crop, which has resistance to drought and tolerance to less fertile soil, high water use efficiency, less dependence on fertilizer and pesticides. It needs just 257 g for 1 g dry matter of millet to be produced, which is equivalent of about 1/2 of corn. The traditional cultivation method is summer sowing in Hengshui, usually planting in late June, harvesting in late September. Natural precipitation can meet the growing needs for water. Therefore, planting in potato + millet mode, i. e. two crops a year, is feasible in theory by screening suitable varieties and supporting scientific cultivation techniques. The trial of 2013-2014 showed that by planting potato in ridge with mulching in early March, followed by millet after harvest of potato, the net income can reach about ¥ 3 000/mu. The potato yield is about 2 000-3 000kg/mu and millet yield 300-400 kg/mu. And it can effectively reduce dust with film mulching on early spring potato, achieving better ecological benefits

UAV-based remote sensing-a game changer for smallholder farmers?

Quiroz Roberto[1], Loayza Hildo[1], Palacios Susan[1], Balcazar Mario[1], Silva Luis[1], Posadas Adolfo[1], De Mendiburu Felipe[1], Mares Victor[1], Barreda Carolina[1], Cheruiyot Elijah[1], Bett Arnold[2], Ramirez David[1], Harahagazwe Dieudonne[1]

(1International Potato Center, PO Box 1558, Lima 12, Peru; 2 Department of Physics, University of Nairobi, Uhuru Highway, Nairobi 00100, Kenya)

To achieve sustainable food and nutritional security, smallholder farms (SHF) - the backbone of global food security- need to be supported by high-tech systems to help them increase yield while maintaining or reducing financial and environmental costs. With regard to potato production, yield gap (difference between potential and actual) is negatively skewed toward SHFs e. g. SHFs in Africa, Asian tropical highlands and the Andes achieve less than 30% of their potential productivity, as estimated by participatory potato modeling. Low-cost but robust sensors mounted on unmanned aerial vehicles (UAV) -platforms constitute a suitable way to measure spatial attributes along the phenology of the crops e. g. soil patterns, irrigation problems, pest and infestations, among others. On the other hand, the use of these emerging surveillance technologies can help scientists reduce the time needed to test alternative crop-related technologies; for instance screening for tolerance to biotic and abiotic stressors. As a surveillance tool, UAV-based remote sensing offers the potential to enhance the capacity to quantify agricultural statistics, reduce inputs-e. g. water and chemicals- while maintaining or increasing yield and highlight hotspots for improved management. Remotely sensed data can also be used to forecast yield either directly or through the estimation of parameters needed to model yield at different spatial scales. In other words, this technology may change the way SHFs will do business by increasing accessibility to credit and agricultural insurance as well as providing timely information for better decisions and policies. All these innovations will facilitate the implementation of precision agriculture in SHF thus increasing the likelihood of implementing agro-ecological intensification leading to a sustainable reduction in yield gaps. Most salient advantages, bottlenecks and trends in low-cost sensors and platforms and examples from results obtained in potato research will be featured.

Use of hydroponic sand culture for commercial potato mini-tuber production

Babak Darvishi

(Seed and Plant Certification and Registration Research Institute, Karaj 31535-1516, Iran)

Controlled environment may be adopted for a rapid multiplication of a large number of potato seed tubers. The controlled environment prevents seed tuber degeneration which may occur under field conditions. The objective of this study was to introduce new mini-tuber production system with high multiplication rate and low production cost. To evaluate the superiority of culture systems in terms of tuberization, a split plot experiment based on randomized complete block design with 4 replications was used. The main and subplots included culture systems (peat-moss and sand culture) and cultivars (Agria and Sante) respectively. Single stem plantlets were subcultured and micropropagated on sterile MS culture media to produce sufficient numbers of plantlets for the experimental trials. The experimental set up was an opened hydroponic system using sand or peat-moss as two culture systems under greenhouse conditions. Traditional system (peat-moss culture) was fertilized with 0. 3 grL^{-1} 18 : 18 : 18+TE Kristalon fertilizer (Yara

Co.) every 15 days whereas sand culture fertilized with modified nutrient solution when needed. The nitrogen-free nutrient solution was applied into the hydroponic sand culture From 45 DATP to 55 DATP. Results showed that plantlets establishment in sand culture were higher than the traditional system. Tuber number per unit area and per plant in sand culture increased by 70% and 44% respectively. Specific gravity of tubers was decreased by hydroponic sand culture. Tubers germination in all three grades, total nitrogen content and percent of crude protein of harvested tubers were not affected by either culture systems and cultivars. Sand can be easily pasteurized, therefore it is expected that sand culture grown tubers could be free of most pathogens. Furthermore, this technique prevents the use of dangerous gases (as Methyl Bromide or Vapam) . Hydroponic sand culture due to low initial cost of growth media and high multiplication rate can thus be applied as a relatively inexpensive and efficient method in potato mini-tuber production.

Watering early potato during the day

Andrey Denisovich Andrianov, Denis Andrianovich Andrianov

(Faculty of Agricultural Technology and Forestry,
Bashkir State Agrarian University, Ufa 450001, Russia)

Potato is the essential food product and necessary for people of the Republic of-Bashkortostan all year round. Even stored under the best conditions, potato loses some quality while the longer they are stored. Many essential nutrients are lost in the respiration process. Fresh potatoes with high nutrition value should be used for full value ration. Climatic condition of the Republic of Bashkortostan are not suitable for growing potatoes all year round, but it is quite possible to get the adequate amount of fresh potato from June. The first peak of potato photosynthesis intensity happen during the morning hours. It's possible to make a suggestion about different reactions of potato plants on the time of watering during the day. A three-factor experiment on defining the optimal time of irrigation during the day was carried out on 'Red Scarlet' variety potato in experimental training farm 'Milovskoe' in 2000-2011. All observations, calculations and analysis were carried out according to the generally accepted methodology. The maximum leaf surface was formed during the "flowering+20 days" period. Irrigation between 7 and 11 a. m. increased twice leaf surface reaching 54. 5 thousands m^2/ha with yield up to 40 t/ha. The experiment is thus characterized by the least proportion of water consumption together with much bigger yields of tubers. The least quantity of water consumption (96, 2 m^3/t) was a factor in this experiment, which resulted in a much bigger yield of tubers. The difference in yield between morning and night watering and between day and night watering is essential—6. 6% and 5. 1% respectively. This induced the better biomorphological indexes plants of early potato. The developed root system and assimilatory leaf surface not only let a separate plant but also the agrophytocenosis as a whole most effectively using applied fertilizers and solar radiation. Besides, during day watering water losses amount to 20%; while during night watering induced fungal diseases, its degree and distribution increase (on 0. 5 … 0. 7 points) . The maximum yield on August 7 was achieved by irrigation from 7 to 11 a. m. and with the raised dose of fertilizers reached upto 40 t/ha of tubers. In this case there was the biggest gathering of dry matte (10 t per ha) and starch (6. 8 t per ha) . Application of full mineral fertilizer to produce 40 t per hectare makes irrigation water being used better. Potato irrigation is necessary to apply from 7 to 11 a. m. Having studied all the experiment's results proved that sprinkling to be the best method. To get 40 tones of tubers from a hectare pre-irrigation of the calculated soil layer (40-50-60 sm) during the 80%-85%-80% periods of MWC and mineral fertilizer application were used while sprinkling. Potato irrigation is necessary every year.

A few insights into Syngenta's sustainable solutions in potato pest management

Kiran Shetty

(Syngenta, North America)

Pest management in potatoes is dynamic and constantly subject to a myriad of challenges, leaving the farmer to make demanding decisions on a day to day basis. The future farmer will rely not only on new and innovative products and technology in pest management but also ways to measure performance in environmental sustainable ways to meet emerging needs for sustainable sourcing. This offers a unique opportunity to build broader partnerships, to harmonize measurement and to seek efficient and simplified approached to deliver new solutions to the farmer. This discussion is intended to share some of Syngenta's insights in managing potato pests through sustainable programs that have been tested and implemented in selected potato growing areas.

Developing new strategies to combat disease through a fundamental understanding of potato-pathogen interactions

Paul R. J. Birch[1,2], Eleanor Gilroy[2], Steve Whisson[2], Petra Boevink[2], Ingo Hein[2]

(1 Division of Plant Science, College of Life Science, University of Dundee (at James Hutton Institute), Invergowrie, Dundee DD2 5DA, UK; 2 Cell and Molecular Sciences, James Hutton Institute, Invergowrie, Dundee, DD3 5DA, UK)

Potato is the world's third largest food crop. Its production has increased dramatically in the developing world over the past 25 years and has now overtaken that in the developed world, emphasising its growing status as a staple food crop, meeting the increasing demands of a human population predicted to exceed 9 billion by 2050. Nevertheless, potato yields vary considerably across the globe, with the lowest in Sub-Saharan Africa. A major constraint to potato production, and thus a threat to global food security, is disease. Diseases caused by viruses, bacteria, fungi, oomycetes, insects and nematodes can reduce crop yields by> 40%. Chemical control costs for diseases such as late blight can be prohibitively high. And in the EU, many active ingredients in fungicides and pesticides may soon be reduced or withdrawn in response to legislation. There is thus an acute obligation on the scientific community to devise new, sustainable and durable strategies to combat pests and pathogens. The ability to adapt potato to withstand multiple biotic stresses is essential to its future growth as a major food source. The scientific community is adapting in response to this challenge. We have major collections of wild potato species that can be exploited as sources of novel disease resistance. The genome of potato is revealing the genes and mechanisms underlying immunity in this important crop. Moreover, the genomics era has fully embraced pest and pathogen research, revealing the weapons that promote infection and disease. Using the late blight pathogen *Phytophthora infestans* as a model, I *will illustrate how we are better trying to understand the biology of this organism, its ability to infect potato and to evolve in response to the selective pressures we impose in agriculture*. Our knowledge of the pathogen at the molecular, cell and population levels, is driving the search for new sources of durable resistance, and novel ways to control late blight. New approaches to exploit the potato genome are accelerating our discovery of resistance genes and associated markers for breeding, and for biotechnological solutions. After >150 years of direct combat, can we finally defeat this disease?

Evaluation of new fungicide molecules against late blight of potato in South India

B. Anjaneya Reddy[1], A. Sreenath[2*],
K. Tulasiram[1], V. Nache Gowda[1]

(1 College of Horticulture, NH_{75}, Tamaka, Kolar-563103, Karnataka, India; 2 Horticulture Research and Extension Centre, Hogalagere-563135, Kolar, Karnataka, India)

Potato is an important vegetable crop of India and a staple food crop in many parts of the World. The crop is known to suffer from many diseases including fungi, bacteria, viruses and nematodes. Among them, the occurrence of *Phytophthora infestans*, is a serious threat to the potato cultivation every year in South India, specifically in the regions like Kolar, Chikkaballapur and Hassan districts. The field studies were carried out to evaluate some of the new fungicides using the cultivar 'Kufri Jyothi'. The experiment was conducted in Randomized Complete Block Design with eight treatments including a standard check. The experiment was repeated twice during rabi season of 2011-2012 and 2012-2013. The disease intensity was recorded at 40, 50 and 60 days after sowing. The observations on disease development, per cent disease index, and yield per plot were recorded and the data was analyzed statistically. The results revealed that disease starts as brown or black water-soaked lesions on leaves and stems and rapidly expands to cover the entire leaf area. In humid conditions it sporullates heavily causing visible whitish growth at the leading edge of lesions on abaxial surfaces of leaves. On stems, late blight causes brown lesions that look greasy. The lesions commonly occur at the junction of the leaf and stem where water may accumulate or on clusters of leaves at the top of the stem. The pooled data of two years revealed that among the different fungicides tested Azoxystrobin-23 SC-1 ml per litre was most effective with average per cent disease index of 13.63 and with the yield of 127.70 q/ha, followed by Fenamidon+Mancozeb-3 g per litre with per cent disease index of 24.50 and with the yield of 119.05 q/ha and Cymaxanil+Mancozeb-3 g per litre with per cent disease incidence of 25.17 and with the yield of 115.48 q/ha. These chemicals were much superior over the standard check-Metalaxyl+ Mancozeb-1.5 g per litre with average per cent disease index of 66.00 and with the yield of only 83.23 q/ha. The observations also revealed that the delay in application of fungicide even by one day, even the effective and the best fungicide was found to be totally ineffective.

Evaluation of PLRV-Ch resistance of 11 major cultivated potato varieties and studies of defense related mechanisms

Sarina, Enfa Chen, Ruofang Zhang*

(Potato Engineering And Technology Research Center, Inner Mongolia University, Hohhot, Inner Mongolia 010021, China)

Potato is the world's third largest food crop and viral disease, especially caused

* Corresponding author.

by potato leaf roll virus (PLRV), is one of the important limiting factors for potato production. The infection of PLRV alone or mixed with other virus can induce dramatically yield and quality losses in potato. So far, prevention and control of the virus vector is still the most popular to control potato virus, especially PLRV, which can only be transmitted by aphids in a persistent manner. Use of pesticides to kill the aphid vector is one of the most efficient chemical methods of control in the field, but as people demand for toxic-free products, nonhazardous biological control has become more and more needed. Breeding of PLRV resistant varieties is the most effective and durable method to manage the virus, but it also takes long period of time. To shorten the period, selections and evaluations for PLRV resistance in the major existing varieties become an effective and rapid solution to control PLRV.

To evaluate the resistance, PLRV-Ch was artificial inoculated onto 11 major existing varieties by green peach aphids in an isolated greenhouse, including 'Atlantic', 'Russet Burbank', 'Dongnong 308' , 'Desiree', 'Favorita', 'Hutou', 'Kexin 1', 'Longshu 3', 'Shepody', 'Neishu 7', 'Zhongshu 11'. The results showed that 'Kexin 1'. 'Dongnong 308', and 'Hutou 3' had high resistance to PLRV-Ch. Among them, 'Hutou 3' was a PLRV-Ch tolerant variety. 'Neishu 7', 'Longshu 3' and 'Zhongshu 11' had medium resistance to PLRV-Ch, and 'Zhongshu 11' showed a PLRV-Ch accumulation. 'Atlantic' and 'Desiree' were medium susceptible varieties, while 'Shepody', 'Favorita' and 'Russet Burbank' were PLRV-Ch susceptible varieties. During the PLRV-Ch infection, the superoxide dismutase (SOD) and Peroxide (POD) activities and NO contents in infected potato plants increased differently among varieties. In general, the enzymes activities increased more rapidly and earlier in high and medium resistant varieties than the susceptible ones. However, CAT and MDA did not show significant changes in those varieties responding to PLRV-Ch infection.

Exploring the pathogenesis mechanism of potato late blight through dissecting the functions of "core" effectors of *Phytophthora infestans*

Zhendong Tian[1], Yajuan Ren[1], Hongyang Wang[1], Yuan Lu[1], Wei Zhang[1], Du Juan[1], Paul Birch[2], Conghua Xie[1]

(1 Key Laboratory of Horticultural Plant Biology (at HAU), Ministry of Education, Huazhong Agricultural University, Wuhan, Hubei 430070, China; 2 Division of Plant Sciences, College of Life Science, University of Dundee (at JHI), Cell and Molecular Sciences, and Dundee Effector Consortium, James Hutton Institute, Errol Road, Invergowrie, Dundee DD2 5DA, UK)

Potato is the world's fourth largest staple food source and one of the fastest growing crops in the developing country. Late blight disease, caused by the oomycete *Phytophthora infestans*, is the major constraint to potato production, and thus threatens global food security. *P. infestans* harbors more than 500 RXLR effector genes in its genome. *P. infestans* manipulates potato defense system through secreting effectors from haustoria into the host cell where they modulate plant immunity. These effectors localized to the host cell membrane, cytoplasm, nucleus or endoplasm etc. and targeted to the host proteins. Several *P. infestans* "core" effectors have been identified through international cooperation research. When these effector genes were stably expressed or their host target protein genes were manipulated in transgenic potatoes, late blight resistance of transgenic potatoes was dramatically changed. We are now aiming to investigate how these effectors elaborately modulate potato immunity. In addition, these effectors have been used for the functional screening potato germplasm to identify novel durable late blight resistant genes.

Identification of *Streptomyces caviscabies*, a pathogen causing potato scab in Yunnan province

W. F. Du, C. Gong, S. J. Ni, M. P. Yang, D. C. Yu, H. J. Zhang

(Yunnan Agricultural University, Kunming, Yunnan 650201, China)

Potato scab, which adversely affects the market value of tubers, is one of the major epidemics to potato industry. Although scab is caused by *Streptomyces*, only a few of the *Streptomyces in the soil had been proved to be pathogenic. In the present study, we collected samples from the scabbed potatoes in Yunnan Province. Purified pathogen strain* 1C11A *was first PCR amplified with universal* 16S *rDNA primers and then put into sanger sequencing. Genebank BLAST results indicated that* 1C11A *belonged to the genus* Streptomyces, *which was further classified as* Streptomyces caviscabies (*AF*112160) *via phylogenic clustering with morphology data. Results from pathogenicity test with variety of* '*Cooperation* 88' *showed that* 1C11A *was fulfilled the rule of Koch's. Therefore we concluded that* Streptomyces caviscabies (*AF*112160) *is the causal agent of potato scab disease in Yunnan province.*

Methods of diagnostic of potato yellowing virus in Russia

Yuri Shneyder, Mariya Tikhomirova, Yuri Prikhodko, Natalia Sherokolava, Elena Karimova

(All-Russian Plant Quarantine Centre, Moscow region, Russian Federation)

Potato yellowing virus (PYV) is included in the List of quarantine pests that are absent from the Russian Federation and included in EPPO A1 List. PYV is a member of the family Bromoviridae for a long time related to the genus *Alfamovirus*, but later was transferred to the genus *Ilarvirus*.

PYV is spreading in Peru, Chile and Ecuador. As a result of absence of molecular methods of diagnostic, small number of serological methods and the necessity of testing of plant material we designed the primers for molecular testing and validated ELISA kits. We investigated the specificity of the ELISA kits for the detection of Potato yellowing virus AS-0599 (DSMZ, Germany) by assessing the reaction against referent isolates and positive controls to a number of viruses most frequently affecting potatoes and negative controls. The kit AS-0599 (DSMZ) showed non-specific reaction against some widespread viruses of potato (PVY, PVX, TRSV, INSV) . When working out the initial molecular diagnostics, we used degenerated primers Ilar1F5/Ilar1R7 for detection of viruses of the family Bromoviridae, but these primers showed no reaction to the isolate PYV PV-0706 (DSMZ) . Later, we developed specific primers PYV-labv-3, using PYV sequences from GenBank NCBI. The degenerated primers for the genus Ilarvirus, had not previously been used for PYV. PCR was done with isolate PYV PV-0706 (DSMZ), as well as 3 other viruses of the genus Ilarvirus (PDV, PNRSV, ApMV), and these were "clear" PCR products. They were sequenced and compared to the sequences presented in GenBank NCBI. Total coincidences were 81% nucleotides with the closest member of the genus-Fragaria chiloensis latent virus (Ilarvirus) . Our sequence of isolate PYV PV-0706 was submitted in Genbank NCBI and has accession number KP996592. This is the first sequence of this part of PYV replicase. After sequencing of the part of gene replicase of PYV, 10 pairs of specific primers (PYV-rdrp-1F/R, …, PYV-rdrp-10F/R) that amplified fragments of 158-271 bp were developed for this region. All primers were validated and best results on the specificity and sensitivity, as well as annealing temperature of primers obtained with pair PYV-rdrp-6F/R with targeting PCR products 265 bp. In the process of validation, the primers had high specificity and showed no cross-reaction with isolates viruses and viroid affecting potato: PVY, PVX, PLRV, PVS, PVM, PAMV, PYDV, APMoV, APLV, PVV, PVT, PSTVd, as well as leaves, stems and uninfected tubers of potato plants. They are very sensitivity and amplified products even at a dilution of the original cDNA of isolate PYV PV-0706 (DSMZ) at 10 000 times. As a result, it can be concluded that the combined use of ELISA kit against PYV AS-0599 (DSMZ, Germany) as a screening test and confirmation positive samples by PCR primers PYV-rdrp-6F/R could be recommended for the testing potato samples.

Molecular characterization of Andean and ordinary strains of potato virus S in potato in China

Jinghui Wang[1], Fanye Meng[1], Ruhao Chen[1], Jun Liu[1], Xianzhou Nie[2], Bihua Nie[1]*

(1 Key Laboratory of Horticultural Plant Biology, Ministry of Education; National Center for Vegetable Improvement; Potato Engineering and Technology Research Center of Hubei Province; Huazhong Agricultural University, Wuhan, Hubei 430070, China; 2 Potato Research Center, Agriculture and Agri-Food Canada, 850 Lincoln Road, P. O. Box 20280, Fredericton, NBE3B4Z7, Canada)

Potato virus S (PVS) is one of the most prevalent viruses infecting potato crops worldwide, and this virus was known to exist as two groups of strains: PVS^O (ordinary) and PVS^A (Andean) . Only 11 complete nucleotide sequences of PVS isolates have been published in NCBI so far. Here, we present the complete genomic sequences of two PVS isolates belonging to Andean and ordinary strains, respectively, in potato in Hubei province, China. BLAST analysis revealed that the two isolates, PVS^A-7 and PVS^O-24, shared 79.4% sequence identities at the nucleotide level. Further BLAST analysis unveiled that PVS^A-7 shared 95.6% nucleotide sequence identity with PVS-BB-AND, a PVS^A isolate reported in Brazil, whereas the PVS^O-24 isolate shared 97.3% sequence identity with PVS-id4106-US, a PVS^O isolate reported in USA. Specific primers for differentiation of the two strains were developed and evaluated. Assessment of the pathogenicity of the two isolates on the indicator host *Chenopodium quinoa* demonstrated that

* Corresponding author, E-mail: bihuanie@mail.hzau.edu.cn.

systematical necrosises were only induced by PVS^{A}-7 isolate, although absent of local lesions on the inoculated leaves.

Population genetic variation of *Phytophthora infestans* and late blight management in northwestern China

Weixing Shan, Yuee Tian, Jieping Sun, Junliang Yin, Yunfang Ma, Junli Quan

(College of Plant Protection and State Key Laboratory of Crop Stress Biology for Arid Areas, Northwest A&F University, Yangling, Shaanxi 712100, China)

Potato late blight, caused by theoomycete *Phytophthora infestans*, is well-known for the Irish Famine in 1840s and has been the most serious disease of potato in the world, including the major potato production areas in northwestern China. Current late blight disease management is highly relied on regular application of chemical fungicides due to lack of efficient disease resistant varieties, which is frequently resulted from virulence variation of the pathogen. Understanding of pathogen genetic variation and underlying mechanisms is essential for development of effective disease control strategies. The application of molecular markers and genome sequencing significantly improved our understanding of population genetic variation, dynamics, and global transmission of *P. infestans* and management of late blight. In the past years, we conducted a comprehensive analysis of *P. infestans* populations in northwestern China, including molecular variations at a set of SSR loci, mating type distribution, virulence differentiation, and mtDNA haplotype. Population genetic analyses showed that there was no evidence of sexual reproduction in *P. infestans* populations, which were at a low level of genetic diversity with a few multilocus genotypes being dominant in northwestern China. The results indicated that migration and asexual reproduction were the predominant mechanisms influencing the *P. infestans* population structures. The results also suggest that overwintering of *P. infestans* is very limited in northwestern China. Based on the disease management practice of years of field trials of seed tuber treatment with fungicides and observation of disease occurrence and development, we argue that pathogen contaminated seed tubers is an important source of both pathogen primary inoculum and long distance transmission. In recent years, tremendous progress has been achieved on the understanding of genetic and molecular basis of *P. infestans* - potato interactions, especially, the cloning of several *R* and *Avr* genes. *P. infestans* secretes numerous small molecules with highly differentiated sequences, especially the RXLR protein family. Bioinformatic analysis indicated that there are about 600 RXLR effector genes in *P. infestans*. They play important roles during infection process by manipulating host cell structure to facilitate infection (virulence function), or by triggering defense responses (elicitor function) when being rarely recognized by host plant. Identification and application of "core" RXLR effector genes, by identification, evaluation, and creation of durable resistance genes, have valuable potential in facilitating potato breeding for late blight resistance.

Potato late blight-severity and management options in developing countries

Gregory A. Forbes

[International Potato Center (CCCAP), ICRAF - Kunming Institute of Botany (KIB), Kunming, 650204, China]

Potato late blight (PLB) is present in all major areas where potato is grown, with disease intensity being determined by weather conditions; severe disease is favored by moderate temperatures and long periods of leaf wetness. PLB is globally considered one of the worst plant diseases, and has been estimated to cost up to 10 billion euros per year including both losses and fungicide use. In some areas, such as the highland tropics, PLB is particularly damaging as it coincides with year-round potato production and low farmer capacity to understand and manage the problem. Furthermore, many areas where PLB occurs in the developing world are characterized by poverty and food insecurity, making the disease a serious threat to the livelihoods of small-scale potato producers.

PLB can generally be effectively managed with fungicides; however, many of these can pose environmental or health hazards, particularly in developing countries where farmers spray by hand and seldom if ever use protective clothing. Moreover, in areas of high disease pressure, such as the highland tropics, susceptible varieties require frequent fungicide applications and the disease is difficult to manage without the use of relatively expensive systemic or trans- laminar fungicides. To find sustainable solutions to the problem of PLB, the International Potato Center (CIP) and partners have struggled for decades to develop potato varieties that have high levels of resistance to *Phytophthora infestans*, while at the same time meet the numerous demands of the potato market chain. This effort has led only to partial success; some reasons for this as well as steps that may be taken for greater success are discussed in the talk. Nonetheless, recent research has indicated that host plant resistance has had a greater impact in developing countries than was previously thought to be the case.

In the industrialized countries, sophisticated decision support systems (DSS) have been developed to assist farmers in making decisions about fungicide application. However, these DSS generally require sophisticated weather data logging equipment and processors to manage the data, which limits their use in most cases in developing countries. A number of authors have sought simpler approaches for limited-resource farmers. One such approach is the use of rainfall thresholds to estimate fungicide runnoff. This approach was evaluated in Colombia some decades ago and more recently assessed by CIP and partners in Ecuador and Peru. Even more recently, CIP and partners have been evaluating a hand-held tool for the integration of several factors important in the decision of when to apply fungicides. With or without a DSS, researchers have demonstrated the benefit of improving farmer knowledge about this complex plant disease.

Potato soil-borne diseases and their integrated management in China

Yanli Yang

(Department of Plant Pathology, Yunnan Agricultural University, Kunming, Yunnan 650201, China)

Soil-borne diseases of potato, due to their highcrypticity, are difficult to control and impact greatly on the process of crop production. The main soil-borne diseases affecting potatoes include black scurf, common scab, powdery scab, *Fusarium* wilt, bacterial wilt, dry rot, and nematodes. These potato soil-borne diseases occur in different areas of China, and their effects vary with places. Potato black scurf (*Rhizoctonia solani* Kilhn) occurs in a large area in China, especially in Heilongjiang, Jilin, Liaoning, Gansu, and Qinghai province, as well as Western Inner Mongolia. In severe affected field, the incidence rate is up to 70%-80%. Usually, this disease can reduce yield by 15%. It was shown that the dominant *R. solani* fusion group in China is AG3. The combination of agricultural, biological and chemical solutions was performed to control potato black scurf. According to a survey on potato samples from ten provinces by Hebei Agricultural University, potato common scab (*Streptomyces* spp.) has become a widespread disease in China. Especially in the production of virus-free mini tubers, the continuous reuse of culture matrix resulted in frequent occurrence, with the incidence rate about 30%-60%. 16S rDNA sequence was used to investigate the genetic diversity of the pathogens and the results showed that there were 8 species of *Streptomyces* in China, including three newly discovered ones, *S. galilaeus*, *S. bobili* and *S. enissocaesilis*. At present, the methods to prevent and control common scab were mainly chemical control, combined with seed treatment, irrigation, resistant varieties, adjusting pH and mineral elements in soil, crop rotation, application of green manure and biological control. The harm of potato *Fusarium* wilt (*Fusarium* spp.) varies in differently districts in China. It is widespread in Inner Mongolia and cause severe yield losses. According to a survey, the average incidence rate on main varieties was 20.5%-51.5%, and the yield reduction was 10%-30%. There were 5 species of *Fusarium* causing infection. The comprehensive prevention and control technology is being developed in potato production area. Potato dry rot (*Fusarium* spp.) is an important post harvest disease in China. The annual incidence rate is 10%-30%, sometimes up to 60%. Studies showed that there were 10 species of *Fusarium* causing potato dry rot in China, distributing in different provinces. Potato powdery scab (*Spongospora subterranea*) mainly occurs in Yunnan and Gansu province. In Yunnan province, the field incidence rate was 5%-10%, and even in the first class potato seed base, the infected seed accounted for 3%. In Weiyuan County of Gansu province, the incidence rate was 5%-20%, but in severe affected field, the incidence rate was more than 90%. So far, there was no effective management on this disease. In China, the first report of Potato nematodes was from Chinese Quarantine Academy of Sciences and South China University of Tropical Agriculture in 2006. They identified potato rot nematodes (*Ditylenchus destructor* Thorne) in cankered tubers from Zhangbei in Hebei province. In 2013, scientists in Yunnan Agricultural University identified the potato root knot nematode disease in Malong County, which were mainly caused by *Meloidogyne hapla* and *Meloidogyne javanica*.

Potato yield variation as affected by virus seed degeneration and growth conditions in Tunisia

Nouri Khamassy, Riadh Ilahy

[Laboratory of Horticulture, National Agricultural Research Institute of Tunisia (INRAT)]

Virus diseases mainly affect crop growth by reducing the size of the canopy, thus inhibiting the efficiency of photosynthesis. Yield reduction may further be caused by the weak assimilation of dry matters allocated to the potatoes. Research plots were established in 2014 in a Research Station of the National Agricultural Research Institute of Tunisia (INRAT) in order to assess the combined effects of seed born PVY levels and poor growing conditions on yield of the cultivar Spunta (fairly good resistance to virus PVY^n) during the spring crop season (February-June). Spunta are grown over 80% of production area in Tunisia. Five potato seed sources were evaluated in this experiment. They were characterized by 5 levels of PVY infection: 0%, 2%, 4%, 8% and 50% and grown under 3 poor growing conditions: 15% of normal fertilizer-irrigation doses, 0% organic matter and high water salinity (around 4 grams/litre). All plants were grown in the same field with close cultural practices and, of course, environmental conditions in order to minimize the influence of pre- and post-harvest factors on variability of field-grown potatoes from a single variety. The evaluated parameters were the crop-cover growth (rate in percentages of ground covered by foliage at 60 days after planting), stems number (number of stems/hill), tuber number, individual tuber weight (grams/tuber), total yield (tons/hectar) as well as marketable and non-marketable yield. The results showed that poor field managements and growing conditions had drastic effects on the crop growth regardless of the infection levels. The ground cover (%) and stems number were at least 50% reduced compared to normal crop growth. Consequently, yield decrease was around 50% (Quantitatively 50% of the potential yield and qualitatively 50% of the potential tuber weight regardless of the virus infection levels). The differences between seed sources were significant. Yields were negatively affected at 8% and 50% infection levels. PVY infection levels had negative effect on yield loss particularly under poor crop managements. The present findings also confirmed the previous results which showed that yield reductions were not significant under good growing conditions. Useful applications in national seed program could be therefore proposed upon the obtained results. Indeed, in countries affected by high seed degeneration rate it is yet possible to produce seed with virus tolerance level below 15% (for certified seed) using a tolerant and adapted cultivar (as Spunta in Tunisia).

Reduction of potato tuber blight losses in the field and in storage after foliar applications of Infinito

D. Steiger[1*], S. Tafforeau[2], R. Wanningen[3], C. Braun[1]

(1 Bayer CropScience AG, 40789 Monheim am Rhein, Germany; 2 Bayer SAS, 69009 Lyon, France; 3 Bayer CropScience Netherlands, 3641 RT Mijdrecht, The Netherlands)

The zoospores of *Phytophthora infestans*, the causal agent of potato late blight, are not only infecting and developing mycelium on the canopy (leaf blight) but also in the tubers via soil contamination (tuber blight). This leads to severe reduction of yield and quality.
But the damage caused by late blight is not only restricted to the field. Tuber infections which are not necessarily visible at harvest, may continue to come to expression during storage, resulting in unforeseen losses long after harvest.

The practical consequence of the ability of potato late blight to infect and colonize tubers is that the better the control of sporangia production and zoospore release in the field the lower the later attack on tubers actually is.

Among other plant protection products, Infinito® (fluopicolide + propamocarb-HCl) is especially good at limiting the spreading of spores in terms of quantity, mobility and viability. In a compilation of 6 potato trials run in The Netherlands between 2002 and 2010 Bayer CropScience, it is confirmed that a program of treatments containing Infinito® applications was significantly better than standard programs in reducing the tuber blight damage at harvest and later during storage.

* Corresponding author, E-mail: dominique.steiger@bayer.com.

In this compilation the percentage of marketable potatoes (without tuber blight symptoms) at harvest was respectively 82% for the standard program 1. 92% for the standard program 2 and 97% for the program 3 including Infinito®. One to three months after harvest (depending on the trial) the percentage of marketable potatoes was reduced to 68% with the standard program 1. 86% with the standard program 2 and 94% with the program 3 including Infinito®.

In this situation the production efficiency, meaning the percentage of the initial potato production which will actually reach the end consumer in good quality after storage, can be assessed to 56% for the standard program 1. 79% with the standard program 2 and 91% with the Infinito® program.

This clearly indicates that maximizing the control of zoospore release in the field can effectively lead to a large reduction of losses at harvest and also during storage with the corresponding savings for soil occupation, harvesting costs, transportation and storage, of potatoes which will not reach the end consumer because of tuber blight damage.

Status of potato diseases with special reference to late blight (*Phytophthora infestans* Mont de Bary) in Nepal

Buddhi Prakash Sharma[1], Gregory A. Forbes[2], David E. L. Cooke[3], Shambhu Prasad Dhital[1], Bhim Bahardur Khatri[1], Binodprasad Luitel[1]

(1 National Potato Research Programme, Nepal Agricultural Research Council, Nepal; 2 International Potato Center, CCCAP, ICRAF-Kunming Institute of Botany (KIB), Kunming, 650204, China; 3 The James Hutton Institute, Invergowrie, Dundee, United Kingdom)

Potato (*Solanum tuberosum* L) is grown in many parts of Nepal, ranging low lands (75 masl) to high hills (4 700 masl). Planting time and crop maturity varies greatly at different altitudes, which leads to year round harvest of potato. Diseases are the main biotic constraints in reducing tuber yields. The economically important diseases are late blight, wart, powdery scab, black scurf, bacterial wilt, early blight and virus diseases. Among the diseases, late blight, caused by *Phytophthora infestans* Mont de Bary, has been most intensively studied, including description of the pathogen's genetic diversity and assessment of cost effective management practices within different agro-climatic conditions. To study genetic diversity of *P. infestans*, 89 isolates of the pathogen were collected from terai (low lands), mid hills and high hills during 2011 and 2012. The EUCABLIGHT protocols for collection, maintenance and evaluation were used in this study. Isolates were 39% A1 and 61% A2 mating types. The proportion of A1 to A2 mating types varied greatly in three geographic regions, with 92 : 8, 28 : 72 ıd 12 : 88 in terai, mid hills and high hills, respectively. Regarding the sensiity to metalaxyl, 31.5% were found resistant, 38.2% intermediate and 3% sensitive. The metalaxyl resistant population in the high hills was 12%, 38% in mid hills and terai. Microsatellite analyses of 19 isolates, represen- hree regions, indicated that all belonged to the 13 _ A2 lineage, which is read in Europe and considered to be highly aggressive. The results re- that the Nepalese *P. infestans* population is currently undergoing a dra- ange towards the more aggressive population. Twenty five advance pota- pes were tested in three locations, i. e. Rampur (260 masl), Khumaltar sl) and Nigaley (2 450 masl) for two seasons in each location under hytotic conditions. Disease severity recorded five times until suscepti- e 'KufriJyoti' reached to 100% foliage damage. Disease severities d in percent foliage damage and finally converted into scale value for or stability of genotypes additive main effects and multiplicative in- MI) statistical model was used, using R statistical package. The s CIP 393280.57, LBr 40, CIP 393077.54, CIP 384321.15, PRP 25861.1, and CIP 393385.39 were found to have stable resist- across several environments. These genotypes also had higher e national standard check cultivars, 'Janak Dev', 'KufriJyoti', 'Desiree'. Dimethomorph (Acrobat) and the Fenamidone (Sectin) were found effective at 50 and 250 ppm, respective- ny growth of *P. infestans* on pea agar medium. In a field

from

229 •

experiment, where Acrobat and Sectin were sprayed 4 times in alternation with mancozeb at 9 day intervals, the benefit: cost ratio was higher (4.6), than with other treatments. To find the optimum spray frequency on different levels of host resistance, experiments were conducted in two years at Khumaltar under conducive environmental conditions for late blight development. Potato genotypes having different levels of resistance, i.e. 'KufriJyoti' (highly susceptible), 'Janak Dev' (resistant), and two new promising genotypes L 235.4 and CIP 389746.2, were used in the experiment. 'KufriJyoti' responded best to six sprays for disease control and for highest yield, whereas moderately resistant genotypes 'Janakdev', CIP-389746.2 and L235.4 required only four sprays for effective disease control and higher tuber yield. The genotype CIP-389746.2 produced the highest yield (27.05 t ha^{-1}) by giving four sprays at 9 days intervals, whereas with six sprays 'KufriJyoti' yielded 23.84 t ha^{-1}.

Suitability of various copper-free leaf treatment products for the control of *Phytophthora infestans* in organic potato farming

Jan Nechwatal, Michael Zellner

(Bavarian State Research Center for Agriculture, Lange Point 10, 85354Freising, German)

Potato late blight (*Phytophthora infestans*) causes severe losses in potato yield and quality in organic production. Still, the disease can only be effectively controlled by the application of copper fungicides. Due to copper accumulation in the soil and expected detrimental effects on the environment and non-target organisms, a reduction in the usage of Cu fungicides is urgently required. Within the course of a project aiming at the reduction and avoidance of Cu in organic farming, trials were performed to investigate the efficacy of different Cu-free products for the control of *P. infestans* leaf infections, and to identify potential alternatives replacing or amending copper based fungicides in the future. We have tested several commercial and non-commercial organic products in *in vitro* leaf assays, potted plant assays and field trials. In total, 23 Cu-free alternative products were tested so far. In the detached leaf assay, leaves were inoculated after spray application of the product. A water agar plug kept the droplet of a sporangial suspension of *P. infestans* in place, ensuring equal infection pressure in all variants. Leaves were incubated at 15℃ for 5 days and disease rated as the number of leaves and % leaf area affected. Potted plants grown from tubers or eye plugs were infected by spraying with a sporangial suspension after application of the product. Plants were incubated at 20℃ for 7 days, with plastic bags over the plants for the first 48 h. Disease was rated as the number of leaves and % leaf area affected. Only few of the substances tested in our laboratory assays proved to be effective against *Phytophthora* leaf infections. Among the most promising in the leaf test were chitosan, a knotweed product, a fertilizer with low Cu content, a liquorice, a horsetail and a citrus test product. Some of these products were almost as effective as the Cu control with regard to infection incidence and severity. All of these products were also effective in the growth chamber test with potted potato plants, where they could significantly reduce infection rates of the plants. In addition to the lab assays described above, field tests were performed with a selection of Cu-free leaf treatment products in 2012 (*Bacillus subtilis*, chitosan and citrus) and 2014 (citrus, horsetail, chitosan, liquorice, Cu fertilizer and knotweed) . The field trials showed that even products that provided good protection in the lab were not necessarily effective under field conditions, but also highlighted the potential of some of the products as substitutes or amendments to copper fungicides. Chitosan, the liquorice and the horsetail test products together with the Cu fertilizer in particular might become part of a management strategy to reduce the extent of leaf infections and thus to minimize the deposition of sporangial inoculum on the soil surface and the potato crop in organic farming.

Sustainable management of the soil disease complex in potato with innovative chemical and biological solutions based on Emesto, Velum and Serenade

A. Schirring[1*], J. Smedema[1], A. Witzenberger[1], S. Reiter[2], K. Kemper[1], H. Fuersch[1], D. Manker[2], S. Huvier-Boutin[1]

(1 Bayer Crop Science AG, Alfred Nobel-Strasse 50, 40789 Monheim, Germany; 2 Bayer CropScience LP, CA 95605, Sacramento, USA)

Innovations to effectively manage the soil disease complex contribute significantly to increase sustainability in potato production. Around the world farmers face yield and quality losses induced by soil diseases. Due to economic pressure and the lack of alternative cash crops farmers grow potatoes in narrow rotations. Germplasm expressing effective resistance towards major diseases is not available so far. This environment nourishes the development of soil-borne pests and diseases.

Soil fungi such as *Rhizoctonia*, *Fusarium*, *Colletotrichum* and *Spongospo-raspp*are is an increasing problem. The damage caused by the diseases is amplified by the presence of nematodes such as *Meloidogyne*, *Globodera* and *Pratylenchus* spp. In addition some soil diseases and nematode species transmit viruses which negatively impact the quality and thus affect the marketable yield and profitability of the potato crop (Tobacco Rattle Virus, Potato Mop-Top Virus).

* Corresponding author, E-mail: albert. schirring@bayer. com.

The presentation will comprise a summary on the progress of various research teams to increase the resilience of the potato cropping system by addressing crop rotation, soil preparation, catch and cover crops. The access to innovative biological and high performing chemical solutions is expected to contribute to greater sustainability in potato production. Challenges and best practice stories based on the implementation of new sustainable crop management practices and integrated solutions based on Emesto™, Velum™ and Serenade™ will be illustrated. Further the performance and benefits of the new approaches to all partners of the potato value chain will be outlined.

The effects of vector density and the time of infection on zebra chip disease development in the United States

A. Rashed[1], F. Workneh[2], L. Paetzold[2], N. Olsen[3], C. M. Rush[2]

(1 University of Idaho, Department of Plant, Soil, and Entomological Sciences, Aberdeen Research & Extension Center, Aberdeen, ID, US 83210; 2 Texas A&M AgriLife Research and Extension, Amarillo, TX, US79106; 3 University of Idaho, Department of Plant, Soil, and Entomological Sciences, Kimberly Research & Extension Center, Kimberly, ID, US 83341)

Zebra chip disease (ZC) has been a major concern to the potato industry, in the US and across the globe, due to its significant negative impact on production in the form of both yield reduction and quality loss. The disease is associated with '*Candidatus* Liberibacter solanacearum' (Lso), a putative phloem-limited bacterium. Lso is a vector borne-plant pathogen transmitted by the potato psyllid *Bac-*

tericera cockerelli (Hem. , Triozidae) . Considerable progress has been made in understanding ZC complex since its discovery in the US in 2000. Studies were initiated, in both field and laboratory, to investigate vector movement in relation to potato crop emergence time, to evaluate psyllid vector efficiency in transmitting Lso, to quantify ZC disease development throughout the season, Lso-tuber interaction post-harvest, and impact on potato seed quality. Patterns of psyllid vector movement was location specific, however, in most cases the potato psyllids first appeared in the natural vegetation surrounding fields, and then moved into the field approximately 2 to 3 weeks after crop emergence. Field studies showed that following psyllid infestation, it takes about 3 to 4 weeks for foliar symptoms to appear (incubation period) . ZC incubation time was not affected by the stage of plant growth at which the infection was initiated and/or the time of infection during the season. Tuber symptoms were detectable before foliar symptom appearance. Symptom severity in both tuber and foliar tissues was affected by the time of infection; tubers infected later in the season showed minimum to no symptoms. Indeed, tubers from plants, which were infected one week before harvest, not only remained asymptomatic and tested negative for Lso presence, using qPCR. Yield loss was primarily associated with the infections that occurred during the early stages of plant development, such as tuber initiation and bulking stages. However, quality loss in tubers (e. g. reduced chipping quality) was pronounced in plants, which had been infected for longer than one week. The majority of the seed potatoes infected with Lso failed to emerge. The small percentage that sprouted emerged much later than the noninfected controls. They also remained stunted and small and died shortly. Thus, the role of seed-borne ZC spread appears to be negligible. Lso interaction with tubers post-harvest was also evaluated. Pathogen continued to develop within tubers post-harvest. Under commercial storage conditions, increases in Lso titer was mostly associated with pre- and post- storage stages when tubers were exposed to relatively higher temperatures (e. g. curing period) . Currently, vector management remains to be the key in reducing Lso spread. Our research is directed towards finding cultural and integrated approaches that would allow for sustainable management practices.

Tizon Latino: A Latin American network for the study of Solanaceae blight diseases

Ivette Acuna[1], Silvia Restrepo[2], Hector Lozoya[3], Julio Gabriel[4], Rafael Mora[3]

(1 Institute of Agricultural Research INIA, Osorno, Regió n de Los Lagos, 5290000, Chile; 2 University of Los Andes, Biology Science Laboratory, Bogota, 11001000, Colombia; 3 Chapingo Autonomous University, Texcoco, Mexico State, 56230, Mexico; 4 PROINPA Foundation, Cochabamba, 4285, Bolivia)

Late blight, caused by theoomycete *Phytophthora infestans* (Mont.) de Bary, is the main disease that attacks the Solanaceae in the world and has caused severe yield losses through history. This disease was described for the first time in 1845, when it was responsible for the renowned "Irish potato famine", causing the death of millions of people and migration of many others. In the 90′s decade, late blight caused epidemics in the world potato production systems once again, due to migration and changes in the characteristics of the populations of the pathogen, which presented greater aggressiveness and resistance to fungicides, causing loss of strength in commercial varieties. Given the above, researchers working in late blight around the world have focused on studies of the pathogen, its epidemiology and ecology, genetic improvement of the host and integrated pest management. At the same time, given that the scientific world understands that cooperation is a key factor to solve a world problem, collaborative networks have been formed. Thus Euroblight, the European network for this disease, has 22 member countries which have managed to standardize protocols and research objectives related to late blight and recently, also, early blight (*Alternaria* spp). In addition, USABLight and AsiaBlight have been formed with similar objec-

tives. TizonLatino was formed in September 2014 at the Latin America Potato Association meeting (ALAP) in Bogota, Colombia. It was born from the need to work together on a disease and hosts originating in Latin America, which cause serious losses and affect the food security of the region. Today, ten Latin American countries are part of this network. The main objective of TizonLatino is to share knowledge and protocols on blight diseases and their causal agents, with the ultimate aim of advancing on a sustainable control of the biotic problem. The network will also be a platform where partners can work together to find financial support to do research on Solanaceae blights and to strengthen close cooperation with existing networks in Europe, Asia and North America. However, the Latin American network must find its differential areas of work with respect to other networks. We know that the most important differences are (i) the diversity of hosts of the pathogen in Latin America that includes a diversity of Solanaceae species and (ii) the need to work in extension and participatory research to facilitate the incorporation of scientific advances by farmers in their particular realities. Therefore, the TizonLatino approach will be, mainly, the monitoring and characterization of pathogens; study the effects of late blight on landraces potato due to climate change and its impact on diversity and food security; search of durable resistance and breeding populations; integrated pest management based on decision support systems and extension and technology transfer focus on the development and implementation of management strategies on adaptation to climate change, based on vulnerability and food security in Latin America.
Additional information can be found in the Tizon Latino website: https://tizonlatino.wordpress.com

Trend in potato disease and integrated disease management in China

Yuejian Lu

[BASF (China) Co., Ltd, Shanghai 200137, China]

Potato becomes the 4th staple crop in China with strong support both from policy and investment. With the recent upgrade and development in potato cultivation and practice, the trend of disease complex has some new pattern, especially leaf and soil born disease. In this presentation, we summarized the latest and most important diseases in major potato growing area in China, together with the development of integrated disease management in practice. We will share the trial result of BASF potato solution in China.

Velum-a revolutionary nematicide for efficient potato production

J. Smedema*, M. Rist, H. Fuersch

(Bayer CropScience AG - Alfred Nobel Strasse 50 - D - 40789 Monheim am Rhein)

Velum, common name fluopyram, is a novel nematicide from the chemical class of pyridinyl ethyl benzamides which is developed to control nematodes in a broad range of crops. Fluopyram is the first nematicide acting via Complex II (SQR) inhibition. Fluopyram selectively inhibits Complex II of the mitochondrial respiratory chain in nematodes which leads to a fast and severe depletion of the nematode's cellular energy (ATP). Moreover, fluopyram is characterized by a very favorable toxicological and ecotoxicological profile.

After the restriction or withdrawal of several nematicides, protection of crops from plant-parasitic nematodes has become a major challenge. Velum exhibits an excellent level of efficacy at very low dose rates compared to currently available nematicides. Velum has proven its efficacy already in Potato in South Africa and in a large number of trials conducted in different parts of the world. It is a highly effective nematicide controlling a number of different nematode species but most importantly *Meloidogyne* spp. (root knot nematode). The spectrum however includes the control of root knot, root lesion, free living and cyst nematodes such

* Corresponding author, E-mail: jaap.Smedema@bayer.com.

as *Meloidogyne* spp. , *Pratylenchus* spp. , and *Globodera* spp.. Multiple field trials have demonstrated that Velum® provides an outstanding long-lasting nematode control also under high infestation pressure. Velum® is planned to be commercialized in different formulation types enabling it to be used in multiple application techniques such as granular spreading, drenching, in-furrow spraying and seed treatments.

Current practices are to use highly toxic chemicals for nematode control which are being abused in other areas such as animal poisoning. It is essential that new less toxic chemistry is brought into the field for nematode control as soon as possible. Velum will provide new innovation in a field which has proved troublesome over the past years. It will allow farmers to achieve good nematode control with the benefit of operator safety and reducing the potential for the poisoning of companion and wild animals. Target markets include potato and other fruit and vegetable crops as well as cotton, corn, tobacco and sugarcane.

Potato Staple Food Products & Industry Development

Current status and prospects of developing potato staple food in China

Xiaofeng Dai

(Institute of Food Science and Technology, CAAS/Comprehensive Key Laboratory of Agro-productsProcessing, Ministry of Agriculture, Beijing 100193, China)

Potato is globally recognizedas a full nutritional food, which is rich in protein, dietary fiber, vitamins, minerals and other essential nutrients. Potato is ranked as the world's fourth largest staple food sources by FAO, next only to wheat, rice and corn. In Europe and other developed countries, potato has been consumed as one of the staple foods, playing an important role in daily diet. Currently, potato production in China is top ranked worldwide, but the potato is mostly used as fresh vegetable to make cuisine, and the industrial processing rate of potato is far behind that of the developed countries. Because of lacking key technologies and equipment, the potato processing in China is largely depended on the importation and digestion of technologies and equipment from outside of China. Potato products in China are mainly in the forms of starch, modified starch, potato granules, fried chips and French fries, while the potato made staple food products suitable for Chinese resident dietary habits are lean. Such shortage greatly limits the sustainable development of potato processing and consumption. Because potato is rich in essential nutrients, adding certain proportion of potato granules to traditional staple food is expected to enhance the nutritional value of traditional staple food. In recent years, in order to develop potato staple food products suitable for Chinese resident dietary habits, Chinese National Potato Staple Food Products and Industrial Development Team have conducted researches such as selecting special potato varieties for staple food production, developing recipe and relevant processing technology, revealing the mechanism of quality formation and evaluating comprehensive nutrition value of potato staple food products. Right now, two special potato varieties were identified for making potato steamed bread and, two for making potato noodle. The effects of different plant proteins and the wheat flour with different gluten content on the qualities of potato staple food were analyzed and the product formulations and processing technology had been optimized. The mechanism of quality formation of potato staple food was initially elucidated by analyzing the interaction of potato protein and starch, and the effects of potato granules on the rheological property of dough. Meanwhile, the macronutrients and dietary fiber, vitamin, mineral substance of potato steamed bread and potato noodle were determined. The results based on gray system theory and the index of nutritional quality have shown that the comprehensive nutritional value of potato steamed bread and potato noodles was higher than that of traditional wheat flour steamed bread and noodles. Based on the above research, pilot scale test for potato steamed bread and potato noodle were carried out, and the industrialization production of those two potato staple foods were successfully developed.

History, present and future of the potato as staple food in Europe

Romain Cools

(Belgapom)

For the last centuries the potato is considered as the major staple food for the large majority of Europe.

History

The potato has been a long time basic food for the Incas in the Andes' mountains of South-America. After the Spanish conquistadores brought this plant to their home country in the 16th century, Spanish and Irish monks distributed the plant all over Europe. As potatoes were an answer to dependency on cereal products, also risks were involved e. g. the 'Great Famine' in Ireland.

In the 17th century rulers in different European countries tried to impose potatoes to their subjects, but the potato didn't get any further than pigs' feed. Some nice stories like the one of the German emperor Frederic the Great (18th century) illustrate this policy.

In France A. A. Parmentier produced a study in the end of the 18th century describing the nutritious values of the potato. The denomination of the potato as 'the bread of the poor' was born.

During the 19th century the potato became the major staple food for the growing population in Europe. During the industrial revolution (19th century) the potato provided to the daily 3. 000 kcal diet of the workers in a more efficient and cheaper way than cereals. This helped to reduce labor cost and increased economical growth.

Culinary richness

Where before culinary chefs worked exclusively for the rich, more and more people in the Western civilization during the 2nd half of the 20th century were able to eat out of home or cook new preparations in their modern kitchen.

The culinary richness of Europe is based on its diversity, which resulted in numerous typical local recipes with potatoes all over Europe.

On the other hand fries-although original from Europe-were spread all over the world via the American fast food culture.

Reduction of potato consumption in Europe

Less physical labor results in a reduced need for calories and obesity became a welfare disease, also in Europe. Often potatoes were related to this phenomenon, but a lot of scientific studies have proven that this was a false image. Since the

90′s the image of the potato as a healthy and natural foodstuff has regained ground, despite some fashionable diets excluding potatoes.

The reasons for lower potato consumption are simple (1) less physicallabor results in a lower need for calories (2) travelling and immigration results in a large offer of alternatives and (3) potatoes often take some time to peel and prepare them for busy Europeans.
However recent consumers′studies illustrate that potatoes persist to have a very positive image.

Potatoes are also modernizing all of the time: new varieties, differentiation in taste, color, cooking type and numerous new recipes and preparation methods (oven, microwave, wok) are developed and promoted.
In the supermarkets we can find new and consumer friendly packaging but also pre-peeled and precut potatoes, and mashed products, next to the traditional fries (fresh, refrigerated or frozen) .

Looking back to a long tradition the potato evolves into the basisproduct for a balanced lifestyle of the modern European consumer.

Potato diversity and multi-utilization in Peru

Oscar Ortiz

(Research and Development, International Potato Center)

The domestication of potatoes in the Andean Region can be traced back about 8 000 years. Andean agriculture was the result of accumulated knowledge of local people over centuries. The domestication of plants and animals, their adaptation to a variety of microclimates, and the spread of domesticated plants, was one of the great achievements of pre-Hispanic Andean cultures. A key example of this achievement is the wide diversity of cultivated potato existing in the Andean Region up to now. According to evaluations carried out by the International Potato Center (CIP), there are currently about 4 354 cultivated native potato varieties in the germplasm bank of CIP, and most of them still exist in the farmers' fields in the Andes. Some of these varieties exist in very specific locations, while some others have wider adaptation. In general, potato has been the emblematic crop for high mountain agriculture because it is one of the few that can be cultivated up to 4 000 m. a. s. l. In the same way that exist great diversity of potatoes, there are multiple forms of consumption in different dishes. Traditionally, potatoes are consumed boiled, in soups, stews, baked, and in different traditional dishes. In addition, way back in the Incas' time, processing and conservation of potatoes were developed. For example, a traditional product consists of frozen and dehydrated potatoes, which is only possible in the high Andes of Central and Southern Peru and part of Bolivia. Potatoes are left on the ground and the extremely low night temperatures freeze the potatoes, and in the next days, they are squeezed to extract the water and dried with the intense sun, leaving a concentrated piece of starch, very dry, which can be stored for years. Potato cultivation and use have been linked to the Andean culture since the beginning, and native varieties were mostly known in local markets, with very few reaching the markets until a couple of decades ago. However, with the increase of the population in the cities and the migration, there was the need to link small scale farmers to markets more efficiently. Therefore, CIP and a number of partners started a collaborative effort to make native potatoes known by consumers from the cities, in fresh or processed form. Thanks to this effort, a higher number of native potato varieties are now reaching markets in the cities, and have become a key ingredient in a blooming Peruvian cuisine, which is taking advantage of these unique ingredients to diversify the culinary offer. The processing industry has also taken advantage of the unique features of colorful, native potatoes and is offering a range of colored potato chips in the market. The pink, red, blue or purple colors are attractive, but also an important source of anthocyanin, which have antioxidant properties, and micronutrients (case of iron and zinc). This process has resulted in an increase of the per capita consumption of potatoes in the last 10 years, reaching about 85 kg of potato per person in Peru. In summary, potato has played a very important role for food security of Peru and other Andean countries, and will continue playing that role in the future.

Potato Mechanization

A low cost two wheel tractor operated potato planter for small farmers in Bangladesh

M. Israil Hossain[1], Scott Justice[2], K. Sayre[3], B. K. Goshami[4] and M. K. Gathala[5]

[1 Bangladesh Agricultural Research Institute, Rajshahi (mdisrail@gmail.com); 2 CSISA Project, Nepal (sejustice@gmail.com); 3 Former CIMMYT Agronomist, Mexico (ken.sayre@gmail.com); 4 Tuber Crop research Centre, BARI, Gazipur (bkgbari@yahoo.com); 5 CIMMYT Bangladesh, Dhaka (m.gathala@cgiar.org)]

A low cost two wheel tractor operated cup type potato planter was developed at Bangladesh Agricultural Research Institute (BARI), Rajshahi, which can plant whole tuber potato seeds as well as cut piece potato seeds automatically in furrows at predetermined regular intervals. This is a walking type planter and it is suitable for small fragmented lands. The potato planter maintains a row-to-row spacing of 600 mm and seed to seed distance of 200-250 mm for whole tuber seed, and 150-160 mm for cut piece seed. This planter singularizes the seed by a series of cups equally spaced that pass vertically through the secondary seed box for taking one tuber or seed piece per cup. The planters perform four mechanical functions simultaneously, viz., rotating blades tilling the soil and opening the furrow, metering the seed, making beds, and covering the seeds. Performance of the planter was evaluated in the farmer's fields to determine the effect of tractor forward speed and seed sizes on the uniformity of seed spacing and incidence of missing seed during 2011 to 2013. Four operating speeds of the tractor and three seed sizes were varied to evaluate the planter performance. Uniformity of seed spacing varied with the increase of operational speed. It was found that the forward speed of 2.4 km/hr was the best in respect of uniformity of spacing and missing seeds. Seed sizes of 35mm were found the best in respect to uniformity of seed spacing (94%) at the speed of 2.4 km/hr. Field demonstrations were conducted on station and in the farmers' fields of Puthia, Paba, Rajshahi district of Bangladesh. The average effective field capacity of the potato planter and missing seed were 0.10 ha/hr and 3%, respectively. The potato planter requires 4 man-days/ha compare to 67 man-days/ha for the conventional manual planting method. Potato planting cost were Tk. 4804/ha (1US$ = Tk. 78.0). On the other hand, using whole tuber and cut piece seed, manually planting cost was Tk. 14,740/ha and Tk. 16940/ha, respectively. There are no significant yield difference between the potato planter and conventional planting methods. The potato planter can save labour requirement and cost of planting at 94% and 67%, respectively compare to conventional manual planting method. Local machinery manufacturers have started fabricating this two-wheel tractor operated potato planter considering the labour shortage and higher cost of conventional manual potato planting. One main operator and one assistant operator are needed to complete the planting operation. This potato planter can be feasible for other region of Bangladesh as well as other Asian countries where two wheel tractors is the common farming tool.

Current status and prospect of agricultural mechanization in China

Weiguo Li

(Agricultural Mechanization Administration, Ministry of Agriculture of China)

Since China's reform and opening up, especially after the promulgation of *Agricultural Mechanization Promotion Law* in 2004, the development of agricultural mechanization in China has maintained rapid development, which provides a solid material and equipment support to ensure national food security and speed up agricultural modernization.

First of all, total numbers of agricultural machineries and equipments have achieved rapid growth. The total power of agricultural machinery reached 1. 076 billion KW in 2014, which was an increase of 67. 86% from 2004. The structure of agricultural machinery and equipment is being continuously optimized which speeds up the development in the direction of the greater horsepower, multi-functionality and high performance. The number of ownership of large and medium-sized tractors, combined harvesters and rice transplanters were more than 5. 58 million units, 1. 52 million units and 660 000 units respectively, and they were 5 times, 3. 7 times and 9. 8 times as many as they were in 2004.

Second, the operation level of agricultural machinery has been improved significantly. The national comprehensive agricultural mechanization level in 2014 was 61% which was an increase of 26. 7% than that in 2004. The comprehensive mechanization level of the three major grain crops is more than 75%, and the whole process of wheat production has realized mechanization. The mechanization level for paddy planting and harvesting has increased from 6% and 6% respectively in 2004 to 38% and 81% at present. Harvesting mechanization level of corn has increased from 2% to 55%. The agricultural production mode in China has realized the historic leap from human and animal power to machinery operation.

Third, socialization service for agricultural machinery is booming. By the end of 2013, there were more than 169 000 service organizations for agricultural machinery in China, including more than 42 000 professional agricultural machinery cooperatives, which is an increase of 23. 5% over the previous year. Inter-district operating area is more than 34 000 000 ha, and the national agricultural machinery operation income is 24. 85 billion Yuan, which increased by 7. 1% and 10. 7% respectively over the previous year. Machinery operation income has become a very important channel for the continuous increase of farmers' incomes.

Fourth, agricultural machinery industry is growing stronger. In 2014, the main business income of agricultural machinery enterprises above designated size reached 395. 2 billion Yuan which was 4. 1 times more than that of 10 years ago. China has become the world's leading manufacturer of agricultural machinery and its main agricultural machinery products have been able to meet about 90% of the needs of domestic market.

One of the reasons for the rapid development of agricultural mechanization in China is that labor costs for agriculture have risen sharply because a large number of rural labor force have left rural areas for the accelerated industrialization and urbanization and it accelerates the process of machinery replacing human labor; the other reason is the implementation of machinery purchase subsidies which have fully mobilized the enthusiasm of farmers to buy and use agricultural machines.

Looking forward into the future, China's agricultural mechanization will transform its mode of development and improve the quality benefit to accelerate the whole and comprehensive development and upgrade through high-quality and efficient transformation. By 2020, the national comprehensive mechanization level for crop cultivation will reach 70%; the cultivation of wheat, corn, rice and other major food crops will realize full mechanization; mechanized production of main cash crops and modern facility agriculture will make significant progress; mechanization of the animal husbandry, horticulture and preliminary agricultural processing will advance comprehensively. Science and technology innovation capability and technology application level of agricultural machinery will be improved significantly. Agricultural machinery will be fully merged with agronomy, mechanization and informationization.

China is the biggest producer of potato in the world and the Ministry of Agriculture of China has launched the potato as a staple strategy. In 2013, the national comprehensive mechanization level of potato cultivation was 37% which was a 16% increase than that of five years ago; however, compared with the main food crops, such as wheat, rice and corn, the mechanization level of potato production is obviously very low, which is the weakness in the development of agricultural mechanization in China. The Chinese government will take further effective measures to speed up the mechanization of potato production.

Development of potato mechanization harvest technology and equipment in China

Jinqing Lu, Zihui Li, Jicheng Li, Zhongyuan Liu

(Northeast Agricultural University, Harbin, Heilongjiang 150030, China)

Based on the potato growth and planting scale and the harvesting agronomic requirements, the harvest process in China can be divided into the segmental and the combinatory harvest. Small scale potato planting is the main pattern of potato production, so the main form of potato harvest is still ongoing the segment harvest in China. Depending on the potato characteristics in different growing areas and agronomic requirements, two sets of potato diggers were developed. Aimed to overcome the great resistance, easy to jam, high failure rate and some key technical problems, double-rows elevator chain potato digger was developed in order to solve the potato mechanization harvesting problem in hilly mountain plots or other small plots as well as the small breeding field. Considering the key factors in hills and mountain areas that affect the potato harvest, such as small plots of land, large slope, rocks and so on, special vibrating type of potato digger was designed to solve the above problems. This research provides the reference to the future design of the potato digger and thus promotes the further development of the potato harvest mechanization.

For the double-rows elevator chain potato digger, floating disc cutter are installed on the both sides of digging shovel, separation device for stones are installed on the digging shovel, and the angle of digging shovel can be adjusted as needed. Weeds prevented winding rollers are installed on the both sides of the frame, and two-level separated elevator facilitate the separation. Tractor pulls the potato digger through the tractor hydraulic system and digger's ground wheels to adjust the digging depth as needed. The disc cutters turn up the soil and weeds and move into the elevator. The soil and potato mixture move into the two-levels separation elevator, and the mixture is crushed and separated by the elevator. The tubers will be left on the ground and the entire harvest is completed by hand pick up. Structural design idea of single row vibrating potato digger was based on the linkage mechanism. The digging shovel and separating screen move opposite direction, with the purpose of offset part of the inertia force and the improved machine stability. Semi-suspension is used to pull the digger during the work times, and the vibrating power of digging shovel and the vibrating screen is provided by the tractor PTO. The universal transmission shaft delivers the power to the eccentric wheel, and eccentric wheel passes the power to the vibrating frame by linkage. And the spherical joint, vibrating frame drives the digging shovel and the separating screen vibrate simultaneously. The tubers will be left on the ground.

Field experiment was carried out for the double-rows elevator chain potato digger in the experimental plots of Heilongjiang Academy of Agricultural Sciences (clay soil), Keshan Farm in Heilongjiang (clay soil) and Yakeshi Farm in Inner Mongolia (sandy loam) in September 2013 and September 2014. The experimental plot condition is upland field with ridge culture, with the length of ridge being more than 500 m in the experimental plot. Distance between ridges is 800 mm, and ridge height 280 mm. Potato varieties used are: 'Helan 15', 'Atlantic', and 'Kexin 19'. Plant spacing is about 200 mm within the row, and tubers produced are 150-300 mm in depth. Potato digger supporting power comes from Lovol 1204, with a power of 88.4 kW. Total operating area is 40 ha. In September 2014, field experiment was carried out for the vibrating potato digger in the experimental plots in farms of Northeast Agricultural University (operating area is 2.5 ha, clay soil) and Heilongjiang Academy of Agricultural Sciences (operating area is 4 ha, clay soil) . Experimental plots condition is upland field with ridge culture, and the length of ridge is more than 200 m in every experimental plot, Ridge distance is 800 mm, and ridge height is 250 mm. The potato varieties used are: 'Dongnong 303', 'Dongnong 304', and 'Kexin 9'. Plant spacing within the row is about 200 mm, and tubers produced are 150-200 mm in depth. Potato digger supporting power comes from John Deere 280 tractor, with a power of 20.6 kW. According to the national industry standard *NY/T 648-2002 Technical Specification of Quality Evaluation For Potato Harvesters*, the harvested tubers were evaluated via harvest index as well as the obvious rate, injury rate, broken skin rate and netted work hours productivity. Test results showed that performance parameters of double-rows elevator chain potato digger advanced over the traditional models not equipped with combat system, and single-row vibrating type of potato digger improved the efficiency and quality of harvested tuber. The machine failure rate was also low, and it can be operated smoothly in small plots, large slope as well as rock fields.

Development of potato small scale machines in Southwest China

Danhua Ren[1], Gang Huang [2], Xiaotan Liu[3],
Jianjun Hu[2], Tao Chen[4], Wei He [2]

(1 Sichuan Agro-Mechanical Technology Extension Station, Chengdu, Sichuan 61041, China; 2 Sichuan Academy of Agricultural Sciences; 3 Sichuan Academy of Agricultural Machinery Sciences; 4 Chengdu Academy of Agricultural and Forestry Sciences)

The work done by the project team in recent years on major mid- and small-scale machines of potato production and relevant technology in Southwest China was reviewed. It was aimed at overcoming technical difficulties in the area characteristic of slopes and smaller land pieces in order to improve the efficiency of mechanical operation. The developed model is described as mechanical ridging and planting as the main technique, others including flatting the field, fertilizing, growth-period ploughing, disease control, haulm-killing, and harvesting, all by machines. The technology package involves five subsets, firstly, flatting the field within up to 25 cm depth, loose on the surface and packed beneath, reaching over 80% fragment soil. Secondly, mechanical planting is required as uniform with similar depth covered uniformly in 10 cm deep and further deeper in 12-15 cm for sandy soil. Herbicide can be applied during ridging when necessary, especially when covering film is used. Thirdly, mid-term plough is required to make the ridge uniform without big soil pieces appearing. After removing weed the soil looks uniform with left weed within 1 cm and soil surface within 4 cm. Side dressing in 6-10 cm in depth and 10-20 cm away from plants with 3 cm continuous wide stripe maintains the plants without apparent damage, after which the soil is covered. Fourthly, mechanical disease control requires the process accurate and uniform spraying. Fifthly, final harvesting enables harvesting over 98% tubers, 97% appearing on the surface of the soil, and less than 3% tubers damaged. Three sets of machineries and agronomic technologies are designed for different altitudes and situations to achieve entire growing period's quality and efficiency. Model 1 is designed for areas with altitudes lower than 1 000 meters, in which operational field is smaller than 1 mu (1 mu = 667 m^2), where track power machines are used for single ridge planting and harvesting. Model 2 is designed for areas with altitudes lower than 1 000 meters, in which operational field is larger than 1 mu, where track wheel 30-70 house power machines are used for either single ridge with double row or double ridge and single row planting and harvesting. Model 3 is designed for areas with altitudes over 2 200 meters, in which operational field is larger than 10 mu, where 90-120 tractor power machines are used for double ridge and single row planting and harvesting.

Global developments and trends in mechanization of potato production

Sebastian Talg

(Grimme Landmaschinenfabrik GmbH & Co. KG,
Hunteburger Str. 32, 49401 Damme, Deutschland)

The Grimme Landmaschinenfabrik in Damme, Germany is the leading provider for technology solutions in mechanization of potato production. We deliver machinery in more than 120 countries in the world. The presentation compares developments between established potato producing countries in Europe and North America to new emerging countries in Asia, Africa and South America. The established countries have made most of the progress from manual labor into mechanization and are now facing the next steps into automation and data management. While in the new emerging countries most farmers are still ahead of the biggest steps in mechanization.

Compared to the development of the established countries in the last 70 years the trend of mechanization is much faster in the new emerging countries. Working together along the whole food chain is crucial for the growers, the input industry and the food processing companies. Providing the right consultation and service is the key to new emerging potato growers.

The question of how "Big Data" can facilitate the development process is also discussed.

Application of Biotechnology in Potato Breeding

Analysis of molecular mechanisms and genes involved in tuber dormancy and sprouting of potato

Huaijun Si[1,2,3], Bailin Liu[1,2], Ning Zhang[3], Yikai Wen[3], Jiangwei Yang[1,2], Di Wang[1,2]

(1 Gansu Key Laboratory of Crop Genetics and Germplasm Enhancement, Gansu Agricultural University, Lanzhou, Gansu, 730070, China; 2 Gansu Provincial Key Laboratory of Aridland Crop Science, Gansu Agricultural University, Lanzhou, Gansu, 730070, China; 3 College of Life Science and Technology, Gansu Agricultural University, Lanzhou, Gansu, 730070, China)

The life cycle of potato tubers includes processes of tuber formation, development, dormancy and sprouting. Potato tuber dormancy is defined as the physiological state of tuber in which autonomous sprout growth will not occur, even when tubers are placed under ideal conditions for sprouting. The duration of tuber dormancy period depends on potato genotypes and environmental conditions for tuber growth and storage. Tuber dormancy release and sprouting is associated with structural and metabolic changes as well as with major changes in gene expression pattern. In the present experiments, differentially expressed genes and proteins were identified using suppression subtractive hybridization (SSH), Illumina RNA sequencing and isobaric tag for relative and absolute quantification (iTRAQ) methods. Using SSH technology, 304 expressed sequence tags (ESTs) were selected from subtractive library and deposited in the EMBL/GenBank/DDBJ nucleotide sequence data libraries under accession numbers from JK483901 to JK484204. The ESTs GO annotation showed that 45%, 34% and 3% ESTs were associated with binding, catalytic activity and signaling, respectively, some of which were confirmed to be involved in plant dormancy breaking. Illumina RNA sequencing to generate the expressed mRNAs of dormancy tuber (DT), dormancy released tuber (DRT) and sprouting tuber (ST) was performed. We identified 26 639 genes in total, of which 5 912 genes (3 450 up-regulated and 2 462 down-regulated) were differentially expressed between DT and DRT, and 3 885 genes (2 141 up-regulated and 1 744 down-regulated) were differentially expressed between DRT and ST. We examined the expression of 20 differentially expressed genes (DEGs) using quantitative real-time PCR (qRT-PCR) . The results showed consistency with Illumina RNA sequencing results. We also conducted proteome analysis of tuber dormancy release process for DT, DRT and ST using iTRAQ. A total of 1 752 proteins were identified, among which a subset of 316 proteins was screened as significant up-regulated (137) and down-regulated (179) between DT and DRT. A subset of 120 proteins experienced significant up-regulated (40) or down-regulated (80) between DRT and ST. We found that the movement of reserved material in tuber was activated before the bud emergence (DT vs DRT) and enhanced after dormancy release (DRT vs ST) . Overexpressed genes related with auxin, gibberellic acid, cytokinin and barssinosteriod play a major role before the bud emergence, whereas overexpressed genes related with ethylene, jasmonate and salicylate play a major role after the dormancy release. Various histone and cyclin isoforms associated genes involved in cell division/cycle were mainly up-regulated before the bud emergence. Dormancy release process was also companied by stress response and redox regulation. Genes related to biotic stress, cell wall and second metabolism were preferentially overexpressed after dormancy release, which might accelerate dormancy breaking and sprout outgrowth. The differentially expressed proteins were grouped into 11 functional categories. Proteins enriched in functional groups of protein, cell wall, lipid metabolism, miscellaneous, and signaling were strongly up-regulated, while functional categories of photosynthesis, hormone metabolism and protein were down-regulated after the dormancy release. Consistent with previous documented differentially expressed genes, most of differentially expressed proteins were also identified in DT vs DRT, indicating that tubers dormancy breaking is characterized by the metabolism shift from growth suspension to growth activation. The results provide molecular basis for further comprehensive study on the mechanism and genetic manipulation of tuber dormancy and sprouting.

Bringing GM potatoes tomarket

Joseph Guenthner

(University of Idaho, Moscow, Idaho, USA 83843)

Genetically modified (GM) potatoes have been developed in many places around the world. The first to be marketed commercially in North America were developed by NatureMark, a Monsanto subsidiary. Introduced during the 1990s, the company's NewLeaf potatoes controlled Colorado Potato Beetle (*Leptinotarsa decemlineata*) . Newleaf plantings increased rapidly until reaching a peak in 1998. Inadequate Identity Preservation (IP) in export markets and anti-GM activists were among the reasons that Newleaf potatoes became a market failure.

After the Monsanto market failure, the JR Simplot Company began investing in GM potato development. Fifteen years later, in 2015, the US Department of Agriculture (USDA) and the US Environmental Protection Agency (EPA) approved the commercialization of Simplot's Innate™ 1.0 potatoes. Regulatory approval was also achieved in Canada in 2015. Using genetic material only from within the potato family, Simplot scientists developed low acrylamide and bruise resistance traits in four varieties—'Russet Burbank','Ranger Russet', 'Atlantic' and 'Snowden'. Submitted but not yet approved for commercialization are Innate™ 2.0 potatoes that have late blight resistance and cold storage traits.

In addition to government acceptance, Simplot has worked on acceptance among growers, packers, processors, potato industry organizations and non-government organizations (NGOs) . Recognizing the need for Identity Preservation, Simplot developed a Closed Loop System (CLS) stewardship program for its commercialization efforts. Among the provisions of CLS is that only licensed growers and handlers will have access to the Innate™ potatoes. In 2015, Simplot will sign licensing agreements with growers and handlers in fresh, fresh-cut and chips markets but not frozen processing or dehydration markets.

Innate™ 3.0 potatoes are in the pipeline for possible commercialization in a couple of years. That product will have the 1.0 and 2.0 traits in addition to more durable late blight resistance and resistance to Potato Virus Y (PVY) .

Challenges of cisgenic and transgenic late blight resistant potato for developing countries

Marc Ghislain[1], Eric Magembe[1], Cristina Rivera[2], Maria-Lupe Roman[2], Jan Kreuze[2], Gregory Forbes[3], Anne Njoroge[4], Abel Arinaitwe[5], Andrew Kiggundu[5]

(1 Biosciences East and Central Africa-ILRI hub, International Potato Center, P.O. Box 25171, Nairobi, 00603, Kenya; 2 Applied Biotechnology Laboratory, International Potato Center, P.O. Box 1558, Lima 12, Peru; 3 International Potato Centre-Beijing Office, 12 Zhongguancun South Street, Beijing, China, 100081; 4 International Potato Center, P. O Box 22274, Kampala, Uganda; 5 Kachwekano Zonal Agricultural Research and Development Institute, National Agricultural Research Organization (KaZARDI-NARO), P.O. Box 421, Kabale Uganda)

Potato is grown all over the world and is the third most important food crop. In developing countries it is often a staple and cash crop, and is mostly for the fresh market. Potato plots are usually small, in the range of 1/4 ha or less in Kenya for example. Late blight (LB), a disease caused by the oomycete *Phytophthora infestans*, is still affecting most potato grown worldwide. Crop losses vary, with the most significant losses incurred by small-holder farmers who can experience total crop loss. Extensive use of fungicides used to combat this oomycete, currently constitutes the most widely used control measure of this disease in the field. In developing countries, the first spray is usually applied as first damage become visible on leaves, a practice which impedes effective disease management. Fungicides are costly and not always accessible for the small-scale farmers. As observed in other parts of the world, this situation is conducive to the emergence of fungicide-resistant strains. The negative impact of fungicide on the health of farmers and their families is generally not recognized by the farmers themselves, despite documented cases of intoxication. Farmers almost always rank LB resistance as one of the top attributes of their preferred potato variety. Very early in the history of potato breeding for LB resistance, *R* genes from wild species were exploited, in particular from the wild species *Solanum demissum*, but the pathogen was able to overcome this resistance provided by these single *R* genes. The efforts to develop quantitative resistance, not based on single gene with major effect such as *R* genes but on so-called minor genes, have resulted in some varieties with intermediate levels of resistance which require fewer fungicide sprays; however most cultivars grown today are susceptible. One promising strategy is the insertion via Agrobacterium-mediated gene transfer of several *R* genes all together into widely-grown varieties, which are currently susceptible to LB. Several international projects have developed such new potatoes with resistance to LB mediated by *R* genes. The *RB* gene from *S. bulbocastanum* has been introduced into Katahdin at the University of Wisconsin and is now bred into locally-adapted varieties with LB resistance in India. Another single *R* gene, *Rpi-vnt1. 1* from *S. venturii*, was introduced in Russet Burbank by the J. R. Simplot Company and is currently being evaluated by the US department of Agriculture for commercial release. In the Netherland, three *R* genes *Rpi-sto1*, *Rpi-vnt1. 1* and *Rpi-blb3* from *S. stoloniferum*, *S. venturii*, and *S. bulbocastanum*, respectively, were introduced into a single potato variety. These new potatoes from the DuR*Ph* project have already been tested in several field trials in Belgium and the Netherlands and proved to have high level of resistance. Likewise, we, at CIP, have simultaneously introduced *RB*, *Rpi-blb2*, and *Rpi-vnt1. 1* from *S. bulbocastanum* and *S. venturii* respectively, in four varieties grown in east African countries. The success of this new *R*-gene-based strategy will be measured in terms of level of protection provided and durability . Many challenges must be met before these new varieties can be developed and released. Biological challenges are numerous and will continue to be the focus of intense research. Which *R* gene is likely to provide long-standing protection, which effector is most likely to be essential for pathogen virulence, what level of expression of the cognate *R* gene is desirable, how many *R* genes have to be stacked, and how may *Phytophthora infestans* evade *R*-gene-based resistance, are some of the most important research questions. Product development challenges are equally important since these determine the potential adoption level of the LB resistant variety. Which varieties are best for engineering, which partners are needed and what are the costs are questions driving the development of the product (s), the LB resistant potato variety. Regulatory challenges are very important in that these affect cost and time needed for release, but may also impact on perception of the product. Cisgenic products have the merits that they are virtually equivalent to conventionally bred potatoes and from a scientific perspective should not be considered as GMO and subject to its regulatory framework. The proteins encoded by *R* genes are notoriously unstable outside the plant cell environment which makes any of the standard toxicity assays impossible. These *R* genes are already deployed in the environment in different varieties, having them stacked does not make any difference with regard to impact on health and the environment. Finally, deployment challenges should not be ignored when planning product development for developing countries. Is a rotation in time or space of *R*-gene-transgenic events of a variety feasible, and what type of release and market constraints can be compatible with a LB resistant potato variety are two important questions which will determine the level of adoption of the new varieties. These challenges are to be addressed not only by the scientists but also by the regulatory authorities to guide decision-makers towards maximizing the benefits of the technology.

Cytoplasm type diversity analysis of some wild relatives, selected hybrids and cultivated potatoes using ct- and mt-DNA markers

Mousa Torabi-Giglou[1*], Jaber Panahandeh[2], Seyed Abolghasem Mohammadi[3], Fariborz Zaree Nahandi[2], Alireza Motallebi Azar[2], Jadwiga Śliwka[3]

(1 Moghan College of Agriculture and Natural Resources. University of MohagheghArdabili, Parsabad Moghan, Ardabil province, Iran; 2 Faculty of Agriculture, University of Tabriz, 51666-14766, Tabriz, A. sharghi, Iran; 3 Plant Breeding and Acclimatization Institute-national, research Institute, Młochów research Centre, Platanowa 19, 05-831 Młochów, Poland)

Among the crops, potato probably has the largest number of wild relative species, and almost all wild species of potatoes are in the same gene pool, so there are many ways, to cross cultivated potatoes with them and exploit their useful properties. Nevertheless, there are some barriers like cytoplasmic sterilities. The cytoplasm types of potatoes, characterized by different chloroplast and mitochondrial DNA type, are important for designing efficient breeding programs and mating combinations as nuclear chromosomal DNA that contribute to some special characteristics like various types of male sterility. Cytoplasmic DNA diversity and relationships of 45 potato genotypes, consisting of three ploidy and EBN levels, belong to 16 species (some wild relatives, selected hybrids and cultivated potatoes), assessed via mitochondrial and cytoplasmic markers. To evaluate the markers, DNA was extracted by the CTAB method (Doyle and Doyle 1987) and adjusted to a concentration of 25 ng/l. In this study we used 5 chloroplast DNA (ctDNA) marker primers (T, S, D, SAC and A markers used) to find different

* Correspondence author, E-mail: mtorabi@uma. ac. ir.

ctDNA types and 1 Mitochondrial DNA (mtDNA) marker (ALM_4 / ALM_5 marker) to recognize mtDNA types α, β and γ. These primers were used alone or in multiplex reactions. PCR products of A, T, SAC markers and multiplex reactions were digested with *BamH* I enzyme for 3 hours in 37℃ temperature. After finding chloroplast and mitochondrial DNA types, Cytoplasmic types of genotypes were found according to Hosaka and Sanetomo (2012) . The cytoplasmic genome of the common potato is characterized by the presence of T-type chloroplast DNA (ctDNA) . Wide cytoplasmic diversity was observed in studied potato germplasm. According to markers banding pattern the results showed 10 cytoplasm types. The most prevalent type in 2EBN genotypes was D/α and all promising hybrids, as well as tested cultivars showed T/β type. Mexican diploids with B genome and *S. commersonii* accessions with A genome came together in W/γ type. Among Mexican potatoes, 7 diploid genotypes possessed W-type cytoplasm characterized by α, γ and σ-types of mtDNA. All of allopolyploid 2EBN 4x genotypes including *S. papita*, *S. hjiertingii*, *S. polytrichon* and *S. stoloniferum* accessions had D/α type cytoplasm and only two accessions plt/62 and fen/37 had D/γ type. Out of the hybrids, St1. K and A. K possessed T/β type, SB. K showed W/α, and two promising hybrids stbr-p and stbr-w were qualified as D/α, whereas *S. andigena* and commercial cultivars Agria and Satina possessed T/β type. Studied *S. acaule* accessions showed different cytoplasm types. Genotypes acl/67, acl/76, and acl/49 showed W/β, D/β, M/α and P/β cytoplasmtypes respectively. The only P/β cytoplasm observed phu/op genotype whereas other studied *S. phureja* genotype had D/α type.

Development of new traits in potatoes through targeted gene editing

Benjamin M. Clasen[1], Thomas J. Stoddard[1], Redeat Tibebu[1], Shawn Davison[1], Luc Mathis[1], Daniel F. Voytas[1,2], Feng Zhang[1]

(1 Cellectis plant sciences Inc., 600 County Road D West Suite 8, New Brighton, MN, 55112; 2 Department of Genetics, Cell Biology, and Development and Center for Genome Engineering, University of Minnesota, Minneapolis, Minnesota 55455)

Potato (*Solanum tuberosum*) is the third most important food crop, with worldwide production estimated at 368 million metric tons in 2013. However, trait-improvement efforts are met with challenges due to the complexity of the autotetraploid genome and the high degree of heterozygosity. Classic improvement schemes require long breeding cycles and screening of exceptionally large populations to accumulate desired alleles. Recent advances in technologies and methods that enable precise gene modification hold promise to overcome these challenges and accelerate trait improvement in potato. In this study, transcription activator-like effector nucleases (TALENs) mediated gene editing technology was employed to create new potato varieties with improved cold storage and processing characteristics. Cold storage of potato tubers is commonly used to reduce sprouting and extend postharvest shelf life. However, cold temperature stimulates the accumulation of reducing sugars in potato tubers. Upon high-temperature processing, these reducing sugars react with free amino acids, resulting in brown, bitter-tasting products and elevated levels of acrylamide-a potential carcinogen. Here we demonstrated that TALENs can efficiently knock out the vacuolar invertase gene (*VInv*) within the commercial potato variety 'Ranger Russet'. Tubers from full *VInv*-knockout plants had undetectable levels of reducing sugars, and processed chips contained reduced levels of acrylamide and were lightly colored. These results provide a framework for using gene-editing technologies to quickly improve traits in commercially-relevant autotetraploid potato lines.

Dissect the pathogenesis of potato late blight disease by analysis sister lineages

Suomeng Dong[1], Jie Huang[1], Yang Wang[1], Qin Xiong[1], Huawei Xu[1], Han Chen[1], Shuaishuai Wang[1], Tingxiu Yan[1], Sophien Kamoun[2]

(1 College of Plant Protection, Nanjing Agricultural University, Nanjing, Jiangsu 210095, China; 2 The Sainsbury Laboratory, Norwich, United Kingdom, NR4 7UH)

Potato late blight is a notorious disease world widely. The casual agent *Phytophthora infestans* naturally co-occurred with sister species including *P. mirabilis* and *P. ipomoeae* in central Mexico where *P. infestans* was originated. These sister species infect plants from distinct botanic family, providing nice materials for pathogenesis research. The whole genome sequencing of these lineages uncovered that these genome sequences showed extremely high similarity. However, the genes encoding secreted effectors showed signatures of fast gene evolution, suggesting these genes might play important roles in pathogenesis and host adaptation. A case study demonstrated that *Phytophthora* protease inhibitor inhibit protease from their own host better than the one from non-host, and the inhibition specificity is largely determined by a single amino acid mutation driven by the corresponding mutation from host protease, providing a nice example how pathogen adapt to host on a biochemical basis. Scanning the whole genome sequences identify more than 50 effectors with similar signature of gene evolution. We are now aiming to explore their virulence mechanism and how they adapt to their host targets during evolution.

Effect of starch phosphorylase L and starch associated *R1* genes silencing on starch degradation in transgenic potato

Morteza Kamrani[1*], Bahram Baghban Kohnehrouz[2], Ashraf Gholizadeh[3], Asghar Ebadi[1]

(1 Moghan College of Agriculture and Natural Resource, University of Mohaghegh Ardabili, Ardabil, Iran; 2 Department of Agronomy and Plant Breeding, Faculty of Agriculture, University of Tabriz, Tabriz, Iran; 3 Research Institute for Fundamental Sciences (RIFS), University of Tabriz, Tabriz, Iran)

Potato (*Solanum tuberosum* L.) is ranked fourth in production of all agricultural commodities in the world. To decrease starch breakdown in potato tubers stored at low temperature, a multiple gene silencing vector pBIPhLSAR1-IR was constructed. Two fragments, 137/208 from starch-associated *R*1 (Gene bank accession no. Y09533) and 1974/2340 from starch-phosphorylase L (Gene bank accession no. AF143202) were amplified from *Solanum tuberosum* var. 'Marfona' DNA by PCR with primer pairs P1 (AAGAGCTCCAGGGATTCCTA ACCTCAA; containing SacI site) / P2 (AAGGTACCAATTGCCTCCAACACAAGG; containing *Kpn*I site) and P3 (AAGGTACCCCAAACGACCCCTTAGAGTG; containing *Kpn*I site) / P4 (AAGGATCCTGGA TGAATCTGGAATTGGA; containing *BamH*I site), respectively. The amplification producs were cloned in pGEMT-easy vector and validated by restriction and sequence analysis. To construct RNAi multigene silencing vector, first, starch phosphorylase-L (PhL) fragment was cloned in pUC19 plasmid with *Kpn*I and *BamH*I restriction enzymes, and was called pUC19PhL. Then starch-associated R1 (SAR1) fragment was cloned in pUC19PhL between *Sac* I and *Kpn* I restriction sites, and was

* Corresponding author, E-mail: kamrani@uma. ac. ir, mor. kamrani@gmail. com.

called pUC19PhLSAR1. Afterwards, a fragment, 344 bp, was amplified by PCR with primers P5 (TTTTCTAGACAGGGATTCCTAACCTCAA; containing *Xba*I site) and P6 (TAGGATCCTGCAAATCTAGCTTTTCGAA; containing *BamH* I site) using pUC19PhLSAR1 as template DNA and cloned in pUC19PhLSAR1 between *Bam*H I and *Xba* I restriction sites, and is called pUC19PhLSAR1-IR. Remained 75 bp nucleotides (part of starch-associated R1 fragment) between two inverted repeats were used as spacer. Finally, the *Sac*I-*Xba*I fragment of pUC19PhLSAR1-IR was cloned into the *Sac*I and *Xba*I unique sites of binary vector pBI121. and transformed into potato (*Solanum tuberosum* L.) cultivars 'Agria' and 'Marfona'. Polymerase chain reaction (PCR) of nptII gene and RNAi cassette and southern bloting indicated that the RNAi construct was transformed successfully into the genome. Real-time RT-PCR analysis of starch phosphorylase L and starch-associated R1 genes in stored microtubers for 90 days at 4℃ showed that the expression level of these genes in transgenics ranged from 1.63% to 7.54%, and from 9.58% to 16.46%, respectively, in relation to the non-transgenic plants. The results demonstrated that the inhibition of starch-phosphorylase L and starch-associated R1 genes using multiple gene silencing construct significantly increased the accumulation of starch by 6.01% from AC (non-transgenic 'Agria') level of 132.1 mg of starch/ g of fresh weight (FW) to, on average, 140.04 mg/g FW and 6.07 % from MC (non-transgenic Marfona) level of 114.37 mg of starch/g of FW to, on average, 121.31 mg/g FW in cold-stored transgenic microtubers

Enhance efficiency of eradication of potato virus A from plantlets of potato (*Solanum tuberosum*) by reduplicative thermotherapy

Yanlin Li[1], Changzheng He[1,2], Xinxi Hu[1,2], Mingyue Liu[1,2], Qiong Zhou[3], Xingyao Xiong[1,4]

(1 College of Horticulture and Landscape, Hunan Agricultural University, Changsha, Hunan, 410128, China; 2 Hunan Provincial Engineering Research Center for Potatoes, Changsha, Hunan 410128, China; 3 Hunan Provincial Key Laboratory of Crop Germplasm Innovation and Utilization, Changsha 410128, China; 4 Institute of Vegetables and Flowers, Chinese Academy of Agriculture Sciences, Beijing, 100081, China)

The effects of thermotherapy temperature on growth and survival ratio of *in vitro* potato plantlets, and the efficiency of different temperatures, thermotherapy durations and periods on eradication of potato virus A (PVA) were investigated in this study. The potato cultivar 'Zhongzhaihuangpi', widely grown in the northwest region of Hunan province, was selected as study material. The PVA positive plantlets detected by enzyme-linked immunosorbent assay (ELISA) and reverse transcription polymerase chain reaction (RT-PCR) were cultured on Murashige and Skoog medium (MS) supplemented with 3% sucrose, 0.7% agar and pH 5.8 at 25℃ with 12 h/d photoperiod for two weeks, and then treated at 44℃, 42℃, 40℃, 36℃ at day time and 20℃ at night, respectively, with the light intensity of 4000 lx and photoperiod of 12 h/d for four weeks in a growth chamber. When the all thermotherapy treatments lasted for 1-5 days, plantlets began to die, only 17.8% and 20% plantlets survived under 44-20℃and 42-20℃ thermotherapy treatments, respectively, and all plantlets died at 15 days after the thermotherapy treatments. The survival ratio of plantlets gradually decreased to 3.0% under 40-20℃ thermotherapy for 30 days. Though thermotherapy at 36-

20℃ resulted in a high and constant survival ratio of nearly 80% after a small drop at the first 15 days, it failed to eliminate PVA from plantlets treated at 36-20℃ for 4 weeks as detected by ELISA and RT-PCR. The top nodes of treated plantlets were then subcultured at 36-20℃ or 25-20℃ for another two weeks under the same light condition and culture media. The new set up plantlets were detected for PVA using RT-PCR, the results showed that 2/3 plants were detected PVA positive with an 270 bp amplification of partial coat protein gene when cultured at 25-20℃. However, the all plantlets subcultured at 36-20℃ were free of PVA. It had no effect on the development of shoot and root and by thermotherapy treatment at 36-20℃ for six weeks, no morphological abnormal plantlets were observed under the thermotherapy.

MicroRNA-dependent gene degradation contributing to the adaptation of potato cultivars to drought stress

Jiangwei Yang[1], Ning Zhang[2], Xi Zhu[1,2], Rui Ma[1,2], Lei Yao[1,2], Liangliang Wu[1,2], Huaijun Si[1,2], Di Wang[1]

(1 Gansu Key Laboratory of Crop Genetic and Germplasm Enhancement, Gansu Provincial Key Laboratory of Aridland Crop Science, Gansu Agricultural University, Lanzhou 730070, China; 2 College of Life Science and Technology, Gansu Agricultural University, Lanzhou 730070, China)

Potato (*Solanum tuberosum* L.) is one of the most important crops in the world, and their growth and productivity are severely affected by drought stress. Plants response to drought with an array of biochemical and physiological adaptations mainly depends on regulating the expression of certain genes. However, crop response to drought stress varies with the genotypes. It has considerable genetic variation within the gene pool, and a large number of genes at the transcriptional level have been identified. However, detailed regulation mechanisms of those genes are poorly understood. MicroRNAs (miRNAs) are known to regulate gene expression at post-transcriptional level, and many miRNA targets have been predicted and confirmed to play critical roles in plant stress responses by isolating the products of miRNA-directed cleavage in model plant. However, it remains unknown how miRNAs contribute to the drought tolerance in different potato genotypes. In the present experiment, we used miRNAs high-throughput sequencing to global survey drought-related miRNAs from one drought-tolerant potato genotypes 'Zihuabai' and one drought-sensitive genotypes 'Atlantic' under control and drought-stressed conditions. After sequence similarity and hairpin structure prediction, a total of 1 338 potato miRNAs were identified, which included 59 previously known potato miRNA and 1 279 novel candidate miRNAs. Differential expression analysis showed that 318 miRNAs were differentially expressed under drought stress in potato cultivar 'Atlantic' and 89 miRNAs were differentially expressed in potato cultivar 'Zihuabai'. Target genes of those differentially expressed miRNAs were also predicted. To identify the function of those differentially expressed miRNAs, Degradome sequencing was used to verify the predicted miRNA targets, and 90 miRNA cleavage sites of 84 target genes were identified from a mixture degradome library. The data provided experimental evidence to support previous computational predictions. Based on targets annotation, 12 target genes from 19 miRNA were identified as the drought-related genes. To further confirm the degradome data, a RNA ligase mediated 5′ rapid amplification of cDNA ends (RLM-5′RACE) experiment was performed to confirm those drought-related genes, which were targeted by the miRNA for degradation. Seven out of 12 were validated by 5′-RLM-RACE assay, which code for drought-related functional protein (ascorbate peroxidase, glutathione S-transferase and ubiquitin-conjugating enzyme), protain kiase (serine/threonine kinase) and transcription factors (HD-Zip, SPL, NAC and Zinc-finger protein) . The miRNAs high-throughput sequencing and qRT-PCR expressional analysis showed that the expression of those miRNAs were variable within drought-tolerant genotype 'Zihuabai' and drought-sensitive genotype 'Atlantic'. The results provided useful insights that miRNAs might play important roles in drought tolerance in potato and may be a key factor in determining the level of drought tolerance in different potato genotypes.

Research progress and the future plan of potato genomics in China

Guangcun Li[1], Zhonghua Zhang[1], Canhui Li[2], Qian Zhou[1], Yu Yang[3], Liping Jin[1], Sanwen Huang[1], Dongyu Qu[1]

(1 Institute of Vegetables and Flowers, Chinese Academy of Agricultural Sciences, Beijing, 100081, China; 2 College of Life-Sciences, Yunnan Normal University, Kunming, Yunnan, 650500, China; 3 Institute of Vegetables and Flowers, Shandong Academy of Agricultural Sciences, Jinan, Shandong, 250100, China)

Potato genome sequencing is the fundamental basis, especially for potato research in genomics and functional genomics. In 2004, potato genome sequencing program was initiated by Wageningen University, the Netherlands, and BAC-by-BAC strategy was used to sequence diploid potato genotype RH, but the progress was very low. Therefore, the Chinese research group changed the idea and tried to use whole-genome shotgun sequencing strategy to sequence a homozygous doubled-monoploid potato clone DM based on the next-generation sequencing technique. With the big effort of the Potato Genome Sequencing Consortium, 86% (727 Mb) of the 844-megabase genome was assembled, more than 90% sequences matched to 443 Scaffold (>349kb), and 39, 031 protein-coding genes including 408 NBS disease resistance genes were predicted. Comparative genomics showed that gene presence/absence variants and other potentially deleterious mutations occur frequently and are likely causes of inbreeding depression. More proteinase inhibitor genes and higher expression in potato tuber might be related to pathogen resistance of potato tuber, and the gene expression level of starch degradation enzyme related to tuber starch accumulation. In potato genome, there are at least 3 paralogues of *FT*. *StSP3D* involves in flowering, *StSP5G* involves in tuber sprouting, and *StSP6A* accelerates tuber formation. In order to get more genome information, the diploid potato genotype DI and 34 haploid potato genotypes (M01-M34) were re-sequenced, and 3 199 453 high quality SNPs and 1 513 recombinant sites were discovered. Finally, a high resolution genetic map was constructed based on haploid potato. Now, the tetraploid potato genome sequencing project had been initiated, and we will use "BAC-pool index" strategy to sequence the tetraploid potato cultivar "C88" based on the combination of next generation and third generation sequencing techniques. We have constructed the bacterial artificial chromosome library (BAC library) that contained 850 000 BAC clones with the average insert size of 90 kb. The rate of empty clones was about 2.08%, and more than 85% BAC clone inserts were distributed in 85-95 kb. We also confirmed that the BAC-pool consisted of 2×384 clones is the best for tetraploid potato genome sequencing and alignment through pre-experiments. Now, sequencing of BAC-pools is undergoing, and has made great progress.

Analysis of potato markets in China

Qiyou Luo, Yang Liu, Mingjie Gao, Meng Zhang

(Institute of Agricultural Resources and Regional Planning, Chinese Academy of Agricultural Sciences, Beijing 100081, China)

Potato is not only an important crop to ensure our food security, but a significant industry to relieve poverty and increase revenue. The potato markets in China regarding consumer demand, market prices, production costs, international trade, and competitiveness etc. were analyzed. The main conclusions are as follows: (1) Potato consumption is growing, but mainly as table food. It amounts for 88.639 million tons in 2011, which is 188.74% higher than in 1991, and fresh potato accounts for almost 65% of the total potato consumption. The potato consumption demand is affected by price, income, diet habit and policies. The income elasticity of demand is up to 0.46. (2) Potato market price in China is on the rise because of the increasing price of factors of production such as labor, agricultural materials and land. The cost of potato production in the open field amounted to 1 440 Yuan per mu (1 mu $\approx$ 0.067 hm^2) in 2013, which has grown 141% than that in 2004. Its cost per kilogram is also up to 0.96 Yuan, which has grown 151%. Meanwhile, the material service fee, labor costs and land costs respectively increased 84.5%, 185.6% and 396%. The potato wholesale market price reached 2.54 Yuan per kilogram in 2014, which has grown 138% than 2004. (3) The potato market price has a characteristic of seasonality and quarterly fluctuation. Generally, the potato wholesale market price reaches the annual peak in late May or in early June, and then gradually declines, reaching the bottom in late August or early September, and then it will increase gradually in mid to late November. (4) The trade of Chinese potato and its related products is expanding constantly. The value of imports and exports of Chinese potato products are respectively up to 204 million dollars and

324 million dollars in 2014, which are 6.67% and 74.82% higher than 2013. From the perspective of trade structure, the export is mainly of fresh potato and the import is mainly of frozen potato. From flow direction of the import and export, we mainly export to Southeast Asia and neighboring countries, and imports are mainly from Europe and America. (5) Potato has a bright market prospect. It has an obvious resource advantage and great production potential, a prominent comparative benefit and great potential of increasing income, location advantage and great potential of the export, low cost advantage and strong competence, and the government's emphasis and many supporting policies. (6) The paper put forward some strategies to boom Chinese potato market. We should tightly stand on the domestic demand as well as developing foreign market demand, optimizing the layout to stagger the listed time, keeping a reasonable storage to balance the market, developing more value-added processed products to enrich market availability, and fostering several potato companies which have potential to hit stock market.

Consumer Perceptions of Potatoes and the Future Opportunities in the Australian Market

Jenny Witham, Fiona McKernan

(Colmar Brunton, 1-4 Layfield Street,
South Melbourne VIC, 3205, Australia)

This study investigates Australian consumers' current purchasing habits and perceptions of potatoes and the future opportunities in the market to meet consumers' needs. The study is funded by Horticulture Innovation Australia (HIA) using the fresh potato levy and matched funds from the Australian Government. HIA is a not-for-profit, grower-owned Research and Development Corporation for Australia's horticulture industry, and is conducted by market research organisation Colmar Brunton. The study aims to provide potato growers with insight into current consumer trends and allows growers to identify potential market gaps and tailor their offerings accordingly to improve their bottom line. The research includes two components: 1) primary market research which includes a monthly online survey of over 300 Australian consumers to understand their perceptions and behaviour in relation to potatoes, and 2) desk research of the Mintel Global New Products Database on a quarterly basis to analyse products launched around the globe in the last 3 months that contained potato as a core ingredient. To date, 6 months of the project have been completed (our primary research sample now includes a total of n=1 800 Australian consumers), with a further 6 months to be completed in the year-long research study. The research reveals that potatoes are a favourite for Australian families. Overall consumption frequency of potatoes remains high in Australia at 14 occasions per month. On average, potatoes are purchased over three times per month from major grocery retailers or specialist fruit and vegetable retailers. On average, 2.6 kg of potatoes are purchased per month, with recalled last spend at AUD$ 4.60. The key influences on potato purchase are that they are easy to prepare and cook with as well as taste and versatility in cooking. However, there are some weight management and health concerns around purchasing potatoes, with potatoes perceived as less healthy than other vegetable types. In addition, nearly half of consumers perceive potatoes to be high in carbohydrates and starch compared with other vegetable types. To counter this, specific health benefits and functional claims should be promoted on packaging and in-store, according to the research. Appealing to health-conscious consumers is key-it has been recommended that the potato industry should work together to investigate the potential for low GI (glycaemic index) potato varietals that would appeal to these consumers. Further, there is opportunity to capitalise on the global health trend, with obesity on the rise, food companies are looking to provide alternative products that meet consumers' health conscious needs. One such emerging health trend is 'gluten free' diets. Whilst diagnosed celiac disease is estimated to affect only 1% of the population, there has been an exponential growth in gluten avoidance. It has been projected that 100 million Americans will consume gluten-free products within a year-similar trends have been observed in Australia. From the new product database, launches containing potato as an ingredient have seen similar trends. Over the last 3 months there have been close to 3 000 products launched globally that contain potato as an ingredient. Almost one fifth of these launches contain the claim 'gluten free', this is considerably more prevalent in Latin America (46% of products launched) and North America (34% of products launched); however this trend is under developed in Asia Pacific (only 9% of products launched). This is a key area of opportunity for growers in Australia, but also more broadly the Asia Pacific region. Targeting health conscious consumers via low GI varietals and improved communication of vitamin and health benefits could be a key opportunity for growth. In addition, the potato industry has a role to further promote potato as a gluten substitute over and above other industries including rice and corn.

Future challenges and opportunities in Indian potato marketing

Rajesh K. Rana

(ICAR-Central Potato Research Institute, Shimla 171 001, HP, India)

India is the second largest potato producer (45.34 million t) with average productivity of 22.76 t/ ha during 2013. Indian potato production has nearly doubled compared to the year 2003 (23.16 million t). During this decade India added 22.18 million t to global potato production which is the highest followed by the China-Mainland (20.83 million t). India plans to produce 125 million t potatoes during 2050 at 34.51 t/ha from 3.62 million ha land (1.99 million ha during 2013). At first glance this target may appear overambitious, however, changing socio-economic paradigm such as rapid urbanization, increasing nuclear families, higher disposable income, growing tendency to eat fast-food and rapidly increasing number of working women are estimated to increase per capita fresh potato consumption till 2050 at 2.34% acgr. The per capita estimated fresh potato consumption during 2050 is 48.47 kg/year against 19.78 in 2010. Similarly, potato processing in India is estimated to increase at much faster rate of 5.61% acgr till 2050 with highest estimated frozen potato products' acgr (11.6%) followed by potato-flakes/powder (acgr = 7.6%) and potato-chips (acgr = 4.5%). Seed-potato demand by 2050 is estimated at 6.1 million t against 2.96 in 2010. India being largely a tropical and sub-tropical nation, estimated 12.18 million t of potatoes may go waste during 2050 against 5.53 in 2010. After a provision of 3 million t demand for un-estimated uses such as feed, new industrial needs and enhanced exports, the 125 million t potato production target during 2050 is pertinent. However, the said target is full of challenges which need to be addressed at various fronts in the overall framework of marketing. India has already put 44% of its territory under intensive agriculture, which means the nation is farming partially on degraded and relatively unproductive landmass. Soils are likely to further exhaust and may need globally best care in order to maintain and manage needed soil carbon and nutrient levels. Excluding some farmers in Punjab and Western UP states of India, majority of potato farmers in India possess small holdings. Recent, rural development schemes and overall economic development has created shortage of farm labour in India. By 2050, tremendous consolidation of land holdings is expected; however, mechanization for small farmers in India is the need of the hour. Recent food inflation in India is due to sub-optimal supply of perishables like fruits, vegetables and fodder. Since, these perishable agro-products cannot be imported regularly, the nation needs to release agricultural land by importing relatively non-perishable food-grains from international markets or after producing them abroad. Solutions in the form of healthy seed potato at affordable prices, precise delivery of irrigation water and nutrients, equipments and services for potato processing sector, up-gradation of cold-stores, branding of specialty potatoes, scientific transportation and handling of potatoes provide tremendous future business opportunities for national and international companies in Indian potato industry.

Processing potato development opportunities in China

Bob Shi

[Greater China Region, PepsiCo Foods (China) Co. , Ltd]

China is the biggest potato producer in the world, no matter by volume or by area. Potato isvery important crop in food Supply chain, but China is significant lagged behind in potato deep process compared to developed Countries; Potato processing rate in China is less than 10%. Lacks of high quality potato supply and potato diet structure are the main reasons that hinder potato processing development. Potato Chips leads macro-snack food growth in China, yet high value potato chips still sees greater opportunity in China market. Developing potato based consuming market is both of significant challenge and opportunities to the potato processing manufactures and foods manufactures. Developing potato processing foods echoes China Government policy of potato as main food crop strategy, but consumer market development will be the critical element. At present stage China has more potato processing capacity than needed, thus adjustment and development of potato diet structure and culture is critical to both food manufactures and government.

Save the potato, feed the world

Angela Santiago

(The Little Potato Company Ltd, Edmonton, Alberta, T5S 2H6 Canada)

Angela will talk about the importance of the potato in feeding the world-plate by plate.
She will share the story that created the business and the underlying values that now shape their business and the products. Angela will be talking about innovations and trends that fuel and sustain their business and the creamer potato business in general. This includes breeder techniques, consumer trends, packaging design, demographic shifts, and awareness of food and nutritional needs all over the world.

The production and market of frozen potato products in China

Jin OuYang

(Aviko Snowvalley food (Hebei) Co. , Ltd)

1. The current consumption status of China frozen potato products:

—The consumption market of frozen potato products in the world is 11 million tons per a year.

—The average consumption per person in the world per year is 1.57 kilo, the average consumption per person in the Europe and USA is 14 kilo per year.

—The average consumption per person in the China is only 0.2 kilo per year. The average consumption of China is 12.7% of world average consumption, and is only 0.14% of European and American.

2. The factors which restrict the development of China frozen potato products industry:

—Restriction of traditional food consumption culture.

—The potato varieties which are suitable for French fries production is very limited.

—The potato cost is too high.

—Very limited professional potato storage.

—High cold chain logistic cost.

3. China frozen potato products industry.

—1993, the first frozen French fries factory was established.

—There are 3 frozen potato products enterprises in China before 2012, with capacity of 125 000 t.

—There are total 6 frozen potato products enterprises in China, with a capacity of around 280 000 t ayear. Most of the products are frozen French fries.

4. The comparison of different frozen potato products consumed in Europe/USA and in China:

—Over 90% of frozen potato products consumed in China is frozen French fries.

—There is a wide range of frozen potatoproducts In Europe/USA.

5. The contrast of different sales/consumption channels in Europe/USA and in China:

—The main consumption channel is quick service restaurants in China.

—The main sales channel is food service restaurant and super market in Europe/USA.

6. The development direction of Chinese frozen potato products industry in the future:

—To develop more potato varieties which are suitable for potato processing.

—To reduce the cost of potato.

—To produce a wider range products.

To further develop new sales channel.

Closing Plenary

Future challenges and opportunities for the potato in a global context

Peter Vander Zaag

(Yunnan Normal University, China; Sunrise Potato, Canada)

Introduction

At the end of this great Potato Congress, we view the future and ask the important question: "What does the future hold for the Potato, the Humble Spud, the Earth Bean (Todou)?" We have read and heard excellent presentations on a host of important topics. We see a world, where food production is a high priority to be able to feed over 9 Billion people by 2050. We believe that the potato is a significant component in accomplishing this monumental task. The International Potato Center (CIP), Chinese Potato Association and the World Potato Congress (WPC) and many others including our sustaining members are committed to making this happen.

Let me share with you insights on the key factors that will influence where and how the potato develops further as a commodity crop and where it will be utilized globally. This is based on my analysis of the Abstracts of papers submitted to this congress and my experiences and observations from travelling and working in many of the potato regions of the world.

International Trade of Processed Potato Products

The world will soon be a "One Big Country" as trade barriers are eliminated and shipment of goods becomes more and more globally well-organized. The cheapest and most efficient producing areas will grow more and more while others will be more disadvantaged. The North West United States has the highest potato yields on the planet. This can be attributed to their unique dry climate with high solar radiation, cool night temperatures, long growing season and irrigation water. They are and will continue to be a major player on the global market for processed products, particularly frozen French fries.

North West Europe has a similar yield advantage under rain fed conditions. Belgium has already dramatically expanded its export market of processed potato products over the past number of years. Highyields reduces the cost per unit, which allows their products to be exported around the world. Belgium is the world's leader in exporting frozen French fries followed by The Netherlands with Canada and the USA being a distant 3rd and 4th.

The highlands of Eastern Africa are somewhat insulated from this importation of processed products as western style fast foods, including French fries, are not yet a major player in the market. Processing companies will undoubtedly establish processing factories in the near future. Can locally produced products compete with European sourced product in terms of quality and cost?

International Trade of Fresh Potatoes

In Asia, I see South West China becoming an even greater exporter of potatoes to the neighboring South East Asian countries. Trade agreements are already scaring potato farmers in South East Asian countries, who fear the invasion of cheaper Chinese potatoes into their traditionally urban markets such as Manila and Jakarta. China already exports large quantities to Vietnam, Russia, Pakistan and Malaysia. Whereas, the Asian subcontinent suffers from seasonal harvest gluts, from February to April. In addition, the highlands of S. W. China can provide the needed potatoes when storage quantities and quality decrease in the lowland cities of South and South East Asia, during the later part of the off season, sometime within September to December.

The very ambitious "Belt and Road Initiative" of the Chinese Central Government will have far reaching influence! Expandedshipping lanes to Africa and Europe along with a new rail road access to the seaport at Karachi through Western China and Pakistan will allow more Chinese potatoes produced in the north and western parts of the country move to the Middle East and possibly Africa too. China's ambitious plan of digging a canal across Nicaragua from the Atlantic to the Pacific Ocean and a future planned rail line from Brazil to the coast of Peru, will change the world's trading scenario making it easier to import and export fresh potatoes and processed potato products.

In India, winter crop harvest during January to March is exported to markets as far away as Russia as well as toneighboring countries in the Middle East, Mauritius and the Maldives. Will this be an expanding opportunity? India already has over 6 000 cold storages that can store over 23 Million tons of Potatoes! Certainly, these figures will continue to increase as potatoes are the ideal crop during the winter dry season on the plains of India where average yields in areas with tube well irrigation are close to 30 tons/ hectare.

Land locked East African countries are maybe somewhat isolated from these trade pressures and can be self-sufficient in their potato production and utilization. Interestingly South Africahas and continues to export substantial quantities of potatoes to neighboring countries including Mozambique, Angola, Zimbabwe and Zambia in most of Eastern Africa, potato ranks second to Maize as a very important component of the diet.

Consumption Trends

Demand for quick packaged foods are increasing amongst the upwardly mobile populations around the world. How do fresh potatoes compete in the market considering the time and effort for peeling and cooking?

We have heard here at the Congress about education, promotion and communication on the health benefits of potato for all ages. Will these concepts reverse the declining trends in fresh potato consumption seen in Developed countries? The "Food Health Value"card touches a segment of the population. Is this enough? The strategy of selling small ready to eat potatoes that simply need a quick boil or microwave is playing a greater niche role in North America. Pre-peeled, pre-cooked and ready to microwave recipes need to be promoted worldwide for urban consumers, who have other choices. Price is a major factor in the future success of fresh potato.

India is of particular interest, as per capita consumption is already at 30-35 kg. / person/ annum. Potato is incorporated into the diet in many traditional ways. Potato curry is the mainstay with many tasty additions making it and other dishes very popular. It also plays a major role as a low cost food in the Indian diet.

Sustainable Potato Production

By the end of 2015, the Millennium Development Goals will change to Sustainable Development Goals (SDG) . What role will the Potato play in promoting sustainable agriculture? The Potato is considered the best crop for producing energy and protein per unit of land and water. Is the water use for potatoes sustainable? The Technical session on Water gives some interesting areas for optimism! Improved Water Use Efficiency (WUE) through mulching, water placement, irrigation timing of reduced volumes are all important small steps. The general increase in CO_2 concentrations not only can help increase potato yields but can also reduce stomatal opening to reduce transpiration and respiration water loss. Are we stealing water from future generations by lowering water levels in continental aquifers in Asia and North America? In the long term, will North West Europe have a greater comparative advantage because of its adequate rainfall?

The Yield Gap is the obvious sustainability issue. If the calculated yield potential was actually attained, the WUE and many other inputs wouldbe more optimally utilized. The Yield Gap is an obvious sustainability issue. If the calculated yield potential will actually be attained, the WUE and many other inputs would be optimally utilized. Research on Late Blight resistance through Cisgenics and understanding the fungus and on how it operates in the plant would be the biggest contributors to better management. Eventually, this will reduce the yield gap in the high rainfall areas of the Highland Tropics.

In South Asia, the yield gap in the dry season after rice can also be reduced through improved seed quality. Better adapted varieties that are more heat tolerant to allow for a later harvest period into April and May would be a direct benefit by reducing cold storage needs. Neighboring highland areas need to supply potatoes for the lowlands during the later part of the off season to keep processing plants and consumers of fresh potatoes supplied all year.

In East Africa, Bacterial Wilt is the biggest constraint after Late blight. With climate change and increased potato production, this disease is increasingly problematic. Control measures need to be sustainable, permitting potatoes to be grown in proper rotation with other crops. Sanitation and clean improved seed supplies are essential to combat this problem. This is a major challenge with no easy solution for many small subsistence farmers of East Africa.

Plant Breeders Rights (PBR)

The demand for improved varieties for different end users from various ecological zones remains to be one of the biggest constraints for closing the yield gap and meeting consumers' demands. PBR is only valid for 25-30 years for a registered variety in most countries of the world. This is too short a period of time to reap the returns on the investment into developing the variety for private potato breeders. It takes 15 years to get a successful variety to scale. Then a breeder has only 15 years left for collecting royalties to pay for the investment in developing hundreds of varieties of which only one was selected.

Honouring PBR is another issue that remains difficult to enforce. Some interesting Public Private Partnerships (PPP) are working well. The DuRPh project is a good example of public money going into cisgenic research, which private breeders can also benefit from. CIP has established several PPP, which will reap benefits for both farmers and breeders in the developed and developing countries of the world.

Public Acceptance of Cisgenics and Gene Editing

This requires education, communications and brave Political leaders, who will not only accept these technologies and likewise understand that they are just expediting traditional breeding in a targeted way using only *Solanum* spp. genes. The arguments for sustainable potato production using these techniques are very plausible and once one or 2 countries jump on board with these new and improved traditional varieties, others will soon follow. The benefits for small farmers in the highland tropics of all 3 continents would be tremendous as Late Blight management would be less costly and yields would substantially increase.

Gene editing promises to help by easily doing targeted improvements in quality. Acrylamides and other internal tuber characteristics can easily be improved. The work of Simplot is leading the way in going through the regulatory process.

Resiliency and Creativity of Potato Farmers

Farmers are ready to change and adopt new technologies if there are financial returns. The example of Belgium with the use of "iPot" as a means whereby they can get actual yields close to Potential yields by using satellite imagery and other techniques to fine tune their production practices. Through this they have reduced per unit of production cost and developed a hot export business for frozen French fries around the globe.

Small farmers in the lower elevation valleys of Yunnan work together to grow potatoes after rice during the winter dry season from November to April. By having larger areas of 100 hectares in one block, they harvest their crops in an orderly fashion to buyers from the big cities of China's East coast. Trucks are loaded and cash is paid on the spot. I have measured yields of 87 Tonnes per hectare! Potato is a high value crop! They say that the rice transplants can wait in the seed bed until the potatoes are harvested. Farmers see an economic opportunity, produce a good quality product and the results are self-evident.

Seed potato production using Aeroponics in China is another example of creativity and resiliency! With some government support, private entrepreneurs have invested in aeroponics and have successfully launched basic seed potato production systems using this technology. Again it improves the quality of potato planting material and financial benefits are reaped by selling the basic seed. Farmers who purchased the seeds benefit through improved yields and economic returns.

For over 30 years, farmers in Dalat, Vietnam had annually produced millions of rooted cuttings from clean tissue culture plants, of the best varieties, as a starting point for commercial potato production. This has resulted in a high quality and high yielding potato crop in the entire area serviced by these rooted cutting providers. These highly skilled rooted cutting providers have thrived in a capitalist setting. The commercial growers/buyers are able to get high yields and can keep seed for up to 7 generations before renewing their seed stock.

China's Potato as a Staple Food Strategy

In China's quest for food security, the government has turned to the "Earth Bean" or Todou, which is coined as the "Perfect Food" to help fill a large portion of the food supply gap. The potato is being promoted as the ideal modern food which should be on the plates of ordinary people. Why the potato? The potato is seen as best in WUE in a country where water is a scarce resource and land area for cultivation is decreasing. Comparatively, yields of Rice, Wheat and Maize are not increasing.

The strategy requires strong Central Government intervention to ensure that there is market demand and competitive price to encourage increased potato cultivation. Processing plants and refrigerated storage facilities will need to be built in the southern provinces where expanded acreage of winter crop potatoes is possible. Processing potatoes hold great potential, however; are there suitable varieties that can make good French fries and can these compete with products from the USA?

Fresh potatoes can be promoted through cook books, advertising of new recipes, and combining potatoes with other vegetables and cereals in local dishes. Extending cereals by adding potatoes is both an old and a new way to use potatoes. Potato utilization can also be increased by mixing potato flour with wheat flour for making noodles, steamed bread and dumplings.

Public perception is important. The potato needs to be seen as a trendy food rather than a cheap food for the urban population. It can also serve as "Bread for the Poor" in the remote parts of western China wherein an estimated more than 50 million are still living in poverty. Major poverty pockets would benefit greatly from more potatoes.

Summary

The theme for this Congress is "Develop together for a better future" . In the past several days, we started this process here. The work before us is daunting, however ifwe pursue this theme, we can do it together. Countries cannot do it a-lone. Disciplines can't do it in isolation. Sectors of the potato business cannot do it on their own. Attainment of this goal requires serious collaborative effort from all the players involved in potatoes production and utilization.

Together we can develop the potato industry for a better future of all mankind!